INDICATEUR

DU MERCURE

DE FRANCE

Paris. — Imprimerie de Cusset et Cᵉ, 26, rue Racine.

INDICATEUR
DU MERCURE
DE FRANCE
1672 — 1789

Contenant, par ordre alphabétique, les noms des personnages
sur lesquels on trouve, dans cette collection, des Notices
biographiques et généalogiques, avec renvoi aux années,
tomes et pages ;

PAR

JOANNIS GUIGARD

Auteur de la *Bibliothèque héraldique de la France*.

Ouvrage qui a obtenu de l'Institut une Mention très-honorable.

PARIS
LIBRAIRIE BACHELIN-DEFLORENNE
3, quai Malaquais, 3
MÊME MAISON A LONDRES, GARRICK-STREET, COVENT-GARDEN

1899

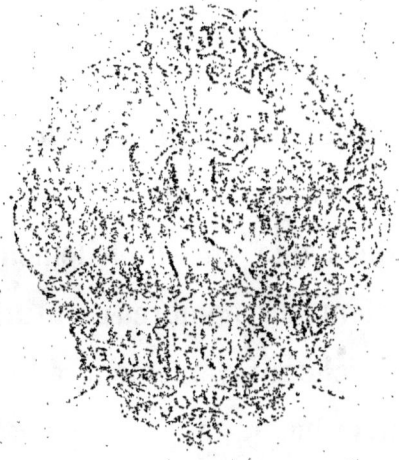

On est souvent embarrassé à propos d'un nom ou d'une date. Les *Biographies universelles*, les *Dictionnaires historiques* ne satisfont pas toujours les besoins et la curiosité du travailleur.

Il existe bien une foule de collections dans lesquelles on peut puiser à pleines mains; mais la plupart sont dénuées des moyens d'investigation qui économisent le temps.

De ce nombre est le *Mercure*, véritable magasin où se trouvent entassés des trésors que la patience la plus tenace ne parvient que très-difficilement à découvrir. Pourtant il contient de nombreux et utiles renseignements qu'on chercherait vainement ailleurs. Ceux qui ont trait à la partie biographique et généalogique surtout sont des plus importants, si l'on réfléchit qu'ils offrent pour ainsi dire, l'histoire de chaque membre de la vieille société française.

C'est pourquoi nous avons entrepris la laborieuse

tâche de dresser la table raisonnée de ces renseignements bibliographiques et généalogiques.

Et tel est le livre que nous publions aujourd'hui.

Il donne, avec renvoi aux années, tomes et pages, les noms des divers personnages français, morts à Paris, sur lesquels il existe des notices, depuis 1672, — date de la fondation du *Mercure*, — jusqu'en 1789, époque où ces notices s'arrêtent. Alors, en effet, ce recueil cesse de s'occuper de l'individu pour se mêler au grand mouvement général.

J.-G.

INDICATEUR

GÉNÉALOGIQUE, BIOGRAPHIQUE ET NÉCROLOGIQUE

DU

MERCURE DE FRANCE.

———⟆⟆⟆———

A

Abadie de Cadarcet. *Avr.*, 1ᵉʳ vol., 1775, p. 211.

Abancourt. *Janv.*, 1699, pp. 155-143.

Abbadie. *Juin*, 1ᵉʳ vol., 1753, p. 206; *juin*, 1761, p. 217.

Abense. *Avr.*, 2ᵉ vol., 1778, p. 211.

Ablainville. V. GANTES.

Ableiges. *Avr.*, 1745, p. 202. V. encore MAUPEOU.

Abon. *Déc.*, 1727, p. 2351; *août*, 1736, p. 1023.

Abos. *Oct.*, 1ᵉʳ vol., 1776, p. 210.

Abot du Bouchet. *Févr.*, 1703, p. 75.

Aboville. *Sept.*, 1775, p. 213.

Abyne de la Douze. *Janv.*, 2ᵉ vol., 1777, p. 212.

Abzac-Montastruc. *Mars*, 1754, p. 207.

Abzac de Preissac. *Déc.*, 1ᵉʳ vol., 1754, p. 203. V. encore PREISSAC.

Acary de Beaucovoy. *Mai*, 1778, p. 212.

Accaron. *Avr.*, 2ᵉ vol., 1764, p. 207; *nov.*, 1766, p. 210.

Achères. *Mai*, 1741, p. 1054.

Achey. *Juin*, 1745, p. 1238.

Achy. V. CARVOISIN.

Acigné. *Mai*, 1703, p. 255; *mai*, 1715, p. 187; *mai*, 1751, p. 1195. V. encore BRETAGNE.

Acosta. V. TELLEZ.

Acqs. *Août*, 1704, p. 400.

Acres d'Aigle. *Avr.*, 1755, p. 850; *mai*, 1740, p. 1052; *oct.*, 2ᵉ vol., 1756, p. 250; *mars*, 1774, p. 211.

Adhémar. *Déc.*, 1713, p. 49; *nov.*, 1766, p. 204.

African de Lhostel. *Mai*, 1699, p. 214.

Affry. *Janv.*, 2ᵉ vol., 1778, p. 212.

Agoult (d'). *Déc.*, 1709, p. 204; *mars*, 1710, p. 54; *mars*, 1752, p. 611; *nov.*, 1738, p. 2505; *nov.*, 1752, p. 202; *déc.*, 1777, p. 212; *mars*, 1778, p. 208.

Aguesseau (d'). *Oct.*, 1694, p. 272; *août*, 1695, p. 292; *janv.*, 1700, p. 170; *sept.*, 1700, p. 264; *oct.*, 1700, p. 188; *déc.*, 1700, p. 102; *févr.*, 1701, p. 198; *févr.*, 1704, p. 512; *sept.*, 1713, p. 142; *févr.*, 1717, p. 172; *janv.*, 1725, p. 200; *janv.*, 1728, p. 186; *avr.*, 1729, p. 820; *déc.*, 1ᵉʳ vol., 1735, p. 2759; *déc.*, 1740, p. 2756; *nov.*, 1741, p. 2541; *juin*, 1744, p. 1485; *févr.*, 1747, p. 208; *mars*, 1750, p. 205; *mars*, 1751, p. 208; *juill.*, 1755, p. 216; *févr.*, 1765, p. 205; *oct.*, 2ᵉ vol., 1772, p. 212; *févr.*, 1775, p. 255; *mai*, 1777, p. 211.

Aigle (l'). *Déc.*, 1ᵉʳ vol., 1725, p. 2939. V. encore ACRES.

Aigrefain (d'). *Sept.*, 1714, p. 552.

Aigrefeuille. *Févr.*, 1745, p. 215.

Aiguillon. V. VIGNEROT.

Aillecourt. V. CHOISEUL.

Ailly. *Mars*, 1774, p. 211.

Ailly d'Annery, *Sept.*, 1741, p. 2110.

Ailly de Chaulnes (d'). *Sept.*, 1698, p. 126; *mars*, 1699, p. 152; *déc.*, 1724, p. 2724; *nov.*, 1725, p. 2741; *juill.*, 1726, p. 695; *id.*, 1759, p. 2713; *déc.*, 1747, p. 201; *janv.*, 1749, p. 219; *mai*, 1749, p. 251; *juin*, 1er vol., 1749, p. 214; *juin*, 2e vol., 1750, p. 183; *juill.*, 1er vol., 1758, p. 202; *août*, 1765, p. 199; *oct.*, 2e vol., 1766, p. 212; *oct.*, 2e vol., 1769, p. 215. V. encore ALBERT DE LUYNES.

Aine. V. HAGNENAU.

Airebaudouse. V. GUY.

Aires. *Juin*, 1er vol., 1758, p. 1227.

Aix de la Chaise. *Août*, 1697, p. 191; *oct.*, 1745, p. 199.

Alary. *Janv.*, 1er vol., 1771, p. 227.

Albaret. V. PONTÉ.

Albergotti (d'). *Mai*, 1705, p. 27; *juill.*, 1710, p. 47; *mars*, 1717, p. 189.

Albert de Fios. *Mai*, 1716, p. 197.

Albert de Luynes. *Oct.*, 1690, p. 253; *avr.*, 1698, p. 214; *sept.*, 1698, p. 126; *mai*, 1er vol., 1701, p. 529; *sept.*, 1701, p. 311; *déc.*, 1703, p. 544; *févr.*, 1704, p. 275; *juill.*, 1706, p. 365; *juin*, 1708, p. 295; *juill.*, 1708, p. 136; *févr.*, 1710, p. 255; *mars*, 1re part., 1715, p. 201; *juill.*, 1718, p. 209; *janv.*, 1721, p. 112; *juill.*, 1726, p. 1695; *janv.*, 1729, p. 202; *nov.*, 1750, p. 2531; *juill.*, 1751, p. 1852; *févr.*, 1752, p. 410; *juin*, 2e vol., 1752, p, 1443; *févr.*, 1754, p. 399; *mars*, 1734, p. 619; *nov.*, 1754, p. 2527; *janv.*, 1755, p. 189; *juin*, 1er vol., 1756, p. 1233; *août*, 1756. p. 1925; *mars*, 1745, p. 600; *déc.*, 1744, p. 203; *sept.*, 1746, p. 196; *févr.*, 1756, p. 235; *juill.*, 1er vol., 1758, p. 202; *déc.*, 1758, p. 206; *sept.*, 1765, p. 211; *oct.*, 2e vol., 1769, p. 213; *oct.*, 2e vol., 1771, p, 211; *sept.*, 1774, p. 248. V. encore AILLY DE CHAULNES.

Albertas. *Juin*, 1er vol., 1747, p. 209; *juill.*, 2e vol., 1764, p. 192.

Albignac. *Nov.*, 1755, p. 2527.

Alboin. *Avr.*, 2e vol., 1758, p. 199.

Albon. *Avr.*, 1697, p. 261; *juill.*, 1702, p. 158; *juill.*, 1703, p. 150, *avr.*, 1705, p. 65; *mars*, 1710, p. 55; *juill.*, 1729, p. 1682; *juin*, 1772, p. 222; *juill.*, 1er vol.; 1772, p. 212; *août*, 1777, p. 212.

Albourg. *Avr.*, 2e vol., 1758, p. 201.

Albouy. V. MONESTROL.

Albret. *Juin*, 1692, p. 200; *févr.*, 1696, p 291; *mars*, 1711, p. 55-58; *févr.*, 1716, p. 284; *mai*, 1754, p. 209. V. encore BOUILLON.

Aldart. *Avr.*, 1751, p. 189.

Alègre. *Janv.*, 1696, p. 512; *mars*, 1699, p. 158; *janv.*, 1701, p. 104; *déc.*, 1704, p. 197; *mai* 1705, p. 514; *oct.*, 1706, p. 241; *déc.* 1706, p. 55; *déc.*, 1710, p. 47; *févr.*, 1713, p. 57; *mars*, 1755, p. 605; *déc.*, 2e vol., 1754, p. 2949; *mars*, 1757, p. 616; *janv.*, 1745, p. 178; *mai*, 1750, p. 211; *août*, 1752, p. 202; *juin*, 2e vol., 1754, p. 201; *oct.*, 2e v., 1756, p. 253.

Aleman. V. ALLEMAN et ALLEMAND.

Alembon. V. ROUSSE.

Alençon. V. LOYSON.

Alexandre. *Nov.*, 1751, p. 194.

Aligny. *Janv.*, 1er vol., 1762, p. 197.

Aligre. *Févr.*, 1685, p. 137; *nov.*, 1701, p. 573; *sept.*, 1702, p. 429; *nov.*, 1710, p. 97; *mai*, 2e part., 1711, p. 72; *juin*, 4e part., 1711, p. 44; *sept.*, 4e part., 1711, p. 48; *févr.*, 1712, p. 49; *mars*, 1712, p. 151; *janv.*, 1714, p. 55; *févr.*, 1719, p. 128; *févr.*, 1724, p. 594; *juin*, 2e vol., 1725, p. 1455; *mars*, 1726, p. 613; *juill.*, 1727, p. 1707; *août*, 1729, p. 1902; *sept.*, 1751; p. 2269; *févr.*, 1755, p. 407; *juin*, 1er vol., 1755, p. 1246; *mai*, 1758, p. 1023; *mai*, 1740, p. 1059; *juin*, 1741, p. 1480; *janv.*, 1745, p. 178; *oct.*, 1745, p. 2519; *janv.*, 1746, p. 199; *mars*, 1748, p. 208; *nov.*, 1752, p. 208; *févr.*, 1755, p. 213; *janv.*, 2e vol., 1768, p. 211; *avril*, 1er vol., 1776, p. 236.

Alincourt. *Sept.*, 1720, p. 156.

Alion. V. USSON D'ALION.

Allaire. *Juill.*, 2e vol., 1775, p. 212.

Allard. *Janv.*, 1er vol., 1776, p. 212.

Alleman de Saint-Martin. *Janv.* 1752, p. 205.

Allemand de Montmartin. *Nov.-déc.*, 1707, pp. 12-50; *mars*, 1710, p. 129; *oct.*, 1715, p. 158; *oct.*, 1719, p. 187; *févr.*, 1759, p. 594; *déc.*, 1er vol., 1750, p. 204; *juin*, 1764, p. 204. V. encore LALLEMAND.

Allemans. V. LAU DE LA CÔTE.

Alleray. V. ANGRAN.

Alleurs (des). *Janv.*, 1705, p. 518.

Allex. V. ARANTHON.

Allion. V. ALION.

Alliot. *Mai*, 1768, p. 196.

Ally, V. ROCHEFORT.

Alogny. *Juin*, 1691, p. 197; *juill.*, 1701, p. 251; *juin*, 1er vol., 1751, p. 1589; *nov.*, 1752, p. 209; *déc.*, 1er v., 1754, p. 205; *juill.*, 1er v., 1760, p. 207.

Aloigny de Rochefort. *Oct.*, 1756, p. 2573.

Alonville. *Juin*, 1708, p. 554.

Al-Pozzo. *Juill.*, 1740, p. 202; *avr.*, 1750, p. 212.

Alsace. *Juin*, 1722, p. 151; *déc.*, 2e vol., 1750, p. 185.

Alsace de Hénin. *Avril*, 1744, p. 844; *mars*, 1745, p. 252; *juill.*, 2e vol., 1764, p. 191. V. encore HÉNIN.

Alsace de Hénin-Liétard. *Juin*, 2e v., 1754, p. 196. V. encore CHIMAY.

Alternat. *Nov.*, 1755, p. 208.

Alvaire-Lostanges. *Janv.*, 1706, p. 55; *mars*, 1719, p. 171; *janv.*, 2e vol., 1759, p. 212. V. encore LOSTANGES.

Amanzé. *Avril*, 1694, p. 85; *mars*, 1706, p. 115; *mai*, 1706, p. 59; *mars*, 1710, p. 147; *janv.*, 1712, p. 201; *juin*, 1er vol., 1757, p. 1219; *mai*, 1766, p. 210.

Amerval. *Déc.*, 1775, p. 226.

Amblimont. V. FUCHSAMBERG.

Ambly. *Déc.*, 1er vol., 1750, p. 199.

Amboise (d'). *Juin*, 1702, p. 595-407. V. encore CLERMONT.

Ambres (d'). *Mars*, 1759, p. 619. V. encore GELAS.

Amelot. *Juill.*, 1687, p. 505; *janv.*, 1688, p. 187; *nov.*, 1690, p. 245; *déc.*, 1699, p. 274; *janv.*, 1702, p. 260; *juin*, 1702, p. 447; *juin*, 1705, p. 16; *janv.*, 1707, p. 25; *janv.*, 1709, p. 259; *mars*, 1709,

p. 282; *mai*, 1710, p. 155; *oct.*, 1714, p. 284; *oct.*, 1715, p. 224; *mai*, 1716, p. 286; *janv.*, 1717, p. 153; *janv.* 1726, p. 192; *nov.*, 1726, p. 2603; *déc.*, 1er v., 1750, p. 2967; *déc.*, 2e vol., 1755, p. 2955; *août*, 1758, p. 1878; *févr.*, 1741, p. 411; *févr.*, 1745, p. 595; *juin*, 2e vol., 1747, p. 209; *juill.*, 1er vol., 1777, p. 212.

Amelot de Combronde. *Juin*, 2e vol., 1749, p. 205.

Amfernel. V. CHEVALIER.

Amilly. V. BRIFFE (LA).

Ammecourt. V. FÈVRE (LE).

Amoncourt. *Juill.*, 1741, p. 1691.

Amproux. *Déc.*, 1764, p. 204.

Amproux de la Massais. *Févr.*, 1747, p. 205.

Ampus. V. LAURENTS (DES).

Amyot. *Août*, 1753, p. 1895; *juin*, 1er vol., 1755, p. 1247; *juill.*, 1742, p. 1664.

Ancelet. *Mai*, 1778, p. 211.

Ancelin. *Nov.-déc.*, 1707, p. 87; *déc.*, 1709, p. 219; *juin*, 1724, p. 1228.

Ancelot. *Mai*, 1747, p. 206.

Ancezune. *Avril*, 1715, p. 516. V. encore ORAISON.

Andigné. *Juill.*, 1756, p. 1735.

Andigné de Vésins. *Juin-juill.*, 2e part., 1721, p. 84.

Andlau ou Andlaux. *Avril*, 1709, p. 266; *août*, 1765, p. 198; *oct.*, 2e vol., 1772, p. 210.

Andrault de Langeron. *Janv.*, 1691, p. 59; *juin*, 1711, 4e part., p. 40; *août*, 1724, p. 1847; *juill.*, 1729, p. 1685; *déc.*, 1er vol., 1751, p. 179; *févr.*, 1754, p. 210; *oct.*, 1er v., 1760, p. 205; *avril*, 2e vol., 1765, p. 205; *août*, 1771, p. 215.

Andrault de Montlevrier. *Juin*, 1716, p. 161.

André. *Avril*, 1751, p. 810; *juin*, 1er vol., 1750, p. 210.

Andrezel ou Andrezelles. *Avril*, 1708, p. 356; *mai*, 1708, p. 224; *juin*, 1er vol., 1727, p. 1254. V encore PICOT.

Andry. *Juill.*, 1742, p. 1671.

Anès de Siry. *Déc.*, 1777, p. 212. V. encore SIRY.

Anfrie de Chaulieu. *Juin*, 1744, p. 1487.

Angelot. V. ARROS.

Angély. V. Baune.

Angennes de Rambouillet. *Févr.*, 1704, p. 164; *juin*, 1707, p. 56; *juill.*, 1708, p. 159; *avr.*, 1712, p. 508; *mars*, 1714, p. 59; *juin*, 1714, p. 155; *juin*, 1714, p. 159; *oct.*, 1716, p. 245; *déc.*, 1er vol., 1746, p. 192; *déc.*, 2e vol., 1749, p. 196; *avril*, 1755, p. 199.

Anglebermer. V. Furstemberg.

Angervilliers. V. Bauyn.

Angest. *Nov.*, 1752, p. 210.

Angeville. *Août*, 1706, p. 44.

Anglezy. V. Damas.

Anglure. *Nov.*, 1697, p. 236; *déc.*, 1697, pp. 146-167; *janv.*, 1698, p. 257; *févr.*, 1698, p. 241; *mars*, 1699, p. 156; *juin*, 1706, pp. 117-142; *oct.*, 1706, p. 222; *nov.* et *déc.*, 1707, p. 57; *août*, 4e part., 1711, p. 57; *mai*, 1717, p. 164; *août*, 1752, p. 1882.

Anglure en Maconnois. *Avril*, 1699, p. 227.

Ango de la Motte. *Févr.*, 1758, p. 569.

Angran. *Avril*, 1755, p. 819. V. encore Flau.

Angran d'Alleray. *Déc.*, 1740, p. 2755.

Angran de Fontpertuis. *Juin*, 1er vol., 1747, p. 214.

Anisson. *Déc.*, 1711, 4e part., p. 97; *janv.*, 1712, p. 257; *nov.*, 1721, p. 185; *avril*, 1740, p. 894.

Anjorrant ou Anjorand. *Juill.*, 1722, p. 180; *mai*, 1727, p. 1046; *févr.*, 1750, p. 421.

Anjou. V. Vallier.

Anlezy. *Févr.*, 1765, p. 192.

Annery. V. Ailly.

Annonville. V. Pons.

Anteroche. *Août*, 1729, p. 1902.

Antezy (d'). *Févr.*, 1712, p. 62.

Anthelmy. *Janv.*, 1755, p. 208.

Antigny. V. Damas.

Antin. V. Epernon et Gondrin de Pardaillan.

Antraigues. *Oct.*, 1757, p. 2504.

Antrechaux. *Nov.*, 1764, p. 159.

Anviray. *Juill.*, 1737, p. 1670.

Apchier. V. Tour (la).

Apchon. *Oct.*, 1704, p. 48.

Apligny. V. Pilleur (le).

Appellevoisin. *Oct.*, 2e v., 1770, p. 214.

Appougny. *Janv.*, 1705, p. 187.

Archbs. *Déc.*, 1774, p. 270.

Archiac. V. Desmiers.

Arclais. *Nov.*, 1752, p. 209.

Arco. *Avr.*, 2e vol., 1764, p. 208.

Arcussia. *Mars*, 1757, p. 616; *juill.*, 1740, p. 1676-1681.

Arcy. V. Cuillon.

Ardier. *Mars*, 1688, p. 205.

Areau. *Oct.*, 2e vol., 1759, p. 209.

Aremberg (d'). *Févr.*, 1775, p. 212. V. encore Ligne.

Arestel. *Janv.*, 1704, p. 106; *août*, 1708, p. 58.

Argence. *Janv.*, 1698, p. 214. V. encore Tizon.

Argenlieu. V. Gon.

Argens. *Oct.*, 1er vol., 1762, p. 197; *mars*, 1771, p. 211; *juill.*, 1er vol., 1772, p. 215.

Argenson. V. Voyer de Paulmy d'Argenson et Boffin.

Argental. V. Fériol.

Argenteuil. *Mai*, 1717, p. 168-174; *mai*, 1748, p. 189; *janv.*, 1750, p. 198. V. encore Bacle (le).

Argentré. V. Plessis d'Argentré (du).

Argenvilliers. *Févr.*, 1759, p. 215.

Argoville. V. Mazade.

Argouges. *Janv.*, 1685, p. 104; *mars*, 1697, p. 265; *févr.*, 1701, p. 117; *janv.*, 1702, p. 182; *janv.*, 1706, p. 22; *mars*, 1709, p. 262; *août*, 4e part., 1711, p. 45; *mai*, 1712, p. 47; *août*, 1751, p. 2045; *nov.*, 1751, p. 2685; *oct.*, 1755, p. 2328; *mai*, 1742, p. 1262; *avr.*, 1745, p. 202; *sept.*, 1748, p. 235; *oct.*, 1748, p. 225; *juin*, 1er vol., 1752, p. 210; *avr.*, 2e vol., 1767, p. 199; *janv.*, 2e vol., 1768, p. 211; *févr.*, 1770, p. 212. V. encore Rames.

Argout. *Mai*, 1775, p. 225.

Arlon. *Sept.*, 1770, p. 229.

Armagnac. V. Lorraine.

Armancour. V. Perrault.

Armand de Châteauvieux. *Déc.*, 2e v., 1756, p. 2976; *avr.*, 1755, p. 208.

Armanville. V. Aubry.

Armenon. V. Goyer.

Arménonville. V. Fleuriau.

Armentières. V. Conflans.

Armissan. *Oct.*, 1722, p. 163.

Armoises (des). *Déc.*, 1er vol., 1750, p. 205.

Arnaud. *Sept.*, 1775, p. 224.

Arnault de Pomponne. *Oct.*, 1699, p. 248; *oct.*, 1701, p. 267; *août*,

4ᵉ part., 1711, p. 56; *janv.*, 1712, p. 199; *févr.*, 1712, p. 66; *avr.*, 1715, p. 180; *août*, 1715, p. 224; *déc.*, 2ᵉ vol., 1729, p. 3166; *févr.*, 1731, p. 400; *juin*, 1ᵉʳ vol., 1737, p. 1220; *mai*, 1740, p. 1035; *juill.*, 1755, p. 225; *nov.*, 1756, p. 252 et 254.

Arnault de Ville. *Avr.*, 1ᵉʳ vol., 1772, p. 224. V. encore VILLE.

Arnollet de Lochefontaine. *Janv.*, 1739, p. 182; *juin*, 1739, p. 1462; *avr.*, 1741, p. 837.

Arnolphini. *Mars*, 1712, p. 85; *oct.*, 1716, p. 246.

Arnoul. *Mai*, 1741, p. 1052.

Arnoult de Froymont. *Janv.*, 1704, p. 202.

Arnouville. V. CHOPPIN.

Arod. *Mars*, 1710, p. 148.

Arpajon. *Mai*, 1701, t. 1, p. 270; *mars*, 1ʳᵉ part., 1715, p. 205; *mai*, 1719, p. 50; *août*, 1756, p.1929; *janv.*, 2ᵉ vol., 1768, p. 211.

Arpents (des). V. NAU.

Arquian. *Avr.*, 1706, p. 505; *juill.*, 1707, p. 215. V. encore Grange (la).

Arquinvillers. V. JASSAUD.

Arquistade de Saint-Fulgent. *Août*, 1746, p. 209; *août*, 1765, p. 197.

Arragon. V. SAINT-SÉVERIN.

Arrault. *Déc.*, 2ᵉ vol., 1757, p. 2955.

Arros. *Oct.*, 2ᵉ vol., 1772, p. 213.

Arros d'Angelot. *Mars*, 1715, 1ʳᵉ part., p. 218.

Arros de Vivans. *Sept.*, 1772, p. 212. V. encore VIVANS.

Arrot de la Poupelinière. *Oct.*, 1740, p. 2525.

Ars. V. BRÉMOND.

Arsac. *Mai*, 1756, p. 1054.

Artaguiette (d'). *Mai*, 1750, p. 1049; *août*, 1751, p. 2046; *mai*, 1749, p. 227.

Artaignan (d'). *Janv.*, 1705, p. 509; *nov. et déc.*, 1707, p. 528; *nov.*, 1709, p. 8; *fév.*, 1710, p. 174; *avr.*, 1710, p. 191; *janv.*, 1715, p. 198; *mars*, 1717, p. 192; *sept.*, 1725, p. 2107; *janv.*, 1729, p. 201. V. encore MONTESQUIOU.

Artaud. *Oct.*, 1ᵉʳ vol., 1760, p. 205.

Artemare. V. SEYSSEL.

Arthel. V. GUINET.

Artois. V. PORTE D'ARTOIS (LA).

Aruö. *Janv.*, 1704, p. 106.

Arvillar. V. BASTIE (LA).

Arville. *Juin-juill.*, 2ᵉ part., 1721, p. 85. V. encore BOISSET.

Asfeld. *Janv.*, 1703, p. 518; *mai*, 1715, p. 288; *mai*, 1717, p. 166; *sept.*, 1718, p. 211; *sept.*, 1726, p. 2175; *mars*, 1727, p. 626; *oct.*, 1727, p. 2555; *janv.*, 1728, p. 187; *mars*, 1745, p. 606. V. encore BIDAL D'ASFELD.

Aspect de Lès (l'). *Nov.*, 1777, p. 211.

Aspremont. *Janv.*, 1698, p. 257; *oct.*, 1702, p. 250; *mai*, 1708, p. 217; *mai*, 1715, p. 211; *mars*, 1720, p. 166; *mai*, 1755, p. 1051; *mai*, 1760, p. 209.

Assant. V. CHAMP D'ASSANT.

Assignies ou Assigny. V. BIBIANE et TOURNAY.

Assis. *Sept.* 1727, p. 2135.

Assy. V. BOURDIN.

Astorg. *Avr.*, 1710, p. 188 et 190.

Astorg d'Aubarède. *Avr.*, 1755, p. 204.

Astrie. V. COSMANS.

Astruc. *Févr.*, 1744, p. 405.

Athies. V. FUY D'ATHIES.

Aubaïs. V. BASCHI.

Aubarède. V. ASTORG et CHAMOUSSET.

Aube. V. RICHER.

Aubepeyre. *Juin*, 1702, p. 522 et 529.

Aubercour. V. PICARD.

Aubers. V. BLONDEL.

Aubert. *Août*, 1704, p. 240; *avr.*, 1755, p. 827.

Aubert de Résie. *Juill.*, 1ᵉʳ vol., 1775, p. 213.

Aubery. *Sept.*, 4ᵉ part., 1711, p. 41; *sept.*, 1716, p. 202; *avr.*, 1750, p. 837.

Aubery de Varan ou Vastan. *Juill.*, 4ᵉ part., 1711, pp. 111-119; *août*, 1758, p. 1875; *juill.*, 1745, p.1657; *janv.*, 1746, p. 198; *janv.*, 1755, p. 209.

Aubespin. V. BAREFORT.

Aubespine (l'). *Oct.*, 1700, p. 155; *févr.*, 1701, p. 116; *avr.*, 1706, p. 552; *août*, 1715, p. 10; *oct.*, 1725, p. 2540; *nov.*, 1727, p.2559; *avr.*, 1728, p.862; *mars*, 1720, p. 624; *avr.*, 1741, p. 854; *juin*, 2ᵉ vol., 1754, p. 205; *oct.*, 2ᵉ vol., 1758, p. 211; *oct.*, 2ᵉ vol., 1770, p. 214; *nov.*, 1770, p. 225.

Auboterre. V. Esparbez.

Aubevoye. *Févr.* 1765, p. 206.

Aubigné (d'). *Sept.*, 1688, pp. 501-516; *avr.* 1698, pp. 216-250; *mai*, 1705, p. 359; *janv.*, 1705, p. 232; *févr.*, 1705, p. 206; *janv.*, 1706, p. 272; *juin*, 1706, p. 536; *avr.*, 1710, p. 279; *mai*, 1721, p. 160; *août*, 1728, p. 1891; *nov.*, 1739, p. 2712; *févr.*, 1752, p. 210; *janv.*, 2e vol., 1763, p. 204; *juill.*, 2e vol., 1770, p. 215.

Aubigné de Figny. *Oct.* 1745, p. 198.

Aubignon. V. Vaguier.

Aubigny, V. Morell.

Aubin. *Mai*, 1745, p. 232.

-Aubinet de Montbrun. *Juill.*, 1759, p. 1678.

Aubourg. *Janv.*, 1685, p. 292; *oct.*, 1755, p. 2306.

Aubret. *Mars*, 1757, p. 620.

Arcambal. V. Eslacs.

Arcan. V. Tarik-Sénar.

Arces. *Févr.*, 1772, p. 209.

Archer (l'). *Févr.*, 1752, p. 210.

Archeries. *Avr.*, 1er vol., 1757, p. 206.

Aprimont, *Janv.*, 1er v., 1773, p. 212.

Aquin de Châteauregnard. *Juin*, 1716, p. 162.

Aramburc. *Févr.*, 1777, p. 212.

Aranthon d'Allex. *Déc.*, 1695, p. 204.

Arbois (d'). *Juin*, 1698, p. 251.

Arboulin. *Nov.*, 1752, p. 209.

Arbouville. V. Chambon.

Aubrière (l'). V. Fèvre (le).

Aubry. *Avr.*, 1715, p. 253; *Avr.*, 1755, p. 828; *nov.*, 1759, p. 2715.

Aubry d'Armanville. *Juin*, 1er vol., 1756, p. 1240.

Aubry de Barneville. *Févr.*, 1755, p. 211.

Aubusson. *Nov.*, 1701, pp. 376-384; *Févr.*, 1704, p. 518; *mars*, 1704, p. 215; *juin*, 1704, pp. 20-40; *juill.*, 1708, p. 97; *janv.*, 1713, p. 279; *sept.*, 1716, p. 204; *janv.*, 1725, p. 183; *févr.*, 1725, p. 590; *févr.*, 1751, p. 401; *juin*, 1er vol., 1755, p. 1242; *sept.*, 1741, p. 2116; *nov.*, 1741, p. 2538; *juin*, 2e vol., 1752, p. 202; *sept.*, 1752, p. 203; *août*, 1760, p. 202; *avril*, 1er vol., 1762, p. 201.

Audibert. *Sept.*, 1751, p. 2266; *avr.*, 1740, p. 817.

Audibert de Lussan. *Juin*, 1741, p. 1258; *janv.*, 1er vol., 1770, p. 213; *févr.*, 1771, p. 213.

Audiffret. *Juill.*, 1755, p. 1679; *juin*, 1741, p. 1489.

Aufay. V. Beuzelin.

Auffay. *Sept.*, 1769, p. 226.

Augeard. *Nov.*, 1751, p. 192.

Auger. *Avr.*, 1706, p. 220; *août*, 1708, p. 288.

Auger de Chalonges. *Août*, 1736, p. 1923.

Auger ou Auget de Monthyon. *Mai*, 1756, p. 1055; *avr.*, 1741, p. 826.

Auget. *Mars*, 1727, p. 625.

Auget de la Chabossière. *Mai*, 1752, p. 1020.

Augis. *Avr.*, 1755, p. 827.

Aulede de Lestonac. *Oct.*, 1748, p. 227.

Aulnoy. V. Motte (la).

Aultanne. V. Fournier.

Aultry. *Août*, 1756, p. 236.

Aumale. *Janv.*, 1712, p. 270; *juill.*, 1742, p. 1687; *sept.*, 1750, p. 194; *janv.*, 1er vol., 1757, p. 229; *avr.*, 1er vol., 1762, p. 204; *avr.*, 1er v., 1774, p. 212.

Aumont (d'). *Nov.*, 1691, p. 251; *mars*, 1704, pp. 520-551; *mars*, 1708, p. 219; *juin*, 1708, p. 150; *avr.*, 1723, p. 851; *juill.*, 1725, p. 181; *nov.*, 1723, p. 1003; *avr.*, 1724, p. 784; *déc.*, 1724, p. 2124; *juin*, 1er vol., 1725, p. 1250; *avr.*, 1727, p. 848; *oct.*, 1728, p. 2544; *avr.*, 1729, p. 827; *oct.*, 1742, p. 2316; *janv.*, 1747, p. 199; *déc.*, 2e vol., 1751, p. 205; *mars*, 1759, p. 214.

Aumont de Villequier. *Mars*, 1759, p. 214.

Aunay (l'). *Avr.*, 2e vol., 1763, p. 202; *juill.*, 1er vol., 1772, p. 210. V. Cordier et Jourdan.

Aunillon. *Déc.*, 2e vol., 1750, p. 2967; *déc.*, 1760, p. 195.

Auneuil ou Aunueil. V. encore Barjot. *Mai*, 1706, p. 160; *juin*, 1714, p. 150.

Auriac. V. Castanier.

Auteuil. V. Combault.

Autrey. V. Fabry.

Autry. *Oct.*, 1749, p. 210.

Auvergne. *Oct.*, 1704, p. 55.

Auvet. *Mars*, 1771, p. 209.

Auvillars. V. Gontier.

Auvray. *Janv.*, 1758, p. 175; *sept.*, 1715, p. 2106.

Auxi. *Févr.*, 1701, pp. 211-261; *juin*, 1705, p. 250; *mai*, 1706, p. 316; *déc.*, 1715, p. 251; *janv.*, 1759, p. 181; *juin*, 1er vol., 1753, p. 195. V. encore Durand d'Auxi et Monceaux d'Auxi.

Auxy de Boissy. *Juin*, 2e vol., 1750, p. 185; *juin*, 1758, p. 210; *nov.*, 1775, p. 256.

Auzanet. *Mars*, 1716, p. 17; *déc.*, 2e vol., 1717, p. 195.

Avaray. V. Béziades.

Avaugour. *Mars*, 1699, p. 149; *févr.*, 1720, p. 185; *juin*, 1er vol., 1735, p. 1216; *oct.*, 1745, p. 2319; *sept.*, 1746, p. 195; *juill.*, 2e vol., 1756, p. 256. V. encore Bretagne.

Avaux. *Févr.*, 1705, p. 145; *janv.*, 1712, p. 251; *juill.*, 2e vol., 1777, p. 211. V. encore Mesmes.

Aveines. *Janv.*, 1751, p. 177.

Avejean. V. Bannes.

Avemenil. V. encore Avremenil et Pardieu.

Avenières (des). V. Revol.

Avernes. V. Bernart.

Averthon. *Oct.*, 1751, p. 215.

Avesnes. V. Petit (le).

Avet de Neuilly. *Oct.*, 1er vol., 1760, p. 204.

Avrémenil. *Mai*, 1778, p. 212. V. encore Avenenil.

Avrolles. V. Moreau.

Aydie. *Sept.*, 1717, p. 186; *mars*, 1755, p. 194; *oct.*, 2e vol., 1764, p. 207.

Aydie de Riberac. *Janv.*, 2e vol., 1769, p. 214; *juin*, 1772, p. 224.

Aydie de Rions. *Avr.*, 1741, p. 835.

Aymeret de Gazeau. *Mai*, 1701, t. 1, p. 271; *nov.*, 1752, p. 206.

Aymon. *Mai*, 1751, p. 1195.

Aynac-Turenne. *Juin*, 1704, p. 197. V. Turenne.

Azemar. *Mars*, 1755, p. 195.

Azincourt. V. Blondel.

Azouville. *Juin*, 2e v., 1733, p. 1459.

B

Bacalan. *Juill.*, 2e vol., 1769, p. 230.

Bachelier. *Juill.*, 1729, p. 1682; *juin*, 1er vol., 1730, p. 1257; *mai*, 1755, p. 1020; *nov.*, 1759, p. 2711; *déc.*, 1745, p. 2752; *juill.*, 1749, p. 206; *juin*, 2e vol., 1754, p. 206.

Bachelier de Montigny. *Févr.*, 1700, p. 81.

Bachelier de Beaubourg. *Mars*, 1716, p. 25.

Bachet. *Mars*, 1708, pp. 61-75.

Bâcle (le). *Mai*, 1717, pp. 169-174; *juill.*, 1758, p. 1668; *mai*, 1748, p. 189; *mars*, 1751, p. 208; *mai*, 1751, p. 208. V. encore Boucher de Villiers.

Bâcle d'Argenteuil (le). *Mars*, 1773, p. 210. V. encore Argenteuil.

Bacquencourt. V. Dupleix de Bacquencourt.

Bacqueville. V. Boyvin de Bacqueville.

Badie de Grasinier (la). *Janv.*, 1er v., 1772, p. 211.

Badier de Verseilles. *Juin*, 1741, p. 1246.

Badiollas. V. Chaise (la).

Badoire. *Juin*, 2e vol., 1749, p. 205.

Baglion de la Dufferie. *Juill.*, 1er v., 1775, p. 212.

Baglion de la Sale. *Juin*, 2e vol., 1755, p. 1459; *janv.*, 1738, p. 188; *mars*, 1759, p. 215.

Bagne (le). *Sept.*, 1774, p. 249.

Bagnollet. V. Louis.

Bagueville. *Juill.*, 1714, p. 199.

Baillard. *Mars*, 1758, p. 207.

Baillet. *Janv.*, 1713, p. 278; *mai*, 1751, p. 1025.

Baillet de la Cour. *Mars*, 1757, p. 611. V. encore Cour (la).

Bailleul. *Juin*, 1699, p. 257; *janv.*, 1701, p. 105; *juill.*, 1701, p. 211; *août*, 1706, p. 40; *févr.*, 1712, p. 61; *mai*, 1712, p. 42; *août*, 1712, p. 150; *août*, 1712, p. 159; *oct.*, 1712, p. 71; *nov.*, 1712, p. 263; *avril*, 1714, p. 216; *juin*, 1714, p. 145; *mai*, 1718, p. 184; *avril*, 1722, p. 186; *août*, 1755, p. 1891; *nov.*, 1757, p. 2550; *oct.*, 1er vol., 1769, p. 225.

Baillon. *Août*, 1756, p. 1931.

Baillot. *Févr.*, 1755, p. 597.

Bailly. *Févr.*; 1689, p. 215; *sept.*, 1701, p. 596; *juill.*, 1702, p. 196; *mai*, 1715, p. 286; *mai*, 1759, p. 204.

Bailly de la Berchère. *Juill.*, 1709, p. 81.

Balagny. V. Lecuyer.

Balaine de Pommeraye. *Juin*, 1716, p. 162.

Balainvilliers. *Déc.*, 1767, p. 215.

Balaisseau ou Balay-Saulx. V. Clé-radius.

Balbis. *Mai*, 1751, p. 206.

Balebat. *Août*, 1699, p. 177 et 209.

Balincourt. V. Testu de Balincourt.

Balleroy. *Avril*, 1745, p. 201. V. encore Cour (la).

Ballet de la Chenardière. *Févr.*, 1742, p. 597.

Ballivières. *Janv*, 1703, p. 357.

Balme. *Janv.*, 1706, p. 39.

Bally de Roison. *Mars*, 1775, p. 251.

Balsac d'Entragues. *Août*, 1755, p. 1804.

Baltefort. V. Barefort.

Balthazard. *Oct.-nov.*, 1703, p. 286; *nov.*, 1742, p. 2549; *déc.*, 2ᵉ vol., 1755, p. 201; *oct.*, 1754, p. 214.

Baltimore. V. Caloert.

Balzac. V. Guet (du).

Balzac de Saint-Pau. *Sept.*, 1774, p. 249.

Banay. V. Guyon.

Bandeville. V. Bazin et Sévin.

Bannes d'Avejean. *Oct.*, 1699, p. 153; *juill.*, 1705, p. 65; *avril*, 1722, p. 185; *mars*, 1753, p. 605; *juin*, 1ᵉʳ vol., 1758, p. 1225; *juin*, 1741, p. 1255; *avril*, 1750, p. 212; *janv.*, 1ᵉʳ vol., 1775, p. 252.

Baons-le-Comte. V. Pertuis.

Bapaume. *Sept.*, 1753, p. 202.

Bar. *Mai*, 1704, p. 202; *juin*, 1706, p. 540; *janv.*, 1712, p. 276; *juill.*, 1ᵉʳ vol., 1776, p. 256.

Baracé. V. Mothe (la).

Baradat. *Avril*, 1710, p. 205.

Barail. *Févr.*, 1750, p 205; *juill.*, 1ᵉʳ vol., 1775, p. 212. V. encore Prévost.

Baral. *Oct.*, 1755, p. 2554.

Barassy. *Déc.*, 2ᵉ vol., 1755, p. 201.

Barbacan. *Juill.*, 1751, p. 1851.

Barbançois. *Oct.*, 1ᵉʳ v., 1767, p. 208.

Barbanson. V. Prat (du).

Barbantane. V. Pujet.

Barbarin de Reignac. *Juin*, 2ᵉ vol., 1754, p. 205.

Barbaut. *Oct.*, 1742, p. 2518.

Barbazan. *Août*, 1716, p. 204.

Barbe-Deville. *Août*, 1751, p. 2044.

Barben. V. Forbin.

Barberie. *Janv.*, 1699, p. 169; *juin*, 1ᵉʳ vol., 1750, p. 1256; *avril*, 1751, p. 815; *janv.*, 1756, p. 176; *oct.*, 1754, p. 215.

Barberie de Courteille. *Janv.*, 2ᵉ v., 1756, p. 233; *janv.*, 2ᵉ vol., 1768, p. 211.

Barberie de Saint-Contest. *Juin-juill.*, 2ᵉ part. 1721, p. 80; *juin*, 1ᵉʳ vol., 1750, p. 1256; *mars*, 1746, p. 211; *juill.*, 1753, p. 210; *sept.*, 1754, p. 216; *oct.*, 2ᵉ vol., 1756, p. 229; *avril*, 2ᵉ v., 1772, p. 212.

Barberin. *Mars*, 1724, p. 575; *janv.*, 1746, p. 203.

Barbery. V. Barberie.

Barbezieux. V. Tellier (le).

Barbessières. *Janv.*, 1710, p. 151.

Barbier. *Janv.*, 1755, p. 186.

Barbin. *Mai*, 1747, p. 202.

Barbinays (la). *Juill.*, 1709, p. 47.

Barckley. *Août*, 1751, p. 167.

Barcos. *Nov.*, 1758, p. 2505; *juin*, 1764, p. 200.

Barde (de la). *Mars*, 1700, p. 101.

Bardel. *Juin*, 1724, p. 1228.

Bardonenches. *Juin*, 1698, p. 281.

Bareau de Girac. *Juin*, 1776, p. 257.

Barefort de l'Aubespin. *Sept.*, 1697, pp. 85-97; *août*, 1703, p. 27; *nov.*, 1704, p. 204; *oct.*, 1705, p. 46; *févr.*, 1710, p. 182; *avril*, 1752, p. 799; *nov.*, 1756, p. 2581.

Barentin. *Mars*, 1689, p. 508; *août*, 1694, p. 214; *juin*, 1698, p. 257; *sept.*, 1700, p. 265; *févr.*, 1704, p. 510; *sept.*, 1705, p. 225; *sept.*, 4ᵉ part., 1711, p. 48; *juill.*, 1716, p. 189; *juin-juill.*, 2ᵉ part., 1721, p. 79; *juill.*, 1724, p. 1059; *janv.*, 1728, p. 186; *juill.*, 2ᵉ vol., 1762, p. 188.

Barge (la). V. Charrier.

Barillon. *Mai*, 1686, p. 156; *juill.*, 1691, p. 516; *juill.*, 1695, pp. 196 et 222 250; *sept.*, 1696, p. 511; *mai*, 1699, p. 208; *avr.*, 1700, p. 268; *déc.*, 1701, p. 536; *janv.*,

1702, p. 180; *mai*, 1704, p. 174; *févr.*, 1716, p. 284; *mars*, 1716, p. 57; *mai*, 1716, p. 286; *févr.*, 1725, p. 596; *févr.*, 1727, p. 406; *mars*, 1755, p. 605; *mars*, 1755, p. 606; *juin*, 1741, p. 1470; *juill.*, 1741, p. 1691; *nov.*, 1745, p. 252; *janv.*, 1er vol., 1756, p. 225.

Barin. V. BARRIN.

Barjavel. *Mars*, 1712, p. 147.

Barjot d'Auneuil. *Janv.*, 1694, p. 255; *janv.*, 1700, p. 242; *févr.*, 1705, p. 41; *janv.*, 1706, p. 252; *mai*, 1706, p. 160. V. encore AUNEUIL.

Barjot de Roncée. *Mars*, 1726, p. 615; *juill.*, 1751, p. 214.

Barlemont. *Janv.*, 1706, p. 45.

Barmont. *Oct.*, 1754, p. 2512. V. encore PERROTIN.

Barmontel. V. VILLELUME.

Barneville. *Oct.*, 1706, p. 293. V. encore AUBRY et JUMEL.

Barnier. *Mars*, 1729, p. 624.

Baron. *Juin*, 1689, p. 245; *juill.*, 1689, p. 288; *févr.*, 1re part., 1715, p. 109; *août*, 1749, p. 1749, p. 195.

Baron de Soissons. *Mai*, 1749, p. 229. V. encore SOISSONS.

Baromat de Polémieux. *Janv.*, 1698, p. 211; *mars*, 1698, p. 168.

Baronnie (la). *Janv.*, 1710, p. 150.

Barouillière (la). *Août*, 1705, p. 51.

Barouville. V. LATTAIGNANT.

Baroux. *Nov.*, 1755, p. 208.

Barral. *Juin*, 1764, p. 200.

Barral de Montferrat. *Avr.*, 1741, p. 240.

Barre (la). *Oct.*, 1701, p. 598; *févr.*, 1707, p. 196; *mai*, 1754, p. 1050; *févr.*, 1755, p. 405; *juill.*, 1755, p. 1664; *janv.*, 1757, p. 167; *oct.*, 1759, p. 2521; *oct.*, 2e vol., 1764, p. 207. V. encore FÈVRE DE LA BARRE.

Barré. *Janv.*, 1757, p. 157; *mars*, 1747, p. 208.

Barren. *Mars*, 1771, p. 210.

Barres (des). V. RÉGNAULT.

Barrin de la Gallissonnière. *Mars*, 1757, p. 612; *janv.*, 2e vol., 1765, p. 181. V. GALLISSONNIÈRE (LA).

Barroire (la). V. BIZET.

Barry (du). *Août*, 1775, p. 211.

Bart (Jean). *Juill.*, 1755, p. 224.

Bartal. *Juin*, 1764, p. 200.

Barthélemy de Bélisy. *Mai*, 1701, t. 1, p. 531.

Barthélemy-Grammont. *Juill.*, 1745, p. 1656.

Bartholy. *Oct.*, 1705, p. 525.

Bartillat. *Juin*, 1er vol., 1755, p. 1245.

Bartillat d'Uriel. *Juill.*, 1701, p. 221.

Bartilliet. *Mars*, 1776, p. 251.

Barville. *Mars*, 1751, p. 608.

Bas (le). *Mars*, 1708, p. 548; *avr.*, 1751, p. 815; *févr.*, 1757, p. 404; *avr.*, 1758, p. 818; *août*, 1742, p. 1901; *avr.*, 1748, p. 212.

Bas de Montargis (le). *Mars*, 1715, 1re part., p. 206; *avr.*, 1726, p. 855; *avr.*, 1741, p. 856.

Bas du Plessis (le). *Nov.*, 1751, p. 2684; *févr.*, 1472, p. 411.

Basan. V. BAZAN.

Baschi. *Avr.*, 2e vol., 1772, p. 210; *janv.*, 2e vol., 1778, p. 212.

Baschi d'Aubaïs. *Juin*, 2e vol., 1752, p. 1444; *mars*, 1755, p. 606; *avr.*, 1740, p. 827; *févr.*, 1742, p. 408; *juill.*, 1746, p. 200; *déc.*, 1er vol., 1754, p. 205; *juill.*, 1755, p. 222; *nov.*, 1756, p. 216; *avr.*, 2e vol., 1758, p. 201; *nov.*, 1775, p. 215; *avr.* 1er vol., 1777, p. 215.

Baschi de Cayla. *Sept.*, 1766, p. 206.

Bascle. V. BÂCLE.

Baslin. *Juin-juill.*, 2e part., 1721, p. 79.

Basquiat. *Oct.*, 1er vol., 1765, p. 200.

Basquiat de la Houze. *Avr.*, 2e vol., 1775, p. 211; *oct.*, 2e vol., 1774, p. 212; *mai*, 1775, p. 225.

Bassabat. *Nov.*, 1710, p. 88.

Bassancourt. V. DROUET.

Basselas. *Juill.*, 1er v., 1776, p. 254.

Bassincourt. *Mars*, 1778, p. 207.

Bassompière. *Oct.*, 1706, p. 229; *nov.*, 1714, p. 526; *juin*, 1er vol., 1727, p. 1254; *mars*, 1728; p. 616; *déc.*, 1er vol., 1728, p. 2974; *mai*, 1754, p. 1050; *janv.*, 1748, p. 212; *mars*, 1749, p. 210; *avr.*, 1749, p. 252; *mai*, 1762, p. 201; *mai*, 1775, p. 212.

Bastide (la). V. JOUBERT.

Bastide de Châteaumorand. *Mai*, 1740, p. 1041.

Bastie (la). *Avr.*, 1709, p. 254; *janv.*, 1752, p. 197; *mars*, 1759, p. 610; *sept.*, 1754, p. 215; *avr.*,

2ᵉ vol., 1767, p. 196. V. encore MONTFERRAT.

Bastie d'Arvillar (la). *Avr.*, 1741, p. 840.

Bastonneau. *Janv.*, 1756, p. 178; *sept.*, 1756, p. 2152; *juin*, 1741, p. 1249.

Basville. V. LAMOIGNON.

Baudean. V. BEAUDEAN.

Baudeau. *Mars*, 1716, p. 27.

Baudin. *Févr.*, 1754, p. 595; *déc.*, 2ᵉ vol., 1753, p. 202.

Baudon. *Juin*, 1ᵉʳ v., 1751, p. 1389.

Baudory. *Juin*, 2ᵉ v., 1749, p. 202.

Baudouin. *Avr.*, 1740, p. 816; *déc.*, 1ᵉʳ vol., 1750, p. 203; *déc.*, 1ᵉʳ vol., 1753, p. 198; *janv.*, 1ᵉʳ vol., 1770, p. 214; *janv.*, 2ᵉ v., 1771, p. 224.

Baudouyn. *Oct.*, 1712, p. 252; *déc.*, 1717, p. 297; *avr.*, 1720, p. 190.

Baudran. *Mai*, 1700, p. 209.

Baudron de Sénecé. *Nov.*, 1698, p. 286.

Baudry. *Nov. et déc.*, 1707, p. 585; *févr.*, 1730, p. 416; *déc.*, 1743, p. 2752; *janv.*, 1744, p. 189; *juill.*, 1ᵉʳ vol., 1769, p. 226.

Bauds. *Janv.*, 1749, p. 217.

Bauffremont. *Nov.*, 1697, p. 143; *juin*, 1705, p. 100; *janv.*, 1706, pp. 262-272; *févr.*, 1706, p. 254; *juill.*, 1753, p. 1678; *janv.*, 1ᵉʳ vol., 1756, p. 222; *janv.*, 2ᵉ vol., 1765, p. 180; *avr.*, 1ᵉʳ vol., 1769, p. 213; *juin*, 1769, p. 224.

Baugier. *Oct.*, 1722, p. 162.

Bauhin de Péreuse. *Janv.*, 1ᵉʳ vol., 1776, p. 211.

Baulène. *Déc.*, 2ᵉ vol., 1729, p. 5166.

Bault de Langy. *Févr.*, 1754, p. 401.

Baume (la). *Mai*, 1732, p. 1016; *avr.*, 1ᵉʳ vol., 1759, p. 212.

Baume de la Suze (la). *Sept.*, 1690, p. 250; *mars*, 1705, p. 142; *avr.*, 1705, p. 78; *avr.*, 1709, p. 257; *févr.*, 1722, p. 161; *déc.*, 1775, p. 254.

Baume de Talard (la). *Mars*, 1696, p. 252; *mars*, 1704, p. 191.

Baume-le-Blanc (la). V. VALLIÈRE (LA).

Baume-Montrevel (la). *Juill.*, 1707, p. 245; *avr.*, 1710, p. 184; *oct.*, 1716, p. 226; *févr.*, 1722, p. 165; *déc.*, 1ᵉʳ vol., 1756, p. 2795; *sept.*, 1757, p. 2103; *sept.*, 1745, p. 214;

juin, 1ᵉʳ vol., 1752, p. 207; *oct.*, 1754, p. 213; *janv.*, 1ᵉʳ vol., 1756, p. 220; *juin*, 1759, p. 214.

Baune (la). *Déc.*, 1751, p. 2913; *juin*, 1740, p. 1248.

Baune d'Angély. *Janv.*, 1ᵉʳ vol., 1773, p. 211.

Bauquemare. *Févr.*, 1697, p. 263; *mars*, 1728, p. 645; *mars*, 1743, p. 612.

Baussan. *Oct.*, 1702, p. 240; *mai*, 1710, p. 155; *avr.*, 1719, p. 157; *févr.*, 1740, p. 597; *mars*, 1755, p. 199; *août*, 1756, p. 254.

Baussans. *Nov.*, 1752, p. 201; *janv.*, 1753, p. 201.

Baussay de Longuetoise. *Avr.* 1703, p. 65.

Baussel. V. BEAUSSET.

Baustan. *Nov.*, 1751, p. 2684.

Bautru. *Mars*, 1700, p. 215; *nov. et déc.*, 1707, p. 549; *févr.*, 1708, pp. 199-211; *sept.*, 4ᵉ part., 1711, p. 146.; *oct.*, 1714, p. 295; *déc.*, 1ᵉʳ vol., 1725, p. 2557; *avr.*, 1726, p. 851; *févr.*, 1752, p. 406; *juin*, 1ᵉʳ vol., 1756, p. 1237; *sept.*, 1756, p. 2150; *mars*, 1759, p. 615; *août*, 1742, p. 1699; *juin*, 1745, p. 1445; *déc.*, 1ᵉʳ vol., 1746, p. 188; *juin*, 1ᵉʳ vol., 1755, p. 207; *déc.*, 1757, p. 203; *janv.*, 1ᵉʳ vol., 1758, p. 197. V. encore NOGENT.

Bauyn. *Juill.*, 1689, p. 289; *déc.*, 1695, p. 277; *mars*, 1698, p. 166; *mai*, 1698, p. 265; *janv.*, 1701, p. 588; *mai*, 1705, p. 257; *mars*, 1724, p. 576; *déc.*, 1740, p. 2965; *avr.*, 1741, p. 854; *juin*, 2ᵉ vol., 1753, p. 193.

Baunyn d'Angervilliers. *Janv.*, 1753, p. 171; *févr.*, 1740, p. 596; *oct.*, 1ᵉʳ vol., 1761, p. 218.

Bauyn de Bersan. *Févr.*, 1755, p 403.

Bayn de Cormery. *Févr.*, 1740, p. 590.

Bauyn de Jallais. *Juin*, 2ᵉ vol., 1755, p. 193.

Bavière. *Juill.*, 1747, p. 211.

Bâville. V. OZONNE et LAMOIGNON.

Bayane. *Janv.*, 1709, p. 226.

Bayard. V. TERRAIL (DU).

Baye. *Juin*, 1761, p. 216; *avril*, 2ᵉ vol., 1767, p. 194; *oct.*, 1ᵉʳ vol., 1776, p. 212.

Bayeul. V. BAILLEUL.

Bayle. *Avril*, 1er vol., 1775, p. 210.

Baylens. *Mai*, 1716, p. 268.

Baylens de Poyanne. *Nov.*, 1772, p. 215. V. encore POYANNE.

Baynac. *Juill.*, 1er vol., 1770, p. 250.

Bazan. *Mai*, 1715, p. 195.

Bazan de Flammenville. *Juin.*, 1er v., 1750, p. 209; *mai*, 1761, p. 226.

Bazarne. *Févr.*, 1749, p. 191.

Bazat. *Juill.*, 1753, p. 213.

Bazin de Bandeville. *Mai*, 1702, p. 291.

Bazin de Besons. *Juin*, 1699, p. 259; *sept.*, 1700, p. 182; *oct.*, 1700, p. 187; *juin*, 1705, p. 212; *mars*, 1708, p. 299; *juill.*, 1709, p. 120; *janv.*, 1716, p. 211; *oct.*, 1721, p. 195; *mars*, 2e v., 1722, p. 162; *nov.*, 1723, p. 1005; *déc.*, 1er vol., 1725, p. 2959; *déc.*, 2e vol., 1725, p. 5159; *juin*, 1726, p. 1275, *déc.*, 1er vol., 1726, p. 2805; *mai*, 1727, p. 1017; *févr.*, 1728, p. 416; *sept.*, 1728, p. 2152; *août*, 1729, p. 1901; *janv.*, 1750, p. 185; *févr.*, 1731, p. 401; *févr.*, 1752, p. 408; *mai*, 1733, p. 1052; *mai*, 1740, p. 1010; *juill.*, 1740, p. 1675; *déc.*, 1741, p. 2959; *févr.*, 1742, p. 404; *nov.*, 1752, p. 207; *avril*, 1753, p. 197; *oct.*, 1er vol., 1770, p. 214; *oct.*, 2e vol., 1771, p. 211.

Bazin de Champigny. *Sept.*, 1756, p. 2149.

Bazinière (la). V. BERTRAND.

Bazonière (la). *Nov.-déc.*, 1707, p. 81.

Béarn. V. GALARD.

Béarn-Béon. *Mars*, 1773, p. 211.

Beaubourg. V. BACHELIER.

Beaucaire. V. PECHPEIROU.

Beauchamps. V. FAUCARD.

Beaucour. V. FESSART.

Beaucovoy. V. ACARY.

Beaudans. *Déc.*, 1er v., 1750, p. 207.

Beaudean. *Janv.*, 1er v., 1756, p. 225.

Beaudean de Parabère. *Oct.*, 1680, p. 512; *févr.*, 1681, p. 45; *févr.*, 1700, p. 255; *mars*, 1700, pp. 190-215; *mai*, 1706, p. 55; *nov.-déc.*, 1707, p. 40; *juin*, 1er part., 1711, p. 61; *févr.*, 1716, p. 283; *févr.*, 1720, p. 172; *sept.*, 1741, p. 2115; *déc.*, 1er vol., 1746, p. 1844; *avril*, 2e vol., 1767, p. 196.

Beaudouin. V. BAUDOUIN.

Beaufort. *Oct.*, 1729, p. 2511; *sept.*, 1751, p. 2087; *avril*, 1758, p. 815; *nov.*, 1716, p. 195; *juill.*, 2e vol., 1763, p. 209. V. encore GROUT DE BEAUFORT et MARTIN DE BEAUFORT.

Beaufort de Montboissier. V. MONTBOISSIER.

Beauharnois. *Nov.*, 1709, p. 119; *fév.*, 1710, p. 125; *avril*, 1710, p. 145; *août*, 1725, p. 418; *nov.*, 1725, p. 2745; *oct.*, 1751, p. 2462; *sept.*, 1749, p. 210.

Beaujeu. *Mai*, 1750, p. 1049.

Beaulac de Pezenne. *Mars*, 1758, p. 606.

Beaulieu. *Mai*, 1753, p. 1051; *déc.*, 1er vol., 1753, p. 200. V. encore LHOSTE.

Beaulieu de Béthomas. *Juill.*, 1702, p. 268; *août*, 1702, p. 257; *oct.*, 1705, p. 525.

Beaumanoir. *Sept.*, 1701, p. 510; *mars*, 1705, p. 59; *févr.*, 1708, p. 254; *mai*, 1725, p. 1052; *déc.*, 1er vol., 1750, p. 201; *oct.*, 1er v., 1756, p. 251; *mars*, 1778, p. 207.

Beaumanoir-Lavardin. *Janv.*, 1er v., 1756, p. 229. V. encore LAVARDIN.

Beaumardy de Créci. *Juin*, 2e vol., 1750, p. 182.

Beaumefort. V. DANGLEJAN.

Beaumont. *Oct.*, 1757, p. 2316; *déc.*, 1740, p. 2755; *nov.*, 1744, p. 207; *avril*, 1751, p. 190. V. encore CHASSEPOT.

Beaumont d'Autichamps. *Janv.*, 1759, p. 185; *août*, 1747, p. 186.

Beaumont de la Roque. *Nov.*, 1776, p. 212. V. encore ROQUE (LA).

Beaumont du Repaire. *Avril*, 1747, p. 201.

Beaune. V. MONTAIGU.

Beaupoil de Saint-Aulaire. *Avril*, 1702, pp. 541-549; *juin*, 1702, p. 418; *févr.*, 1704, p. 265 et 272; *juill.*, 1705, p. 117; *juin*, 1708, p. 92; *mars*, 1711, p. 119; *févr.*, 1725, p. 594; *oct.*, 1727, p. 2356; *déc.*, 1er vol., 1728, p. 2760; *juin*, 1er vol., 1758, p. 1225; *nov.*, 1739, p. 2718; *juill.*, 1748, p. 192; *juin*, 2e vol., 1749, p. 200; *mars*, 1750, p. 200; *mars*, 1760, p. 203; *août*, 1761, p. 199; *mai*, 1766, p. 208; *juin*, 1774, p. 257; *juill.*, 1er v., 1774, p. 212.

Beaupré. *Sept.*, 1751, p. 2266. V. encore Choiseul-Beaupré, Mauléon et Pelletier (le).

Beauran. *Mai*, 1778, p. 212.

Beaurecueil. *Janv.*, 2ᵉ v., 1775, p. 212.

Beauregard. *Mai*, 1727, p. 1044. V. encore Mouche (la), Rollot et Sourches.

Beaurepaire. *Mai*, 1755, p. 209.

Beaurepaire. *Mars*, 1711, p. 120; *oct.*, 1755, p. 2554.

Beaussans. V. Baussans.

Beausset. *Avr.*, 2ᵉ vol., 1767, p. 200; *nov.*, 1767, p. 211; *sept.*, 1771, p. 212; *sept.*, 1776, p. 212.

Beauteville. *Mai*, 1776, p. 211.

Beautru. *Mai*, 1769, p. 212.

Beauvais. *Août*, 1707, p 173; *juill.*, 1714, p. 202; *août*, 1729, p. 1899; *avril*, 1759, p. 821; *août*, 1741, p. 2041; *févr.*, 1752, p. 408; *févr.*, 1755, p. 598.

Beauvais de Gentilly. *Août*, 1697, p. 277. V. encore Cahouet.

Beauveau. *Nov.*, 1694, p. 253; *nov.*, 1701, p. 101; *juill.*, 1702, pp. 208-215; *janv.*, 1705, p. 282; *févr.*, 1705, p. 55; *janv.*, 1706, p. 55; *avr.*, 1706, p. 295; *août*, 1715, pp. 255-262; *juin*, 1717, p. 182; *sept.*, 1717, p. 187; *sept.*, 1721, pp. 169-174; *mars*, 1755, p. 605; *juin*, 1ᵉʳ vol., 1754, p. 1218; *févr.*, 1755, p. 615; *nov.*, 1755, p. 2528; *sept.*, 1756, p. 2150; *juin*, 1ᵉʳ vol., 1757, p. 1227; *juil.*, 1758, p. 1662; *août*, 1759, p. 1886; *juin*, 1741, p. 1261; *juill.*, 1742, p. 1685; *juin*, 1745, p. 1240; *déc.*, 1ᵉʳ vol., 1750, p. 198 et 205; *avr.*, 1755, p. 201; *nov.*, 1755, p. 204; *juin*, 1ᵉʳ vol., 1754, p. 209; *janv.*, 1ᵉʳ vol., 1756, p. 220; *août*, 1765, p. 199; *déc.*, 1765, p. 196; *déc.*, 1767, p. 257; *avr.*, 1ᵉʳ vol., 1770, p. 224; *avr.*, 2ᵉ vol., 1770, p. 212; *août*, 1774, p. 215.

Beauveau-Tigny. *Avr.*, 1ᵉʳ vol., 1770, p. 224.

Beauverger de Montgon. *Oct.*, 1724, p. 2255; *juill.*, 1ᵉʳ vol., 1771, p. 210; *oct.*, 1ᵉʳ vol., 1774, p. 235. V. encore Cordeboeuf et Montgon.

Beauvilliers de Saint-Aignan. *Avr.*, t. 2, 1701, p. 512; *janv.*, 1705,

p. 253; *janv.*, 1707, p. 351; *févr.*, 1710, p. 252; *Avr.*, 1713, p. 172; *sept.*, 1714, p. 222; *sept.*, 1718, p. 212; *nov.*, 1729, p. 2758; *sept.*, 1755, p. 2091; *nov.*, 1751, p. 2524; *févr.*, 1742, p. 596; *janv.*, 1745, p. 151; *janv.*, 1746, p. 200; *déc.*, 1ᵉʳ vol., 1748, p. 251; *mars*, 1750, p. 198; *déc.*, 1ᵉʳ vol., 1751, p. 186; *oct.*, 1755, p. 212; *déc.*, 1ᵉʳ vol., 1755, p. 196; *déc.*, 2ᵉ vol., 1755, p. 195; *déc.*, 1757, p. 202; *déc.*, 1758, p. 205; *déc.*, 1764, p. 205; *févr.*, 1771, p. 212; *nov.*, 1771, p. 215; *févr.*, 1776, p. 212.

Beauvoir. *Nov.*, 1721, p. 181. V. Grimoard et Virieu.

Bec-de-Lièvre. *Avr.*, 1725, p. 851; *sept.*, 1755, p. 2096; *nov.*, 1755, p. 2525; *déc.*, 1ᵉʳ vol., 1755, p. 2745; *déc.*, 1740, p. 2964; *mai*, 1742, pp. 1260 et 1265; *mars*, 1754, p. 209; *déc.*, 1ᵉʳ vol., 1754, p. 207; *nov.*, 1771, p. 215.

Bec de Vardes (du). *Mars*, 1745, p. 612.

Béchameil. V. Nointel.

Bédé des Faugerais. *Janv.*, 1750, p. 184.

Bédoyère (la). V. Huchet.

Béduer. *Nov.*, 1702, p. 67. V. encore Lostanges.

Begon. *Janv.*, 1698, p. 269; *sept.*, 1708, p. 78; *déc.*, 1708, p. 95; *avr.*, 1710, p. 144; *janv.*, 1714, p. 169; *sept.*, 1759, p. 2088; *mars*, 1754, p. 208.

Bègue. V. Besgue.

Bel (le). *Mars*, 1706, p. 242; *oct.*, 1757, p. 2505; *juill.*, 1758, p. 1657; *août*, 1758, p. 1877; *nov.*, 1758, p. 2499; *déc.*, 1ᵉʳ vol., 1748, p. 250; *oct.*, 1ᵉʳ vol., 1768, p. 215; *déc.*, 1775, p. 226.

Bélanger de Tourotte. *Déc.*, 1710, p. 54; *juin*, 2ᵉ vol., 1755, p. 1458. V. encore Bellanger.

Belfond. *Avr.*, 1755, p. 819.

Belhomme. *Oct.*, 1755, p. 2523.

Bélidor. *Oct.*, 1ᵉʳ vol., 1761, p. 219.

Bélisy. V. Barthélemy.

Bellanger. *Janv.*, 1758, p. 185; *sept.*, 1747, p. 168; *juin*, 2ᵉ vol., 1749, p. 198. V. encore Bélanger.

Bellay (du). *Avr.*, 1724, p. 784; *nov.*, 1725, p. 2745; *avr.*, 1747,

p. 202; *nov.*, 1755, p. 208; *janv.*, 2ᵉ vol., 1776, p. 213.

Bellay de Langey (du). *Mai*, 1705, p. 181.

Bellebrune. *Avr.*, 1741, p. 824.

Belle-Combe. *Janv.*, 1705, p. 106; *avr.*, 1ᵉʳ vol., 1765, p. 213.

Bellefond. V. Buq (du).

Bellefons. V. Gigault.

Bellefourrière. *Mai*, 1759, p. 1035.

Bellegarde. *Mai*, 1706, p. 171; *mai*, 1755, p. 211. V. encore Lalive.

Belleguise. V. Durand.

Belle-Isle. V. Fouquet et Perron.

Bellejamme. V. Maitre (le).

Bellen. *Avr.*, 2ᵉ vol., 1772, p. 210.

Bellenave. V. Loup (le).

Belleriant. *Sept.*, 1706, p. 161.

Belleville. *Mai*, 1769, p. 212.

Belley (du). *Févr.*, 1721, p. 128; *janv.*, 1ᵉʳ vol., 1772, p. 211.

Bellièvre. *Oct.*, 1697, p. 218; *févr.*, 1698, p. 266.

Bellinzani. *Déc.*, 1740, p. 2752; *août*, 1752, p. 201.

Bellocq. *Oct.*, 1704, p. 405.

Bellois. *Févr.*, 1712, p. 55.

Bellon de Thurin. *Mai*, 1705, p. 99; *févr.*, 1720, p. 168; *juill.*, 1740, p. 1667.

Bellot. *Janv.*, 1ᵉʳ vol., 1775, p. 234. V. Belot.

Belloy. *Janv.*, 1755, p. 169. V. encore Buirette.

Belmont. V. Arestel.

Belon de Fontenay. *Oct.*, 1ᵉʳ vol., 1769, p. 225.

Belot. *Avr.*, 2ᵉ vol., 1757, p. 202. V. Bellot.

Belval. V. Raullin.

Belzunce. *Mai*, 1709, p. 216; *juin*, 1701, p. 115; *févr.*, 1708, p. 283; *avr.*, 1709, p. 216; *mai*, 1709, pp. 216-228; *avr.*, 1710, p. 214; *mai*, 1715, pp. 200-206; *juill.*, 1728, p. 1692; *juin*, 2ᵉ vol., 1756, p. 1471; *avr.*, 1759, p. 819; *juill.*, 1740, p. 1676; *nov.*, 1741, p. 2540; *oct.*, 1742, p. 2520; *juill.*, 1755, p. 225; *août*, 1755, p. 260; *juill.*, 2ᵉ vol., 1762, p. 188; *févr.*, 1764, p. 201. V. encore Castelmoron.

Bénac. V. Montaut.

Bénard de Rezay. *Juin*, 1689, p. 242; *nov.*, 1755, p. 2522; *janv.*, 1757, p. 164.

Benee. *Août*, 1754, p. 1891.

Bendeville. V. Saint-Périer.

Benoise. *Oct.*, 1698, p. 231; *avr.*, 1699, p. 216; *janv.*, 1712, p. 205; *août*, 1712, p. 158; *juin*, 2ᵉ vol., 1725, p. 1454; *mars*, 1754, p. 620; *déc.*, 1742, p. 2760; *avr.*, 1750, p. 208. V. encore Mareuil.

Benoist. *Avr.* 1715, p. 255; *déc.*, 1ᵉʳ vol., 1755, p. 198.

Benoît. *Mai*, 1758, p. 1029; *mai*, 1749, p. 228.

Bénouville. *Juin*, 1760, p. 251; *mai*, 1768, p. 198.

Bense. *Nov.*, 1744, p. 207.

Benseville. *Janv.*, 2ᵉ vol., 1772, p. 211.

Béon. V. Béarn et Luxembourg.

Béranger. V. Bérenger.

Bérard de Montalet de Villebreuil. *Oct.*, 1ᵉʳ vol., 1770, p. 215.

Bérard de Ville-Breuil. *Août*, 1763, p. 198. V. encore Ville-Breuil.

Béraud. V. Bérault et Villiers-Béraud.

Béraud de Courville. *Juin*, 1776, p. 256. V. encore Courville.

Béraud de Sanois. *Mars*, 1772, p. 209.

Bérault. *Janv.*, 1755, p. 185; *déc.*, 1758, p. 2921; *avr.*, 2ᵉ vol., 1767, p. 200. V. encore Béraud et Villiers.

Berbier de Metz. *Nov.*, 1699, p. 231; *oct.*, 1750, p. 2528; *juin*, 1740, p. 1241.

Berbis. *Déc.*, 1ᵉʳ vol., 1728, p. 2751.

Berbisey. *Nov.*, 1718, p. 114.

Berbizy. *Nov.*, 1725, p. 2742.

Bercet de la Clue. *Nov.*, 1761, p. 174.

Bercheni. *Avr.*, 1ᵉʳ vol., 1762, p. 205; *janv.*, 2ᵉ vol., 1767, p. 187; *juill.*, 1ᵉʳ vol., 1777, p. 210; *janv.*, 1ᵉʳ vol., 1778, p. 227.

Berchère (la). V. Bailly et Goux (le).

Bercy. *Juill.*, 1ᵉʳ vol., 1776, p. 255.

Bercy-Malon. *Oct.*, 1705, p. 291; *oct.*, 1706, p. 278; *août*, 1709, p. 282; *juill.*, 1710, p. 265; *juin*, 1715, p. 222; *sept.*, 1715, p. 252; *févr.*, 1742, p. 599; *oct.*, 1745, p. 196; *nov.*, 1747, p. 205.

Bérenger. *Oct.*, 1727, p. 2557; *nov.*, 1751, p. 194; *janv.*, 1ᵉʳ vol.,

1756, p. 218; *janv.*, 1774, 1er v., p. 228.

Bérenger de Montmouton. *Juill.*, 1758, p. 1660.

Bérenger du Gua ou du Guast. *Janv.*, 1692, p. 244; *mars*, 1708, p. 221; *sept.*, 1710, p. 42; *mars*, 1712, p. 85; *mars*, 1727, p. 622; *avr.*, 1741, p. 852.

Berger. *Août*, 1734, p. 1890; *juin*, 1740, p. 1249; *juill.*, 1742, p. 1681.

Bérgerède. *Janv.*, 1750, p. 184.

Berger de Malissol. *Oct.*, 1738, p. 2501.

Bergeret. *Oct.*, 1707, p. 65.

Bergeries (des). *Déc.*, 1705, p. 405.

Berghes. *Déc.*, 1744, p. 201.

Berghes de Montigny. *Mars*, 1re part., 1715, p. 200.

Bergier (du). *Juin*, 1er vol., 1737, p. 1230.

Bergonne. *Janv.*, 1728, p. 185.

Béringhen. *Juill.*, 1701, p. 239; *févr.*, 1708, p. 235; *juin*, 1708, p. 108; *mai*, 1725, p. 1006; *déc.*, 1723, p. 1259; *nov.*, 1726, p. 2602; *sept.*, 1er vol., 1729, p. 2043; *févr.*, 1750, p. 421; *juill.*, 1742, p. 1685; *déc.*, 1742, p. 2759; *mars*, 1745, p. 615; *sept.*, 1745, p. 2105; *juill.*, 1746, p. 210; *nov.*, 1749, p. 215; *janv.*, 1er vol., 1756, p. 229; *mars*, 1770, p. 212.

Berlo. *Janv.*, 1er vol., 1775, p. 255.

Bermondes. *Janv.*, 1er vol., 1775, p. 255.

Bermondet. *Déc.*, 1777, p. 212; *janv.*, 1er vol., 1778, p. 227.

Bernage. *Juin*, 1689, pp. 250-256; *juill.*, 1708, p. 120; *déc.*, 1er v., 1728, p. 2764; *mai*, 1750, p. 1049; *déc.*, 1er vol., 1757, p. 2728; *juin*, 1776, p. 234.

Bernard. *Août*, 1715, p. 255; *mai*, 1746, p. 196; *juin*, 1er vol., 1749, p. 214. V. encore SAMUEL BERNARD.

Bernard-Champigny-Montgon. *Mars*, 1778, p. 207. V. encore MONTGON.

Bernard de Forax. *Nov.*, 1698, p. 284.

Bernard de Hatte. *Mai*, 1749, p. 232. V. encore HATTE.

Bernard de Jussieu. *Déc.*, 1777, p. 215.

Bernard de Rieux. *Janv.*, 1746, p. 202. V. encore RIEUX.

Bernard de Saint-Sacre. *Mai*, 1748, p. 199.

Bernart d'Avernes. *Avril*, 2e vol., 1765, p. 202; *janv.*, 1er v., 1765, p. 204; *juin*, 1777, p. 211.

Bernay. V. HUAULT.

Bernières. *Mai*, 1704, p. 172; *sept.*, 1705, p. 228; *juin*, 1706, p. 548; *oct.*, 1754, p. 2512; *nov.*, 1754, p. 2531.

Bernis. V. PIERRE DE BERNIS.

Bermonville. V. ROUEN.

Berrier de Ravenoville. *Janv.*, 1759, p. 182.

Berry. V. THIBOUST.

Berry d'Issertaux. *Nov.*, 1719, p. 208; *mai*, 1724, p. 1228; *juin*, 1724, p. 1228.

Berryer. *Janv.*, 1708, p. 165.

Berryer de la Ferrière. *Mars*, 1745, p. 610.

Bersan. V. BAUYN.

Berseur de Fontenay. *Févr.*, 1755, p. 402; *juill.*, 2e v., 1756, p. 254.

Bersin. *Mars*, 1747, p. 205.

Bersiavilliers. *Janv.*, 1753, p. 207.

Bertamvilliers. *Avril*, 1er vol., 1769, p. 213.

Berthault de Chémault. *Mars*, 1712, p. 86; *mai*, 1741, p. 1051.

Berthault de Fréauville. *Févr.*, 1704, p. 194; *juill.*, 1715, p. 242; *mars*, 1755, p. 601.

Berthe de Clermont. *Avril*, 1704, p. 55; *juill.*, 1744, p. 1702.

Berthelot. *Avril*, 1710, p. 181; *juin*, 1712, p. 119; *déc.*, 1715, p. 169; *févr.*, 1720, p. 173; *janv.*, 1727, p. 189; *oct.*, 1727, p. 2551; *févr.*, 1755, p. 597; *mars*, 1734, p. 617; *déc.*, 1759, p. 2944; *janv.*, 1740, p. 181; *juill.*, 1742, p. 1661; *juill.*, 1742, p. 1668; *déc.*, 2e vol., 1746, p. 215.

Berthelot de Belley. *Mars*, 1758, p. 608.

Berthelot de la Villeurnoy. *Mars*, 1776, p. 234.

Berthelot de Montchêne. *Sept.*, 1741, p. 2119.

Berthemel. *Mai*, 1711, 2e part., p. 74.

Berthet. V. GORZE.

Berthier. *Juill.*, 1708, p. 207; *sept.*, 1759, p. 2514; *déc.*, 1767, p. 240; *févr.*, 1769, p. 225.

Berthier de Sauvigny. *Juin*, 2e vol., 1736, p. 1475; *sept.*, 1745, p. 219; *déc.*, 1er vol., 1747, p. 206.

Bertillat. *Mars*, 1706, p. 242.

Bertin. *Juill.*, 1712, p. 256; *déc.*, 1er v., 1729, p. 2965; *déc.*, 1er v., 1750, p. 199; *oct.*, 2e vol., 1774, p. 212.

Bertin de Blagny. *Oct.*, 1742, p. 2527.

Bertin de Brelincourt. *Janv.*, 1700, p. 199.

Bertin de Vaugien. *Fév.*, 1742, p. 595.

Berton de Crillon. *Fév.*, 1742, p. 109; *déc.*, 1er vol., 1747, p. 202; *mai*, 1751, p. 206; *juill.*, 1755, p. 222; *janv.*, 1er vol., 1764, p. 185; *juill.*, 2e vol., 1771, p. 212.

Berton de la Violay. *Déc.*, 1er vol., 1751, p. 181.

Bertrana de Vieuville. *Avril*, 2e vol., 1778, p. 212.

Bertrand de la Bazinière. *Oct.*, 1686, p. 520; *sept.*, 1727, p. 2134.

Bérulle. *Nov.*, 1679, pp. 105-116; *janv.*, 1705, p. 522; *janv.*, 1727, p. 192; *mai*, 1750, p. 1048; *juin*, 1er vol., 1752, p. 1258; *juin*, 2e vol., 1756, p. 1472; *déc.*, 1er vol., 1747, p. 203; *févr.*, 1775, p. 215.

Berville. V. OCIER.

Berwick. *Avril*, 1720, p. 190; *juin*, 1er vol., 1751, p. 1591; *juin*, 2e v., 1754, p. 1449.

Béry. V. JOLY.

Besançon. *Sept.*, 1710, p. 52; *déc.*, 1715, p. 188. V. encore PLESSIS.

Besanne. *Oct.*, 2e part., 1715, p. 226.

Besenval. *Sept.*, 1755, p. 2096; *mars*, 1756, p. 602; *nov.*, 1758, p. 2499.

Besgue (le). *Janv.*, 1757, p. 169.

Besgue de Majainville. *Juill.*, 1704, p. 184; *juin*, 2e vol., 1749, p. 204.

Besmaux. *Janv.*, 1707, p. 557.

Besnard. *Févr.*, 1752, p. 408.

Besnard de Maisons. *Mai*, 1740, p. 1040.

Besons. V. BAZIN.

Bessay de Lusignan. *Déc.*, 1er vol., 1755, p. 200. V. encore LUSIGNAN.

Besse de la Richardie. *Avril*, 1755, p. 208; *déc.*, 1767, p. 239; *juill.*, 2e vol., 1777, p. 212.

Besset. *Août*, 1754, p. 205; *janv.*, 1755. p. 215.

Bessey. V. POUILLY.

Bessey (du). *Juin*, 1er vol., 1729, p. 1261.

Bessière-Cantoynet. *Sept.*, 1706, p. 80.

Besson de Rozefort. *Nov.*, 1697, p. 252.

Bétaud. *Févr.*, 1723, p. 594.

Bétault de Chémeaux. V. BERTHAULT DE CHÉMAULT.

Bethencourt. *Mai*, 1709, p. 100.

Béthizy. *Févr.*, 1718, p. 126; *mai*, 1721, p. 160; *sept.*, 1722, p. 195; *janv.*, 1728, p. 188; *mai*, 1755, p. 1032; *juin*, 2e vol., 1755, p. 189.

Béthomas. V. BEAULIEU.

Béthune. *Nov.*, 1685, pp. 260-67; *juin*, 1692, p. 59; *juill.*, 1694, p. 85; *sept.*, 1699, p. 253; *janv.*, 1702, p. 296; *janv.*, 1705, pp. 512 et 556; *janv.*, 1704, p. 76; *janv.*, 1705, p. 208; *août*, 1706, p. 227; *janv.*, 1708, p. 515; *mars*, 1708, p. 262; *juill.*, 1708, p. 142; *janv.*, 1709, p. 511; *mai*, 1709, p. 268; *avr.*, 1710, p. 505; *nov.*, 1712, p. 46; *déc.*, 1712, p. 215; *août*, 1714, p. 260; *nov.*, 1714, p. 551; *avr.*, 1716, p. 171; *avr.*, 1717, p. 209; *nov.*, 1719, p. 210; *août*, 1720, p. 189; *août*, 1722, p. 204; *nov.*, 1725, p. 2745; *janv.*, 1726, p. 191; *mai*, 1727, p. 1047; *oct.*, 1727, p. 2356; *févr.*, 1728, p. 415; *nov.* 1728, p. 2560; *févr.*, 1729, p. 408; *nov.*, 1729, p. 2759; *avr.*, 1752, p. 800; *déc.*, 1755, p. 2714; *nov.*, 1754, p. 2551; *févr.*, 1755, p. 401; *juill.*, 1755, p. 1665; *mai*, 1756, p. 1028; *nov.*, 1756, pp. 2572 et 2574; *jan.*, 1757, p. 171; *avr.*, 1757, p. 829; *oct.*, 1757, p. 2504; *mars*, 1759, p. 617; *nov.*, 1759, p. 2710; *mai*, 1742, p. 1259; *juin*, 1744, p. 1487; *oct.*, 1744, p. 2554; *févr.*, 1746, p. 208; *nov.*, 1746, p. 289; *nov.*, 1747, p. 207; *avr.*, 1748, p. 208; *avr.*, 1749, p. 250; *avr.*, 1751, p. 190; *nov.*, 1755, p. 204; *juill.*, 1755, p. 219 et 221; *avr.*, 1er vol., 1757, p. 209; *mai*, 1758, p. 211; *mars*, 1759, p. 215; *mars*, 1760, p. 202; *mai*, 1761, p. 225; *janv.*, 2e vol., 1767, p. 187; *janv.*, 2e vol., 1769,

p. 214 ; *janv.*, 2ᵉ vol., 1770, p. 214 ; *oct.*, 2ᵉ vol., 1772, p. 211 ; *nov.*, 1772, p. 215 ; *juill.*, 2ᵉ vol., 1776, p. 213 ; *déc.*, 1776, p. 235 ; *avr.*, 1ᵉʳ vol., 1778, p. 211.

Béthune d'Orval. *Janv.*, 1755, p. 209. V. encore ORVAL.

Beuf (le). *Oct.*, 1722, p. 162 ; *juin*, 2ᵉ vol., 1729, p. 1471 ; *juin*, 1741, p. 1465.

Beuil, *Mai*, 1704, p. 185 ; *janv.*, 1748, p. 210.

Beuvine (la). *Mai*, 1751, p. 1195.

Beuvron. V. HARCOURT.

Beuzelin d'Aufay. *Juin*, 1706, p. 209.

Beuzelin de Bosmelet. *Janv.*, 1755, p. 209.

Bezançon. *Nov.*, 1708, p. 213.

Bézard, *Déc.*, 1696, p. 291.

Bèze du Lys. *Juill.*, 1742, p. 1676.

Béziade. *Juin*, 2ᵉ vol., 1757, p. 208.

Béziades d'Avaray. *Mai*, 1728, p. 1064 ; *oct.*, 1754, p. 2508 ; *déc.*, 2ᵉ vol., 1735, p. 2950 ; *avr.*, 1745, p. 205 ; *oct.*, 1754, p. 205 ; *mai*, 1758, p. 206.

Biancolelli. *Déc.*, 2ᵉ vol., 1729, p. 5165.

Biandos. *Juill.*, 1755, p. 224.

Biandos de Casteja. *Mai*, 1761, p. 226 ; *déc.*, 1767, p. 215 ; *mars*, 1775, p. 211 ; *avril*, 1ᵉʳ vol., 1774, p. 215 ; *oct.*, 2ᵉ vol., 1774, p. 211.

Biard. *Mars*, 1720, p. 167.

Bibiane d'Assigny. *Nov.*, 1755, p. 210.

Bidal d'Asfeld. *Janv.*, 1ᵉʳ vol., 1756, p. 219 ; *janv.*, 1ᵉʳ v., 1770, p. 214. V. encore ASFELD.

Bidault. *Févr.*, 1714, p. 262.

Bidé de la Grandville. *Févr.*, 1750, p. 207.

Biencourt. *Août*, 1770, p. 228 ; *juill.*, 1ᵉʳ vol., 1771, p. 211.

Bigault. *Nov.*, 1777, p. 211.

Bignon. *Nov.*, 1678, p. 544 ; *janv.*, 1697, pp. 282 et 285-295 ; *févr.*, 1698, p. 282 ; *févr.*, 1701, p. 201 ; *oct.*, 1705, p. 298 ; *sept.*, 1715, p. 502 ; *déc.*, 1ᵉʳ vol., 1725, p. 2557 ; *déc.*, 2ᵉ vol., 1750, p. 2967 ; *févr.*, 1753, p. 571 ; *mars*, 1743, pp. 607 et 611 ; *janv.*, 1746, p. 205 ; *janv*, 1747, p. 197 ; *avril*, 1ᵉʳ vol., 1772, p. 224.

Bigot (le). *Nov.*, 1698, p. 287 ; *sept.*,

1708, p. 68 ; *juill.*, 1742, p. 1670 ; *mai*, 1746, p. 201.

Bigot de la Mothe. *Déc.*, 2ᵉ vol., 1755, p. 201.

Bigres. *Avril*, 1719, p. 160 ; *juill.*, 1742, p. 1677.

Biligneux. V. MURARD.

Billancourt. *Avril*, 1751, p. 192.

Billard. *Janv.*, 1746, p. 205.

Billard de Lorière. *Janv.*, 1ᵉʳ vol., 1756, p. 226.

Billard de Vaux. *Nov.*, 1755, p. 210. V. encore VAUX.

Billarderie (la). *Avril*, 1710, p. 501 ; *mai*, 1758, p. 1028. V. encore FLAHAUT.

Billet de Maizon. *Avril*, 1755, p. 204 ; *juin*, 2ᵉ vol., 1754, p. 202.

Billouard de Kerleret. *Oct.*, 1ᵉʳ vol., 1770, p. 211.

Billy. *Déc.*, 1696, p. 291 ; *nov.*, 1705, p. 289 ; *sept.*, 1ᵉʳ vol., 1729, p. 2044 ; *juin*, 1759, p. 1249 ; *mars*, 1751, p. 210 ; *juill.*, 1ᵉʳ vol., 1772, p. 212 ; *juill.*, 1ᵉʳ vol., 1774, p. 212.

Binet. *Nov.*, 1761, p. 198.

Binet de Boisgiron. *Févr.*, 1751, p. 203.

Binot de Villiers. *Juill.*, 1ᵉʳ v., 1774, p. 211. V. encore VILLIERS.

Bionville. *Janv.*, 1708, p. 181.

Biotière de Chassincour. *Avril*, 2ᵉ v., 1758, p. 198.

Biran de Goas. *Août*, 1747, p. 190.

Biron. V. GONTAUT.

Biscaras. V. ROTONDY.

Bische. *Janv.*, 1708, p. 157.

Bissy. *Mai*, 1704, p. 285 ; *avr.*, 1710, p. 294 ; *oct.*, 1721, p. 195 ; *févr.*, 1771, p. 212. V. encore THUYARD et CHOMEL.

Bitaut. *Déc.*, 1758, p. 2716.

Bizemont. *Mai*, 1750, p. 204.

Bizet de la Barroire. *Oct.*, 1691, p. 221.

Bizy. V. FAUBERT.

Blacfort. V. LANGLOIS.

Blache (la). *Avr.*, 2ᵉ vol., 1772, p. 209. V. encore FALCOT.

Blachette (la). V. JOVEN.

Blagny. V. BERTIN.

Blaignac. *Mars*, 1705, p. 51 ; *nov.*, 1708, p. 209 ; *mars*, 1710, p. 154.

Blainville. *Juin*, 1ᵉʳ vol., 1749, p. 207.

Blair. *Oct.*, 1757, p. 2507 ; *mai*, 1744, p. 1057.

Blair de Boisemont. *Juin*, 1er vol., 1755, p. 232.

Blairfindy. V. GRANT.

Blaisy. *Avr.*, 2e vol., 1762, p. 209.

Blambisson. *Déc.*, 1705, p. 231.

Blamont. V. COLLIN.

Blanc (le). *Juill.*, 1704, p. 323; *juill.*, 1708, p. 124; *mai*, 1717, p. 168; *avr.*, 1727, p. 846; *mai*, 1728, p. 1066; *mars*, 1746, p. 212; *avr.*, 1746, p. 206.

Blanca. V. PEGNA.

Blanchard. *Mai*, 1770, p. 210.

Blanchefort. *Mars*, 1702, p. 542; *mai*, 1711, p. 137; *mars*, 1757, p. 615; *janv.*, 1740, p. 180; *avr.*, 1740, p. 819; *avr.*, 1er v., 1775, p. 212.

Blancheville. *Mars*, 1707, p. 172.

Blanchuison. V. MERLE (DU).

Blandinière (la). *Juill.*, 1759, p. 1678.

Blanes. *Juin*, 1er vol., 1754, p. 208; *juin*, 2e vol., 1754, p. 206.

Blankart. *Oct.*, 2e vol., p. 211.

Blanpignon. *Sept.*, 1710, p. 55.

Blanzac. *Oct.*, 1736, p. 2373.

Blaru. V TILLY.

Blasy. *Juill.*, 1er vol., 1775, p. 212.

Blé (du). *Mai*, 1712, p. 46.

Blémur. V. BOUET.

Blénac. *Juill.*, 1722, p. 180; *juin*, 1726, p. 1276. V. encore COURBON.

Blet. V. PEIRENC et SAINT-QUENTIN.

Bletterie (la). *Juill.*, 1er vol., 1772, p. 212.

Bligny. V. CAMUS (LE).

Blin. *Août*, 1736, p. 1925.

Blin de Saint-Lubin. *Mai*, 1705, p. 46.

Blincourt. *Juin*, 1707, p. 87.

Blinière (la). V. POUYVET.

Blocquel de Wismes. *Avr.*, 1er vol., 1762, p. 204.

Blondeau. *Juill.*, 2e v., 1776, p. 213.

Blondel d'Aubers. *Déc.*, 1767, p. 245.

Blondel d'Azincourt. *Juin*, 1775, p. 234.

Blondel de Gagny. *Août*, 1776, p. 212.

Blois de Trélon. *Nov.*, 1701, p. 104.

Blond (le). *Juin-juill.*, 2e part., 1721, p. 82; *déc.*, 2e vol., 1747, p. 195; *juill.*, 2e v., 1762, p. 206.

Blondeau. *Juill.*, 1705, p. 268; *août*, 1765, p. 199.

Blondel. *Avr.*, 1755, p. 820.

Blondel de Joigny. *Avr.*, 1741, p. 824.

Blot. V. CHAUVIGNY.

Blotefière de Vauchelle. *Mars*, 1755 p. 195. V. encore VAUCHELLE.

Blouet de Camilli. *Nov.*, 1755, p. 205.

Blouin. *Nov.*, 1727, p. 2758.

Bocaud. *Janv.*, 2e v., 1763, p. 204.

Bochart de Champigny et de Saron. *Août*, 1691, p. 265; *nov.*, 1704, p. 184; *juill.*, 1705, p. 168; *mars*, 1706, p. 109; *janv.*, 1708, p. 242; *avr.*, 1709, p. 250; *nov.*, 1709, p. 85; *mai*, 2e part., 1711, p. 76; *juin*, 1716, p. 156; *août*, 1722, p. 215; *oct.*, 1722, p. 162; *nov.*, 1723, p. 1005; *oct.*, 1724, p. 2260; *déc.*, 2e vol., 1725, p. 3158; *mai*, 1728, p. 1065; *juin*, 1er v., 1728, p. 1252; *mars*, 1729, p. 626; *juill.*, 1750, p. 1688; *fév.*, 1751, p. 400; *mai*, 1751, p. 1196; *avr.*, 1739, p. 820; *mars*, 1740, p. 612; *juill.*, 1742, p. 1684; *avr.*, 1743, p. 814; *sept.*, 1754, p. 214; *fév.*, 1773, p. 213; *avr.*, 2e v., 1776, p. 210.

Bodet de Lisle. *Oct.*, 1699, p. 157.

Bodin, *Oct.*, 1738, p. 2299; *juin*, 1740, p. 1248.

Bodinier. *Août*, 1749, p. 198.

Boele. *Nov.*, 1764, p. 159.

Boffin d'Argenson. *Juin*, 1er vol., 1731, p. 1253.

Boffin de la Sone. *Févr.*, 1772, p. 214. V. encore SÔNE (LA).

Boffin de Puisigneux. *Oct.*, 1er vol., 1776, p. 213; *avr.*, 2e vol., 1778, p. 211.

Bogefroy. *Avr.*, 1708, p. 181.

Bohan. *Oct.*, 1751, p. 215.

Boharn. *Août*, 1754, p. 211.

Boindin. *Janv.*, 1752, p. 206.

Boindre. *Juin*, 1695, p. 251; *juill.*, 1698, p. 257; *févr.*, 1742, p. 595.

Bois (du). *Août*, 1740, p. 1906; *mai*, 1749, p. 228. V. encore DUBOIS et GAULTIER.

Bois de Calande. *Sept.*, 1766, p. 207.

Bois de Courceriers (du). *Août*, 1706, p. 256.

Bois de Crancé (du). *Nov.*, 1751, p. 190.

Bois de Fienne (du). *Juill.*, 1708, p. 102; *mai*, 1716, p. 265; *juin*, 1er vol., 1725, p. 1249; *sept.*, 1726, p. 2175; *nov.*, 1727, p. 2560; *déc.*, 1er vol., 1727, p. 2753; *avr.*, 1729, p. 828; *déc.*, 1er vol., 1729, p. 2964; *mai*, 1742, p. 1260; *mars*, 1746, p. 210; *sept.*, 1747,

p. 175; *août*, 1752, p. 198 ; *janv.*, 1753, p. 207 ; *août*, 1761, p. 199 ; *avr.*, 1er vol., 1770, p. 225.

Bois de Guédreville (du). *Oct.*, 1686, p. 96 ; *sept.*, 1746, p. 191 ; *déc.*, 1er vol., 1746, p. 184.

Bois de Guiheveuc (du). *Avr.*, 1720, p. 188.

Bois de Villers (du). *Févr.*, 1752, p. 214. V. encore VILLERS.

Bois du Ménillet (du). *Oct.*, 1686, p.97.

Boisadam. *Sept.*, 1708, p. 75.

Boischot. *Oct.*, 1729, p. 2540.

Boisemont. V. BLAIR et DROUIN.

Boisfranc. V. SEIGLIÈRE.

Boisgelin. *Avr.*, 1er vol., 1762, p. 202 ; *janv.*, 1er v., 1765, p. 205.

Boisgelin de Cucé. *Juin*, 2e v., 1749, p. 199.

Boisgiron. V. BINET.

Bois-Herpin, *Août*, 1758, p. 1877.

Bois-Jourdain (du). *Nov.*, 1759, p. 2715.

Bois-l'Abbé. V. SÉBIRÉ.

Boislève. *Août*, 1708, p. 289 ; *oct.*, 1759, p. 2523.

Bois-le-Vicomte. V. HERVART.

Boisot. *Mars*, 1708, p. 82 ; *avr.*, 1709, p. 261 ; *juin*, 1er vol., 1750, p. 209 ; *nov.*, 1766, p. 209.

Boispoirier (du). *Nov.*, 1751, p. 194.

Boisroger. *Oct.*, 2e vol., 1775, p. 210. V. RUE (LA) et VALLON.

Boissat de Cuirieu. *Sept.*, 1712, pp. 147-161.

Boisse de la Farge. *Juin*, 2e vol., 1753, p. 194.

Boissel. *Févr.*, 1753, p. 597 ; *nov.*, 1744, p. 206.

Boissel de Darville. *Nov.*, 2e vol., 1744, p. 206.

Boisseleau. V. RAYNIER.

Boisseret. *Juin*, 1716, p. 156.

Boisset d'Arville. *Mai*, 1746, p. 197.

Boissi. *Nov.*, 1726, p. 2603.

Boissier. *Nov.*, 1745, p. 2525. V. encore DURFORT.

Boissière (la). V. CHANHUON et FONTAINE-SOLARE (LA).

Boissieu. V. SALVAING.

Boissieux. V. FRÉTAT.

Boissieo. V. THUMERY.

Boisson. *Mai*, 1752, p. 211.

Boissy. V. AUXY.

Boistel. *Févr.*, 1707, p. 64 ; *sept.*, 1716, p. 207 ; *août*, 1755, p. 1891.

Boiteulx de Gormont (le). *Sept.*, 1759, p. 2089.

Boitiroux. *Avr.*, 1726, p. 852.

Boivau. *Janv.*, 1705, p. 179.

Boivin. V. BOYVIN.

Boizot. V. BOISOT.

Bolbec. V. FONTAINE-BOLBEC.

Bolivière. V. CORNU.

Bolleviller. V. ROSEN.

Bombal. *Oct.*, 1er vol., 1774, p. 254.

Bombelles. *Sept.*, 1760, p. 218 ; *sept.*, 1776, p. 212 ; *févr.*, 1778, p. 210.

Bombon. *Sept.*, 1746, p. 197. V. encore BRENNE DE BOMBON.

Bompar. *Avr.*, 2e vol., 1773, p. 213 ; *janv.*, 2e vol., 1774, p. 212.

Bon. *Août*, 1707, p. 89-115.

Bon de Saint-Hilaire. *Juin*, 1er vol., 1735, p. 1245.

Bonac. V. USSON.

Bonafou de Presque. *Avr.*, 1er vol., 1773, p. 210.

Bonamour. V. TALHOUET.

Bonamy. *Août*, 1770, p. 250.

Boncoroz. V. PUIDEVALE.

Boncourt. V. CHAMISSAT.

Bonde d'Iberville (la). *Sept.*, 1752, p. 201.

Bonelles. *Juin*, 1705, p. 264 ; *mars* 1706, p. 254 ; *août*, 1706, p. 174.

Bonenfant. *Mars*, 1729, p. 625.

Boneuil. *Avr.*, 1er vol., 1774, p. 210.

Bongard. V. BONGARS.

Bongars. *Sept.*, 1777, p. 212 ; *avr.*, 2e vol., 1778, p. 210.

Boniface. *Avr.*, 1711, 2e part., p. 85.

Bonnail. *Mars*, 1729, p. 624.

Bonnardy. *Déc.*, 1er vol., 1737, p. 2731.

Bonne de Créquy. *Avr.*, 1740, p. 819 ; *avr.*, 1747, p. 205.

Bonneau. *Oct.* 1740, p. 2523.

Bonneau de Rubelles. *Mars*, 1696, p. 324 ; *août*, 1703, p. 58 ; *mars*, 1720, p. 166.

Bonneguise. *Avr.*, 1er vol., 1769, p. 213.

Bonnelles. *Juin-juill.*, 2e part., 1721, p. 79. V. encore BULLION.

Bonnemare. V. SOUARD.

Bonnemay. *Mars*, 1726, p. 609.

Bonnet. *Oct.*, 1er vol., 1777, p. 212.

Bonnet de Gault. *Déc.*, 2e vol., 1755, p. 202.

Bonnet de Saint-Léger. *Oct.*, 1737, p. 2311.

Bonnetot. V. Boyvin.

Bonneuil. V. Chabenat.

Bonneval. *Juin*, 1er vol., 1729, p. 1261; *Mai*, 1747, p. 206; *juin*, 2e vol., 1747, p. 205; *août*, 1749, p. 198; *juill.*, 2e vol., 1765, p. 194; *juill.*, 1er vol., 1770, p. 250.

Bonneval - Bonneval. *Juin*, 1746, p. 197.

Bonnevie. *Mars*, 1755, p. 605; *nov.*, 1759, p. 2720; *juill.*, 1742, p. 1675; *juill.*, 1755, p. 219; *oct.*, 2e vol., 1756, p. 228.

Bonneville. *Oct.*, 2e vol., 1757, p. 212.

Bonnier. *Juill.*, 1755, p. 1665.

Bonnier de la Mosson. *Août*, 1740, p. 1907; *juill.*, 1744, p. 1704; *déc.*, 2e vol., 1755, p. 200. V. encore Mosson.

Bonnières. V. Guignes.

Bonnin de Chalucet. *Août*, 1712, p. 152; *janv.*, 1752, p. 196.

Bonnœil. *Févr.*, 1712, p. 59.

Bonsens. *Sept.*, 1734, p. 2087.

Bonsi. *Déc.*, 1705, p. 145; *févr.*, 1709, p. 179.

Bontemps. *Oct.*, 1709, p. 197; *sept.-oct.*, 1710, p. 507; *avr.*, 1712, p. 511; *août*, 1724, p. 1848; *oct.*, 1755, p. 2501; *juin*, 1740, p. 1467; *avr.*, 1742, p. 841; *mars*, 1747, p. 207; *mai*, 1756, p. 210; *mai*, 1768, p. 198.

Bonvoust. *Juill.*, 1724, p. 1635; *sept.*, 1724, p. 2066; *janv.*, 1er vol., 1761, p. 204.

Bonvoust de Prulay. *Juill.*, 1755, p. 216.

Bonzitat de Chanay. *Févr.*, 1755, p. 403.

Bordage. *Mai*, 1701, t. I, p. 527.

Bordat de Châteauneuf (du). *Févr.*, 1722, p. 165.

Borde (la). *Juin*, 1er vol., 1750, p. 209; *janv.*, 1er vol., 1772, p. 211; *févr.*, 1775, p. 215.

Bordeaux de Neuville. *Janv.*, 1702, p. 185; *mars*, 1702, p. 552; *janv.*, 1755, p. 170.

Bordeilles. *Oct.*, 2e vol., 1770, p. 214.

Bordenave. *Févr.*, 1778, p. 210.

Bordenne (la). *Mars*, 1707, p. 509.

Bordes (des). *Juin*, 2e vol., 1750, p. 184.

Bordier. *Juill.*, 1702, p. 206; *janv.*, 1716, p. 156.

Botée. *Mars*, 1708, p. 82.

Borel-Clarbec. *Déc.*, 1er vol., 1751, p. 182.

Borel de Manerbe. *Mai*, 1750, p. 206; *janv.*, 1er vol., 1763, p. 201; *févr.*, 1765, p. 195.

Borey. *Mars*, 1756, p. 599.

Borin. *Juin*, 2e vol., 1749, p. 201.

Borrédon. *Juin*, 2e vol., 1754, p. 200.

Borstel. *Juill.*, 1746, p. 205; *juin*, 1760, p. 255.

Borstel de la Zaille. *Mars*, 1705, pp. 257-265; *août*, 1705, p. 28.

Borthon. *Juill.*, 1749, p. 206.

Bory. *Oct.*, 1757, p. 2514.

Bosc (du). *Févr.*, 1700, p. 246; *mars*, 1700, p. 113; *juin*, 1702, p. 250; *oct.*, 1706, p. 246; *août*, 1707, p. 172; *mai*, 1715, p. 291; *janv.*, 1728, p. 185; *févr.*, 1728, p. 418; *févr.*, 1729, p. 409; *avr.*, 1750, p. 858; *juin*, 2e vol., 1757, p. 1459; *févr.*, 1744, p. 403; *janv.*, 1er vol., 1756, p. 225; *août*, 1760, p. 202; *sept.*, 1760, p. 217; *oct.*, 2e vol., 1772, p. 212. V. encore Mérin.

Bosc du Bouchet. *Mai*, 1754, p. 1024; *nov.*, 1746, p. 198.

Bosléhart (du). V. Boniface.

Bosmelet. V. Beuzelin de Bosmélet.

Bossu. V. Alsace de Hénin-Liétard.

Bossuet. *Juin*, 1716, p. 155; *mai*, 1er vol., 1722, p. 195; *août*, 1727, p. 1950; *oct.*, 1728, p. 2544; *févr.*, 1742, p. 507; *juill.*, 1745, p. 1655.

Bossuye. *Févr.*, 1750, p. 417.

Botta. *Janv.*, 1759, p. 189.

Botterel. *Juill.*, 1704, p. 180.

Bouchard d'Esparbez. *Avr.*, 1740, p. 824; *sept.*, 1747, p. 171; *janv.*, 1748, p. 210; *févr.*, 1748, p. 209; *août*, 1750, p. 205; *avr.*, 2e vol., 1757, p. 202.

Bouchardon. *Oct.*, 1er vol., 1762, p. 198.

Bouchart. *Janv.*, 1721, p. 115; *mars*, 1755, p. 606.

Boucher, le peintre. *Juill.*, 1er vol., 1770, p. 250; *sept.*, 1770, p. 181.

Boucher. *Juin*, 1700, p. 192; *nov.*, 1700, p. 80; *nov.*, 1750, p. 2552; *oct.*, 1755, p. 2507; *sept.*, 1756,

p. 2152 ; *nov.*, 1757, p. 2529 ; *déc.*, 1er vol., 1757, p. 2729 ; *avr.*, 1742, p. 839 ; *oct.*, 1742, p. 2325 ; *sept.*, 1757, p. 221 ; *nov.*, 1757, p. 202.

Boucher d'Orsay. *Nov.*, 1706, p. 174 ; *mars*, 1709, p. 266 ; *juill.*, 1725, p. 184 ; *mars*, 1730, p. 615 ; *nov.*, 1757, p. 2529 ; *févr.*, 1741, p. 410 ; *nov.*, 1752, p. 208 ; *juill.*, 2e v., 1772, p. 213.

Boucher de Villiers le Bascle. *Juin*, 1er vol., 1752, p. 207.

Boucherat. *Juill.*, 1695, p. 230 ; *juill.*, 1698, p. 284 ; *sept.*, 1699, pp. 217-245 ; *juill.*, 1700, p. 173 ; *oct.*, 1709, p. 192 ; *sept.*, 1714, p. 230 ; *nov.*, 1750, p. 2533.

Bouchet (du). *Avr.*, 1741, p. 836 ; *janv.*, 1er vol., 1775, p. 234 ; *déc.*, 1776, p. 255. V. encore ABOT, BAS (LE) et Bosc.

Bouchet de Sourches (du). *Avr.*, 1706, p. 548 ; *oct.*, 1706, p. 210 ; *mars*, 1707, p. 517 ; *avr.*, 1758, 2e vol., p. 200 ; *juin*, 1714, p. 145 ; *janv.*, 1715, p. 196 ; *nov.*, 1715, pp. 186-193 ; *déc.*, 1715, p. 223 ; *mars*, 1716, p. 222 ; *mai*, 1746, p. 200 ; *févr.*, 1747, p. 201 ; *déc.*, 2e vol., 1747, p. 190 ; *juin*, 2e v., 1748, p. 210 ; *juin*, 1er vol., 1749, p. 214 ; *déc.*, 2e vol., 1750, p. 180 ; *avr.*, 1751, p. 191 ; *janv.*, 1755, p. 206 ; *fév.*, 1755, p. 203 ; *oct.*, 1755, p. 211 ; *oct.*, 2e vol., 1756, p. 232 ; *avr.*, 2e vol., 1758, p. 199 et 200 ; *avr.*, 2e vol., 1765, p. 206 ; *déc.*, 1767, p. 244 ; *janv.*, 1er v., 1769, p. 214 ; *avr.*, 1er vol., 1772, p. 223 ; *avr.*, 1er v., 1777, p. 211.

Bouchu. *Déc.*, 1699, p. 276 ; *janv.*, 1702, p. 525 ; *déc.*, 1702, p. 268 ; *janv.*, 1705, p. 107 ; *mai*, 1705, p. 61 ; *mai*, 1705, p. 237 ; *mai*, 1706, p. 51 et 57 ; *oct.*, 1715, p. 216 ; *nov.*, 1715, p. 181 ; *mars*, 1718, p. 172 ; *mars*, 1751, p. 609 ; *déc.*, 1755, p. 2745.

Boucol. *Oct.*, 1699, p. 257 ; *nov.*, 1699, p. 230 ; *déc.*, 1699, p. 279 ; *mai*, 1725, p. 1009 ; *mai*, 1754, p. 1025 ; *janv.*, 1756, p. 178.

Boucot de Judinville. *Mai*, 1755, p. 210.

Boudart de Couturelle. *Juill.*, 2e v., 1764, p. 192 ; *mai*, 1777, p. 215.

Boudet. *Avr.*, 1741, p. 838.

Boudeville. *Déc.*, 1er vol., 1755, p. 2744 ; *avr.*, 1746, p. 205 ; *janv.*, 2e vol., 1775, p. 215.

Boudeville de Salles. *Avr.*, 1746, p. 205. V. encore SALLES.

Boudin. *Oct.*, 1702, pp. 279-296 ; *janv.*, 1754, p. 193.

Bouet de Blémur. *Janv.*, 1er v., 1778, p. 228.

Boufflers. *Déc.*, 1693, p. 279 ; *févr.*, 1694, p. 177 ; *sept.*, 1705, pp. 18-28 ; *janv.*, 1704, p. 525 ; *avr.*, 1710, p. 252 ; *sept.*, 4e part., 1711, p. 23 ; *sept.*, 1720, p. 156-160 ; *mars*, 1729, p. 624 ; *août*, 1751, p. 2047 ; *nov.*, 1758, p. 2500 ; *janv.*, 1759, p. 191 ; *juill.*, 1742, p. 1682 ; *févr.*, 1743, p. 593 ; *janv.*, 1744, p. 190 ; *févr.*, 1746, p. 208 ; *mai*, 1746, p. 198 ; *juin*, 2e vol., 1747, p. 204 ; *juill.*, 1747, p. 210 ; *juill.*, 1751, p. 210, *déc.*, 1er vol., 1751, p. 188.

Bougainville. *Août*, 1765, p. 198.

Bouguer. *Oct.*, 1er v., 1758, p. 206.

Bougy. *Juill.*, 1754, p. 1681.

Bouhier. *Mai*, 1703, p. 59 ; *nov.*, 1717, p. 214 ; *avr.*, 1754, p. 829 ; *janv.*, 1757, p. 173 ; *mars*, 1737, p. 619 ; *nov.*, 1744, p. 206 ; *mars*, 1746, p. 210 ; *avr.*, 1746, p. 203 ; *mars*, 1751, p. 211 : *juin*, 2e vol., 1752, p. 201 ; *nov.*, 1755, p. 256 ; *août*, 1760, p. 203.

Bouillé. *Août*, 1706, p. 156 ; *avr.*, 2e vol., 1767, p. 197.

Bouillerot. *Nov.*, 1752, p. 209.

Bouillon. *Mai*, 1704, p. 187 ; *févr.*, 1706, p. 135 ; *juin*, 1714, p. 286 ; *déc.*, 1er vol., 1725, p. 5159 ; *juin*, 2e vol., 1732, p. 1440 ; *déc.*, 1758, p. 2920 ; *juin*, 1740, p. 1259 ; *févr.*, 1745, p. 402 ; *déc.*, 1745, p. 2755 ; *nov.*, 1766, p. 209. V. encore NARCK (LA) et TOUR D'AUVERGNE. (LA).

Boulainvilliers. *Déc.*, 1710, p. 47 ; *sept.*, 1721, p. 169 ; *janv.*, 1722, p. 193 ; *mars*, 1727, p. 625 ; *févr.*, 1756, p. 390 ; *mars*, 1736, p. 608 ; *mai*, 1740, p. 1037 ; *janv.*, 1746, p. 196 ; *août*, 1751, p. 167 ; *août*, 1756, p. 255 ; *mars*, 1775, p. 208 ; *avr.*, 1er vol., 1775, p. 215.

Boulanger (le). *Juill.*, 1687, p. 297; *mai*, 1695, p. 260-273; *sept.*, 1697, p. 246; *nov.*, 1697, p. 228; *janv.*, 1700, p. 251; *mars*, 1701, p. 189; *sept.*, 1701, p. 395; *mars*, 1702, p. 356; *juin*, 1702, p. 445; *avr.*, 1705, p. 278; *août*, 1706, p. 150; *janv.*, 1708, p. 161; *août*, 1712, p. 157; *mai*, 1727, p. 1045; *févr.*, 1750, p. 420; *août*, 1750, p. 1896; *janv.*, 1752, p. 197; *sept.*, 1755, p. 2088; *mai*, 1754, p. 1030; *août*, 1759, p. 1889; *avr.*, 1741, p. 830; *oct.*, 1742, p. 2528; *févr.*, 1776, p. 210.

Boulard. *Févr.*, 1734, p. 401.

Boulay. V. DODUN.

Boulay (du). *Nov.*, 1678, p. 56; *oct.*, 1752, p. 2296.

Boulay-Favier. *Févr.*, 1700, p. 249.

Boulel. *Oct.*, 1716, p. 240.

Boulet d'Ouchamps. *Mai*, 1704, p. 140.

Boulhard. *Déc.*, 1774, p. 268.

Bouligneux. V. PALU.

Boulin. *Sept.*, 1727, p. 2158.

Boullaye (la). V. CRUAU.

Boullenc de Saint-Rémi. *Avr.*, 1759, p. 821; *juin*, 1764, p. 201.

Boullène. *Mai*, 1752, p. 1021.

Boulogne. *Févr.*, 1702. p. 162; *juin*, 1er vol., 1751, p. 1597; *juill.*, 2e vol., 1765, p. 210.

Boulongne. *Juin*, 2e vol., 1755, p. 185; *nov.*, 1755, p. 204; *nov.*, 1767, p. 211; *déc.*, 1767, p. 245; *avr.*, 1er vol., 1769, p. 212.

Boults (le). *Févr.*, 1685, p. 155; *mars*, 1695, p. 276; *juin*, 1698, p. 256; *oct.*, 1698, p. 241; *sept.*, 1749, p. 215.

Boulu de la Broue. *Janv.*, 1er vol., 1752, p. 206. V. encore BROUE (LA) et VAREILLES.

Boulu de Quincy. *Janv.*, 1er vol., 1777, p. 257.

Bouquet. *Août*, 1716, p. 213; *août*, 1717, p. 192; *juin*, 2e vol., 1750, p. 181.

Bourachot. *Juill.*, 2e v., 1777, p. 212.

Bourassé. *Févr.*, 1749, p. 194.

Bourbiton. *Juin*, 2e v., 1750, p. 184.

Bourbon-Busset. *Sept.*, 1705, p. 234; *mai*, 1706, p. 76; *mai*, 1724, p. 1222; *juin*, 1724, p. 1222; *déc.*, 1758, p. 2719; *nov.*, 1752,

p. 201; *déc.*; 2e vol., 1755, p. 194; *mai*, 1755, p. 204.

Bourbon-Condé. *Mai*, 1755, p. 209.

Bourbon de Verneuil. *Nov.*, 1740, p. 2552; *janv.*, 1747, p. 201.

Bourbon du Maine. *Oct.*, 1745, p. 2315.

Bourbon-Lancy. V. PISE DE BOURBON-LANCY.

Bourbon-Malauze. *Oct.*, 1692, p. 156; *sept.*, 1706, p. 148; *juill.*, 1758, p. 1660; *févr.*, 1742, p. 394; *juin*, 1744, p. 1486; *avr.*, 1er v., 1778, p. 212.

Bourbon-Soissons. *Juin*, 1692, p. 44; *oct.*, 1694, p. 276; *juin*, 1705, p. 252.

Bourbonne. *Juill.*, 2e vol., 1777, p. 211. V. CHARTRAIRE.

Bourcel. *Oct.*, 1er vol., 1771, p. 224.

Bourchenu de Valbonnays. *Mars*, 1730, p. 613.

Bourcier de Montureux. *Juin*, 1er v., 1751, p. 187.

Bourdeille. *Déc.*, 1704, p. 16; *août*, 1751, p. 174; *août*, 1754, p. 210; *sept.*, 1775, p. 223.

Bourdet. *Janv.*, 1705, p. 555.

Bourdin d'Assy. *Sept.*, 1688, pp. 289-293.

Bourdon. *Mai*, 1699, p. 201; *juin*, 1717, p. 179; *juin*, 1er vol., 1751, p. 1247.

Bourdon du Montcel. *Juill.*, 1er vol., 1774, p. 213.

Bourdonnaye (la). *Nov.*, 1705, p. 199; *août*, 4e part., 1711, p. 48; *oct.*, 1712, p. 249; *mars*, 1720, p. 166; *oct.*, 1725, p. 2541; *sept.*, 1726, p. 1273; *déc.*, 1741, p. 2963; *mars*, 1745, p. 233; *déc.*, 2e vol., 1755, p. 201.

Bourdonné. V. COCHEREL.

Bourdy. *Août*, 1718, p. 215.

Bourel. *Août*, 1737, p. 1889.

Bouret d'Erigny. *Août*, 1754, p. 211.

Bouret de Marivatz. *Août*, 1715, p. 312; *oct.*, 2e part., p. 216.

Bourg (du). *Août*, 1706, p. 176; *juin*, 1707, p. 65; *mai*, 1751, p. 1197; *août*, 1751, p. 2042; *mai*, 1761, p. 226; *févr.*, 1765, p. 192. V. encore MAINE.

Bourgade (la). *Août*, 1742, p. 1699.

Bourgeois. *Juin*, 2e vol., 1749, p. 196.

Bourget (du). *Nov.*, 1758, p. 2497.

Bourghaudouin. V. COLOMBET.

Bourgogne. *Juin*, 1er vol., 1751, p. 1395; *janv.*, 1752, p. 197; *févr.*, 1749, p. 192.

Bourgoin. *Févr.*, 1685, p. 157; *déc.*, 1699, p. 275; *juill.*, 1726, p. 1695; *juin*, 1er vol., 1750, p. 1256.

Bourgoing de Faulin. *Mai*, 1736, p. 1032; *janv.*, 2e vol., 1767, p. 188.

Bourgthéroulde. *Août*, 1707, p. 171; *oct.*, 1707, p. 159.

Bourlamague. *Juill.*, 1754, p. 1685; *juin*, 1er vol., 1752, p. 210.

Bourlemont. V. ANGLURE.

Bourlon. *Août*, 1702, p. 258.

Bournazel. *Juin*, 1701, p. 110.

Bournel. *Août*, 1752, p. 199; *déc.*, 1767, p. 245.

Bournel de Namps. *Déc.*, 1742, p. 2763.

Bourneuf. *Mai*, 1704, p. 207.

Bourniers. *Janv.*, 1er vol., 1775, p. 212.

Bournonville. *Déc.*, 1693, p. 270; *mai*, 1694, p. 319; *sept.*, 1705, pp. 205-214; *janv.*, 1706, p. 248; *juin*, 1715, p. 223; *mars*, 1719, p. 169; *avr.*, 1720, p. 190; *janv.*, 1727, p. 188; *juill.*, 1748, p. 187; *janv.*, 1755, p. 206; *oct.*, 2e vol., 1764, p. 207; *mai*, 1774, p. 225; *mars*, 1777, p. 255.

Bourouillan (du). *Avr.*, 1706, p. 217.

Boursault. *Juin*, 1er vol., 1748, p. 173. V. encore DAUVET-DESMARETS.

Boursier (le). *Nov.*, 1760, p. 208.

Boursin. V. WARANS.

Boursolles. *Juin*, 1772, p. 222.

Boury. V. PELLEVÉ.

Bourzac. V. CROPTE DE BOURZAC (LA).

Bousière (la). *Mai*, 1710, p. 158.

Bousies. V. PIERRE (LA).

Boussay. *Déc.*, 1758, p. 205. V. encore MENOU.

Boussey. V. DROUAS.

Boussu. *Juin*, 1722, p. 151.

Bouste (le). *Janv.*, 1750, p. 182.

Bouteiller de Rancé. *Avr.*, 1726, p. 851.

Bouteillier. *Mars*, 1705, p. 227.

Boutenaz. *Août*, 1686, p. 106.

Bouterou. *Juin*, 1711, 4e part, p. 50; *mai*, 1746, p. 202.

Bouthelier de Chavigni. *Juin*, 1770, p. 256.

Bouthillier. *Mai*, 1699, p. 188;

janv., 1705, p. 98; *juin*, 1708, p. 113; *août*, 1708, p. 277; *mai*, 1709, p. 110; *juill.*, 1709, p. 251; *nov.*, 1718, p. 115; *juin*, 1er vol., 1728, p. 1253; *août*, 1729, p. 1899; *sept.*, 1er vol., 1729, p. 2015; *nov.*, 1730, p. 2553; *sept.*, 1751, p. 2269; *avr.*, 1755, p. 850; *août*, 1742, p. 1901; *juin*, 1er vol., 1752, p. 206; *juin*, 2e vol., 1753, p. 191; *nov.*, 1755, p. 209; *sept.*, 1774, p. 249.

Boutière (la). *Avr.*, 1700, p. 269.

Bouton de Chamilly. *Janv.*, 1703, p. 516; *mars*, 1705, p. 215; *oct.*, 1706, p. 291; *janv.*, 1715, p. 178; *févr.*, 1720, p. 172; *janv.*, 1722, p. 194; *juin*, 2e vol., 1750, p. 1477.

Bouteville. V. LUXEMBOURG.

Bouvard de Fourqueux. *Oct.*, 1702, p. 244; *mars*, 1704, p. 146; *févr.*, 1re part., 1715, p. 143; *mars*, 1725, p. 620; *mars*, 1726, p. 612; *févr.*, 1728, p. 414; *août*, 1752, p. 1884; *sept.*, 1752, p. 2070; *janv.*, 1755, p. 190; *déc.*, 1740, p. 2758; *oct.*, 1754, p. 214; *oct.*, 2e vol., 1776, p. 224.

Bouvart. *Janv.*, 1758, p. 175.

Bouvier de Cépoy. *Déc.*, 1774, p. 272.

Bouvier de Fontenelle (le). *Mars*, 1757, p. 255; *avr.*, 1757, p. 54 et 58.

Bouvier de la Motte. *Janv.*, 2e vol., 1760, p. 207. V. encore MOTTE (LA).

Bouville. *Avr.*, 1710, p. 299; *oct.*, 1755, p. 2522; *déc.*, 1er vol., 1754, p. 206; *avr.*, 1er vol., 1762, p. 204; *janv.*, 1er vol., 1771, p. 227. V. encore JUBERT.

Bouzet (du). *Mai*, 1726, p. 1075.

Bouzelat de Courcelles. *Juin*, 1741, p. 1247.

Bouzier d'Estouilly. *Mars*, 1716, p. 225.

Bouzoles. *Janv.*, 1706, p. 507; *févr.*, 1706, p. 249; *juill.*, 1706, p. 83; *juill.*, 1708, p. 155; *avr.*, 1710, p. 297; *avr.*, 2e vol., 1767, p. 196; *mai*, 1775, p. 225. V. encore MONTAIGU.

Bove (la). V. CAZE DE LA BOVE.

Bovexe de Villemor. *Mai*, 1717, p. 161.

Boyer. *Janv.*, 1er vol., 1756, p. 226; *juin*, 1764, p. 201.
Boyer de Jusas. *Nov.*, 1753, p. 210.
Boyer de Maillac-Tauriac. *Juin*, 1764, p. 201.
Boyetol. *Déc.*, 1758, p. 2717; *juin*, 1740, p. 1245.
Boylesve. V. BOISLÈVE.
Boynes, *Juill.*, 1753, p. 213; *mai*, 1772, p. 210.
Boysseulh. *Mars*, 1755, p. 185.
Boyvin de Bacqueville. *Nov.*, 1760, p. 208.
Boyvin de Bonnetot. *Juin*, 1718, p. 195; *juin*, 1744, p. 1275.
Boyvin de Vaurouy. *Avr.*, 2e vol., 1763, p. 202.
Boze. V. GROS.
Bozon. *Févr.*, 1703, p. 52.
Brabant. V. GLIME.
Brachet. *Oct.*, 1706, p. 125.
Brachet de Peruse. *Oct.*, 1er vol., 1767, p. 207.
Bragelongne. *Juin*, 1698, p. 254; *oct.*, 1699, p. 155; *déc.*, 1699, p. 271; *janv.*, 1703, p. 97; *avr.*, 1703, p. 278; *août*, 1703, p. 36; *nov.*, 1705, p. 73; *déc.*, 1705, p. 41; *janv.*, 1711, p. 140; *févr.*, 1714, p. 212-216; *déc.*, 1715, p. 221; *sept.*, 1717, p. 186; *déc.*, 1717, p. 297; *nov.*, 1718 p. 115; *janv.*, 1720, p. 165; *juill.*, 1722, p. 180; *déc.*, 1er vol., 1728, p. 2760; *déc.*, 2e vol., 1729, p. 3166; *avr.*, 1730, p. 837; *août*, 1730, p. 899; *juin*, 1741, p. 1243; *mars*, 1743, p. 616; *avr.*, 1746, p. 201; *juin*, 2e vol., 1753, p. 105; *juill.*, 2e vol., 1762, p. 207; *nov.*, 1764, p. 174; *avr.*, 1er vol., 1769, p. 212; *mars*, 1773, p. 208; *juill.*, 2e vol., 1774, p. 212; *févr.*, 1775, p. 237; *juin*, 1776, p. 234.
Brague. V. NIZE.
Braignon. V. THÉPAULT.
Bramont. *Janv.*, 2e vol., 1778, p. 211.
Brancas. *Nov.*, 1685, p. 229; *nov.*, 1694, p. 253; *janv.*, 1710, p. 253; *avr.*, 1715, p. 252; *mai*, 1715, p. 191; *oct.*, 1716, p. 245; *nov.*, 1724, p. 2497; *sept.*, 1731, p. 2266 et 2270; *mars*, 1733, p. 605; *déc.*, 2e vol., 1734, p. 2945; *janv.*, 1759, p. 189;

févr., 1759, p. 595; *mai*, 1740, p. 1033; *sept.*, 1741, p. 2121; *mars*, 1745, p. 615; *mars*, 1747, p. 204; *nov.*, 1748, p. 211; *nov.*, 1750, p. 228; *juin*, 1er vol., 1753, p. 206; *juin*, 2e vol., 1754, p. 204; *mai*, 1755, p. 202; *mai*, 1758, p. 207; *avr.*, 1er vol., 1760, p. 216; *avr.*, 2e vol, 1760, p. 216; *sept.*, 1761, p. 229; *juill.*, 2e vol., 1763, p. 209.
Brancion. *Sept.*, 1761, p. 230.
Brandelis. *Avr.*, 1725, p. 851.
Brandelis de Champagne. *Juill.*, 1746, p. 209. V. encore CHAMPAGNE.
Braque. *Oct.*, 1701, p. 598; *août*, 1709, p. 88; *juin*, 1er vol., 1730, p. 1253; *juin*, 1er vol., 1731, p. 1391; *août*, 1733, p. 1893; *déc.*, 1733, p. 2746; *mai*, 1736, p. 1038; *avr.*, 1737, p. 826; *juill.*, 1739, p. 1675; *nov.*, 1739, p. 2719; *avr.*, 1740, p. 818; *août*, 1749, p. 194.
Brassac. V. GALARD DE BÉARN.
Brasseuses. V. DORIA.
Braux de Sorthon. *Juin*, 1er vol., 1756, p. 1235.
Brayer. *Oct.*, 1714, p. 298; *janv.*, 1750, p. 184.
Bréard. Ouvrier en étamine qui avait traduit, en vers latins le poëme de la *Religion*, de Jean Racine. *Juin*, 1er vol., 1749, p. 214.
Bréauté. *Mai*, 1697, p. 222; *août*, 1711, 4e part., p. 54.
Brécourt. V. COTTY.
Breget. *Déc.*, 1er vol., 1750, p. 405; *oct.*, 1er vol., 1774, p. 255; *janv.*, 1er vol., 1777, p. 237.
Bréhan. *Mai*, 1er vol., 1722, p. 194; *juin*, 2e vol., 1734, p. 1448; *févr.*, 1735, p. 611; *juin*, 1er vol., 1737, p. 1225; *mars*, 1758, p. 607; *juin*, 1er vol., 1758, p. 1222; *nov.*, 1745, p. 2526-2533; *mai*, 1750, p. 211; *févr.*, 1756, p. 233; *juill.*, 2e vol., 1764, p. 191.
Bréhan de la Roche-Bonnœil. *Juin*, 1706, p. 214.
Bréhan-Mauron. *Janv.*, 2e vol., 1756, p. 250.
Bréhan de Plélo. *Mars*, 1757, p. 610.
Bréhant. V. BRÉHAN.

Bréhier. *Nov.*, 1749, p. 211.

Breil de Pontbriant (du). *Mai*, 1758, p. 1029; *avr.*, 1749, p. 251; *déc.* 2ᵉ vol. 1750, p. 179; *juin*, 2ᵉ vol., 1754, p. 205.

Breil de Rais (du). *Juill.*, 1740, p. 1672.

Breille. V. SOLAR.

Breilly. *Sept.*, 1741, p. 2120.

Brelincourt. V. BERTIN.

Brémond d'Ars. *Déc.*, 1ᵉʳ vol., 1755, p. 197.

Brendlé. *Avr.*, 1758, p. 819.

Brenne. *Sept.*, 1746, p. 197.

Brenne de Bombon. *Janv.*, 2ᵉ vol., 1757, p. 233. V. encore BOMBON.

Bréquigny. V. MENEUST.

Bressey de Velfray. *Mars*, 1704, p. 125; *avr.* 1705, p. 76.

Brest (le). *Févr.* 1742, p. 594.

Bret (le). *Oct.* 1699, p. 154; *nov.*, 1705, p. 45; *juill.*, 1708, p. 192; *sept.*, 1710, p. 275; *oct.*, 1734, p. 2510; *avr.*, 1735, p. 825; *déc.*, 1ᵉʳ vol., 1757, p. 2751; *juill.*, 2ᵉ vol., 1765, p. 193.

Bret de Flacourt (le) *Déc.*, 1ᵉʳ vol., 1746, p. 185.

Bretagne. *Mai*, 2ᵃ pᵉ, 1711, p. 75; *févr.*, 1720, p. 165; *juill.*, 1725, p. 179; *mai*, 1731, p. 1195; *janv.*, 1754, p. 190; *janv.*, 1755, p. 182; *juin*. 1ᵉʳ vol., 1755, p. 1246; *nov.*, 1740, p. 2550; *oct.*, 1745, p. 2519; *sept.*, 1746, p. 195; *oct.*, 2ᵉ vol., 1766, p. 211; *févr.*, 1778, p. 211. V. encore AVAUGOUR.

Bréteschc (la). *Mars*, 1697, p. 262; *juin*, 1704, p. 85; *oct.*, 1706, p. 75; *nov.*, 1706, p. 186.

Breteuil. V. TONNELIER (LE).

Brethe. V. BERTHE.

Brélignères. *Mars*, 1696, p. 267; *mai*, 1778, p. 212.

Breton de Villandry (le). *Mai*, 1721, p. 160.

Bretonnière (la). *Mai*, 1704, p. 198; *mars*, 1727, p. 624; *mars*, 1778, p. 203.

Bretonvilliers. *Août*, 1709, p. 267; *mars*, 1760, p. 203. V. encore RAGOIS (LE).

Breuil (du). *Juill.*, 1702, p. 219; *nov.*, 1709, p. 79; *nov.*, 1741, p. 2541; *mars*, 1762, p. 214. V. encore DAMAS.

Brévendent de Sahurs. *Sept.*, 1772, p. 212.

Brèves. V. SAVARY.

Brezé. *Sept.*, 1712, p. 49; *mars.*, 1759, p. 616. V. encore DREUX.

Brezolles. V. MORAIS.

Brian. *Juill.*, 2ᵉ vol., 1769, p. 230.

Briançon. V. GRASSE.

Brianville. V. FINÉ.

Brice. *Nov.*, 1705, p 56; *nov.*, 1754, p. 2550; *mai*, 1759, p. 1045; *juill.*, 2ᵉ vol., 1756, p. 255.

Brichanteau. *Juill.* 1708, p. 57; *mai*, 1712, p. 45; *mai*, 1715, pp. 110-115; *oct.* 1742, p. 2524.

Briçonnet. *Mai*, 1694, p. 81; *sept.*, 1694, p. 255; *mars.*, 1699, p. 151; *avr.*, 1699, p. 236; *oct.*, 1701, p. 599; *avr.*, 1702, p. 584; *mars.*, 1705, p. 65; *fév.*, 1705, p. 501; *mai.*, 1716, p. 266; *janv.*, 1717, p. 153; *juill.*, 1725, p. 1684; *mai*, 1728, p. 1065; *juin*, 1ᵉʳ vol., 1728, p. 1252; *sept.*, 1728, p. 2152; *juill.*, 1734, p. 1685; *déc.*, 1ᵉʳ vol., 1757, p. 2722; *oct.*, 1758, p. 2501; *mai*, 1740, p. 1010; *sept.*, 1747, p. 179; *déc.*, 1ᵉʳ vol., 1747, p. 205.

Bridou. *Juin*, 1ᵉʳ vol., 1748, p. 175.

Brienne. V. LOMÉNIE.

Briffe (la). *Sept.*, 1700, p. 285; *mars*, 1701, p. 188; *janv.*, 1705, p. 249; *mars*, 1719, p. 171; *avr.*, 1724, p. 784; *mars*, 1735, p. 603; *sept.*, 1756, p. 2155; *avr.*, 1740, p. 822; *mai*, 1747, p. 207; *juin*, 2ᵉ vol., 1748, p. 210; *juill.*, 2ᵉ vol., 1762, p. 187; *mai*, 1766, p. 210; *juin*, 1776, p. 254; *oct.*, 2ᵉ vol., 1776, p. 224.

Briffe d'Amilly (la). *Juill*, 2ᵉ vol., 1777, p. 213.

Briffe de Ferrière (la). *Nov.*, 1752, p. 209.

Brigneuil. *Oct.*, 2ᵉ vol., 1770, p. 214.

Drilbac. *Sept.*, 1751, p. 2268; *nov.*, 1751, p. 2685; *août*, 1755, p. 1891.

Brillac. *Févr.*, 1705, p. 44-56; *janv.*, 1707, p. 158; *juill.*, 1708, p. 145; *déc.*, 1ᵉʳ vol., 1755, p. 197.

Brillard. *Janv.*, 1752, p. 201.

Brillet de Limon. *Juill.*, 1698, p. 254.

Brillon. *Avril*, 1705, p. 68; *août*, 1756, p. 1926.

Brillon de Jouy. *Mars*, 1759, p. 617.

Brinon, *Mai*, 1er vol., p. 267, 1701; *févr.*, 1705, p. 509; *oct.*, 1757, p. 2507.

Brinon de Caligny. *Mars*, 1793, p. 615.

Brinon de Senneterre. *Nov.* 1696, p. 519.

Brion. *Janv.*, 1745, p. 179; *mai*, 1747, p. 206.

Brion de Combronde. *Mars*, 1700, p. 102; *déc.*, 2e vol., 1756, p.2978; *juill.*, 1758, p. 1658. V. encore Pas de Brion (du).

Brionne. *Oct.*, 1755, p. 211; *janv.*, 2e vol., 1756, p. 228; *juill.*, 2e vol., 1761, p. 204; *oct.*, 2e vol., 1772., p. 212. V. encore Lorraine.

Briord. *Janv.*, 1704, p. 81.

Briouse. V. Orglandes.

Briquemault. *Oct.*, 1727, p. 2351; *oct.*, 1742, p. 2525.

Briqueville. *Juill.*, 1741, p. 1690; *juill.*, 1746, p. 265; *nov.*, 1746, p. 204; *déc.*, 1er vol., 1749, p.211; *oct.*, 1er vol., 1770, p. 214.

Briqueville de la Luzerne. *Nov.*, 1752, p. 207; *avr.*, 1755, p. 197; *juill.*, 2e vol., 1761, p. 204; *août*, 1762, p.208; *juill.*, 2e vol., 1765, p. 210. V. encore Luzerne (la).

Brisard. *Mars*, 1698, p. 263.

Brisart. *Janv.*, 1716, p. 156.

Brissac. V. Cossé et Grillet.

Brissart. *Nov.*, 1754, p. 2528; *juin*, 1er vol., 1750, p. 208; *déc.*, 1er vol., 1750, p. 200; *févr.*, 1753, p. 208; *juill.*, 1755, p. 211; *mars*, 1755, p. 194.

Brisse. *Juin*, 1772, p. 224.

Brisson. *Déc.*, 1720, p. 165.

Brivaque. V. Montlouis.

Brizay. *Sept.*, 1710, p. 54; *juill.*, 1720, p. 155; *févr.*, 1742, p. 402.

Broc. *Mai*, 1775, p. 224; *avr.*, 2e v., 1778, p. 210.

Brochaye (la). *Oct.*, 2e vol. 1777, p. 215.

Brochet de Pontcharost. *Oct.*, 1751, p. 2462; *oct.*, 1753, p. 2500; *sept.*, 1754, p. 215.

Brodeau. *Avr.*, 1702, p. 245; *mai*, 1702, p. 165 et 191; *avr.*, 1708, pp. 195-199.

Broü. *Oct.* 1707. p. 297.

Broglie. *Déc.*, 1701, p. 245; *mai*, 1702, pp. 292 et 295; *janv.*, 1705,

p. 510; *août*, 1707, p. 151; *nov.* et *déc.* 1707, p.581; *mars*, 1710, p. 298; *août*, 1720, p. 189; *janv.*, 1722, p. 193; *août*, 1727, p. 1928; *août*, 1752, p. 1884; *janv.*, 1755, p. 169; *sept.*, 1755, p. 2096; *mai*, 1754, p. 1054; *janv.*, 1755, p.182; *mars*, 1757, p. 614; *mai*, 1745, p. 204; *juin*, 2e vol., 1750, p. 182; *déc.*, 2e vol., 1751, p. 205, *févr.*, 1752, p. 215; *févr.*, 1752, p. 214; *juill.*, 1752, p. 195; *nov.*, 1752, p. 205; *juill.*, 2e vol., 1762, p.188; *janv.*, 2e vol., 1772. p.209; *avr.*, 1er vol., 1774, p. 210; *nov.*, 1776, p. 212.

Broglie de Dormans. *Mai*, 1702, p. 293.

Broglio. V. Broglie.

Brossard. *Août*, 1777, p. 215.

Brossard de Montaney. *Juin*, 1702, pp. 518 et 319.

Brossay. *Oct.* 1715, p. 155.

Brosse (la). *Juin*, 2e vol., 1749, p. 200; *févr.*, 1751, p. 202; *déc.*, 1777, p. 210.

Brosse-Requin (la). V. Villars.

Brosses. *Nov.*, 1715, p. 69; *juin*, 1777, p. 212. V. encore Tiercelin et Choart.

Brossin de Méré. *Avr.*, 2e vol., 1775, p. 212.

Brou. V. Feydeau.

Broue de Vareilles (la). *Nov.*, 1764, p. 174. V. encore Boulu et Vareilles.

Brouilly. *Oct.*, 1725, p. 809.

Brouilly de Piennes. *Sept.*, 1755, p. 2117.

Brousse (la). *Juin*, 1er vol., 1751, p. 1590; *déc.*, 2e vol., 1751, p. 204; *avr.*, 2e vol., 1759, p. 214; *août*, 1765, p. 199. V. encore Vertillac.

Broussin (du). *Févr.*, 1755, p. 597.

Broussoré. *Déc.*, 1759, p. 5149.

Bruant des Carrières. *Mai*, 1758, p. 1026.

Bruc. *Juin*, 1772, p. 222.

Bruchié de Verbois. *Sept.* 1705, p. 28.

Bruère (la). V. Clerc de la Bruère (le

Bruère de la Mothe. *Sept.* 1741, p. 2118.

Bruet. *Mars*, 1777, p. 254.

Brulart. *Janv.*, 1685, p. 290; *janv.*,

1688, pp. 182-187, avr., 1690,
265; sept., 1692, p. 205; janv.,
1696, p. 282; oct., 1697, p. 217;
mai, 1698, p. 261; déc.. 1698,
p. 263; avr., 1699, p. 235; mai,
1699, p. 188; mars, 1702, p. 512;
déc., 1703, p. 544; janv., 1704,
p. 102; déc., 1704, p. 202; janv.,
1705, pp. 8-24 et 58; juill., 1707,
p. 69; nov., 1714, p. 327; mars.
1716, p. 25; nov., 1727, p. 2560;
févr., 1752, p. 410; juin, 2ᵉ vol.,
1752, p. 1445; avr., 1757, p.821;
mai, 1758, p. 1025; nov., 1759,
p. 2711; janv., 1740, p. 180;
juill., 1742, p. 1676; févr., 1744,
p. 402; mai, 1746, p. 201; mai;
1750, p. 209; déc., 1ᵉʳ vol., 1750,
p. 200; janv., 1751, p. 193; juin,
2ᵉ vol., 1753, p. 195; juill., 1755,
p. 212; août, 1753, p. 211; oct.,
1ᵉʳ vol., 1761, p. 218; janv., 2ᵉ v.,
1762, p. 224; janv., 1ᵉʳ vol.,
1771, p.227; juill., 1ᵉʳ vol., 1771,
p. 211.

Brulart de Genlis. Juill., 1755,
p. 212.

Brulart de Puisieux. Janv., 1ᵉʳ vol.,
1771, p. 227.

Brun (le). Janv., 1723, p. 202; juin,
2ᵉ vol., 1727, p. 1486; mars,
1741, p. 627; mars, 1746, p.210.

Brun d'Interville (le). Mars, 1755,
p. 616; janv., 1ᵉʳ vol., 1776,
p. 212.

Brun de Villeneuve (le). Mai, 1710,
p. 135.

Brune. Oct., 1ᵉʳ vol., 1772, p. 212.

Bruneau de Crillon. Oct., 2ᵉ vol.,
1664, p. 208.

Brunerière. Juill., 1702, p. 198.

Brunes de Montlouet. Déc., 1765,
p. 260.

Brunet de Chailly, de Montforant,
de Rency et de Sérigny. Mai,
1692, p. 253; avr., 1696, p 299;
janv., 1701, p. 108; avr., 1701,
p. 518; janv., 1703, p. 250; juill.,
1703, p. 366; janv., 1706, p. 212;
janv., 1710, p. 144; janv., 1712,
p. 206; sept., 1715, p. 302; oct.,
1716, p. 247; sept., 1717, p. 185;
juin, 2ᵉ vol., 1737, p. 1461; févr.,
1758, p. 571; juin, 1759, p. 1462;
févr., 1740, p. 595; juill., 1742,
pp. 1674 et 1679.

Brunet de Chailly. Oct., 1716, p. 247;
févr., 1740, p. 595; juill., 1742,
p. 1679; juill., 1744, p. 1702,

Brunet de Neuilly. Sept., 1753,
p. 205.

Brunet de Rency. Sept., 1715, p. 302;
sept., 1717, p. 185; juill., 1742,
p. 1674; mai, 1717, p. 207; juin,
2ᵉ vol., 1747, p. 211; mars, 1755,
p. 196.

Brunet de la Vaissière. Févr., 1759,
p. 213.

Brunettière (la). Juill., 1703, p. 198.

Brusca. V. MONTLEZUN.

Bruscoli. Déc., 1696, p. 287; mai,
1739, p. 1037.

Bruslars. V. GUÉRIN.

Brusse. Juin, 1742, p. 1478.

Brusse de Montbérard. Janv., 1ᵉʳ v.,
1774, p. 229.

Brussel. Oct., 1745, p. 2520; déc.,
1745, p. 2755.

Bruyère (la). Nov., 1752, p. 208.

Buade de Frontenac. Avr., 1699,
p. 253; nov., 1702, p. 522.

Bual. V. PERNOT.

Bucaille (la). V. PAULMIER.

Budes. Févr., 1728, p. 417; juill.,
2ᵉ vol., 1765, p. 195.

Budos de Portes. Sept., 1695, p.264.

Bueil. Juill., 1698, p. 274; mars,
1708, p. 297.

Bugnons. Avr., 1703, p. 63; janv.,
1706, p. 289.

Bugy. Août, 1755, p. 210.

Buirette de Belloy. Avr., 1ᵉʳ vol.,
1775, p. 211. V. encore BELLOY.

Buisson. Janv., 1721, p. 111. V. en-
core DUBUISSON.

Buisson de Beauteville. Mai, 1776,
p. 211.

Buissy. Juill., 1ᵉʳ vol., 1760, p.209.

Bulkelei. Nov., 1748, p. 210; déc.,
2ᵉ vol., 1753, p. 199; juin, 1ᵉʳ v.,
1754, p. 196.

Bullion. Févr., 1685, p. 286; févr.,
1689, p. 529; févr., 1698, p. 253;
juin, 1698, p. 215; nov., 1700,
p. 176; juin, 1704, p. 83; févr.,
1705, p. 53; janv., 1706, p. 257;
mars, 1706, p. 255; août, 1706,
p. 173; janv., 1707, p. 298; nov.
et déc., 1707, p. 410; avr., 1708,
p. 298; août, 1709, p. 197; avr.,
1710, p. 277; oct., 1714, pp. 288-
205; mai, 1716, p.274; mai, 1721,

p. 163 ; *juin-juill.*, 2ᵉ part., 1721, p. 79 ; *août*, 1723, p. 417 ; *févr.* 1735, p. 405 ; *déc.*, 2ᵉ vol., 1756, p. 2973 ; *juin*, 1759, p. 1464 ; *mai*, 1745, p. 204 ; *juin*, 1ᵉʳ vol., 1745, p. 206 ; *juin*, 2ᵉ v., 1747, p. 206 ; *nov.*, 1749, p. 216 ; *mars*, 1750, p. 198 ; *sept.*, 1760, p. 218.

Bullion d'Esclimont. *Avr.*, 1755, p. 202.

Bullion de Fervaques. *Nov.*, 1749, p. 216. V. encore FERVAQUES.

Bully. V. LESTENDART.

Bulteau. *Mai*, 1710, p. 279.

Bunault. *Juin*, 1740, p. 1241.

Buons. *Déc.*, 1709, p. 201.

Buq de Bellefond (du). *Mars*, 1775, p. 208.

Buquet. *Avr.*, 1722, p. 192.

Burle-Vallorie. *Déc.*, 1774, p. 272.

Burteau. *Mai*, 1755, p. 211.

Bury. *Juin*, 1775, p. 211.

Busenval. V. CHOUART.

Busset. Cet art. contient les noms des principaux membres du corps de la noblesse d'alors. *Janv.*, 1704, pp. 15-47.

Busseul. *Janv.*, 1ᵉʳ v., 1775, p. 212.

Bussière. V. CHOISEUL.

Bussière (la). V. MONERON.

Bussy. *Juin*, 1775, p. 254. V. encore FRAGUIER et GUIBERT.

Bussy-Rabutin. *Avr.*, 1695, pp. 194-201 ; *sept.*, 1703, p. 275 ; *avr.*, 1729, p. 827 ; *nov.*, 1756, p. 2577 ; *mars*, 1761, p. 216 ; *juin*, 1761, p. 216 ; *juin*, 1764, p. 202.

Butler. *Juin*, 2ᵉ vol., 1753, p. 195.

Butty. *Oct.*, 2ᵉ vol., 2764, p. 207.

Buzancy de Chamarande. *Août*, 1706, p. 145 ; *sept.*, 1706, p. 111 ; *oct.*, 1706, p. 239 ; *sept.*, 1775, p. 215.

C

Cabalby. *Avr.*, 1ᵉʳ vol., 1764, p. 205 ; *mai*, 1764, p. 206 ; *janv.*, 1ᵉʳ vol., 1777, p. 256.

Cabanes. *Nov.*, 1741, p. 2557.

Cabazac. *Août*, 1748, p. 215.

Caboud. *Avr.*, 1722, p. 192.

Cabre de Saint-Paul. *Août*, 1754, p. 1889 ; *juill.*, 1759, p. 1677.

Cabrespine. V. MALET.

Cadeau. *Oct.*, 1750, p. 2526 ; *janv.*, 1754, p. 191.

Cachet de Garnerans. *Juin*, 1699, p. 47.

Cadarcet. V. ABADIE.

Caderousse. *Janv.*, 1703, p. 109 ; *avr.*, 1715, p. 251 ; *juin*, 2ᵉ vol., 1754, p. 204 ; *déc.*, 1767, p. 242. V. encore GRAMMONT.

Cado. *Nov.*, 1749, p. 214.

Cadot. V. KADOT.

Cadrieu. *Mars*, 1745, p. 603 ; *avr.*, 1ᵉʳ vol., 1776, p. 256.

Cahouet de Beauvais. *Déc.*, 1ᵉʳ vol., 1727, p. 2754.

Cailhou d'Esignac. *Mars*, 1756, p. 603 ; *déc.*, 1758, p. 2716 ; *juin*, 2ᵉ vol., 1749, p. 201 ; *oct.*, 2ᵉ vol., 1756, p. 230.

Caille (la). *Avr.*, 2ᵉ vol., 1762, p. 207.

Caillebot de la Salle. *Août*, 1707, p. 52 ; *avr.*, 1722, p. 185 ; *déc.*, 1ᵉʳ vol., 1728, p. 2757 ; *mars*, 1754, p. 620 ; *août*, 1734, p. 1890 ; *déc.*, 2ᵉ vol., 1756, p. 2977 ; *juill.*, 1742, p. 1662 ; *août*, 1755, p. 210 ; *avr.*, 1ᵉʳ vol., 1760, p. 215.

Caillières. *Mars*, 1717, p. 187.

Cailly. *Févr.*, 1ʳᵉ part., 1715, p. 111. V. encore DELPECH.

Cainsy. *Avr.*, 1706, p. 293.

Cais. *Déc.*, 1708, p. 266.

Caland. *Oct.*, 1ᵉʳ vol., 1759, p. 232.

Calande. V. BLOIS.

Caligny. V. BRINON.

Caloeri de Baltimore. *Avr.*, 2ᵉ vol., 1770, p. 212.

Calonne de Courtebonne. *Avr.*, 1701, p. 517 ; *janv.*, 1703, p. 503 ; *déc.*, 1703, p. 570 ; *févr.*, 1705, p. 298 ; *févr.*, 1705, p. 596 ; *mars*, 1706, p. 501 ; *janv.*, 1708, p. 45 ; *févr.*, 1750, p. 419 ; *mai*, 1737, p. 1040 ; *déc.*, 2ᵉ vol., 1745, p. 189 ; *nov.*, 1755, p. 207 ; *mars*, 1755, p. 193 ; *déc.*, 1765, p. 261 ; *nov.*, 1766, p. 209 ; *juill.*, 1ᵉʳ v., 1776, p. 236.

Calvière. *Déc.*, 1777, p. 213.

Calvisson. V. Louet de Calvisson.

Calvo. *Janv.*, 1703, p. 556; *déc.*, 1703, p. 547; *avr.*, 1708, p. 65.

Cambefort. *Janv.*, 1708, p. 83.

Cambis. *Janv.*, 1756, p. 172; *déc.*, 2ᵉ vol., 1751, p. 201; *avr.*, 2ᵉ vol., 1756, pp. 225-227; *févr.*, 1757, p. 227; *avr.*, 1ᵉʳ vol., 1762, p. 203; *juill.*, 2ᵉ vol., 1765, p. 195; *juill.*, 2ᵉ vol., 1771, p. 212; *sept.*, 1774, p. 249.

Cambis Velleron. *Mai* 1776, p. 212.

Cambout de Coislin (du). *Févr.*, 1691, p. 272; *sept.*, 1692, p. 202; *juin*, 1695, p. 215; *sept.*, 1705, p. 215, *févr.*, 1706, p. 199; *mai*, 1710, p. 156; *sept.-oct.*, 1710, p. 248; *juill.* 1729, p. 1681; *déc.*, 2ᵉ vol., 1752, p. 2922; *mai*, 1750, p. 205; *sept.*, 1755, p. 2081.

Camilli. V. Blouet.

Camole. *Janv.*, 1ᵉʳ vol., 1775, p. 254.

Campet de Saujon. *Juill.*, 1702, p. 207; *mars*, 1724, p. 575; *mars*, 1740, p. 611; *févr.*, 1746, p. 208.

Campron. *Avr.*, 1ᵉʳ v., 1772, p. 223.

Camus (le). *Mars*, 1687, pp. 158-152; *janv.*, 1688, p 195; *sept.*, 1690, p. 228; *mai*, 1695, p. 260; *déc.*, 1695, p. 252; *août*, 1696, p. 125; *févr.*, 1698 p. 269; *sept.*, 1698, p. 260; *mai*, 1700, p. 214, *nov.*, 1701, p. 108; *juin*, 1702; p. 445; *janv.*, 1703, p. 85; *avr.*, 1703, p. 279; *juin*, 1703, p. 25; *juin*, 1703, p. 165; *juill.*, 1703, p. 58; *mars*, 1704, p. 150; *févr.*, 1705, p. 268; *nov.*, 1705, pp. 67-73; *janv.*, 1706, p. 234; *avr.*, 1706, p. 504; *juill.*, 1707, p. 236; *sept.*, 1707, p. 551; *oct.*, 1707, pp. 106-109; *mai*, 1708, p. 210; *janv.*, 1710, p. 138; *juill.*, 1710, p. 270; *sept.-oct.* 1710, p. 275; *mai* 2ᵉ part., 1711, p. 76; *avr.* 1712, p. 187; *janv.*, 1715, p. 277; *mars*, 1ᵉ part., 1715, p. 222; *avr.*, 1715, p. 520; *févr.*, 1716, p. 284; *mars*, 1716, p. 57; *juin*, 1716, p. 161; *oct.*, 1716, p. 245; *juin*, 1718, p. 195; *févr.*, 1719, p. 152; *oct.*, 1722, p. 162; *févr.*, 1726, p. 395; *janv.*, 1727, p. 189; *mars*, 1728, p. 643; *nov.*, 1729, p. 2758; *janv.*, 1730,

p. 185; *juin*, 1ᵉʳ vol., 1731, p. 1390; *févr.*, 1752, p. 408; *mai*, 1752, p. 1019; *déc.*, 1ᵉʳ vol., 1754, p. 2742; *avr.*, 1755, p. 828; *août*, 1755, p. 1889; *oct.*, 1747, p. 155; *nov.*, 1751, p. 192; *sept.*, 1752, p. 205; *juin*, 2ᵉ vol., 1755, p. 194; *juin*, 2ᵉ vol., 1754, p. 196; *juill.*, 1755, p. 217; *juill.*, 1755, p. 223; *janv.*, 1ᵉʳ vol., 1756, p. 225; *oct.*, 1ᵉʳ vol., 1756, p. 256; *mars*, 1774, p. 211; *avr.*, 1ᵉʳ vol., 1775, p. 213; *janv.*, 1ᵉʳ vol., 1776, p. 214.

Camus de Bligny (le). *Avr.*, 2ᵉ vol., 1767, p. 195.

Camus de Pontcarré (le). *Mars*, 1702, p. 555; *avr.*, 1703, p. 277; *juin*, 1703, p. 161; *janv.*, 1704, p. 112; *févr.*, 1705, p. 268; *janv.*, 1706, p. 234; *janv.*, 1716, p. 128; *sept.*, 1752, p. 205.

Camus des Touches. *Nov.*, 1741, p. 2542; *déc.*, 2ᵉ vol., 1746, p. 213. V. encore Destouches.

Camuset. *Sept.*, 1755, p. 209.

Canablin. *Nov.*, 1756, p. 222.

Canaples. V. Créquy.

Canappeville. V. Papavoine.

Canaye. *Oct.*, 1686, p. 89; *janv.*, 1716, p. 139; *juill.*, 1752, p. 1657; *févr.*, 1744, p. 404.

Canchy. *Déc.*, 1696, p. 260.

Candale. V. Foix.

Candar. *Mai*, 1755, p. 210.

Canillac. *Févr.*, 1742, p. 400; *juin*, 1772, p. 222, *oct.*, 1ᵉʳ vol., 1772, p. 213.

Canonville de Raffetot. *Mai*, 1759, p. 1040; *oct.*, 1742, p. 2524; *janv.*, 1ᵉʳ vol., 1756, p. 221; *oct.*, 2ᵉ v., 1756, p. 229; *janv.*, 2ᵉ vol., 1765, p. 181. V. encore Raffetot.

Canteleu. *Févr.*, 1721, p 128.

Cantin. V. Caudron.

Cantoynet. V. Bessière.

Capéronnier. *Juill.*, 1ᵉʳ vol., 1775, p. 212.

Capdeville. *Mai*, 1700, p. 219.

Capistrou. V. Galbert.

Caplaune. *Déc.*, 1ᵉʳ vol., 1749, p. 212

Caraman. *Avr.*, 1ᵉʳ vol., 1777, p. 211. V. Maillé et Riquet.

Carbonet Montreuil. *Août*, 1702, p. 256.

Carbonières. *Juin*, 1ᵉʳ vol., 1752, p. 1258; *oct.*, 1ᵉʳ vol., 1756, p. 235.

Carcado. V. Karcado.

Carcavy. *Avr.*, 1700, p. 214.

Cardaillac. *Nov.*, 1767, p. 211. V. encore Lauzières.

Cardevac d'Havrincourt. *Avr.*, 2ᵉ v.; 1767, p. 197.

Cardin le Bret. V. Bret (le).

Cardouville. V. Defontaines.

Carency. *Oct.*, 1722, p. 159.

Carignan. *Oct.*, 1693, p. 65; *mai*, 1741, p. 1053.

Carlande. V. Dignes.

Carlier. *Avr.*, 1715, p. 232.

Carman. V. Caraman.

Carmin. *Mai*, 1750, p. 1046.

Carpentier. *Févr.*, 1752, p. 408; *mai*, 1738, p. 1024.

Carré. *Janv.*, 1701, p. 101; *juill.*, 1708, p. 128; *avr.*, 1716, p. 174; *sept.*, 1759, p. 214.

Carre (la). *Mai*, 1726, p. 1068; *janv.*, 1728, p. 186; *févr.*, 1750, p. 417; *sept.*, 1738, p. 2085; *nov.*, 1756, p. 216. V. encore Johanne et Saumery.

Carpot, *Avr.*, 1729, p. 827.

Carpentier de Senneville. *Juin*, 1740, p. 1251. V. encore Senneville.

Carpentier de Lizy. *Janv.*, 1738, p. 169.

Carrel. *Janv.*, 1749, p. 220; *janv.*, 2ᵉ vol., 1774, p. 213.

Carrières (des). V. Bbuant.

Carrion. *Juill.*, 1740, p. 1681; *juill.*, 1742, p. 1665.

Carrion de Nisas. *Juill.*, 1744, p. 1705; *mars*, 1755, p. 195; *sept.*, 1775, p. 224.

Carte (la). *Juill.*, 1698, p. 283; *sept.*, 1720, p. 164; *juin*, 2ᵉ vol., 1749, p. 199; *oct.*, 1ᵉʳ vol., 1767, p. 207.

Caruel. *Avr.*, 1726, p. 851.

Carvalho. *Nov.*, 1740, p. 2550.

Carvel. *Févr.*, 1752, p. 408.

Carvoisin. *Janv.*, 1719, p. 195; *oct.*, 1728, p. 2344; *juill.*, 1742, p. 1678; *mai*, 1749, p. 227; *avr.*, 1750, p. 208; *juin*, 2ᵉ vol., 1757, p. 204.

Carvoisin d'Achy. *Déc.*, 1739, p. 2945.

Casaubon. V. Maniban.

Cassan d'Orriac. *Juill.*, 1ᵉʳ v., 1771, p. 211.

Casse (du). V. Ducasse.

Cassagne (la). V. Garault.

Cassagnet. *Juin*, 2ᵉ v., 1755, p. 229.

Cassagnet de Tilladet. *Juill.*, 1702,

p. 168; *mars*, 1708, p. 184; *févr.*, 1705, p. 365; *avr.*, 1705, p. 327; *mars*, 1708, p. 184, *mai*, 1726, p. 1075; *juin*, 1726, p. 1269.

Cassan de Saint-André. *Févr.*, 1752, p. 214.

Cassart d'Espies. *Août*, 1756, p. 234. V. encore Espies.

Cassini. *Juin*, 1716, p. 198; *févr.*, 1747, p. 204; *juill.*, 1ᵉʳ vol., 1772, p. 209.

Castagne (la). V. Garault.

Castagnières - Châteauneuf. *Août*, 1709, p. 187.

Castagnet de Tancboux. *Janv.*, 1ᵉʳ v., 1756, p. 222.

Castanier d'Auriac. *Oct.*, 1ᵉʳ vol., 1762, p. 197; *mai*, 1766, p. 210.

Caste. *Mai*, 1763, p. 197.

Castel de Saint-Pierre. *Nov.* 1701, p. 551; *févr.*, 1721, p. 128; *mars*, 1740, p. 609; *juin*, 1743, p. 1259, *janv.*, 1744, p. 190; *juill.*, 1746, p. 211; *août*, 1747, p. 191; *mai*, 1748, p. 200; *juin*, 2ᵉ vol., 1749, p. 201.

Castelanne. V. Castellane.

Castellane. *Mai*, 1757, p 1036; *févr.*, 1759, p. 394; *avr.*, 1759, p 816; *déc.*, 1754, p. 206; *avr.*, 2ᵉ vol., 1770, p. 212; *juin*, 1772, p. 222; *mars*, 1773, p. 212. V. encore Monteil.

Castellas. *Juin*, 1722, p. 153; *mars*, 1743, p. 604.

Castellier - Dumesnil. *Juin*, 1764, p. 200.

Castelmare. V. Artaignan (d').

Castelmoron. *Juin*, 1701, p. 109; *mai*, 1715, p. 198; *avr.*, 1759, p. 819; *juill.*, 1755, p. 225. V. encore Belzunce.

Castelnau. *Août*, 1688, p. 147; *oct.*, 1691, pp. 80-95; *déc.*, 1695, p. 279; *févr.*, 1694, p. 177; *oct.*, 1716, pp. 228-236; *sept.*, 1745, p. 217.

Castéras. *Oct.*, 1756, p. 2372.

Castillo. *Oct.*, 1758, p. 2302; *avr.*, 1ᵉʳ vol., 1774, p. 212.

Castille de Montjeu. *Janv.*, 1736, p. 173.

Castras. *Févr.*, 1752, p. 407.

Castries. V. Croix (la).

Catelan de Sablonières. *Août*, 1706,

p. 179; *oct.,* 1706, pp. 121-135; *juin-juill.,* 2ᵉ part., 1721, p. 82.

Catinat. *Juill.,* 1700, p. 282; *févr.,* 1704, p. 190 et 270; *mars,* 1712, p. 145; *juill.,* 1714, p. 192; *sept.,* 1726, p. 2176; *avr.,* 1746, p. 198.

Cauchon. *Mars,* 1752, p. 619; *nov.,* 1751, p. 195.

Cauchon de Sommière. *Mai,* 1770, p. 210.

Caudron de Cantin. *Févr.,* 1758, p. 188.

Caulet. *Déc.,* 1708, p. 266; *nov.,* 1771, p. 212.

Caulet de Gramont. *Nov.,* 1775, p. 212.

Caulincourt. *Mars,* 1748, p. 207; *janv.,* 1755, p. 215; *janv.,* 1ᵉʳ vol., 1757, p. 229; *févr.,* 1761, p. 219; *juill.,* 2ᵉ vol., 1774, p. 212.

Caumartin. V. FÈVRE DE CAUMARTIN.

Caumont. V. GAUVILLE, NOMPAR et SCYPTRES.

Caumont-la-Force. *Juill.,* 1ᵉʳ vol., 1770, p. 250; *oct.,* 1ᵉʳ vol., 1771, p. 223; *déc.,* 1772, p. 211. V. encore NOMPAR DE CAUMONT.

Caurel du Tagny. *Avr.,* 1704, p. 57; *févr.,* 1707, p. 106.

Causans. V. MAULÉON.

Causé de Nazelles. *Oct.,* 2ᵉ part., 1715, p. 225.

Caussade (la). *Déc.* 1758, p. 2719. V. ESTUER.

Cauvisson. V. CALVISSON.

Caux. *Avr.,* 1755, p. 208.

Cavalier de Chauveau. *Janv.,* 2ᵉ v., 1777, p. 212.

Cavoye. V. DOGER.

Cayeux. *Janv.,* 1703, p. 298. V. encore ROUAULT.

Cayla (du). *Sept,* 1720, p. 155; *juill.,* 1746, p. 200; *juin,* 1772, p. 222; *oct.,* 1ᵉʳ vol., 1772, p. 210; *mars,* 1775, p. 232. V. encore BASCHI et LANGLADE.

Caylus. *Mai,* 1756, p. 1025; *nov.,* 1741, p. 2556; *août,* 1750, p. 204; *juin,* 2ᵉ vol., 1754, p. 202; *déc.,* 1765, p. 261. V. encore THUBIÈRES.

Cayssac. V. CORN.

Caze (la). V. GILLET

Caze. *Juin,* 2ᵉ vol., 1755, p. 228.

Caze de Jouvancourt. *Janv.,* 1740, p. 180.

Caze de la Bove. *Déc.,* 2ᵉ vol., 1750, p. 195.

Cazeau. V. GAUNE.

Céhérel. *Sept.,* 1757, p. 221.

Celetz. V. REVERSSAT.

Céli ou Coeli. V. HARLAI.

Celle de Chanteauclou (la). *Nov.,* 1753, p. 206.

Cépoy. V. BOUVIER.

Cerda (la). V. GALLEYON.

Cerf de la Motte. *Mai,* 1776, p. 212.

Cerisaye (la). V. VOISIN.

Cérisy. V. RICHER.

Cerny. V. MAILLET.

Cette (la). *Oct.,* 1ᵉʳ vol., p. 257.

Chaban de la Fosse. *Déc.,* 2ᵉ vol., 1757, p. 2922. V. encore FOSSE (LA).

Chabannes. *Juin,* 1ᵉʳ vol., 1755, p. 1241; *déc.,* 1ᵉʳ vol., 1757, p. 2727; *déc.,* 1759, p. 2947; *déc.,* 1742, p. 2757; *mars,* 1743, p. 614; *nov.,* 1745, p. 226; *sept.,* 1749, p. 211; *mai,* 1750, p. 202; *mars,* 1755, p. 198; *janv.,* 2ᵉ vol., 1757, p. 234; *avril,* 1ᵉʳ v., 1757, p. 206; *sept.,* 1758, p. 212; *oct.,* 2ᵉ v., 1759. p. 209; *sept.,* 1760, p. 217; *mars,* 1761, p. 222; *déc.,* 1767, p. 259.

Chabannes de Curton. *Juill.,* 1696, p. 250; *oct.,* 1701, p. 587; *oct.,* 1702. p. 429; *oct.,* 1704, p. 532; *mai,* 1714, p. 145; *déc.,* 1742, p. 2757; *avril,* 1ᵉʳ vol., 1759, p. 215; *avril,* 1ᵉʳ v., 1772 p. 225.

Chabannes de Pionsac. *Mars,* 1748, p. 210. V. encore PIONSAC.

Chabanois. V. COLBERT-CHABANOIS.

Chabenat. *Avril,* 1742, p. 859.

Chabenat de Bonneuil. *Juill.* 1698, p. 258; *déc.,* 2ᵉ vol., 1747, p. 194; *nov.* 1752, p. 201.

Chabert. *Août,* 1711, 4ᵉ part, p. 44; *janv.* 1ᵉʳ vol., 1772, p. 209.

Chaboissière (la). *Janv.,* 1685, p. 244.

Chabossière (la). V. AUGER.

Chabot. *Août,* 1698, p. 247.

Chabot de la Serre. *Janv.,* 1709, p. 226.

Chabrerie (la). V. DUCLUSEL.

Chabrey de Montigny. *Juill.,* 1706, p. 228.

Chabrilland. *Mai,* 1752; p. 212. V. encore MORETON.

Chabrinat de Condé. *Août,* 1750, p. 210.

Chaillon. *Nov.,* 1758, p. 2500.

Chaillou. *Oct.,* 2ᵉ vol., 1756, p. 251; *janv.,* 1775, p. 255.

Chaillou de Thoisy. *Mars*, 1703, p. 322.

Chailly. V. BRUNET.

Chainelaye. *Fév.*, 1702, p. 281 ; *mars*, 1702, p. 515; *fév.*, 1703, p. 80; *mars*, 1704, p. 9; *oct.*, 1715, p. 135.

Chaise (la). *Nov.*, 1708, p. 250 ; *janv.*, 1710, p. 135, *juin*, 1724, p. 1231; *mai*, 1728, p. 1065; *janv.* 1632, p. 196; *août*, 1752, p. 201.

Chaise d'Aix (la). *Juill.* 1724, p. 1655 ; *déc.*, 1er vol., 1749, p. 211.

Chaise de Badiollas (la). *Oct.-nov.*, 1703, p. 280.

Chaises (des). V. TURGIS.

Chaize (la). V. CHAISE (LA).

Chalais. *Avril*, 2e vol., 1757, p. 205.

Chalard (du). *Mai*, 1705, p. 118.

Chalet. V. RALET.

Chalmazel. V. TALARU.

Chalmette. *Mai*, 1740, p. 1034.

Chalonges. V. AUGER.

Chalucet. V. BONNIN.

Chalut. *Janv.*, 2e vol., 1775, p. 211.

Chalut de Vérin. *Déc.*, 2e vol., 1751. p. 201.

Chalver de Sousville. *Mai*, 1776, p. 212.

Chamarande. V. BUZANCY.

Chamarante. V. ORNAISON.

Chambault. *Oct.*, 1754, p. 2312.

Chamberville. *Nov.*, 1714, p. 317.

Chambes de Montsoreau. *Déc.* 1715, p. 222.

Chambon. *Mars*, 1755, p. 196.

Chambon d'Arbouville. *Juin*, 1er vol., 1752, p. 209 ; *déc.*, 1er vol., 1755, p. 199; *déc.*, 2e vol., 1755, p. 201; *janv.*, 1754, p. 193 ; *août*, 1656, p. 255. V, TIQUES.

Chambonnas. *Avril*, 1722, p. 184; *mai*, 1774, p. 234.

Chamborant. *Avril*, 1er vol., 1759, p. 212; *janv.*, 2e vol., 1765, p. 205; *oct.*, 1er vol., 1772, p. 212.

Chamborant de Clavière. *Août*, 1699, p. 103.

Chamborant de Droux. *Nov.*, 1756, p. 227.

Chambray. *Mai.*, 1727, p. 890; *mai*, 1754, p. 1039; *nov.*, 1756, p. 219.

Chambrier. *Août*, 1751, p. 173.

Chamflour. *Janv.*, 1703, p. 136.

Chamillart. *Avril*, 1700, p. 261 ; *nov.*, 1700, p. 276 ; *déc.*, 1700, p. 175; *janv.* 1701, p. 114 ; *nov.*, 1701, p. 581 ; *avril*, 1702, p. 558; *nov.*, 1702, p. 516; *janv.*, 1705, p. 544; *juill.*, 1705, p. 525; *août*, 1704, p. 410 ; *oct.*, 1704, p. 208 ; *mai*, 1705, p. 175 ; *oct.*, 1706, p. 554; *avril*, 1708, p. 205; *juin*, 1714, p. 127; *juill.*, 1716, p. 191; *sept.*, 1716, p. 204; *mai*, 1728, p. 1065 ; *août*, 1754, p. 2044; *mars*, 1739, p. 616; *juill.* 1748, p. 195; *mai*, 1749, p. 251; *mai*, 1762, p. 201; *mai*, 1772, p. 211; *sept.*, 1774, p. 249.

Chamilly. V. BOUTON et LOUMIER.

Chamissat de Boncourt. *Mars*, 1775, p. 212.

Chamlin. *Mai*, 1704, p. 199.

Chamousset. *Mars*, 1707; p. 175; *sept.*, 1708, p. 278 ; *avril*, 1710, p. 190; *déc.*, 1759, p. 2944. V. encore. PIARROT.

Champ d'Assant. *Mars*, 1755, p. 195.

Champagne. *Févr.*, 1752, p. 410 ; *mai*, 1752, p. 1022 ; *févr.*, 1755, p. 404 ; *juin*, 2e vol., 1755, p. 1456 ; *déc.*, 1er vol., 1757, p. 2756 ; *août*, 1742, p. 1898; *déc.*, 1745, p. 2755 ; *nov.*, 1755, p. 229 ; *mars*, 1761, p. 211; *juill.*, 2e vol., 1765, p. 209. V. encore BRANDELIS.

Champcenetz. *Mai*, 1748, p. 190. V. encore RICHEBOURG

Champéron. V. COSTE.

Champignolles. V. ROGRES.

Champigny. V. BERNARD et BOCHART.

Champlâtreux. V. MOLÉ.

Champlost. *Oct.*, 1er vol., 1776, p. 212.

Champoléon. *Avril*, 1er vol., 1774, p. 211.

Champmélain. V. DESNOS.

Champorcin. V. MICHELS (DES).

Champrenard. V. DRUET.

Champs de Morel (des). *Juin*, 1741, p. 1467.

Champvallon. V. HARLAY.

Chanay. V. BONZITAT.

Chancel de la Grange. *Déc.*, 1740, p. 2964.

Chanclos. *Juin*, 2e vol., 1755, p. 1434.

Chandieu. V. VILLARS.

Chandry. V. Tyran.

Changy. *Sept.*, 1726, p. 2176.

Chanhuon de la Boissière. *Mai*, 1700, p. 216.

Chanoine (le). *Févr.*, 1749, p. 192.

Chanteaucloú. V. Celle (la).

Chantemerle. V. Puis (du).

Chantilly. V. Esconais.

Chantrayne. V. Rollinde.

Chapelennes. V. Largentier.

Chapelier. *Mars*, 1712, p. 82; *mai*, 1714, p. 128.

Chapelle (la). *Janv.*, 1735, p. 184; *juill.*, 1er vol., 1761, p. 208. V. encore Filleul.

Chapelle de Jumilhac. *Sept.*, 1745, p. 214; *nov.*, 1748, p. 211.

Chapizeau. *Avr.*, 1705, p. 335.

Chaponay. *Sept.*, 1705, p. 28; *avr.*, 1706, p. 505.

Châpou de Verneuil. *Juill.*, 2e vol., 1761, p. 206.

Chappuis-la-Fay. *Mai*, 1710, p. 159.

Chapt de Rastignac. *Avr.*, 1702, p. 200; *mai*, 1715, p. 211; *sept.*, 1750, p. 196; *déc.*, 2e vol., 1750, pp. 184-195; *juin*, 2e vol., 1751, p. 204; *juin*, 2e vol., 1755, p. 228; *mai*, 1762, p. 200; *mai*, 1775, p. 225.

Chapuis. *Mars*, 1710, p. 157.

Charbonneau. *Avr.*, 1758, p. 818.

Charbonneau de Fortecuière. *Nov.*, 1698, pp. 115-124.

Charce (la). *Juill.*, 1714, p. 179.

Chardon. *Aout*, 1753, p. 1892; *oct.-nov.*, 1741, p. 2549; *avr.*, 1er vol., 1767, p. 210.

Chardonnet (du). *Juin*, 1er vol., 1753, p. 195.

Chareliers (des). V. Chesne (du).

Charentenay. *Août*, 1698, p. 93.

Charette de Montebert. *Janv.*, 1755, p. 206; *févr.*, 1778, p. 211.

Charler. V. Lévi.

Charles (peintre). *Août*, 1747, p. 185.

Charlet. *Févr.*, 1778, p. 210.

Charlet d'Esbly. *Juin*, 1700, p. 192.

Charléval. *Mars*, 1759, p. 215.

• Charlevoix. *Mars*, 1761, p. 216.

Charlot. *Mai*, 1714, p. 152.

Charlot de Princé. *Juill.*, 1698, p. 254.

Charlu. V. Lévis.

Charmaisse. *Janv.*, 1743, p. 177.

Charmeaux. V. Tonnelier de Charmeaux.

Charmond. V. Hennequin.

Charmoy. V. Pinette.

Charnisay. V. Menou.

Charny. *Déc.*, 1687, p. 203; *mars*, 2e vol., 1722, p. 164; *déc.*, 1740, p. 2965. V. encore Lottin.

Charon. *Mars*, 1750, p. 193; *août*, 1751, p. 175; *avr.*, 1755, p. 200; *juin*, 1772, p. 222.

Charon de Fresnay. *Févr.*, 1702, p. 161. V. encore Fresnay.

Charon de Ménars. *Avr.*, 1687, p. 285; *févr.*, 1701, p. 194; *févr.*, 1702, p. 161; *juin*, 1703, pp. 178 et 179; *janv.*, 1705, p. 253; *mai*, 1705, p. 69; *oct.*, 1706, p. 82; *avr.*, 1718, p. 187; *mai*, 1728, p. 1064; *sept.*, 1728, p. 2154; *déc.*, 1er vol., 1728, p. 2758; *juin*, 1er vol., 1729, p. 1263; *oct.*, 1750, p. 2329; *févr.*, 1752, p. 408; *sept.*, 1759, p. 2091; *juill.*, 1755, p. 220; *janv.*, 2e vol., 1756, p. 252.

Charost. V. Bethune.

Charpentier. *Mars*, 1709, p. 286; *avr.*, 1709, p. 110; *oct.*, 1714, p. 542; *déc.*, 1er vol., 1727, p. 2754; *déc.*, 1er vol., 1728, p. 2763; *févr.*, 1730, p 422; *janv.*, 1758, p. 178; *janv.*, 1758, p. 185; *juin*, 1740, p. 1247.

Charpentier d'Ennery. *Avr.*, 1er vol., 1760, p. 216.

Charpin de Génetines. *Juill.*, 1759, p. 1671; *aout*, 1752, p. 201.

Charpy. *Mai*, 1734, p. 1030.

Charreton de Montanson et de la Terrière. *Mars*, 1692, p. 264; *mai*, 1693, p. 273; *juill.*, 1693, p. 505; *janv.*, 1695, p. 287; *juin*, 1695, p. 217; *janv.*, 1696, p. 286; *juin*, 1698, p. 256; *sept.*, 1698, p. 141; *avr.*, 1699, p. 228; *mars*, 1700, p. 103; *janv.*, 1718, p. 196.

Charrier de la Barge. *Oct.*, 1708, p. 283.

Charron. V. Charon.

Charruc de Kadennec. *Août*, 1750, p. 211.

Charry des Gaultes. *Oct.*, 1er vol., 1770, p. 214.

Charsigné. V. Piedoux.

Charte ou Chaste. V. Clermont.

Charton. *Janv.*, 1685, p. 86.

Chartraire de Bourbonne. *Mars*, 1737, p. 619. V. BOURBONNE.

Chartraire de Ragni. *Juill.*, 1732, p. 1667 ; *janv.*, 1734, p. 195 ; *janv.*, 1737, p. 173 ; *sept.* 1759, p. 2090 ; *juin*, 1740, p. 1465 ; *juill.*, 2ᵉ vol., 1772, p. 212.

Chasan. *Avr.*, 1720, p. 189.

Chaslon. V. HARDOUIN.

Chasot. *Déc.*, 1ᵉʳ vol., 1754, p. 205.

Chassebras. *Oct.*, 1691, p. 225.

Chasseley. V. LESCOT.

Chassepot de Beaumont. *Déc.*, 1698, p. 256 ; *avr.*, 1702, p. 245 ; *mars*, 1ʳᵉ part., 1715, p. 199 ; *mars*, 1724, p. 575 ; *janv.*, 1730, p. 184 ; *mai*, 1756, p. 1026.

Chassier (le). *Janv.*, 1728, p. 185.

Chassincour. V. BIOTIÈRE.

Chassonville. *Déc.*, 1721, p. 172.

Chastaigneraye (la). V. MARIN.

Chaste. *Oct.*, 1734, p. 2308. V. encore CLERMONT DE CHASTE.

Chasteigner. *Oct.*, 1ᵉʳ v., 1760, p. 205.

Chasteigner de Rouvre. *Janv.*, 1ᵉʳ vol., 1772, p. 212.

Chastelard, Chastelart, Chastellard ou Chastellart. V. CHATELARD.

Chasteler de Moyencourt (du). *Juin*, 1695, p. 216.

Chastelet (du). V. CHATELET.

Chastellux. *Août*, 1695, pp. 231-236 ; *mai*, 1704, p. 202 ; *juin*, 1742, p. 1476 ; *févr.*, 1745, p. 215 ; *déc.*, 1ᵉʳ vol., 1746, p. 181 ; *nov.*, 1749, p. 215 ; *mai*, 1773, p. 212.

Chastenay. *Août*, 1751, p. 2047 ; *juill.*, 1758, p. 1668.

Chastenay de Lanty. *Janv.*, 2ᵉ vol., 1778, p. 213.

Chastenaye. V. COCHARD.

Chastenet. *Nov.-déc.*, 1707, p. 420 ; *avr.*, 1710, p. 289 ; *déc.*, 1ᵉʳ vol., 1737, p. 2731 ; *juill.*, 1742, p. 1690.

Chastenet de Puységur. *Oct.*, 1745, p. 2315 ; *oct.*, 1745, p. 194 ; *déc.*, 2ᵉ vol., 1746, p. 208 ; *oct.*, 2ᵉ vol., 1777, p. 210.

Chasteuil. *Avr.*, 1706, p. 268 ; *nov.*, 1708, p. 206.

Chastillon. V. CHATILLON.

Chastre (la). V. CHATRE (LA).

Chastulé. V. PIVART.

Chasy. V. JOLY.

Chateaubrun. V. VIVIEN.

Châteauguès. *Mars*, 1706, p. 118.

Châteaumorand. *Mai*, 1704, p. 202 ; *oct.*, 1706, p. 205 ; *juin*, 1709, p. 210 ; *oct.*, 1722, p. 163 ; *mai*, 1727, p. 1042 ; *mai*, 1740, p. 1041 ; *juill.*, 2ᵉ vol., 1777, p. 212.

Châteauneuf. *Oct.*, 1700, p. 133 ; *mars*, 1710, p. 158 ; *sept.*, 2ᵉ vol., 1725, p 2514 ; *mars*, 1728, p. 643 ; *janv.*, 1730, p. 184. V. encore CASTAGNIÈRES et BORDAT (DU).

Châteauneuf de Rochebonne. *Mars*, 1740, p. 609.

Châteauregnard. V. AQUIN.

Châteaurenaud. *Mai*, 1710, p. 205 ; *mai*, 1713, pp. 134-150, *nov.*, 1726, p. 2684 ; *déc.*, 1ᵉʳ vol., 1728, p. 2759 ; *mai*, 1739, p. 1038 ; *févr.*, 1765, p. 205. V. encore ROUSSELET.

Châteauroux. *Déc.*, 1744, p. 209.

Châteauvieux. V. ARMAND.

Châteauvillain. *Avr.*, 1693, p. 87 ; *août*, 1698, p. 242 ; *juill.*, 1755, p. 224.

Châtel (du). V. TANNEGUY.

Châtelain. *Oct.*, 1691, p. 228 ; *juill.*, 1708, p. 44 ; *mars*, 1712, p. 148 ; *juin*, 1ᵉʳ vol., 1747, p. 214 ; *oct.*, 1ᵉʳ vol., 1758, p. 204.

Châtelard. *Avr.*, 1709, p. 264.

Châtelard de Salières. *Déc.*, 1ᵉʳ vol., 1751, p. 190 ; *janv.*, 1ᵉʳ vol., 1757, pp. 250 et 256. V. encore HAUTERIVE.

Châtelet (du). *Juill.*, 1695, p. 212 ; *janv.*, 1703, p. 328 ; *mai*, 1703, p. 217 ; *août*, 1704, p. 96 ; *juin*, 1705, p. 87 ; *déc.*, 1705, p. 44 ; *nov.-déc.*, 1707, p. 67 ; *févr.*, 1709, p. 240 ; *janv.*, 1712, p. 275 ; *juin*, 1714, p. 129 ; *juin*, 2ᵉ vol., 1725, p. 1456 ; *janv.*, 1732, p. 198 ; *oct.*, 1733, p. 2303 ; *déc.*, 1733, p. 2746 ; *oct.*, 1734, p. 2514 ; *juin*, 1741, p. 1242 ; *nov.*, 1747, p. 206 ; *août*, 1752, p. 198 ; *juin*, 2ᵉ vol., 1753, p. 194 ; *juill.*, 1755, p. 211 ; *juin*, 2ᵉ vol., 1754, p 202 ; *déc.*, 1ᵉʳ vol., 1754, p. 207 ; *mars*, 1755, p. 198 ; *févr.*, 1757, p. 227 ; *mai*, 1766, p. 209 ; *mars*, 1778, p. 208.

Châtelet d'Haraucourt (du). *Avr.*, 2ᵉ vol., 1770, p. 212.

Châtelet-Lomon. *Oct.*, 1749, p. 211.

Châtenai. *Juill.*, 1727, p. 1708. V. encore CHASTENAY et CHASTENAYE.

Châtillon. *Mars*, 1696, p. 227; *mars*, 1710, p. 289; *janv.*, 1711, p. 115; *juill.*, 1711, p. 199; *déc.*, 1711, p. 521; *avr.*, 1722, p. 185; *mai*, 1725, p. 1055; *juin*, 1er vol., 1728, p. 1254; *déc.*, 2e vol., 1756, p. 2980; *juin*, 1711, p. 1274; *juin*, 2e vol., 1755, p. 191; *mai*, 1754, p. 209; *janv.*, 1er vol., 1765, p. 202; *janv.*, 2e vol., 1763, p. 181; *avr.*, 2e v., 1777, p. 211. V. encore ROBERT et PLESSIS-CHATILLON (DU).

Châtillon-Luxembourg. *Mars*, 1751, p. 609.

Châtillon-sur-Marne. *Avr.*, 1703, p. 55; *avr.*, 1708, p. 179; *juill.*, 1708, pp. 270-280; *juill.*, 1711, p. 199.

Châtre (la). *Mai*, 1691, p. 501; *mai*, 1716, p. 276; *déc.*, 1er vol., 1723, p. 1210; *sept.*, 1750, p. 2115; *juill.*, 1751, p. 1682; *juill.*, 1759, p. 1675; *juin*, 1710, p. 1211; *févr.*, 1750, p. 206; *mars*, 1755, p. 194; *oct.*, 2e vol., 1771, p. 210.

Chattongne. V. ROY (LE).

Chauchon. *Mars*, 1777, p. 235.

Chaulieu. V. ANFRIE.

Chaulnes. V. AILLY et ALBERT DE LUYNES.

Chaulnes d'Epinay. *Mars*, 1716, p. 221.

Chaumejan-Fourille. *Janv.*, 1706, pp. 295-504; *sept.*, 1715, p. 50; *mars*, 1720, p. 165; *août*, 1751, p. 1686; *avr.*, 2e vol., 1765, p. 205.

Chaumont. *Oct.*, 1706, p. 525; *févr.*, 1710, p. 192; *avr.*, 1711, p. 810; *janv.*, 1er vol., 1769, p. 211; *juill.*, 2e vol., 1772, p. 212. V. encore GUIRY.

Chaumont de la Galaisière. *Mars*, 1751, p. 209; *nov.*, 1761, p. 197.

Chaumont de la Millière. *Avr.*, 1er vol., 1772, p. 222.

Chaumont-Guitry ou Quitri. *Oct.*, 1756, p. 2572; *sept.*, 1751, p. 211.

Chau-Montauban (la). *Avr.*, 1710, p. 285; *mai*, 1772, p. 211.

Chaussée (la). *Juin*, 1er vol., 1751, p. 209.

Chaune de Vezanne. *Oct.*, 1er vol., 1776, p. 211.

Chaussée d'Eu (la). *Mars*, 1698, p. 251.

Chausseraye. *Avr.*, 1753, p. 819.

Chauveau. V. CAVALIER.

Chauvelin. *Déc.*, 1709, pp. 162 et 285; *août*, 1715, p. 315; *avr.*, 1721, p. 783; *déc.*, 1er vol., 1725, p. 2940; *janv.*, 1727, p. 193; *déc.*, 1er vol., 1727, p. 2754; *déc.*, 1er vol., 1728, p. 2761; *févr.*, 1729, p. 412; *juin*, 1er vol., 1729, p. 1262; *août*, 1729, pp. 1899 et 1900; *déc.*, 1er vol., 1729, p. 5166; *déc.*, 2e vol., 1750, p. 2969; *févr.*, 1752, p. 408; *juill.*, 1755, p. 1667; *janv.*, 1757, p. 159; *sept.*, 1759, p. 2090; *déc.*, 2e vol., 1746, p. 212; *déc.*, 2e vol., 1750, p. 196; *juin*, 2e vol., 1751, p. 204; *janv.*, 2e vol., 1756, p. 230; *mai*, 1756, p. 257; *mai*, 1758, p. 206; *avr.*, 2e v., 1762, p. 208; *déc.*, 1761, p. 205; *avr.*, 2e vol., 1767, p. 198; *févr.*, 1770, p. 213; *déc.*, 1773, p. 228.

Chauvigny. *Avr.*, 2e vol., 1776, p. 210.

Chauvigny de Blot. *Mai*, 1760, p. 208; *mars*, 1778, p. 208.

Chauvin. *Mars*, 1699, p. 148; *déc.*, 1715, p. 221; *août*, 1729, p. 1900; *avr.*, 1751, p. 827.

Chauviré. *Mars*, 1706, p. 151.

Chauvirey. *Oct.*, 1745, p. 2315.

Chavagnac. *Janv.*, 1er vol., 1773, p. 212; *sept.*, 1776, p. 210.

Chavannes. *Janv.*, 1703, p. 107.

Chavaudon. *Janv.*, 1700, p. 252; *janv.*, 1708, p. 160; *juin*, 1er vol., 1751, p. 1590; *déc.*, 1er vol., 1751, p. 181.

Chavayne. *Mai*, 1716, p. 275.

Chavignard de Chavigny. *Avr.*, 1er vol., 1771, p. 212; *juin*, 1772, p. 225.

Chavigné. *Mars*, 1775, p. 208.

Chavigni. V. BOUTHELLIER.

Chavigny. V. CHAVIGNARD et GAMOT.

Chazans. V. GODRAN.

Chazeron. V. MONESTAY.

Chef-de-Bien. *Oct.*, 1722, p. 165.

Chef-de-Ville. *Déc.*, 2e vol., 1750, p. 2969; *nov.*, 1752, p. 2508.

Cheilus de Saint-Jean. *Déc.*, 2e vol., 1751, p. 2945.

Chélas. V. MERLIN.

Chémault. V. BETHAULT.

Chémerault. *Janv.*, 1705, p. 315; *mars*, 1708, p. 503.

Chenardière (la). V. BALLET.

Chenaye (la). Juin. 1714, p. 144. V. encore DESNÉE.

Chénedé de Kozay. Oct., 1739, p. 2521.

Chenel. Juill., 1722, p. 180.

Chênelaye. V. CHAINELAYE.

Chenevoux. Mai, 1707, p. 82. V. encore DULIEU.

Chenisol. V. GUYOT.

Chépy (du). Juin, 1695, p. 217; janv., 1703, p. 353. V. encore GROUCHES.

Chérière. Août, 1731, p. 2014.

Chérisey. Juill., 1er vol., 1773, p.213.

Chérisy. Août, 1749, p. 194; avr., 1750, p. 210.

Chérouvier des Grassières. Avr., 1716, p. 202.

Cherré. Juin-juill., 2e part., 1721, p. 85; nov., 1751, p. 2685; nov., 1758, p. 2505.

Cherval. Déc., 1er vol., 1751, p. 180.

Chéseaux. V. LOYS.

Chesnaye (la). Avr., 1722, p. 186; nov., 1726, p. 2602.

Chesne. V. GUYOT.

Chesne (du). Avr., 1707, p. 165; mars, 1750, p. 198; avr., 1er vol., 1774, p. 212; mai, 1776, p. 212.

Chesne des Chareliers (du). Mai, 1749, p. 228.

Chesneau. Janv. 1708, p. 548.

Chesnelaye (la). V. ROMILLY.

Chesteu de Villeneuve. Avr., 1er vol., 1777, p. 212.

Chestret. Avr., 1er vol., 1775, p. 209.

Chétardie (la). Avr., 1702, p. 319; mars, 1703, p. 84; juill., 1705, p. 164; août, 1714, p. 247; août, 1763, p. 198. V. encore TROITI.

Chevaleraye (la). Nov., 1749, p. 216.

Chevalier. Janv., 1685, p. 245; août, 1722, p. 216; août, 1729, p. 1901; janv., 1736, p. 171; oct., 1742, p. 2315; oct., 1745, p. 200; juin, 2e vol., 1750, p. 184; sept., 1752, p. 203.

Chevalier d'Amfernel. Avr., 1744, p. 859.

Chevalier d'Erlach. Déc., 1742, p. 2760. V. encore ERLACH.

Chevard. Juill., 1740, p. 1671.

Chevays. V. SALLE.

Cheveret. Juill., 1751, p. 1831.

Chevert. Mars, 1769, p. 222; avr., 1er vol., 1769, pp. 175-197.

Chévigny. V. GUYET.

Chévilly. V. HATTE.

Chevreuse. Févr., 1694, p. 168; févr., 1702, p. 281; janv., 1704, p. 516; févr., 1704, p. 275; mai, 1704, p. 241; mai, 1704, p. 194; oct., 1704, p. 50; juill., 1er vol., 1758, p. 202.

Chevrier. Juin, 1er vol., 1749, p. 211.

Chevriers. Mai, 1774, p. 225.

Chevrières. V. CROIX DE CHEVRIÈRES (LA).

Chevron (du). Déc., 1751, p. 2913.

Chevry. Déc., 1702, p. 234; mars, 1775, p. 209. V. encore DURET.

Cheyladet. Oct., 1733, p. 2500; mai, 1736, p. 1026.

Chibert. Févr., 1744, p. 404.

Chiboville de la Falaise. Déc., 1696, p. 259.

Chien de la Neuville (des). Sept.-oct., 1710, p. 275; févr., 1720, p. 172, sept., 1720, p. 155; oct., 1728, p. 2344; nov., 1728, p. 2559; févr., 1735, p. 597; mars, 1757, p. 610; juill., 1747, p. 209; août, 1747, p. 184; juill., 1er vol., 1756, p. 234; févr., 1765, p. 205.

Chieza. Sept., 1754, p. 213.

Chiffreville. V. GAULTIER.

Chigi. V. CREST.

Chillau. Févr., 1774, p. 211; juill., 1er vol., 1776, p. 233.

Chimay. Juin, 1722, p. 151; mars, 1745, p. 232; déc., 2e vol., 1750, p. 185; juin, 2e vol., 1754, p. 196. V. encore ALSACE DE HÉNIN-LIÉTARD.

Chipodière (la). V. MACON.

Chiverni. V. HURAULT.

Choan. Août, 1724, p. 1847.

Choant de Coëtcandec. Août, 1722, p. 215.

Choart. Oct., 2e part., 1715, p. 217; juill., 1737, p. 1672; déc., 1er vol., 1737, p. 2751.

Choart de Buzenval. Févr., 1742, p. 407; févr., 1749, p 194; déc., 1er vol., 1750, p. 207.

Choart des Brosses. Nov., 1698, p. 283; oct., 1699, p. 246, juill., 1701, p. 547; juill., 1703, p. 365.

Choart du Tremblay. Déc., 1713, p. 190; mars, 1er vol., 1722, p. 170.

Choin. V. JOLY DE CHOIN.

Choiseul. Oct., 1688, pp. 79-89;

janv., 1690, p. 203, et *déc.*, p. 284; *juill.*, 1695, pp. 195-231; *oct.*, 1698, p. 236; *mai*, 1699, p. 188; *janv.*, 1703, pp. 554 et 555; *mai*, 1705, p. 8; *nov.*, 1705, p. 174, *oct.*, 1706, pp. 214 et 240; *nov.* et *déc.*, 1707, p. 556; *mai*, 1710, p. 160; *nov.*, 1710, p. 98; *avr.*, 3ᵉ part., 1711, pp. 2-66; *juin-juill.*, 2ᵉ part., 1721, p. 84; *juin*, 1726, p. 1271; *mars*, 1728, p. 646; *juin*, 1ᵉʳ vol., 1728, p. 1253; *juill.*, 1728, p. 1694; *déc*, 2ᵉ vol., 1728, p. 2974; *mai*, 1752, p. 1022; *sept.*, 1753, p. 2082; *nov.*, 1756, p. 2568; *janv.*, 1757, p. 167; *juin*, 1ᵉʳ vol., 1757, p. 1217; *nov.*, 1758, p. 2505; *févr.*, 1751, p. 202; *oct.*, 1752, p. 206; *mai*, 1754, p. 207; *juin*, 2ᵉ vol., 1754, p. 202; *janv.*, 1ᵉʳ vol., 1756, p. 218 et 220; *sept.*, 1759, p. 213; *juin*, 1761, p. 216; *avr.*, 2ᵉ vol., 1763, p. 203; *janv.*, 1ᵉʳ vol., 1764, p. 182; *juin*, 1764, v. 202; *nov.*, 1766, p. 209; *avr.*, 2ᵉ vol., 1767, p. 194; *nov.*, 1768, p. 214; *janv.*, 1ᵉʳ vol., 1770, p. 213; *oct.*, 2ᵉ vol., 1770, p. 214; *avr.*, 1ᵉʳ vol., 1775, p. 209. V. encore GOUFFIER.

Choiseul-Beaupré.*Nov.*, 1745, p.252; *juin*, 2ᵉ vol., 1751, p. 198; *août*, 1753, p. 210, *nov.*, 1755, p. 207; *oct.*, 2ᵉ vol., 1760, p. 214; *avr.*, 1ᵉʳ vol., 1762, p.204; *déc.*, 1767; p. 259; *févr.*, 1769, p. 224; *oct.*, 2ᵉ vol., 1771, p. 210; *févr.*, 1774, p. 212.

Choiseul - Bussière. *Mars*, 1775, p. 213.

Choiseul d'Aillecourt. *Juill.*, 2ᵉ vol., 1777, p. 211.

Choiseul-Eguilly. *Mai*, 1766, p. 210.

Choiseul-Meuze. *Déc.*, 1772, p. 210.

Choiseul-Stainville. *avr.*, 1ᵉʳ vol., 1761, p. 197; *oct*, 1774, p. 256. V. encore STAINVILLE.

Choisy (des). V. LESMERYE.

Choisy. *Juill.*, 1697, p. 252; *mars*, 1710, p. 277; *oct.*, 1724, p. 2225; *mai*, 1744, p. 1059; *avr.*, 1752, p. 209.

Chol de Torpannes. *Oct.*, 1727, p. 2357; *janv.*, 1737, p. 161.

Chomart. *Sept.*, 1708, p. 60.

Chomel. *Juin*, 2ᵉ vol., 1754, p. 205.

Chomel de Bissy. *Janv.*, 1738, p. 183.

Choppin. *Mars*, 1739, p. 615.

Choppin d'Arnouville. *Janv.*, 1698, p. 265.

Chory. *Juill.*, 1708, p. 29.

Chouly de Permangle. *Nov.*, 1741, p. 2534.

Chouart. V. CHOART.

Chourses. *Juin*, 2ᵉ vol., 1751, p.198.

Chourses de Beauregard. *Sept.*, 1747, p. 174.

Choynard. *Oct.*, 1740, p. 2325.

Chrétien.*Juin*, 1ᵉʳ vol., 1752, p.205.

Chubéré. *Avr.*, 1720, p. 188; *juin*, 2ᵉ vol., 1729, p. 1470.

Chuppin. *Nov.*, 1729, p. 2738.

Cillard. V. VILLENEUVE.

Ciptère. *Déc.*, 1ᵉʳ vol., 1727, p 2748.

Circé. *Août*, 1704, p. 240.

Cirier (le). *Mai*, 1751, p. 1196.

Cirier de Neufchelles. *Oct.*, 1753, p. 2297.

Cisternay, *Déc.*, 1700, p. 176.

Cisternay du Fay. *Févr.*, 1742, p. 400.

Cisterne (la). *Avr.*, 1750, p. 212.

Citran. *Mai*, 1760, p. 206. V. encore DONNISSEAU.

Civrac. *Juin*, 1ᵉʳ vol., 1753, p. 195; *oct.*, 1ᵉʳ vol., 1768, p. 213. V. encore DURFOT DE CIVRAC.

Clairac. V. MARNIE (LA).

Clairambault (célèbre musicien). *Janv.*, 1750, p. 200.

Clairaut. *Juill.*, 2ᵉ vol., 1765, p. 193.

Claire. *Févr.*, 1726, p. 594.

Clarbec. V. BOREL.

Clarck. *Déc.*, 2ᵉ vol., 1755, p. 199.

Clare. *Juin*, 1706, p. 555; *juin*, 1ᵉʳ vol., 1754, p. 196; *mai*, 1755, p. 204. V. encore THOMOND.

Clare de Périssac. *Avr.*, 1ᵉʳ vol., 1774, p. 212.

Claye. V. HÉROUVILLE.

Clément. *Juin*, 2ᵉ vol., 1750, p.183; *avr.*, 1ᵉʳ vol., 1771, p. 212.

Clément de Feillet. *Sept.*, 1743, p. 2106.

Clément du Metz. *Mai*, 1778, p.212. V. encore METZ (DU).

Cléradius de Pra de Balay-Saulx de Pezeux. *Déc.*, 1ᵉʳ vol., 1742, p. 2763. V. encore PEZEUX.

Clérambault. *Févr.*, 1696, p. 296; *janv.*, 1703, p. 294; *août*, 1714,

p. 264; *déc.*, 1750, p. 2966. V. encore GIL IER.

Cléramoault de Vendeuil. *Août*, 1743, p. 1884.

Clerc (le). *Avr.*, 1751, p. 815; *nov.*, 1751, p. 2685; *mai*, 1754, p.1025; *oct.*, 1754, p. 2307.

Clerc de Juigné (le). *Juin*, 2ᵉ vol., 1749, p. 205. V. encore JUIGNÉ.

Clerc de la Bruère (le). *Janv.*, 1755, p. 215.

Clerc de Lesseville (le). *Nov.*, 1690, p. 244; *avr.*, 1696, p. 297; *sept.*, 1699, p. 250; *août*, 1700, p.159; *sept.*, 1700, p. 281; *mars*, 1701, p. 189; *avr.*, 1703, p. 276; *mars*, 1705, p. 108; *oct.*, 1707, p. 62; *mai*, 1708, p. 266; *juin*, 4ᵉ part., 1711, p. 50; *mars*, 1712, p. 152; *août*, 1716, p. 208; *avr.*, 1719, p. 158; *janv.*, 1724, p.161; *sept.*, 1ᵉʳ vol., 1725, p. 2111; *mars*, 1727, p. 626; *sept.*, 1727, p. 2154; *janv.*, 1728, p. 187; *févr.*, 1757, p. 406; *mars*, 1749, p. 210; *juin*, 1ᵉʳ vol., 1753, p. 208.

Clerc des Hayes (le). *Juin*, 1ᵉʳ vol., 1730, p.1257; *nov.*, 1730, p.2552; *févr.*, 1757, p. 405; *mars*, 1771, p. 210.

Clerc du Tremblay (le). *Avr.*, 1704, p. 66; *août*, 1704, p. 245; *sept.*, 1704, p. 257; *oct.*, 1705, p. 521; *nov.*, 1706, p. 325; *mars*, 1ᵉʳ vol., 1722, p. 170.

Clère. *Juin*, 1ᵉʳ vol., 1735, p. 1259; *déc.*, 2ᵉ vol., 1757, p. 2951.

Clerc de Gaupillière. *Sept.*, 1718, p. 212; *févr.*, 1720, p. 172.

Clerc de la Devèze. *Juin*, 2ᵉ vol., 1748, p. 207. V. encore DEVÈZE (LA).

Clérel de Tocqueville. *Oct.*, 1ᵉʳ vol., 1756, p. 230; *févr.*, 1776, p. 211.

Clérel. *Févr.*, 1728, p. 415.

Clérigny. V. COICAULT.

Clérimbert. *Août*, 1708, p. 72.

Clermont. *Janv.*, 1728, p. 189; *juill.*, 1758, p. 1656. V. encore BERTHE.

Clermont - Chaste. *Janv.*, 1740, p. 175; *mai*, 1740, p. 1054; *juin*, 2ᵉ vol., 1753, p. 195. V. encore CLERMONT DE CHARTE.

Clermont d'Amboise. *Août*, 1701, p. 315; *mai*, 1706, p. 28; *janv.*, 1720, p. 165; *juin*, 1ᵉʳ vol., 1754,

p. 1252; *juin*, 1759, p. 1248; *déc.*, 1ᵉʳ vol., 1746, p. 186; *oct.*, 1749, p. 209; *déc.*, 2ᵉ vol., 1751, p. 205; *avr.*, 1753, p. 198; *avr.*, 1ᵉʳ vol., 1761, p. 197; *nov.*, 1761, p. 197.

Clermont de Charte ou de Chaste. *Oct.*, 1721, p. 195; *nov.*, 1750, p. 224. V. encore CLERMONT-CHASTE.

Clermont de Gallérande. *Août*, 1750 p. 209; *avr.*, 1ᵉʳ vol., 1758, p. 206; *déc.* 1765, p. 262; *juill.*, 2ᵉ vol., 1774, p. 212; *févr.*, 1776, p. 210.

Clermont de Montoison. *Août*, 1734, p. 1891; *janv.*, 1746, p. 199.

Clermont de Thoury. *Mars*, 1704, p. 204.

Clermont - Lodève. *Avr.*, 1698, p. 214; *nov.*, 1705, p. 104; *mai*, 1705, p. 264; *févr.*, 1756, p. 235; *déc.*, 1767, p. 245; *août*, 1773, p. 213.

Clermont - Narbonne. *Avril*, 1702, p. 201; *sept.*, 1705, p. 113; *oct.*, 1705, p. 294.

Clermont-Reynel. *Août*, 1701, p.313; *juin*, 1702, p. 390.

Clermont - Roussillon. *Août*, 1707, p. 52.

Clermont - Tonnerre. *Avr.*, 1692, p. 190; *oct.*, 1692, p. 149; *août*, 1698, p. 254; *févr.*, 1701, p. 199; *nov.*, 1701, p. 110; *mars*, 1704, p. 203; *nov.*, 1705, p. 181; *janv.*, 1709, p. 253; *mars*, 1724, p. 574; *mars*, 1728, p. 644; *août*, 1729, p. 1900; *août*, 1731, p. 2042; *mai*, 1752, p. 1015; *juin*, 1741, p. 1261; *août*, 1747, p. 181; *nov.*, 1747, p. 148; *déc.*, 1ᵉʳ vol., 1751, p. 185; *janv.*, 1753, p. 209; *déc.*, 2ᵉ vol., 1753, p. 194; *juill.*, 1ᵉʳ vol., 1756, p. 234; *janv.*, 2ᵉ vol., 1757, p. 233; *sept.*, 1769, p. 225; *avr.*, 2ᵉ vol., 1772, p.212; *déc.*, 1774, 272.

Cléry. *Oct.*, 1727, p. 2349; *avr.*, 1742, p. 837.

Cléry-Créquy. *Mars*, 1750, p. 197.

Clieu. V. ERCHIGNY.

Clisson. *Mai*, 1696, p. 295; *juin*, 1706, p. 551; *févr.*, 1729, p. 410.

Clodoré. *Janv.*, 1703, p. 342.

Closen. *Déc.*, 1764, p. 204.

Clue (la). V. Bercet.

Clugny. *Nov.*, 1741, p. 2548; *nov.*, 1750, p. 228; *oct.*, 1752, p. 206; *juin*, 2ᵉ vol., 1753, p. 184; *nov.*, 1755, p. 201; *juill.*, 1ᵉʳ vol., 1775, p. 211; *nov.*, 1776, p. 212.

Clugny-Thémissey. *Mars*, 1775, p. 213; *mai*, 1778, p. 211.

Cluselles. V. Sabrevois.

Coadeletz. *Juill.*, 1706, p. 87.

Coberet. *Nov.*, 1756, p. 227.

Cochard de Chastenaye. *Oct.*, 1ᵉʳ vol., 1772, p. 212.

Cocherel de Bourdonné. *Mai*, 1721, p. 160.

Cochet de Saint-Vallier. *Oct.*, 1700, p. 135; *mai*, 1701, 1ᵉʳ vol., p. 526; *déc.*, 1738, p. 2723; *avr.*, 1ᵉʳ vol., 1775, p. 209.

Cochevillet de Vauvineux. *Sept.*, 1705, p. 219; *déc.*, 1719, p. 189.

Cochin. *Sept.*, 1740, p. 2124; *déc.*, 1740, p. 2758; *mars*, 1747, p. 205.

Cocq (le). *Juin*, 1685, p. 67; *oct.*, 1691, p. 217; *nov.*, 1691, p. 261; *nov.*, 1694, p. 502; *sept.*, 1697, p. 254; *mars*, 1699, p. 140; *mars*, 1700, p. 106; *mars*, 1700, p. 260; *août*, 1710, p. 205; *oct.*, 1716, p. 257; *févr.*, 1720, p. 405; *janv.*, 1737, p. 156; *janv.*, 1740, p. 181.

Cocquebert. *Févr.*, 1711, p. 121; *févr.*, 1ʳᵉ part., 1715, p. 114; *oct.*, 1757, p. 2513; *mars*, 1761, p. 216.

Coëlcandec. V. Choant et Pontevez.

Coëlenfao. *Avr.*, 1706, p. 294; *avr.*, 1710, p. 309; *avr.*, 1712, p. 512; *juill.*, 1715, p. 243; *févr.*, 1721, p. 127; *juin*, 1ᵉʳ vol., 1729, p. 1264; *juill.*, 1752, p. 1667; *déc.*, 2ᵉ vol., 1754, p. 2947, V. encore Kerchoent et Rumain.

Coëtgenval. V. Louet (du).

Coëtlogon. *Oct.*, 1702, p. 538; *juin*, 1703, pp. 44-51; *déc.*, 1706, p. 154; *mai*, 1707, p. 91; *juin*, 1712, p. 112; *mai*, 1714, p. 144; *avr.*, 1729, p. 825; *juin*, 1ᵉʳ vol., 1750, p. 1254; *févr.*, 1754, p. 402; *juill.*, 1755, p. 1668; *mars*, 1744, p. 606; *juin*, 1744, p. 1486; *déc.*, 1744, p. 208; *août*, 1748, p. 215; *avr.*, 1750, p. 209.

Coëtlosquet. *Oct.*, 1ᵉʳ vol., 1765, p. 209; *juill.*, 1ᵉʳ vol., 1770, p. 230.

Coëlmadeuc. V. Lopriac.

Coëtmen. *Nov.*, 1751, p. 194.

Coëtquen. *Nov.*, 1696, p. 321; *juin-juill.*, 2ᵉ part., 1721, p. 86; *juin*, 2ᵉ vol., 1727, p. 1486; *juin*, 1743, p. 1240.

Coëtquen de Combourg. *Mars*, 1755, p. 617.

Coëtyon. V. Bourdonnaye (la).

Cœuret de Nesle. *Déc.*, 1759, p. 5148.

Cœuret d'Osigny. *Juin*, 2ᵉ vol., 1750, p. 185.

Coffin. *Août*, 1749, p. 195.

Cohon du Parc. *Août*, 1758, p. 1878.

Cohorn. *Mars*, 1755, p. 617; *févr.*, 1758, p. 567.

Cohorn de la Palun. *Janv.*, 1755, p. 203; *avr.*, 1754, p. 203.

Cohorne. V. Cohorn.

Coicault de Clérigny. *Janv.*, 1700, p. 250.

Coiffly. V. Geoffroy.

Coignac. V. Princerie (la).

Coignet. *Juill.*, 1742, p. 1666.

Coignet de la Thuillerie. *Déc.*, 1696, pp. 57-85; *oct.*, 1752, p. 2296; *févr.*, 1772, p. 213.

Coigneux (le). *Avr.*, 1686, p. 522; *sept.*, 1687, p. 516; *janv.*, 1688, p. 192; *oct.*, 1694, pp. 287 et 291, *janv.*, 1705, p. 102; *janv.*, 1705, p. 185; *mai*, 1715, p. 211.

Coigni. V. Franquetot.

Coillot de Monthérant. *Déc.*, 1ᵉʳ vol., 1751, p. 188.

Cointre (le). *Oct.*, 1742, p. 2316.

Coislin. V. Cambout (du).

Colandon. V. Corderie (la).

Colandres. *Avr.*, 1710, p. 275.

Colanges. *Mars*, 1716, p. 24.

Colardeau. *Mai*, 1776, p. 211.

Colbert. *Mars*, 1688, p. 207; *juin*, 1693, p. 197; *juill.*, 1696, p. 324; *févr.*, 1698, p. 285; *sept.*, 1698, p. 265; *mars*, 1700, p. 215; *avr.*, 1702, p. 254; *janv.*, 1704, p. 251; *août*, 1704, p. 590; *sept.*, 1704, pp. 218 et 261; *mai*, 1705, p. 216; *juin*, 1705, p. 327; *avr.*, 1706, p. 280; *oct.*, 1706, p. 551; *nov.-déc.*, 1707, p. 396; *janv.*, 1708, p. 290; *juill.*, 1708, p. 143; *juill.*, 1710, p. 48; *juill.*, 1710, p. 173;

janv., 1712, p. 206; *mars*, 1712, p. 85; *avr.*, 1712, p. 190 ; *juill.*, 1714, p. 200; *oct.*, 1714, p. 295; *déc.*, 1714, p. 327; *avr.*, 1715, p. 251; *janv.*, 1716, p. 154; *mars*, 1717, p. 190; *févr.*, 1718, p. 234; *juin-juill.*, 2ᵉ part., 1721, p. 84; *mars*, 1ᵉʳ vol., 1722, ·p. 168; *avr.*, 1722, p. 192; *sept.*, 1724, p. 2066; *déc.*, 1ᵉʳ vol., 1726. p. 2805; *janv.*, 1727, p. 192; *oct.*, 1727, p. 2551; *janv.*, 1728, p. 187; *mars*, 1729, p. 625; *juill.*, 1729, p. 1684; *oct.*, 1730, p. 2528; *sept.*, 1731, p. 2270; *nov.*, 1731, p. 2683; *mars*, 1732, p. 618; *avr.*, 1752, p. 803; *juin*, 2ᵉ vol., 1752, p. 1445; *mars*, 1755, p. 605 ; *sept.*, 1755, p. 2090; *nov.*, 1754, p. 2557; *déc.*, 1ᵉʳ vol., 1754, p. 2745; *juin*, 1ᵉʳ vol., 1757, p. 1234; *déc.*, 2ᵉ vol., 1757, p. 2922; *janv.*, 1758, p. 188; *avr.*, 1758, p. 820; *juill.*, 1742, p. 1674; *mai* 1745, p. 205, *juin*, 1ᵉʳ vol., 1745, p. 205; *janv.*, 1746, p. 205 ; *sept.*, 1746, p. 192; *déc.*, 2ᵉ vol., 1746, p. 211; *avr.*, 1747, p. 204; *sept.*, 1747, p. 176; *nov.*, 1747, p. 210; *janv.*, 1748, p. 212; *mai*, 1749, p. 229; *juin*, 2ᵉ vol., 1749, p. 200 ; *mars*, 1751, p. 209; *janv.*, 1755, p. 208; *mai*, 1754, p. 207; *juill·*, 1755, p. 225; *oct.*, 1ᵉʳ vol., 1756, p. 256; *nov.*, 1756, p. 232; *juill.*, 2ᵉ vol., 1765, p. 194; *avr.*, 2ᵉ vol., 1767, p. 200; *mars*, 1769, p. 221; *janv.*, 2ᵉ vol., 1771, p. 224; *janv.*, 1ᵉʳ vol., 1772, p. 211; *oct.*, 2ᵉ vol., 1775, p. 212; *nov.*, 1775, p. 256; *oct.*, 1ᵉʳ vol., 1777, p. 212. V. encore GENLIS, TORCY et VILLACERF.

Colbert-Chabanois. *Mai*, 1766, p. 209.

Colbert-Lignières. *Juin*, 1ᵉʳ vol., 1749, p. 214; *sept.*, 1761, p. 230.

Colemberg. V. ISQUE.

Colhouet. *Nov.*, 1744, p. 206.

Coligny. *Août*, 1686, p. 197.

Colins de Mortagne. *Mars*, 1717, p. 189; *avr.*, 1720, p. 188; *nov.*, 1756, p. 218.

Collande. V. GENDRE (LE).

Collarès. *Déc.*, 2ᵉ vol., 1755, p. 200.

Collart. *Avr.*, 1726, p. 852.

Collet. *Oct.*, 2ᵉ vol., 1772, p. 212; *mars*, 1774, p. 213.

Collin. *Juill.*, 1722, p. 180.

Collin de Blamont. *Déc.*, 1740, p. 2964; *nov.*, 1755, p. 210; *mars*, 1760, p. 204.

Collinet de la Reyrie. *Avr.*, 1747, p. 200.

Colmolins. V. LANGLOIS.

Colombe. V. ROCHE-COLOMBE (LA).

Colombet de Bourgbaudouin. *Oct.*, 1747, p. 156.

Colongue. V. FORESTA.

Combarel de Gibanel. *Janv.*, 1ᵉʳ vol., 1775, p. 252; *avr.*, 1ᵉʳ vol., 1775, p. 211.

Combault d'Auteuil. *Mai*, 1712 p. 46; *mars*, 1778, p. 208.

Combe (la). V. FÉNIS.

Combeault. *Juin*, 2ᵉ vol., 1755, p. 189.

Comborn. *Août*, 1707, p. 179.

Combourg. *Janv.*, 1727, p. 188 *mars*, 1755, p. 617. V. encore COETQUEN.

Combreux. V. PICOT.

Combronde. V. AMELOT et BRION.

Comeiras. V. PUECH (DEL).

Comenge. *Juin*, 1ᵉʳ vol., 1752 p. 1259.

Comeny de Moreuil. *Févr.*, 1702, p. 261.

Comette de Saint-Cyr. *Oct.*, 1752, p. 206.

Cominge. *Juill.*, 1708, p. 259; *juin*, 1712, p. 109. V. encore COMMINGES.

Commeau. *Avr.*, 1744, p. 855.

Commercy. *Sept.*, 1702, p. 85.

Comminges. V. COMINGE et PEICHPEIROU.

Compant. *Déc.*, 1702, p. 245.

Compasseur de Courtivron (le). *Oct.*, 1752, p. 206; *août*, 1755, p. 207; *juill.*, 1ᵉʳ vol., 1756, p. 254.

Comte (le). *Mars*, 1701, p. 415; *déc.*, 1745, p. 2751; *déc.*, 1ᵉʳ vol., 1752, p 212.

Condamine (la). *Juin*, 2ᵉ vol., 1751, p. 198.

Condé. V. CHABRINAC et PONCHET.

Conclaye. *Janv.*, 1705, p. 551.

Conflans d'Armentières. *Mai*, 1690, p. 21; *févr.*, 1704, p. 154; *mai*, 1705, p. 69; *oct.*, 1705, p. 291; *avr.*, 1708, p. 170; *avr.*, 1712, p. 501; *déc.*, 1719, p. 187; *mars*, 1725, p. 619; *avr.*, 1725, p. 845;

avr., 1726, p. 851; déc., 1er vol., 1728, p. 2764; juin, 2e vol., 1729, p. 1470; juill.,1755, p. 1676; avr., 1738, p. 817; oct., 1738, p. 2302; mai, 1744, p. 1055; août, 1755, p. 255; janv., 1er vol., 1756, p. 221; janv., 2e vol., 1756, p. 252; juill., 1er vol., 1761, p. 209; févr., 1774, p. 212; mars, 1775, p. 233; juill., 2e vol., 1777, p. 212. V. encore VAREVILLE.

Coniac. V. DINAN.

Constant. Avr., 2e vol., 1763, p. 204.

Constant de Rebecque. Juin, 1756, p. 254.

Contade. Juin, 1706, p 349; juill., 1708, p. 146; oct., 1735, p. 2323; mai, 1766, p. 210.

Contos. V. SAINT-MARSAL.

Cook. Sept., 1740, p. 2122; sept., 1762, p. 193.

Copley. Août, 1771, p. 215.

Coqfontaine. Févr., 1705, p. 272.

Coquet de Totteville. Août, 1774, p. 213.

Corberon. Avr., 1729, p. 824.

Corbinelli. Sept., 1707, p. 152; janv., 2e vol., 1767, p. 214.

Corbonel. Août, 1702, p. 256.

Corcy. V. HUBERT.

Cordebœuf-Beauverger. Mars, 1746, p. 207; janv., 1750, p. 198; oct., 1er vol., 1763, p. 209. V. encore BEAUVERGER.

Cordemoy. V. GÉRAULD.

Corderie-Colandon (la). Déc., 1696, p. 259.

Cordier de l'Aunay. Nov., 1756, p. 2583; sept., 1740, p. 2124.

Cordier du Tronc (le). Déc., 1719, p. 189; févr., 1742, p. 406.

Cordouan. Mai, 1752, p. 1020.

Cordouan de Langey. Mars, 1747, p. 206; sept., 1750, p. 196.

Corgenon. Mai, 1710, p. 201.

Coriolis. Août, 1752, p. 201.

Coriolis d'Espineuse. Sept., 1755, p. 2115; déc., 1775, p. 227.

Cormeil. Janv., 1705, p. 115.

Cormier de la Courneufve. Déc., 2e vol., 1753, p. 200.

Cormier de Sainte-Hélène, Janv., 1er vol., 1765, p. 204.

Cormis. Juin, 2e vol., 1749, p. 205; juin, 1er vol., 1734, p. 1252; avr., 1735, p. 824.

Corn de Cayssac. Oct., 1704, p. 57.

Cornier (le). Juin, 1741, p. 1245.

Corvillon. V. MILANI.

Cornu de Bolivière. Juin, 1er vol., 1750, p. 1255.

Cornuau de la Grandière. Juin, 1er vol., 1736, p. 1235.

Corte. Mars, 1778, p. 207.

Cosmans d'Astrie. Déc., 1717, p. 296.

Cosnac. Nov., 1739, p. 2717; sept., 1741, p. 2117.

Cosnac-Cressé. Févr., 1694, pp. 159-164; oct., 1699, p. 252; févr., 1708, p. 190; avr., 1717, p. 212.

Cosnouailles de Saint-George. Oct., 2e vol., 1764, p. 207.

Cosquino. Nov., 1737, p. 2531.

Cossart. V. FLORANT.

Cossé-Brissac. Avr., 1692, pp. 149-165; janv., 1703, p. 540; août, 1707, p. 43; avr., 1708, p. 351; nov., 1708, p. 193; juill., 1709, p. 227; août, 1709, pp. 89-107; mars, 1710, p. 290; mai, 1710, p. 159; déc., 1720, p. 163; févr., 1721, p. 126; juin, 1726, p. 1275; avr., 1752, p. 799; juill., 1752, p. 1669; mars, 1757, p. 616; avr., 1740, p. 820; févr., 1743, p. 592; déc., 1er vol., 1746, p. 181; févr., 1753, p. 212; juin, 2e vol., 1753, p. 195; sept., 1754, p. 216; déc., 1er vol., 1754, p. 206; nov., 1756, p. 230; janv., 2e vol., 1757, p. 235; oct., 1er vol., 1757, p. 202; déc., 1757, p. 203; oct., 1er vol., 1759, p. 233; avr., 1er vol., 1760, p. 214; avr., 2e vol., 1767, p. 198; juin, 1770, p. 249; oct., 1er vol., 1771, p. 222.

Cossé d'Oiselay. Déc., 1767, p. 241.

Cossé de la Motte-Fouqué. Juin, 1er vol., 1757, p. 1228.

Cossin. Août, 1749, p. 198.

Cosson de l'Isle. Avr., 1741, p. 826.

Coste. Mars, 1702, p. 298; oct., 1707, p. 296; janv., 1758, p. 178.

Coste (la). Août, 1715, p. 255.

Coste de Champéron. Avr., 1753, p. 204; déc., 2e vol., 1753, p. 201; avr., 1er vol., 1762, p. 202.

Coste de Lengros (la). Oct., 1696, p. 275.

Costé de Saint-Suplix. Sept., 1746, p. 189; juill., 1749, p. 200.

Côte. V. COSTE.

Côte d'Allemans (la). V. Lau.

Cotentin. V. Tourville.

Cotentin de la Martinière. *Déc.*, 2ᵉ vol., 1751, p. 3050.

Cotereau. *Févr.*, 1699, p. 59; *mai*, 1730, p. 1047.

Cotte. V. Robert.

Cottinville. *Févr.*, 1ʳᵉ part., 1715, p. 109; *oct.*, 1733, p. 2500. V. encore Vion de Cottinville.

Cotty de Brécourt. *Juill.*, 1ᵉʳ vol., 1774, p. 211.

Coucy. *Oct.*, 1702, p. 230.

Coudray (du). V. Estampes.

Coué de Gazeau. *Août*, 1750, p. 210.

Couët. *Juill.*, 1742, p. 1690; *déc.*, 1758, p. 2716.

Couillière. V. Forge.

Coulanges. *Oct.*, 1706, p. 236. V. encore Coutand.

Coulon. *Juin*, 1702, p. 445.

Coupeau du Gué. *Févr.*, 1702, p. 260.

Coupignies. *Nov.*, 1705, p. 202.

Cour (la). *Juin*, 1720, p. 183; *mai*, 1725, p. 1053; *nov.*, 1745, p. 235; *juill.*, 1749, p. 201. V. encore Baillet.

Cour-Balleroy (la). *Avr.*, 1ᵉʳ vol., 1775, p. 211. V. encore Balleroy.

Cour de Manneville (la). *Avr.*, 1695, p. 85; *oct.*, 1716, p. 237; *juin*, 1ᵉʳ vol., 1752, p. 1259.

Courbon de Blénac. *Juill.*, 1ᵉʳ vol., 1775, p. 211. V. encore Blénac.

Courbons. *Nov.*, 1753, p. 2528.

Courcault. *Juill.*, 1ᵉʳ vol., 1769, p. 226.

Courcelles. *Janv.*, 1699, pp. 128-134; *juin*, 1706, p. 53; *juin*, 1708, p. 158; *sept.*, 1708, p. 65; *oct.*, 1742, p. 2519; *avr.*, 1ᵉʳ vol., 1772, p. 224. V. encore Bouzetat.

Courceriers. V. Bois (du).

Courchamp. *Sept.*, 4ᵉ part., 1711, p. 39; *févr.*, 1755, p. 615.

Courci. V. Morel.

Courcillon. *Nov.*, 1756, p. 218.

Courcillon de Dangeau. *Juin*, 1708, p. 356; *avr.*, 1710, p.503; *juill.*, 1718, p. 209; *sept.*, 1720, p. 161; *nov.*, 1750, p. 2534; *sept.*, 1752, p. 2079; *nov.*, 1736, p. 2566.

Courcousson. V. Gorillon.

Courgain. V. Riche (le).

Courgy. V. Ricard.

Courlandon. *Juin*, 1706, p. 144.

Courmccaud. V. Garnier.

Courneufve (la). V. Cormier.

Couronnel. V. Mailly.

Coursan. *Déc.*, 1ᵉʳ vol., 1728, p. 2762; *nov.*, 1729, p. 2759.

Courson. *Déc.*, 1696, p. 87.

Court. *Déc.*, 1ᵉʳ vol., 1752, pp. 205-212.

Courtarvel. *Sept.*, 1ᵉʳ vol., 1729, p. 2045; *déc.*, 1ᵉʳ vol., 1754, p.2759; *août*, 1755, p. 257; *juill.*, 2ᵉ vol., 1763, p. 208.

Courtarvel de Pezé. *Juill.*, 1ᵉʳ vol., 1771, p. 210.

Courtaubois (la). V. Dolmen.

Courtavaut-le-Bochet. *Août*, 1722, p. 216.

Courtebonne. V. Calonne.

Courteille. V. Barberie de Courteille.

Courtemer. V. Courtomer.

Courten. *Mai*, 1704, p. 189; *mars*, 1716, p. 50; *mai*, 1744, p. 1056; *avr.*, 1750, p. 210; *mai*, 1766, p. 209.

Courtenay. *Déc.*, 1713, p. 188; *mai*, 1723, p. 1005; *mai*, 1740, p. 1017; *mai*, 1753, p. 1051; *nov.*, 1740, p. 2550; *août*, 1768, p. 214.

Courtenvaux. V. Tellier (le).

Courtin *Nov.*, 1690, p. 252; *déc.*, 1693, pp. 153-160; *juin*, 1697, p. 211; *mars*, 1698, pp. 262 et 273; *janv.*, 1704, p. 342; *nov.*, 1754, p. 2558; *oct.*, 1735, p.2325; *janv.*, 1739, p. 182; *févr.*, 1740, p. 590; *oct.*, 1748, p. 230; *janv.*, 1750, p. 203.

Courtin de Neufbourg. *Janv.*, 1758, p. 185.

Courtin de Villier. *Mars*, 1777, p. 236.

Courtivron (le). V. Compasseur (le).

Courtois. *Janv.*, 1726, p. 190; *déc.*, 1ᵉʳ vol., 1751, p. 191.

Courtois (le). *Nov.*, 1752, p. 2509; *juin*, 1ᵉʳ vol., 1757, p. 1226.

Courtomer. V. Saint-Simon de Courtomer.

Courville. *Mai*, 1704, p. 185; *juill.*, 1707, p. 67. V. encore Béraud.

Cousan. V. Lévis-Cousan.

Cousanges. V. Rochefoucauld (la).

Cousin. *Janv.*, 1720, p. 165; *sept.*, 1750, p. 197.

Cousinet. *Juill.*, 1724, p. 1635; *mai*,
1756, p.1035; *juin*, 1er vol.,1737,
p. 1224.

Coustard. *Févr.*, 1719, p. 127; *févr.*,
1730, p. 421; *juin*, 2e vol., 1749,
p. 204.

Coustelier. *Mai*, 1738, p. 1024.

Coustelier de Lissiers. *Juin*, 1741,
p. 1470.

Coustou. *Juill.*, 2e vol., 1777, p.213.

Couteulx (le). *Sept.*, 1754, p. 216.

Cousturier(le). *Juill.*, 1742, p.1662;
févr., 1744, p. 402; *mai*, 1744,
p. 1054.

Cousturier de Mauregard (le). *Sept.*,
1747, p. 180.

Cousturier de Neuville. *Nov.*, 1733,
p. 2524; *déc.*, 2e vol.,1723, p.2935;
oct., 1734, p. 2514.

Coutance. *Sept.*, 1749, p. 213.

Coutand de Coulanges. *Mars*, 1755,
p. 195. V. encore COULANGES.

Couturelle. V. BOUDART.

Couturier. *Janv.*, 1728. p. 185; *avr.*,
2e vol., 1770, p. 213.

Couvay. *Juill.*, 1755, p. 222.

Couvrelle. V. VALLON.

Covarruvias. V. VELASQUEZ.

Covet de Marignane. *Juill.*, 1752,
p. 197. V. encore MARIGNANE.

Coye. V. ROSE.

Coypel. *Sept.*, 1752, p. 206.

Cramaille. V. DESMARETS.

Cramezel. *Juin*, 2e v., 1751, pp.199-
208; *févr.*, 1752, p. 212; *avr.*,
1752, p. 211; *mai*, 1759, p. 205.

Craon. *Juin*, 1er vol., 1754, p. 209.

Crasse. *Déc.*, 1765, p. 259.

Cray. *Nov.*, 1702, p. 163.

Créansé. *Oct.*, 1er vol., 1762, p. 197.

Crébillon. *Juill.*, 2e vol., 1762.
pp. 141-201; *avr.*, 2e vol., 1777,
p. 212.

Crécy. *Avr.*, 1710, p. 284; *juin*,
1741, p. 1467. V. encore BEAU-
MARDY, CRÉCY et VERJUS.

Creil. *Juin*, 1691, p. 207; *févr.*,
1694, p. 519; *déc.*, 1696, p. 287;
mars, 1697, p. 267; *févr.*, 1698,
p. 280; *avr.*, 1698, p. 246; *mars*,
1699, p.154; *mars*, 1699, p. 145;
mai, 1703, p. 127; *janv.*, 1700,
p. 536; *sept.-oct.*, 1710, p. 272;
mars, 1718, p. 174; *août*, 1724,
p. 1848; *juin*, 2e vol., 1725,
p. 1456; *mai*, 1726, p. 1075;

déc., 1er vol., 1726, p. 2803;
août, 1751, p. 2046; *janv.*, 1734,
p. 192; *janv.*, 1755, p. 185; *oct.*,
1735, p. 2528; *déc.*, 2e vol., 1735,
p.2942; *janv.*, 1739, p. 182; *oct.*,
1745, p. 199; *nov.*, 1755, p. 206;
juin, 1761, p. 217; *juin*, 1775,
p. 212.

Creil de Soisy. *Oct.*, 1745, p. 199.

Crémeaux. *Janv.*, 1709, p. 229;
mars, 1755, p. 603. V. encore
ENTRAGUES.

Crenay. *Avr.*, 1er vol., 1775, p.212.
V. CRESNAY.

Créquy. *Févr.*, 1687, pp. 512-520;
août, 1702, p. 257; *sept.*, 1702,
p. 228; *oct.*, 1702, p. 99; *août*,
1707, p.177; *août*, 4e part., 1711,
p. 62; *avr.*, 1713, p. 152; *janv.*,
1715, p.190; *févr.*, 1re part., 1715,
p. 119; *mars*, 1716, p. 12; *avr.*,
1724, p. 784; *mars*, 1737, p. 614;
avr., 1757, p. 850; *avr.*, 1740,
p. 819; *mars*, 1745, p. 234; *avr.*,
1747, p. 203; *oct.*, 2e vol., 1771,
p. 211. V. encore ESDIGUIÈRES et
CLÉRY-CRÉQUY.

Cresnay. *Nov.*, 1756, p. 231. V. CRE-
NAY.

Creton. *Mai*, 1738, p. 1025.

Cressé. V. COENAC.

Crest de Chigi. *Sept.*, 1770, p. 228.

Crestot. *Juill.*, 1er vol., 1772, p.213.
V. NÉEL.

Crèvecœur. *Nov.*, 1737, p. 2552;
juin, 1741, p. 1468; *sept.*, 1746,
p. 192; *juin*, 2e vol., 1749, p.201.

Crévolle. *Déc.*, 1776, p. 235.

Crillon. V. BERTON et BRUNEAU.

Crissé. V. TURPIN.

Cristot. V. CRESTOT.

Crochans. V. GUYON.

Croiset. *Sept.*, 1705, p. 294; *nov.*,
1728, p. 2562; *déc.*, 1er vol.,1747,
p. 205.

Croisilles. *Mars*, 1724, p. 675.

Croismarc. *Mai*, 1717, p. 163; *avr.*,
2e vol., 1775, p. 212.

Croissi. V. COLBERT.

Croix (la). *Janv.*, 1758, p. 176;
sept., 1751, p. 214; *janv.*, 2e vol.,
1772, p. 213; *juill.*, 2e vol., 1775,
p. 211. V. encore JAGOUX.

Croix de Castries (la). *Mai*, 1693,
p. 299; *nov.*, 1702, p. 244; *janv.*,
1716, p. 241; *oct.*, 1716, p. 259;

janv., 1722, p. 191; *nov.* 1725, p. 2744; *mars*, 1727, p. 626; *juin*, 2ᵉ vol., 1728, p. 1485; *déc.*, 1ᵉʳ vol., 1728, p. 2757, *janv.*, 1745, p. 181, *déc.*, 1743, p. 2754; *mai*, 1747, p. 206.

Croix de Chevrières (la). *Févr.*, 1711. p. 100; *mai*, 2ᵉ part., 1711, p. 74; *déc.*, 1714, p: 239; *déc.*, 1ᵉʳ vol., 1728, p. 2761; *mai*, 1754, p. 209.

Croix de Poinsy (la). *Déc.*, 1764, p. 205.

Croizier de Sainte-Croix. *Févr.*, 1764, p. 253. V. encore SAINTE-CROIX.

Cropte (la). *Nov.* 1717, p. 217; *sept.*, 1755, p. 2116; *janv.*, 1757, p. 166; *mars*, 1738, p. 605; *sept.*, 1758, p. 215.

Cropte de Bourzac (la). *Sept.*, 1755, p. 2085; *juill.*, 1755, p. 210; *oct.*, 1ᵉʳ vol., 1758, p. 204; *mai*, 1765, p. 207.

Croquez. *Nov.*, 1749, p. 212.

Crosville. *Avr.*, 1741, p. 858.

Crouy. *Avr.*, 2ᵉ vol., 1759, p. 215.

Crouzet. *Oct.*, 2ᵉ vol., 1756, p. 252.

Croy. *Déc.*, 1703, p. 540; *mars*, 1704, p. 142; *mai*, 1704, p. 185; *juill.*, 1708, p. 141; *janv.*, 1707. p. 57; *juin*, 1726, p. 1273; *mai*, 1727, p. 1044; *avr.*, 1741, p.859; *août*, 1746, p. 209; *juin*, 2ᵉ vol., 1755, p. 194; *juin*, 1756, p. 225; *oct.*, 1ᵉʳ vol., 1768, p. 214; *sept.*, 1771, p. 212; *juill.*, 2ᵉ vol., 1772, p. 213; *oct.*, 1ᵉʳ vol., 1773, p. 213.

Croy d'Havré. *Janv.*, 2ᵉ vol., 1756, p 235; *juin*, 1760, p. 252; *oct.*, 1ᵉʳ vol., 1761, p. 219; *avr.*, 1ᵉʳ vol., 1762, p. 202; *avr*, 2ᵉ vol., 1776, p. 211.

Crozat. *Sept.* 1722, p. 192; *janv.*, 1726, p. 192; *janv.*, 1727, p. 195; *juin*, 1ᵉʳ vol., 1729, p. 1259; *juill.*, 1729, p. 1683; *juin*, 1ᵉʳ vol., 1738, p. 1229; *juin*, 1740, p. 1242; *oct.*, 1742, p. 2516; *févr.*, 1744, p. 406; *avr.*, 1747, p. 204; *mars*, 1750, p. 198; *févr.*, 1751, p. 202; *mars*, 1751, p. 211; *oct.* 1ᵉʳ vol., 1770, p. 214; *janv.*, 1ᵉʳ vol., 1777, p. 221.

Crozat de Thugny. *Juill.*, 1ᵉʳ vol., 1777, p. 212.

Croze de Faraman (la). *Oct.*, 2ᵉ vol., 1774, p. 212.

Cruau de la Boullaye. *Déc.*, 1696, p. 83.

Cruménières. *Oct.*, 1ᵉʳ vol., 1775, p. 213.

Crussol-Uzès. *Juin*, 1702, pp. 569-590; *mai*, 1704, p. 204; *déc.*, 1705, p. 405; *mars*, 1706, p. 247; *mai*, 1708, p. 50; *avr.*, 1713, p.149; *déc.*, 1714, p.527; *mai*, 1715, p. 214; *juin*, 1715, p. 217; *mai*, 1716, p. 272; *janv.*, 1725, p.179; *juin*, 2ᵉ vol., 1725, p. 1456; *juin*, 1ᵉʳ vol., 1729, p. 1261; *déc.*, 2ᵉ vol., 1750, p. 2969; *avr.*, 1752, p. 801; *mai*, 1756, p. 1025; *juill.*, 1759, p. 1675; *févr.*, 1741, p. 415; *avr.*, 1741, p. 853; *juill.*, 1742, p.1686; *juin*, 1743, p. 1242; *oct.*, 1743. p.2315; *janv.*, 1744, p. 188; *juill.*, 1744, p. 1705; *mars*, 1747, p. 205; *oct.*, 1749, p. 208; *avr.*, 1750, p. 210; *avr.*, 1753, p. 198; *août*, 1753, p. 210; *oct.*, 1753, p. 211; *déc.*, 1ᵉʳ vol., 1755, p. 200; *janv.*, 2ᵉ vol., 1758, p. 209; *juin*, 1758, p. 211; *juil.* 1ᵉʳ vol., 1758, p. 202; *juill.*, 2ᵉ vol., 1759, p. 209; *sept.*, 1760, p. 218; *oct.*, 1ᵉʳ vol., 1761, p. 217; *févr.*, 1764, p. 232; *oct.*, 1ᵉʳ vol., 1769, p. 225; *avr.*, 2ᵉ vol., 1771, p.214; *juill.*, 1ᵉʳ vol., 1772, p. 212; *sept.*, 1775, p. 224; *avr.*, 2ᵉ vol., 1777, p. 211.

Crux. *Févr.*, 1753, p. 598; *mars*, 1759, p. 610; *avr.*, 1740, p. 814; *oct.*, 1742, p. 2522; *juin*, 2ᵉ vol., 1749, p. 205; *avr.*, 2ᵉ vol., 1763, p. 205; *juin*, 1772, p. 225. V. encore DAMAS.

Cruzel. V. MAFFRE.

Cubiac. V. JUMILHAC.

Cucé. V. BOISGELIN.

Cuer. V. MONIÈRE.

Cueuret de Nello. *Janv.*, 1ᵉʳ vol., 1775, p. 254.

Cugnac. *Juill.*, 1752, p. 1669; *déc.*, 2ᵉ vol., 1745, p. 186; *nov.*, 1750, p. 252; *janv.*, 2ᵉ vol., 1756, p. 255; *avr.*, 2ᵉ vol., 1771, p.215.

Cugnas. *Mars*, 1756, p. 599.

Cuilli. V. LAGES.

Cuirieu. V. BOISSAT.

Cuissolle. *Oct.*, 1755, p. 2353; *sept.*, 1756, p. 2150.

Culan. *Févr.*, 1705, p. 182; *avr.*,

1747, p. 199; *déc.*, 1er vol., 1751, p. 178.

Cullembourg. *Avr.*, 1729, p. 822.

Cullon d'Arcy. *Déc.*, 1775, p. 226.

Cuminal. *Août*, 1763, p. 199.

Curée (la). *Déc.*, 1763, p. 196.

Curry. *Avr.*, 1710, p. 291.

Cursay. *Août*, 1738, p. 1879; *janv.*, 1759, p. 186. V. encore RIOULT.

Curton. V. CHABANES.

Curty. *Déc.*, 1er vol., 1728, p. 2754.

Custine. *Déc.*, 2e vol., 1747, p 193; *janv.*, 1er vol., 1756, p. 224; *août*, 1761, p. 199.

D

Dagonneau. *Juin*, 1er vol., 1729, p. 1264.

Daine. *Janv.*, 2e vol., 1756, p. 228.

Dalesmes. *Avr.*, 2e vol., 1767, p. 198.

Dalmas. *Mars*, 1759, p. 615. V. encore HUREAU.

Dalon. *Juill.*, 1701, p. 346; *juill.*, 1703, p. 564.

Damas. *Mai*, 1704, pp. 179 et 186; *oct.*, 1706, p. 217; *mars*, 1708, p. 78; *sept.*, 1722, p. 195; *mai*, 1732, p. 1022; *juin*, 1er vol., 1756, p. 1256; *sept.*, 1757, p. 2104; *juin*, 1745, p. 1258; *avr.*, 1745, p. 199; *avr.*, 1er vol. 1757, p. 205; *mai*, 1758, p. 205; *févr.*, 1764, p. 234; *déc.*, 1775, p. 234; *juill.*, 2e vol., 1777, p. 211. V. encore FULIGNY-DAMAS.

Damas-Crux. *Févr.*, 1775, p. 212. V. encore CRUX.

Damas d'Anglezy. *Oct.*, 1er vol., 1769, p. 225.

Damas d'Antigny. *Déc.*, 1759, p. 5151; *janv.*, 1er vol., 1756, p. 221.

Damas de Ruffey. *avr.*, 2e vol., 1765, p. 206.

Damas du Breuil. *Déc.*, 1753, p. 2714. V. encore BREUIL (DU).

Damas-Marillac. *Mai*, 1775, p. 212.

Damblard. *Avr.*, 2e vol., 1771, p. 213.

Damblard de Lasmatres. *Mars*, 1755, p. 185.

Damian de Felcon. *Oct.*, 1727, p. 2558.

Damoizeau. *Juin*, 2e vol., 1754, p. 204. V. encore CITRAN.

Damond. *Sept.*, 1697, p. 250.

Dampierre. *Mai*, 1777, p. 212. V. encore PAJOT et PICOT.

Dampnard. V. FAURE.

Dangé. *Sept.*, 1745, p. 212.

Dangeau. V. COURCILLON.

Dangenne. *Oct.*, 1704, p. 189-193. V. ANGENNES.

Danglejan de Beaumefort, *Mars*, 1749, p. 210.

Danguechin. *Avr.*, 1688, p. 110; *janv.*, 1701, p. 101.

Daniau de Saint-Gilles. *Mars*, 1713, p. 160; *janv.*, 1751, p. 599,

Danes. *Mai*, 1751, p. 1193.

Danois (le). *Janv.*, 1755, p. 212; *oct.*, 1er vol., 1756, p. 236.

Danvaux. V. TISSEUIL.

Danycan de l'Espine. *Mai*, 1735, p. 1020; *août*, 1742, p. 1900.

Danzay. V. MANGOT.

Dappongny. *Oct.*, 1699, p. 244.

Daquin. *Juin*, 1698, p. 255; *avr.*, 1755, p. 820

Darguel. *Avr.*, 2e vol., 1775, p. 212.

Darifat. *Avr.*, 1710, p. 506.

Darlus. *Déc.*, 2e vol., 1747, p. 198.

Darnaud. *Mars*, 1756, p. 598.

Darrots de la Poupe. *Mai*, 1730, p. 1050.

Darville. V. BOISSEL.

Dassé. *Août*, 1729, p. 1902.

Daubeuf. *Mars*, 1736, p. 604.

Daudesens. *Mars*, 1777, p. 236.

Dauger. *Mars*, 1761, p. 216.

Daugnon. V. FOUCAUT.

Daugran. V. FOUCAULT.

Daujat. *Juin*, 1719, p. 125; *mai*, 1759, p. 1059.

Daunant du Bois de la Roche, *Juin*, 2e vol., 1751, p. 1626.

Daurat. *Juin-juill.*, 2e part. 1721, p. 80.

Dauriac. *Déc.*, 1703, pp. 559 et 371.

Daussun. V. OSSUN.

Dauvet. *Janv.*, 1708, p. 237; *juin*, 1720, p. 165; *juill.*, 1742. p. 1678.

Dauvet des Marest. *Oct.*, 1727, p. 2555; *déc.*, 1er vol., 1728, p. 2762; *sept.*, 1751, p. 2711; *déc.*, 1er vol., 1752, p. 2711; *mars*, 1754, p. 619; *juill.*, 1742, p. 1685; *juin*, 1er vol., 1748, p. 173; *juin*, 2e vol., 1754, p. 196.

Daverlaing. *Déc.*, 1er vol., 1748, p. 251.

Davernay. *Août*, 1702, p. 256.

David. *Déc.*, 1er vol., 1751, p. 181; *janv.*, 2e vol., 1771, p. 224.

David de la Pailleterie. *Déc.*, 1er vol., 1729, p. 2965.

Davy de la Faultrière. *Oct.*, 1742, p. 2515.

Dayrain. *Avr.*, 1759, p. 816.

Deaulx. *Mars*, 1704, p. 222.

Dedelay. *Mars*, 1755, p. 194. V. encore DELAY (DU).

Dedons de Pierrefeu. *Oct.*, 2e vol., 1757, p. 211.

Deffand (du). *Nov.*, 1750, p. 224; *févr.*, 1764, p. 234.

Deflita. *Mars*, 1701, p. 412.

Defontaines Cardouville. *Juill.*, 1746, p. 204.

Dégettes. *Févr.*, 1750, p. 209.

Deinse. *Nov.*, 1705, p. 202.

Delarue. *Sept.*, 1750, p. 2113.

Dejean. *Mai*, 1749, p. 252.

Dejean de Manville. *Sept.*, 1745, p. 215.

Delatour. V. TOUR (LA).

Delay de la Garde (du). *Juill.*, 1751, p. 211; *janv.*, 1754, p. 189. V. encore GARDE (LA).

Delisle. *Mai*, 1720, p. 127; *oct.*, 2e vol., 1768, p. 212.

Deloye. *Mars*, 1777, p. 235.

Delpech. *Juill.*, 1712, p. 255; *mars*, 1754, p. 621; *juin*, 2e vol., 1757, p. 1462; *août*, 1757, p. 1887; *mars*, 1746, p. 211; *mai*, 1750, p. 211; *oct.*, 1er vol., 1757, p. 202.

Delpech de Cailly. *Mai*, 1754, p. 207. V. encore Cailly.

Del Puech. V. PUECH (DEL).

Delrieu. *Nov.*, 1700, p. 180; *oct.*, 1706, p. 156.

Delrue. *Déc.*, 1767, p. 240.

Delubert. *Mai*, 1705, p. 524.

Démenant. *Juin*, 2e vol. 1749. p. 204.

Demonville. *Mai*, 1704. p. 182.

Dényelté. *Mars*, 1747, p. 208.

Desalleurs. *Mai*, 1725, p. 1052; *sept.*, 1727, p. 2154; *mars*, 1755, p. 196; *juin*, 1760, p. 253.

Descajeul. *Sept.*, 1705, pp. 238-245.

Descasaux. *Oct.* 1716, p. 242.

Desbrières. *Avr.*, 1er vol., 1778, p. 212.

Deschoisy. V. CHOISY (DES).

Desclos. *Mai*, 1704, p. 200.

Deschamps. *Mai*, 1716, p. 276; *juill.*, 1726, p. 1693.

Deschiens. V. CHIENS (DES).

Descreux. *Mai*, 1755, p. 212.

Desforges. *Mai*, 1756. p. 1029.

Desgranges. *Nov.*, 1706, p 82; *avr.*, 1723, p. 835; *mars*, 1751, p. 608.

Desbais - Gendron. *Déc.*, 1er vol., 1750, p. 199.

Deshoulières. *Nov.*, 1718, p. 112.

Désignac. V. ESIGNAC.

Désita. *Mai*, 1699, p. 211; *août*, 1699, p. 105.

Desmarets. *Août*, 1701, p. 517; *avr.*, 1702, p. 524; *oct.*, 1705, p. 291; *avr.*, 1706, p. 286; *janv.*, 1708, p. 256; *nov.*, 1708, p. 292; *janv.*, 1709, p. 557; *mai*, 1717, p. 161; *déc.*, 1717, p. 298; *févr.*, 1718, p. 235; *mai*, 1721, p. 161; *juin*, 1er vol., 1756, p. 1232; *oct.*, 1759, p. 2525; *mai*, 1740, p. 1056; *févr.*, 1745, p. 208; *mars*, 1745, p. 254; *oct.*, 1745, p. 196; *oct.*, 2e vol., 1756, p. 253; *avr.*, 1er vol., 1757, p. 209; *juill.*, 1er vol., 1771, p. 210. V. encore DAUVET.

Desmarest de Cramaille. *Juin*, 1743, p. 1657.

Desmée de la Chenaye. *Janv.*, 1685, p. 293. V. CHENAYE.

Desmichels. V. MICHELS (DES).

Desmiers d'Archiac. *Déc.*, 1er vol., 1755, p. 200.

Desmiers d'Olbreuze. *Avr.*, 1er vol., 1774, p. 213.

Desmontiers. V. MONTIERS.

Desmoulins. *Janv.*, 1715, p. 189.

Desmoustiers. *Mars*, 1726, p. 612; *sept.*, 1727, p. 2159; *mars*, 1750, p. 614.

Desnos. *Juin*, 1er vol., 1747, p. 212; *juin*, 2e vol., 1754, p. 204; *juin*, 1772, p. 223; *juin*, 1777, p. 212.

Desnos de Champmélain. *Oct.*, 1747, p. 154.

Desnos de la Feuillée. *Déc.*, 1er vol., 1753, p. 196 ; *déc.* 2e vol., 1753, p. 106 ; *juin*, 1776, p. 237.

Desnotz de Villermont. *Mai*, 1753, p. 210. V. encore VILLERMONT.

Desnoyers de l'Orne. *Janv.*, 1720, p. 169.

Despies. *Oct.*, 1724, p. 2254.

Desplan. *Oct.*, 1703, p. 310.

Desponty. *Déc.*, 1er vol., 1754, p. 2758 ; *févr.*, 1757, p. 408 ; *mai*, 1758, p. 1027 ; *nov.*, 1741, p. 254.

Despréaux. *Déc.*, 1er vol., 1748, p. 231.

Desprots. *Mars*, 1754, p. 209.

Desréaux. V. BEAUX.

Desrus de Sommerive. *Mars*, 1716, p. 211.

Dessales. V. SALLES (DES).

Desseville. *Mai*, 1752, p. 1021.

Destouches. *Mars*, 1726, p. 610. V. encore CAMUS-DESTOUCHES et MÉRICAULT-DESTOUCHES.

Destutt de Tracy. *Juin*, 2e vol., 1755, p. 185 ; *nov.*, 1766, p. 210.

Desvieux. *Mars*, 1754, p. 619 ; *juin*, 1er vol., 1754, p. 1251 ; *déc.*, 1er vol., 1755, p. 2742 ; *févr.*, 1756, p. 581 ; *déc.*, 1741, p. 2958 ; *mars*, 1746, p. 211 ; *janv.*, 1757, p. 202 ; *oct.*, 1er vol., 1760, p. 204.

Devèze (la). *Avr.*, 1702, p. 244 ; *avr.*, 1710, p. 291 ; *juin*, 2e vol., 1748, p. 207. V. encore LOUPIAC et CLÉRE.

Deville. V. BARBE.

Devizé. V. DONNEAU.

Dezallier. *Juill.*, 1742, p. 1676.

Diacre des Essars. *Avr.*, 1741, p. 858.

Dicy. V. HUE.

Dieskau. *Déc.* 1767, p. 241.

Dignes de Carlande. *Févr.*, 1714, p. 262.

Dillon. *Févr.*, 1755, p. 597 ; *avr.*, 2e vol., p. 212 ; *août*, 1772, p. 207.

Dinan de Coniac. *Mars*, 1759, p. 618.

Dionis. *Oct.*, 1758, p. 2303 ; *oct.*, 1742, p. 2320 ; *oct.*, 1747, p. 157.

Divonne-Rumilly. *Juin*, 1706, p. 56.

Doat. *Avr.*, 1er vol., 1775, p. 212.

Dodart. *Août*, 1755, p. 1890 ; *nov.*, 1775, p. 236.

Dodun. *Juill.*, 1756, p. 1750 ; *mars*, 1745, p. 601.

Dodun de Boulay. *Mars*, 1716, p. 22.

Doé. *Juin*, 2e vol., 1733, p. 189.

Doger de Cavoye. *Févr.*, 1716. pp. 81-95 ; *avr.*, 1729, p. 823 ; *avr.*, 1730, p. 837.

Dogre de Vileneuve (le). *Juin*, 1771, p. 256.

Doignon (du). V. MONTMORT et SAINT-QUENTIN.

Dolmen de la Courtaubois. *Oct.*, 2e vol., 1775, p. 212.

Dongermain. *Avr.*, 2e vol., 1767, p. 197.

Donadieu. *Avr.*, 1er vol., 1758, p. 204.

Dondel. *Avril*, 2e vol., 1767, p. 197.

Donges. V. LOPRIAC DE DONGES.

Dongois. *Févr.*, 1698, p. 256 ; *nov.*, 1708, p. 261 ; *juill.*, 1717, p. 207 ; *mars*, 1745, p. 603.

Doni. *Nov.*, 1745, p. 231.

Donjat. *Mars*, 1710, p. 43 ; *mai*, 1726, p. 1074.

Donneau-Devizé. *Févr.*, 1699, pp. 159-195. ; *avr.*, 1700, p. 261 ; *juin*, 1706, p. 555 ; *janv.*, 1708, p. 351 ; *août*, 1708, p. 266 ; *sept.*, 1714, p. 172 ; *juin*, 1er vol., 1729, p. 1260 ; *oct.*, 1757, p. 2305.

Donnery. V. FOYAL.

Donnisseau de Citran. *Janv.*, 2e vol., 1772, p. 211. V. encore CITRAN.

Dorat. *Mai*, 1730, p. 1049.

Dorbay. *Juill.*, 1742, p. 1684.

Dorémieulx. *Mars*, 1708, p. 345 ; *nov.*, 1708, p. 188.

Doresmieux. *Avr.*, 1751, p. 810.

Doria de Brasseuses. *Juin*, 1746, p. 195.

Dorieux. *Juin*, 1716, p. 153.

Dormans. V. BROGLIE.

Dormoy. *Mai*, 1704, p. 209.

Dorlans. *Avr.*, 1706, pp. 557-265 ; *juill.*, 1707, p. 164 ; *févr.*, 1708, p. 45 ; *août*, 1708, p. 64.

Dosquet. *Avr.*, 1er vol., 1777, p. 212.

Dossun. V. OSSUN.

Douart. *Nov.*, 1724, p. 2496.

Douart de Fleurance. *Juin*, 1er vol., 1748, p. 72. V. encore FLEURANCE.

Doublet. *Déc.*, 1714, p. 245 ; *juill.*, 1722, p. 179 ; *mars*, 1724, p. 576 ; *nov.*, 1728, p. 2561 ; *mars* 1736, p. 601 ; *juin*, 1740, p. 1242.

Doublet de Crouy. *Juill.*, 1739, p. 1679.

Doublet de Nezelles. *Mars*, 1743, p. 616.

Doublet de Persan. *Nov.*, 1752, p. 206; *janv.* 1755, p. 215.

Doubre (le). *Sept.*, 1735, p. 2116.

Douespe de Saint-Ouen. *Déc.*, 1740, p. 2752.

Douglas. *Mai*, 1755, p. 212.

Douhault d'Illiers. *Mai*, 1756, p. 1040.

Douilly. V. Rioult.

Doujat. *Mai*, 1753, p. 211.

Doulx de Melleville (le). *Sept.*, 1713, p. 52; *sept.*, 1714, p. 549; *mai*, 1725, p. 1049.

Doumengin. *Juin*, 1744, p. 1485.

Doumenil. *Juill.*, 1706, p. 88.

Dourdan. V. Vogue.

Douvoy. V. Grivel.

Douze (la). V. Abyne.

Dran (le). *Nov.*, 1770, p. 225; *janv.*, 2ᵉ vol., 1775, p. 212.

Drée de la Serrée. *Janv.*, 1ᵉʳ vol., 1772, p. 210.

Drencuc. *Oct.*, 1ᵉʳ vol., 1774, p. 257.

Dreux. *Avr.*, 1689, p. 261; *sept.*, 1698, p. 267; *oct.*, 1724, p. 2259; *août*, 1754, p. 1892. V. encore Brézé.

Dreux de Brézé. *Mars*, 1759, p. 616; *mai*, 1748, p. 202; *mai*, 1749, p. 251; *févr.*, 1750, p. 206; *juin*, 1ᵉʳ vol., 1754, p. 205; *août*, 1755, p. 257.

Dreux de Nancré. *Févr.*, 1705, p. 598; *août*, 1746, p. 212; *mai*, 1748, p. 202; *déc.*, 1754, p. 204; *août*, 1758, p. 215; *avr.*, 2ᵉ vol., 1774, p. 215.

Dreux le Mayer. *Juin*, 1722, p. 154.

Drohin de Valenceau. *Avr*, 1ᵉʳ vol., 1758, p. 206.

Droménil. *Juin*, 1ᵉʳ vol., 1754, p. 210.

Doruas de Boussey. *Déc.*, 1773, p. 226.

Drouet de Bassancourt. *Sept.*, 1758, p. 2091.

Drouin de Boisemont. *Avr.*, 1716, p. 175.

Droux. V. Chamborant.

Drouyn. *Sept.*, 1698, p. 261.

Drouyn de Vaudeuil. *Févr.*, 1747, p. 204.

Druart. *Mars*, 1755, p. 199.

Druet de Champrenard. *Mai*, 1703, p. 122.

Druys. *Janv.*, 1703, p. 307; *juin*, 1706, p. 249; *mars*, 1762, p. 214.

Dubies. *Mars*, 2ᵉ vol., 1722, p. 164; *déc.*, 1724, p. 2915; *mai*, 1725, p. 1051.

Dubois, *Nov.* 1753, p. 208. V. encore Bois (du).

Dubois de la Rochette. *Nov.*, 1767, p. 211.

Dubreuil. V. Breuil (du).

Dubuisson. *Mai*, 1727, p. 1047; *fév.*, 1749, p. 196; *juin*, 2ᵉ vol., 1749, p. 199.

Duc. *Déc.*, 1ᵉʳ vol., 1752, p. 212; *juill.*, 1755, p. 225.

Ducasse. *Janv.*, 1708, p. 544; *juill.*, 1713, p. 241; *déc.*, 1743, p. 2752; *janv.*, 1744, p. 189.

Duchauffour. *Janv.*, 1752, p. 196.

Duché. *Août*, 1736, p. 1928; *déc.*, 1741, p. 2762; *oct.*, 1754, p. 215.

Duclos. V. Pinot.

Ducluzeau. *Août*, 1775, p. 212.

Duclusel de la Chabrerie. *Nov.*, 1767, p. 210.

Ducray. *Juill.*, 2ᵉ vol. 1777, p. 211.

Dudoignon. V. Doignon (du).

Dudrenucq. *Avr.*, 1ᵉʳ vol. 1774, p. 211.

Dueuille. *Janv.*, 2ᵉ vol., 1767, p. 187.

Dufferie (la). V. Baglion.

Dufort. *Avr.*, 1706, p. 280; *mars*, 1778, p. 207.

Dufour. *Nov.*, 1698, p. 292; *févr.*, 1751, p. 203; *juill.*, 1ᵉʳ vol., 1758, p. 205; *mars*, 1776, p. 231.

Dufresne. V. Fresne (du).

Dufresnoy. *Avr.*, 1753, p. 208.

Dufresnoy de Fleury. *Mars*, 1698, p. 180.

Dufresny. *Oct.*, 1724, p. 2261.

Dugué. V. Gué (du).

Duguesclin. *Oct.*, 1724, p. 2259; *févr.*, 1727, p. 417; *janv.*, 1729, p. 202; *avr.*, 1750, p. 838; *nov.* 1741, p. 2534; *déc.*, 1741, p. 2965; *avr.*, 2ᵉ vol., 1758, p. 198; *août* 1760, p. 202; *sept.*, 1760, p. 218; *sept.*, 1764, p. 218; *oct.*, 2ᵉ vol., 1764, p. 207; *janv.*, 2ᵉ vol., 1767, p. 186.

Dulieu de Chenevoux. *Nov.*, 1697, p. 273.

Duligondes. *Sept.*, 1ᵉʳ vol., 1725, p. 2110.

Dulivier. *Juin*, 2ᵉ vol., 1729, p. 1169.

Dumas V. Mas (du).

Dumée. *Oct.*, 1696, p. 275.

Dumenillet. *Juill*, 1750, p. 1686.

Dumesnil. *Janv.*, 1er vol., 1778, p. 228.

Dumesnil de Sommery. *Janv.*, 1er v., 1765, p. 203. V. encore Castellier et Naussion.

Dumesnilurry. *Nov.*, 1749, p. 212.

Dumonceau. *Oct.*, 1729, p. 2541.

Dumoncel. *Oct.*, 2e vol., 1764, p. 207.

Dumont. *Mars*, 1710, p. 155; *déc.*, 1767, p. 210.

Dunois. *Mai*, 1758, p. 207; *mai*, 1760, p. 208.

Dupil. *Avr.*, 1712, p. 508.

Dupille. *Déc.*, 1771, p. 212.

Dupin. *Avr.*, 1727, p. 848.

Dupleix. *Janv.*, 1736, p. 170; *déc.*, 1742, p. 2761; *févr.*, 1764, p. 255.

Dupleix de Bacquencourt. *Déc.*, 2e vol., 1750, p. 196.

Duplessis. V. Foucaud.

Dupouget de Nadaillac. V. Pouget (du).

Duprat V. Prat (du).

Dupré. *Avr.*, 1705, p. 558; *févr.*, 1708, p. 44; *déc.*, 2e vol., 1736, p. 2980; *févr.*, 1757, p. 408; *oct.*, 1er vol., 1762, p. 198.

Dupré Saint-Maur. *Mars*, 1729, p. 626; *janv.*, 1752, p. 196; *janv.*, 1er vol., 1775, p. 255.

Duquesnay. *Sept.*, 1754, p. 212.

Duquesne. V. Quesne (du).

Dur d'Eguebonne. *Oct.*, 1724, p. 2260.

Durand. *Juin*, 2e vol., 1729, p. 1471; *Déc.*, 1er vol., 1729, p. 2065; *févr.*, 1757, p. 404; *mars*, 1740, p. 611; *avr.*, 1755, p. 209; *oct.*, 1er vol., 1765, p. 209.

Durand d'Auxi. *Mars*, 1751, p. 208; *nov.*, 1770, p. 225.

Durand de Belleguise. *Nov.*, 1742, p. 2549.

Durand de Chalas. *Juin*, 1759, p. 1248; *févr.*, 1752, p. 215.

Durand de Lagny. *Oct.*, 1743, p. 2317.

Durand de Monthassu. *Nov.*, 1752, p. 2507.

Durand de Romilly. *Juill.*, 1744, p. 1702.

Durand de Villeblain. *Juill.*, 1742, p. 1669.

Durand de Villegagnon, *Avr.*, 1687, p. 296; *oct.-nov.*, 1705, p. 291;

oct., 1704, p. 58; *juin*, 1er vol., 1729, p. 1260; *juin*, 2e vol., 1755, p. 228.

Duranti. *Juill.*, 1733, p. 1681.

Duras. V. Durfort de Duras.

Durat de la Serre. *Avr.*, 2e vol., 1769, p. 225.

Duret de Chevry. *Janv.*, 1700, p. 246; *juill.*, 1701, p. 546; *mai*, 1726, p. 1075; *juill.*, 1727, p. 1707; *mai*, 1730, p. 1047; *sept.*, 1755, p. 2090; *nov.*, 1759, p. 2714.

Duret de Villejuif. *Janv.*, 2e vol., 1775, p. 212.

Durey. *Mai*, 1708, p. 520; *mars*, 1728, p. 645; *mars*, 1729, p. 622; *août*, 1729, p. 1902; *juin*, 2e vol., 1751, p. 1626; *juill.*, 1732, p. 1669; *juin*, 1759, p. 1248; *mai*, 1740, p. 1059; *juin*, 1742, p. 1476; *juin*, 1er vol., 1747, p. 215; *août*, 1747, p. 189; *févr.*, 1755, p. 212.

Durey de Noinville. *Juill.*, 1755, p. 1670; *juill.*, 1755, p. 216; *sept.*, 1768, p. 213.

Durey de Morsau. *Août*, 1775, p. 211.

Durey de Sauroy. *Avr.*, 1750, p. 210; *nov.*, 1756, p. 251; *févr.*, 1770, p. 215.

Durey du Terrail. *Févr.*, 1764, p. 252. V. encore Terrail (du).

Durfort. *Janv.*, 2e vol., 1769, p. 214; *déc.*, 1770, p. 225; *avr.*, 2e vol., 1771, p. 214; *mai*, 1775, p. 212; *mai*, 2778, p. 211.

Durfort-Boissier. *Nov.*, 1775, p. 237. V. encore Boissier.

Durfort d'Eymé. *Mars*, 1754, p. 208.

Durfort de Civrac. *juill.*, 2e vol., 1762, p. 206; *sept.*, 1765, p. 212; *mai*, 1775, p. 225. V. encore Civrac.

Durfort de Duras. *Janv.*, 1696, p. 515; *sept.*, 1697, p. 255; *oct.-nov.*, 1705, p. 92; *janv.*, 1706, p. 248; *juin*, 1709, p. 214; *mai*, 1716, p. 279; *nov.*, 1725, p. 1005; *sept.*, 1728, p. 2151; *déc.*, 2e vol., 1730, p. 2967; *juin*, 1er vol., 1755, p. 1248; *juin*, 1757, p. 157; *déc.*, 1er vol., 1757, p. 2726; *janv.*, 1745, p. 180; *avr.*, 1747, p. 203; *janv.*, 1749, p. 217; *sept.*, 1750, p. 197; *janv.*, 1751, p. 198; *juill.*, 1755, p. 211; *déc.*, 1er vol., 1755, p. 200; *avr.*, 2e vol., 1758, p. 198; *mai*,

1760, p. 206; *janv.*, 1er vol., 1701, p. 204; *janv.*, 2e vol., 1761, p. 46; *juill.*, 2e vol., 1765, p. 205; *déc.*, 1765, p. 260; *mai*, 1766, p. 210; *janv.*, 2e vol., 1767, p. 188; *avr.*, 2e vol., 1767, p. 199; *août*, 1770, p. 250.

Durfort de Lorges. *Nov.*, 1702, pp. 289 525; *juin*, 1714, p. 127; *déc.*, 1720, p. 163; *sept.*, 1727, p. 2154; *août*, 1728, p. 1891; *juin*, 1740, p. 1241; *nov.*, 1745, p. 255; *nov.*, 1755, p. 205; *mai*, 1754, p. 207; *juin*, 1er vol., 1754, p. 208; *avr.*, 1er vol., 1758, p. 205; *janv.*, 2e vol., 1763, p. 201; *juill.*, 1er vol., 1775, p. 212; *oct.*, 1er vol., 1775, p. 215.

Durfort de Saint-Leu. *Déc.*, 2e vol., 1746, p. 212.

Durut de la Salle., *Janv.*, 2e vol., 1777, p. 212.

Dusieux. V. Férapy.

Dusson d'Allion. V. Usson d'Alion (d').

Dutot. *Août*, 1755, p. 260.

Dutrou de Villetan. *Oct.*, 1er vol., 1760, p. 204.

Duval de l'Épinoy. *Juill.*, 1751, p. 215; *nov.*, 1755, p. 205. V. encore Épinoy (l').

Duval de Morgny. *Janv.*, 1er vol., 1756, p. 222.

Duval de Sainte-Marie. *Janv.*, 1er vol., 1756, p. 227.

Duveaut. V. Jaucourt.

Duvernay. *Sept.*, 1750, p. 2113. V. encore Perrot-Duvernay.

Duvernet. *Avr.*, 1752, p. 798.

Duvivier. V. Vivier (du).

E

Eau de Linières (l'). *Juill.*, 2e vol., 1774, p. 212.

Eaubonne. V. Fèvre (le).

Echaufou. V. Erard.

Ecossois (l'). V. Milhon.

Ecquevilly. *Juin*, 1772, p. 222; *mai*, 1775, p. 225.

Ecussans (l'). *Févr.*, 1719, p. 151.

Efflat. V. Ruzé.

Egli. V. Mondénault.

Egmont. *Janv.*, 1705, p. 541; *oct.*, 1707, p. 119. V. encore Pignatelli.

Egrigny. *Oct.*, 2e vol., 1772, p. 211.

Eguille (l') V. Troger.

Eguilly. *Mars*, 1706, p. 211; *mai*, 1766, p. 210. V. encore Choiseul.

Ehauli de Malaviller. *Sept.*, 1744, p. 249.

Elées. *Janv.*, 1715, p. 189.

Elian. *Août*, 1756, p. 256.

Eltz. *Juill.*, 1756, p. 1752; *juin*, 1761, p. 217; *juin*, 1775, p. 215.

Eltz d'Ottange. *Mai*, 1760, p. 208.

Emé de Marcieu. *Déc.*, 1741, p. 2963. V. encore Marcieu.

Enfrenel. *Juin*, 1er vol., 1749, p. 214.

Engelgent. *Déc.*, 1764, p. 205.

Ennery. V. Charpentier.

Entragues. *Mars*, 1701, p. 416; *févr.*, 1705, p. 567; *juill.*, 1705, p. 8; *janv.*, 1706, p. 285; *févr.*, 1706, p. 157; *juill.*, 1709, p. 256; *sept.-oct.*, 1710, p. 58; *août*, 1720, p. 189; *oct.*, 1751, p. 2462. V. encore Illiers et Montvalat.

Entrechaux. V. Fougasse.

Epernon. *Févr.*, 1701, p. 115; *janv.*, 1705, p. 515; *oct.*, 1706, p. 89; *juill.*, 1708, p. 117; *janv.*, 1707, p. 589, *juill.*, 1728, p. 1695. V. encore Gondrin de Pardaillan.

Epinac. *Avr.*, 1749, p. 251.

Epinay. V. Espinay.

Epine (l'). V. Espine (l').

Epinoy. V. Espinoy.

Eppe. V. Proisy.

Erard le Gris d'Echaufou. *Janv.*, 1759, p. 192.

Erchigny de Clieu. *Janv.*, 1er vol., 1775, p. 255.

Eriget de la Faye. *Juin*, 2e vol., 1775, p. 228. V. encore Faye (la).

Erlach. *Août*, 1729, p. 1902; *sept.*, 1747, p. 176; *juill.*, 1er vol., 1770, p. 250. V. encore Chevalier.

Erménonville. *Janv.*, 1755, p. 214.

Ernoul. V. Eschartelés (d').

4

Errard. *Janv.*, 1700, p. 199.

Errault. *Oct*, 1745, p. 201.

Escalopier (l'). *Déc.*, 1696, p. 80; *mai*, 1698, p. 265; *janv.*, 1709, p. 525; *août*, 4e part., 1711, p. 54; *mai*, 1725, p. 1051; *févr.*, 1755, p. 401; *juin*, 2e vol., 1747, p. 205; *juin*, 1er vol., 1755, p. 207; *mai*, 1764, p. 209; *oct.*, 1er vol., 1772, p. 210.

Esbly. V. Charlet.

Escajeul. *Juill.*, 1er vol., 1772, p. 210; *avr.*, 2e vol., 1776, p. 211.

Escars. *Nov.*, 1708, p. 201; *mai*, 1755, p. 1019; *juin*, 1751, p. 1261; *avr.*, 2e vol., 1758, p. 199. V. encore Perusse.

Eschartelès-Ernoul (d'). *Déc.*, 1777, p. 210.

Esclainvilliers. *Août*, 1772, p. 126.

Esclignac. *Mai*, 1777, p. 212.

Esclimont. V. Rullion d'Esclimont.

Esclopon. V. Villeneuve de Barge-mont.

Escorais de Chantilly. *Oct.*, 2e vol., 1762, p. 195.

Escorches de Sainte-Croix. *Mars*, 1775, p. 255; *oct.*, 1er vol., 1776, p. 211.

Escoubleau de Sourdis. *Janv.*, 1690, p. 215; *mars*, 1702, p. 559; *oct.*, 1707, pp. 274-284; *août*, 1716, p. 206; *mai*, 1721, p. 165; *oct.*, 1755, p. 2525; *déc.*, 1774, p. 269.

Escouttes (des). *Juin*, 1740, p. 1215.

Escure (l'). *Janv.*, 1755, p. 208; *janv.*, 2e vol, 1776, p. 215. V. encore Lescure.

Escuyer. *Oct.*, 1714, p. 284.

Esdiguières (l'). *Janv.*, 1705, p. 550; *nov.*, 1705, pp. 86-104; *août*, 4e part., 1711, pp. 59 et 62; *mars*, 1716, p. 12; *avr.*, 1740, p. 819; *avr.*, 1747, p. 205. V. encore Créquy.

Esgrigny. V. Jouenne.

Esguisé (l'). *Déc.*, 1759, p. 210; *janv.*, 1er vol., 1760, p. 205.

Esignac. V. Cailhau.

Eslacs d'Arcambal (d'), *Sept.*, 1770, p. 228.

Esmery. *Déc.*, 1754, p. p. 2758.

Esnault. *Févr.*, 1742, p. 594.

Esneval (Vidame d'). *Mars*, 1693, p. 294.

Espagne. *Déc.*, 1759, p. 210; *avr.*,

1er vol., 1764, p. 205; *mai*, 1764, p. 206. V. encore Preissac.

Esparlez. *Nov*, 1764, p. 173; *déc.*, 1764, p. 205.

Esparbez d'Aubeterre. *Juill.*, 1707, p. 74; *mars*, 1715, pp. 172-182; *oct.*, 1726, p. 2400; *sept.*, 1727, p. 2155; *mars*, 1750, p. 614; *mars*, 1751, p. 608; *déc.*, 1er vol., 1754, p. 2748; *avr.*, 1740, p. 824; *janv.*, 1749, p. 212; *févr.*, 1748, p. 209; *août*, 1750, p. 205; *avr.*, 2e vol., 1757, p. 202. V. encore Bouchard et Lussan.

Esparbez de Lussan. *Juill.*, 1752, p. 192; *juill.*, 1753, p. 215; *oct.*, 1er vol, 1762, p. 198; *févr.*, 1765, p. 205; *sept.*, 1772, p. 212; *avr.*, 2e vol., 1774, p. 212, *mai*, 1775, p 225; *juill.*, 1er vol., 1775, p. 212.

Espare (l'). V Madaillan.

Espeisses. V. Faye.

Espiard de Saux. *Mars*, 1745, p. 598.

Espic. *Juin*, 2e vol., 1754, p. 207; *avr.*, 2e vol., 1767, p. 200. V. encore Cassart.

Espinasse. *Juin*, 1774, p. 234.

Espinay. *A ût*, 1691, p. 269; *juill.*, 1694, p. 258; *avr.*, 1705, p. 559; *mars*, 1708, pp. 192-204; *juill.*, 1708, p. 159; *avr*, 1727, p. 845; *août*, 1750, p. 1899; *avr.*, 1731, p. 813; *nov.*, 1754, p. 2526; *juill.*, 1745, p. 214; *a ût*, 1751, p. 168; *déc.*, 1er vol., 1751, p. 182; *avr.*, 1752, p. 211; *févr.*, 1763, p. 192; *oct.*, 1er vol., 1765, p. 209.

Espinay de Marteville. *Déc.*, 1775, p. 254; *janv.*, 1er vol., 1777, p. 236.

Espinay-Saint-Luc. *Avr.*, 1751, p. 815; *mai*, 1751, p. 1192; *nov.*, 1760, p. 201; *mai*, 1768, p. 198; *oct.*, 2e vol., 1775, p. 211.

Espinchal. *Juill.*, 1705, p. 128; *mai*, 1772, p. 210; *janv*, 1er vol., 1773, p. 212; *janv.*, 2e vol., 1774, p. 213.

Espine (l'). *Févr.*, 1717, p. 168; *mai*, 1755, p. 1020.

Espinette le Mairat (l'). *Juill.*, 1755, p. 225. V. encore Mairat (le).

Espineuse. V. Coriolis.

Espinoy. *Mai*, 1704, p. 125; *juill.*, 1704, p. 178; *oct.*, 1704, p. 195; *mars*, 1716, p. 53; *mai*, 1751, p. 1197; *nov.*, 1754, p. 2526; *déc.*,

2e vol., 1755, p. 198. V. encore JOYEUSE, MELUN et DUVAL DE L'E-PINOY.

Esprit. *Nov.*, 1678, p. 41.

Esquelbecq. *Oct.*, 2e vol., 1766, p. 212.

Esquevilly. *Août*, 1755, p. 260.

Essarts (des). V. DIACRE, FRANC (LE), LAMBELON, MIGNEUX et PETIT-PIED,

Esserteaux. V. BERRY,

Estaing. *Mai*, 1692, pp. 178-195; *janv.*, 1694, p. 259; *juill.*, 1705, p. 247; *mars*, 1708, p. 267; *mai*, 1708, p. 275; *avr.*, 1710, p. 221; *sept.*, 1712, p. 56; *mai*, 1715, p. 214; *févr.*, 1721, p. 128; *août* 1722, p. 215; *août*, 1725, p. 417; *juill.*, 1725, p. 1683; *janv.*, 1727, p. 189; *mai*, 1728, p. 1065; *déc.*, 1er vol., 1729, p 2964; *févr.*, 1750, p. 416; *mars*, 1751, p. 608; *mars*, 1752, p. 618; *juill.*, 1752, p. 1671; *mai*, 1755, p. 1052; *déc.*, 2e vol., 1757, p. 2925; *juin*, 1742, p. 1477; *avr.*, 1746, p. 200; *nov.*, 1746, p. 200; *oct.*, 1er vol., 1761, p. 217; *févr.*, 1770, p. 215; *mars*, 1770, p. 215; *avr.*, 2e vol., 1771, p. 214; *nov.*, 1775, p. 236,

Estampes de Mauni *et* de Valençay. *Juill.*, 1697, p. 255; *oct.*, 1697, p. 217; *mars*, 1700, p. 258; *févr.*, 1701, p. 115; *janv.*, 1706, p. 285; *juill.*, 1709, p. 154; *déc.*, 1709, p. 247; *oct.*, 1715, p. 221; *nov.*, 1725, p. 2742; *avr.*, 1728, p. 866; *déc.*, 1er vol., 1728, p. 2757; *juin* 1er vol, 1754, p. 1255; *avr.*, 1757, p. 1058; *avr.*, 1741, p. 829; *févr.*, 1742, p. 404; *mai*, 1742, p. 1260; *août*, 1749, p. 195; *déc.*, 1754, p. 207; *mai*, 1755, p. 202; *janv.*, 2e vol., 1760, p. 208; *avr.*, 2e vol., 1775, p. 211.

Estampes de la Ferté-Imbault. *Juill.*, 2e vol., 1762, p.187; *oct.*, 1er vol., 1765, p. 209.

Estancheau. *Avr.*, 1755, p. 827.

Estang (l'). *Févr.*, 1712, p. 64; *août*, 1722, p.216.

Estavay de Mollondin. *Oct.*, 1686, p. 515.

Esto (d'). *Mai*, 1718, p. 185.

Estendard (l'). *Déc.*, 1er vol., 1747, p. 205.

Esterre. *Mai*, 1704, p. 189,

Estienne. *Janv.*, 1736, p. 171.

Estiolles. V. NORMANT d'ESTIOLLES (LE).

Estissac. V. ROCHEFOUCAULD (LA),

Estoges. V. ANGLURE.

Estoublon. V. GRILLE,

Estouilly. V. BOUZIER.

Estournel. *Nov.*, 1701, p. 111; *oct.*, 1729, p.2541, *nov.*, 1741, p.2540; *janv.*, 1746, p. 201; *juill.*, 2e vol., 1765, p. 194; *juin*, 1776, p. 234; *juin*, 1777, p. 242.

Estouteville. *Sept.*, 4e part., 1711, p. 40; *nov.* 1744, p. 205; *juin*, 2e vol., 1754, p. 196.

Estrades (l'). *Déc.*, 1705, p. 357; *juill.*, 1705, p 165; *oct.*, 1705, p. 299. *mai*, 1710, p. 158; *mars*, 1711, p. 103; *mai*, 1715, p. 285; *déc.*, 1717, p. 298; *sept.*, 1720, p. 156; *févr.*, 1724, p 594; *nov.*, 1750, p. 2552; *oct*, 1751, p.2462; *avr*, 2e vol., 1769, p. 224.

Estrapagny. V. GALLAND,

Estrées. *Févr.*, 1687, p. 558; *déc.*, 1694, p. 277; *sept.*, 1698, p. 134; *nov.* et *déc.*, 1707, p. 548; *juill.*, 1707, pp. 15-40; *août*, 1707, p. 153; *mai*, 1714, p. 155; *janv.*, 1715, p. 169; *mars*, 1718, p. 175; *juill.*, 1725, p. 181; *janv.*, 1725, p.180; *déc.* 2e vol., 1757, p. 2925; *juin*, 1741, pp. 1248; *oct*, 1747, p. 154; *déc.*, 2e vol., 1750, p.195.

Estresses. *Déc.*, 1777, p. 210.

Estuer de la Caussade. *Déc.*, 1695, pp. 205-221; *oct.*, 1722, p. 159.

Estang de Fromentières. *Janv.*, 1685, p. 81.

Eterno. *Mars*, 1759, p. 214.

Etigny. V. MEGRET.

Eu. *Avr.*, 1706, p. 299; *nov.*, 1726, p. 2 05; *oct.*, 1757, p. 2503; *août*, 1775, p. 212. V. encore CHAUSSÉE (LA).

Eustache. *Juin*, 1762, p. 194; *juill.*, 1er vol., 1762, p. 108.

Eustache de Saint Pierre. *Juill.*, 2e vol., 1765, p. 209.

Evesque de la Gouctière. *Oct.*, 1er vol., 1772, p. 213.

Eymé. V. DURFORT D'EYMÉ.

Eyssat du Prat. *Juill.*, 1739, p.1680,

F

Fabert. *Avr.*, 1728, p. 860; *oct.*, 1730, p. 2327.

Fabry d'Autrey. *Sept.*, 1717, p. 189; *sept.*, 1750, p. 2113.

Fages. *Févr.*, 1750, p. 417,

Fagnier de Viaixnes. *Avr.*, 1740, p. 817.

Fagnier de Vienne. *Juin*, 2ᵉ vol., 1735, p. 1457; *juill.*, 1ᵉʳ vol., 1769, p. 226.

Fagon. *Févr.*, 1742, p. 405; *mai*, 1744, p. 1059; *août*, 1774, p. 213.

Faille (la). *Déc.*, 4ᵉ part., 1711, p. 91; *déc.*, 1758, p. 2717.

Falaise (la). V. Chiboville.

Falconis. *Juin*, 1ᵉʳ vol., 1757, p. 1219.

Falcot de la Blache. *Mai*, 1749, p. 229.

Faluère (la). V. Fèvre (le).

Famechon. *Mai*, 1715, p. 200.

Faoucq. *Juin-juill.*, 2ᵉ part., 1721, p. 85; *juin*, 1ᵉʳ vol., 1754, p. 1248.

Faraman. V. Croze (la).

Fare (la). *Oct.*, 1685, p. 216; *juill.*, 1692, p. 149; *déc.*, 1694, pp. 257-245; *oct.*, 1699, p. 258; *déc.*, 1699, p. 82; *avr.*, 1704, p. 528; *oct.*, 1708, p. 196; *avr.*, 1710, p. 298; *juin*, 1712, p. 110; *mars*, 1750, p. 615; *sept.*, 1740, p. 2120; *juin*, 1741, p. 1250; *août*, 1752, p. 201; *nov.*, 1752, p. 209; *janv.*, 2ᵉ vol., 1762, p. 221 *avr.*, 1ᵉʳ vol., 1772, p. 225. V. encore Lopis.

Farel. *Juin*, 2ᵉ vol., 1756, p. 1470.

Faret de Fournes. *Nov.*, 1752, p. 204.

Farge (la). V. Boisse.

Fargès. *Janv.*, 1758, p. 182.

Fargest *Févr.*, 1720, p. 172.

Fargis. V. Rieu.

Farguès. V. Méliet.

Farinvilliers. V. Pingré.

Farolles. V. Piennes.

Farou de Saint-Marcel.e. *Mars*, 1705, p. 257.

Farouard. *Juin*, 2ᵉ vol., 1749, p. 204.

Faubert de Bizy. *Sept.*, 1750. p. 2113.

Faucard de Beauchamps. *Oct.*, 1757, p. 2316.

Faucon de Ris. *Févr.*, 1685, p. 89; *mars*, 1686, p. 195; *juin*, 1691, p. 44; *déc.*, 1694, p. 155; *juin*, 1706; pp. 210 et 558; *févr.*, 1717, p. 167; *févr.*, 1750, p. 420; *mai*, 1745, p. 205.

Faudel. *Sept.*, 1707, p. 531; *déc.*, 1741, p. 2964.

Faudoas. *Mars*, 1695, p. 258; *oct.*, 1701, p. 587; *nov.*, 1701, p. 121; *nov.*, 1703, p. 299; *juin*, 1762, p. 89; *juill.*, 1762, 1ᵉʳ vol., p. 104; *oct.*, 1750, p. 2327; *juin*, 1746; p. 196; *août*, 1756, p. 235; *oct.*, 1ᵉʳ vol., 1756, p. 229; *juill.*, 1ᵉʳ vol., 1762, p. 104; *févr.*, 1765, p. 206; *mars*, 1775, p. 208. V. encore Rochechouart.

Faugerais (des). V. Bédé.

Faugnes. V. Perrinet.

Faulin. V. Bourgoing.

Faullrière (la). *Oct.*, 1742, p. 2515.

Faur (du). *Févr.*, 1742 p. 401.

Faur de Saint-Jory (du). *Juill.*, 2ᵉ vol., 1756, p. 235.

Faure. *Déc.*, 1755, p. 2714; *déc.*, 1758, p. 2717.

Faure de Pibrac. *Mars*, 1755, p. 195; *août*, 1771, p. 213.

Faure de Dampnard. *Janv.*, 1685, p. 87; *juin*, 1705, p. 204; *août*, 1717, p. 155.

Faurie (la). *Déc.*, 1ᵉʳ vol., 1728, p. 2762; *nov.*, 1729, p. 2758; *août*, 1731, p. 2046.

Faurie de Villendrault (la). *Janv.*, 1753, p. 169.

Fauvel. *Fév.*, 1755, p. 400; *avr.*, 1758, p. 818.

Faventines. *Juin*, 1777, p. 212.

Faverge. V. Rébé.

Faverolles. *Juill.*, 1712, p. 235; *mai*, 1758, p. 1026.

Favier de Lancry. *Déc.*, 1759, p. 5152; *nov.*, 1755, p. 204. V. encore Boulay.

Favières. *Sept.*, 1ᵉʳ vol., 1729, p. 2044; *sept.*, 1749, p. 211; *sept.*, 1750, p. 194; *déc.*, 1ᵉʳ vol., 1750, p. 205; *nov.*, 1755, p. 210.

Favre de Schalens. *Mai*, 1775, p. 223.

Fay (du). *Oct.*, 1707, p. 67; *janv.*, 1709, pp. 180-188; *janv.*, 1716, p. 240. V. encore CISTERNAY et TOUR-MAUBOURG (LA).

Fay (la). V. CHAPPUIS.

Fay d'Athies. *Juin*, 1er vol., 1758, p. 1226.

Fay d'Haris. *Août*, 1754, p. 211, sept., 1754, p. 215.

Fay d'Hostie de Silly. *Déc.*, 1er vol., 1750, p. 205. V. encore SILLY.

Fay de la Tour-Maubourg. *Févr.*, 1755, p. 211; *janv.*, 1755, p 214; *mars*, 1759, p. 215; *juill.*, 2e vol., 1764, p. 191. V. encore TOUR-MAUBOURG (LA).

Faye (la). *Mai*, 1708, p. 269; *avr.*, 1718, p. 190. V. encore ERIGET et VILLERS.

Faye d'Espeisses. *Janv.*, 1691, p. 29; *août*, 1705, p. 210.

Fayel. *Avr.*, 1716, p. 177.

Fayette (la). *Fév.*, 1695, pp. 198-251; *avr.*, 1706, p. 507 et 515; *juill.*, 1717, p. 202 et 205; *juin*, 1er vol., 1729, p. 1259; *juill.*, 1754, p. 189; *avr.*, 2e vol., 1774, p. 212.

Fays de Rochepierre. *Janv.*, 1er vol., 1756, p. 220. V. encore ROCHE-PIERRE.

Febvre (le). V. FEVRE (LE).

Fécan. *Déc.*, 1696, p. 282.

Fégely. *Fév.*, 1752, p. 215.

Feillens. *Févr.*, 1775, p. 212.

Feillet. V. CLÉMENT.

Felcourt. V. HOCQUART.

Félino. V. TILLAT.

Félix. *Juin-juill.*, 2e part., 1721, p. 80; *sept.*, 1748, p. 256; *sept.*, 1749, p. 211; *mars*, 1750, p. 194; *juin*, 1er vol., 1751, p. 191; *sept.*, 1777, p. 212.

Félix du Muy. *Oct.*, 1er vol., 1759, p. 255; *oct.*, 2e vol., 1775, p. 215. V. encore MUY (DU).

Felsins de Montmurat. *Avr.*, 1696, p. 257.

Féluis. *Avr.*, 1751, p. 192.

Fenel. *Mars*, 1754, p. 208.

Fenel de Tierci. *Mars*, 1751, p. 608.

Fénelon. *Janv.*, 1715, p. 181; *nov.*, 1752, p. 2507; *avr.*, 1755, p. 818; *sept.*, 1755, p. 2118; *juin*, 1741, p. 1478; *nov.*, 1746, p. 202; *nov.*,

1747, p. 205; *janv.*, 1754, p. 189; *juin*, 1er vol., 1754, p 210; *juin*, 1760, p. 255; *déc.*, 1767, p. 241; *avr.*, 2e vol., 1776, p. 210.

Fénis. *Févr.*, 1699, p. 61.

Fénis de la Combe. *Août*, 1750, p. 210.

Fenoit (du). *Avr.*, 1702, p. 516.

Férand. *Sept.-oct.*, 1710, p. 506; *sept.*, 4e part., 1711, p. 47; *août*, 1717, p. 156; *mars*, 1720, p. 167; *févr.*, 1725, p. 594.

Férapy-Dusieux. *Juin*, 2e vol., 1749, p. 201.

Ferchaud de Réaumur. *Déc.*, 1757, p. 205.

Fercourt. V. PAYEN et PERROT.

Fériol d'Argental. *Janv.*, 1er vol., 1775, p. 254. V. encore FERRIOL.

Fériol de Pont de Vesle. *Nov.*, 1774, p. 256.

Fernex. *Août*, 1708, p. 76.

Féroles. V. VILLE (LA).

Féron (le). *Févr.*, 1698, p. 267; *mars*, 1699, p. 152; *févr.*, 1700, p. 259; *déc.*, 1702, p. 249; *févr.*, 1705, p. 54; *mai*, 1705, p. 285; *juill.*, 1705, p. 266; *juill.*, 1708, p. 199-207; *mai*, 1710, p. 158; *déc.*, 1715, p. 267; *mars*, 1718, p. 172; *déc.*, 1er v., 1727, p. 2749; *oct.*, 1752, p. 2296; *août*, 1754, p. 1890; *oct.*, 1754, p. 2512; *avr.*, 1755, p. 850; *déc.*, 1758, p. 2720; *juill.*, 1742, pp. 1666 et 1680; *juin*, 1744, p. 1489; *oct.*, 1er vol., 1767, p. 208.

Ferrand. *Mai*, 1702, p. 289; *janv.*, 1751, p. 177; *mai*, 1751, p. 1195; *mars*, 1759, p. 617; *déc.*, 1740, p. 2755.

Ferrand de Saint-Dizant. *Avr.*, 1729, p. 828; *déc.*, 1er vol., 1755, p. 2741; *août*, 1744, p. 1925.

Ferrari. *Déc.*, 1696, p. 291.

Ferreau. *Juill.*, 1749, p. 206.

Ferrein. *Avr.*, 1er vol., 1760, p. 215.

Ferrero de St-Laurent. *Déc.*, 1er vol., 1728, p. 2765.

Ferret. *Sept.*, 2e vol., 1725, p. 2518.

Ferrière (la). *Sept.*, 1705, p. 56; *oct.*, 1759, p. 2520. V. encore BERRYER.

Ferrière de Roiffé (la). *Janv.*, 2e vol., 1777, p. 212.

Ferrières. V. Maître de Ferrières (le).

Ferrières de Sauvebœuf. *Janv.*, 1ᵉʳ vol., 1771, p. 226. V. encore Sauveboeuf.

Ferriol. *Nov.*, 2ᵉ vol., 1722, p. 201. V. Feriol.

Ferrol. *Févr.*, 1757, p. 405.

Ferrolles. *Avr.*, 1706, p. 221; *août*, 1729, p. 1900.

Ferron de la Ferronays. *Juin*, 2ᵉ v., 1753, p. 188; *mai*, 1754, p. 206; *juill.*, 2ᵉ vol., 1762, p. 207.

Ferronnays (la). V. Ferron.

Ferronnière (la). V. Fèvre (le).

Ferrus. *Févr.*, 1706, pp. 153 et 156; *janv.*, 1709, p. 229.

Ferry. *Oct.*, 1701, p. 264.

Ferté (la). *Sept.-oct.*, 1710, p. 272; *mai*, 1726; p. 1074; *mai*, 1752, p 1019; *avr.*, 1710, p. 814; *nov.*, 1745, p. 237; *avr.*, 1ᵉʳ vol. 1769, p. 212. V. encore Marc, Senneterre et Papillon.

Ferté de Saint-Neclaire (la). *Mai*, 1747, p. 206; *juin*, 2ᵉ vol. 1747, p. 206.

Ferté de Tibermesnil (la). *Sept.*, 1701, p. 224.

Ferté-Fresnel (la). *Nov.*, 1756, p 219. V. encore Fresnel.

Ferté-Imbault (la). V. Estampes de la Ferté Imbault.

Fervaques. *Févr.*, 1756. p. 595. V. encore Bullion de Fervaques.

Feschal du Grippon. *Févr.*, 1721, pp. 58-47.

Fessart de Beaucour. *Oct.*, 1714, p. 500.

Festar. *Nov.*, 1727, p. 2559.

Feu. *Mai*, 1761. p. 225.

Feuillade (la). V. Aubusson.

Feuillée (la). V. Desnos.

Feumechon. *Juin*, 1707, p. 124.

Feuquières. V. Pas.

Fèvre (le). *Juill.*, 1722, p. 180; *sept.*, 1754, p. 2088; *juill.*, 1755, p. 1664; *juin*, 1774, p. 256.

Fèvre d'Ammecourt (le). *Déc.*, 2ᵉ vol., 1748, p. 225.

Fèvre d Eaubonne (le). *Déc.*, 1ᵉʳ vol., 1726, p. 2803; *juill.*, 1754, p. 1686; *juin*, 1ᵉʳ vol., 1755, p. 1259.

Fèvre d'Ormesson (le). *Oct.*, 1686, p. 278; *oct.*, 1694, p. 272; *juill.*,

1704, p. 520; *nov.*, 1705, p. 196; *mars*, 1712, p. 147; *juill.*, 1714, p. 202; *févr.*, 1717, p. 168; *avr.*, 1718, p. 187; *juill.*, 1724, p. 1659; *déc.*, 1ᵉʳ vol., 1726, p. 2804; *mai* 1751, p. 1195; *déc.*, 1ᵉʳ vol., 1755, p. 2759; *févr.*, 1718, p. 208; *oct.*, 2ᵉ vol., 1756, p. 251; *mai*, 1775, p. 212; *déc.*, 1775, p. 235; *nov.*, 1776, p. 212.

Fèvre de Caumartin (le). *Avr.* 1687, p. 168; *févr.*, 1695, pp. 213-226; *avr.*, 1695, p. 85; *févr.*, 1698, p. 265; *août*, 1699, p. 284; *déc.*, 1702, p. 267; *mai*, 1709, p. 556; *mai*, 2ᵉ part., 1711, p. 74; *févr.*, 1ʳᵉ part., 1715, p. 109; *sept.* 1717, p. 187; *août*, 1719, p. 159; *juill.*, 1722, p. 180; *août*, 1722, pp. 215 et 216; *juill.*, 1725, p. 1684; *déc.*, 2ᵉ vol., 1729, p. 3165; *sept.*, 1755, p. 2086; *mai*, 1748, p 197; *juill.*, 1749, p. 204; *nov.*, 1764, p. 159.

Fèvre de Givry (le). *sept.*, 1754, p. 212. V. encore Givry.

Fèvre de l'Aubière (le). *Mai*, 1756, p. 1034; *déc.*, 1758, p. 2919.

Fèvre de la Barre (le). *Sept.*, 4ᵉ part., 1711. p. 57; *oct.*, 1725, p. 2544; *juill.*, 1755, p. 1664. V. encore Barre (la).

Fèvre de la Faluère (le). *Sept.*, 1688, p. 79; *févr.*, 1696, p. 261; *janv.*, 1705, p. 174; *févr.*, 1705, p. 56; *mai*, 1708, p. 214; *mars*, 1720, p. 167; *mai*, 1ᵉʳ vol., 1722, p. 194; *janv.*, 1746, p. 199.

Fèvre de la Ferronnière (le). *Avr.*, 1701, p. 516.

Fèvre de la Malmaison (le). *Juin*, 1715, p. 117; *févr.*, 1716, p. 285; *mars*, 1716, p. 17; *oct.*, 1751, p. 2462; *févr.*, 1757, p. 405; *nov.*, 1858, p. 2504; *déc.*, 2ᵉ vol., 1750, p. 196.

Fèvre de la Planche (le). *Août*, 1758, p. 1876.

Fèvre de Quesnois (le). *Nov.*, 1764, p. 173; *oct.*, 1ᵉʳ vol., 1768, p. 214.

Fèvre de Saint-Luc (le). *Juill.*, 1750, p. 1687.

Fevret de Fontette. *Déc.*, 1709, p. 170; *juin-juill.*, 2ᵉ part., 1721, p. 85; *févr.*, 1736, p. 592;

nov., 1745, p 2555; *avr.*, 1er vol., 1772, p. 221.

Feydeau. *Oct.*, 1686, p. 91 ; *juill.*, 1687, p. 504; *avr.*, 1690, p. 264; *nov.*, 1691, p. 244; *mai*, 1695, pp. 282 297; *août*, 1697, p. 275 ; *nov.*, 1697, p. 229; *janv.*, 1700, p. 171; *juill.*, 1700, p. 285; *nov* 1701, p. 108 ; *déc.*, 1705, p. 252; *févr.*, 1705, p. 145 ; *sept.*, 1705, p. 294; *mai*, 1706, p. 80 ; *juin*, 1706, p. 218; *avr.*, 1709, p 115; *août*, 1709, p. 192; *oct.*, 1712, p. 249; *sept.*, 1714, p. 558; *mai*, 1716, p. 275; *août*, 1719, p. 157; *août*, 1721, p. 156; *janv*, 1722, p. 192; *févr.*, 1722, p. 151; *sept*, 2e vol, 1725. p.2514; *mars*, 1726, p.609; *juin*, 1er vol., 1752, p 1259; *oct.*, 1755, p. 2525; *janv.*, 1757, p. 150; *juill.*, 1758, p. 1667; *févr.*, 1740, p 596; *févr.*, 1755, p. 215; *juin*, 2e vol, 1755, p. 185; *juin*, 1er vol., 1754, p. 209; *juill.*, 2e vol., 1762. p. 207; *déc.*, 1767, p. 242; *avr.*, 1er vol. 1771, p.242. *juin*, 1771, p. 256.

Fezensac. V Preissac et Montesquiou.

Ficquelmont. *Sept.*, 1765, p. 211.

Fief Marcon. *Juill.*, 1702, p. 170 ; *mars*, 1768, p. 185.

Fienne V. Bois de Fienne (du) et Matharel.

Fiesque. *Oct.*, 1699, p. 251 ; *déc.*, 1er vol., 1757, p. 2725.

Fieubet. *Sept.*, 1694, p. 252; *nov.*, 1698, p. 289; *avr.*, 1705, p. 176; *juill.*, 1705 p. 268; *janv.*, 1709, p. 532; *août*, 1714. p. 272; *mars*, 1718, p. 175; *août*, 1722, p.216; *juill.*, 2e vol.; 1759, p. 210; *avr.*, 1er vol., 1762, p. 203; *nov.*, 1764, p. 159.

Fieubet de Sivry, *Nov.*, 1767, p. 211.

Figeac. *Janv.*, 1751, p. 177.

Figny. V. Aubigné.

Filleul. *Janv.*, 2e vol., 1756, p. 229.

Filleul de la Chapelle. *Avr.*, 2e vol., 1764, p. 208. V. encore Chapelle (la).

Fillon de Villemur. *Nov.*, 1749, p. 212; *nov.*, 1755, p. 210. V. encore Villemur.

Filze. *Avr.*, 1752, p. 210.

Finé de Brianville. *Avr.*, 2e vol., 1778, p. 212.

Fieux. *Avr.*, 1687, p. 175.

Fimarcon. *Oct.*, 1700, p. 192; *avr.*, 1705, pp. 526 542; *mai*, 1705, p. 128; *mars*, 1706, p. 142; *juin*, 1760, p 255.

Fios. V. Albert.

Fischer. *Sept.*, 1762, p. 195.

Fisson. *Août*, 1717, p. 182.

Fitz-Géral. *Avr.*, 2e vol., 1775, p. 212.

Fitz-James. *Avr.*, 1720, p. 190 ; *oct.*, 1721, p. 196; *avr*, 1727, p. 818; *mars*, 1752 p.619; *juin*, 2e vol., 1751, p. 1449; *juin*, 1759, p. 1247; *juin*, 1741, p. 1258 ; *août*, 1751, p. 167; *avr.*, 2e vol., 1767, p. 103; *févr.*, 1770, p.215.

Flacourt. V. Bret (le).

Flahault. *Nov.*, 1775, p. 256.

Flahaut de la Billarderie. *Mai*, 1754, p. 1028; *juin*, 1745, p. 1242; *oct.*, 1er vol., 1761, p. 217. V. encore Billarderie (la.

Flamarens. *Sept.*, 1702, p. 79; *oct.*, 1706, p. 272; *juin*, 1717, p. 182; *janv.*, 2e vol., 1768, p. 210. V. encore Grossolles.

Flammenville. V. Bazan.

Flaü-Angran. *Avr.*, 1705, p. 557.

Flavacourt. *Févr.*, 1705, p. 196 ; *janv.* 2e vol., 1760, p. 208; *avr.*, 1er vol., 1762, p. 204; *oct.* 1er v., 1765, p. 209. V. encore Fouilleuse.

Flavigny, *Mars*, 1er vol., 1722, p. 169. V. encore Marquette.

Flavigny de Remansart. *Nov.*, 1769, p. 225.

Flécelles. *Juill.*, 1706, p. 127 ; *août.*, 1707, p. 48; *nov.*, 1712, p. 262; *août*, 1717, p. 156; *juin*, 1er vol., 1755, p. 232; *mars*, 1762, p. 214.

Fleins. V. Jourdan.

Flesselles. V. Flécelles.

Fleurance. *Sept.*, 1720, p. 165. V. encore Douart.

Fleuriau d'Arménonville. *Févr.*, 1711, p. 122; *sept.*, 1717, p. 189; *déc.*, 1er vol., 1728, p 2755; *juin*, 1er vol., 1750, p. 1255 ; *févr.*, 1752, p. 406; *juin*, 1er vol., 1755; p. 1245; *oct.*, 1755, p. 2527; *déc.*,

2ᵉ vol., 1755, p. 2955 ; *juill.*, 1742, p. 1660; *mars*, 1754, p. 209; *janv.*, 2ᵉ vol., 1762, p. 224.

Fleuriau de Morville. *Mai*, 1769, p. 212.

Fleurigny. *Juin*,1710,p.1246;*janv.*, 1745, p. 212 ; *mai*, 1775, p. 225. V. encore LECLERC.

Fleury. *Juin*, 1771, p. 256; *déc.*, 1772, p. 210. V. encore JOLY et ROSSET DE FLEURY.

Fléville. V. MONNIER (LE).

Florant de Cossart. *Juill*, 1751, p. 1851.

Florent de Masparault. *Août.*, 1711, 4ᵉ part., p. 61; *août.*,1714,p. 257; *avr.*, 1719, p. 157 ; *janv.*, 1745, p. 177.

Floriot. *Janv.*, 1685, p. 285.

Flory de Lessart. *Mai*,1727,p. 1045; *mai*, 1728, p. 1066.

Fogasses de la Bastie. *Mars*, 1759. p. 610 ; *janv.*, 1755, p. 207.

Foix. *Avr.* 1695,p. 152;*janv.*,1705, p. 218 ; *janv.*, 1706, p. 201; *avr.*, 1710, p. 174 ; *févr.*, 1714,p. 265; *avr.*, 1750, p. 208 ; *juill.*, 2ᵉ vol., 1356, p. 255 ; *juin*, 1759, p. 214.

Folard. *Août.*, 1752, p. 200.

Follaine (la). V. HAYER DE LA FOL-LAINE (LE).

Folleville. V. SENS (LE).

Fond (la). *Août*, 1754, p. 1891 ; *avr.*, 1740, p. 814.

Fonds (la). *Mai*, 1755, p. 1018.

Fonagière. *Mai*, 1768, p. 196.

Fons (la). *Août*, 1716, p. 202 ; *mars*, 1717, p. 185 ; *févr.*, 1718, p. 254; *avr.*, 1719, p. 158; *sept.*, 1726, p. 2171.

Font (la). *Déc.*, 1ᵉʳ vol., 1749, p. 209.

Font de Savines (la). *Mai*, 1748, p. 196 ; *déc.*, 1757, p. 204 ; *avr.*, 1ᵉʳ vol., 1760, p. 216.

Fontaine. *Janv.*, 1755, p. 170;*juill.*, 1742,p.1664;*juill.*, 1745, p.1658; *déc.*, 2ᵉ vol., 1750, p. 195; *avr.*, 2ᵉ vol., 1765, p. 204; *janv.*, 2ᵉ vol., 1772, p. 210.

Fontaine (la) *Avr.*, 1692, p. 188 ; *août.*, 1714, p. 263.

Fontaine - Bolbec., *Mars*, 1760, p. 202.

Fontaine-des-Montées. *Juin*, 1711, 4ᵉ part.,p.44; *mars*,1740, p.608.

Fontaine de Villeneuve. *Juin*, 1762, p. 194.

Fontaine-Martel. *Mai*, 1706, p. 72; *mars*, 1760, p. 202.

Fontaine-Solare de la Boissièrre (la). *Juin*, 1698, pp.111-123; *sept.*, 1721, p. 189; *juill.*,1726, p. 1693; *janv.*, 1755., p. 182; *févr.*, 1738, p. 567;*déc.*, 1741, p. 2960;*mai*, 1742, p. 1258; *avr.*,1745, p. 817; *mai*, 1745, p. 205; *janv*, 1746, p. 195 ; *janv.*, 1750, p. 205;*juin*, 1756, p. 228;*mars*, 1758, p. 207; *sept.*, 1767, p. 215; *oct.*, 2ᵉ vol., 1722, p. 212.

Fontaines. *Déc.*, 1768, p. 214.

Fontanes. *Déc.* 1774, p. 271.

Fontanges. *Mars*, 2ᵉ vol., 1722, p. 165 ; *oct.*, 1755, p. 2554; *janv.*, 1757,p. 159;*juill.*,1758, p.1661; *juill.*, 1742, p.1665; *juin*, 2ᵉ vol., 1754, p. 201;*janv.*, 1ᵉʳ vol.,1765, p. 205.

Fontanieux. *Mai*, 1715, p. 206; *août.*, 1716, p. 215;*janv.*, 1755, p. 210; *déc.*, 1767, p. 245.

Fontenay. *Mars*, 1774, p. 211. V. encore BELON, BRASSEUR, HOTMAN, LÉPAGNOL, NOCEY et VAL (DU).

Fontenelle. V. BOUVIER DE FONTE-NELLE (LE).

Fontenelles. V. LYONS (DES).

Fontency. *Juill.*, 1716, p. 205.

Fontenilles. V. REDON.

Fontenois.*Juill.*,2ᵉvol.,1765,p. 3.

Fentenu. *Juill.*, 1707, p. 244; *févr.*, 1709, p. 185 ; *déc.*, 1ᵉʳ vol.,1754, p. 207;*oct.*, 1ᵉʳ vol., 1759, p.255.

Fonteitc. V. FEVRET.

Fontlebon. *Août*, 1714, p. 255; *août*, 1751, p. 2941.

Fontpertuis. V. ANGRAN.

Fonvielle. V. SALIEZ.

Fontville. *Avr.*, 1ᵉʳ vol., 1759, p. 212; *janv.*, 2ᵉ vol. 1765, p. 204.

For de Beauvais (le) *avr.*, 1739, p. 821.

Forax. V. BERNARD.

Forbin. *Janv.*, 2ᵉ vol., 1777, p. 212.

Forbin d'Oppède. *Avr.*, 1741, p. 851; *nov.*, 1767, p. 210.

Forbin de Barben. *Janv.*, 1ᵉʳ vol., 1774, p. 229.

Forbin Gardanne. *Mars*,1750,p.195; *juin*, 1ᵉʳ vol., 1751, p. 191.

Forbin-Janson. *Nov.*, 1703, p. 106; *mars*, 1715, pp. 163-171; *sept.*, 1713, p. 47; *juill.*, 1725, p. 1684; *févr.*, 1728, p. 415; *avr.*, 1751, p. 815; *mars*, 1755, p. 604; *févr.*, 1744, p. 412; *janv.*, 1746, p. 198; *déc.*, 2e vol., 1746, p. 208; *mars*, 1750, p. 195; *oct.*, 2e vol., 1775, p. 213; *mai*, 1775, p. 225.

Forbin-Maynier. *Août*, 1756, p. 234.

Forçat. *Janv.*, 1703, p. 519.

Force (la). V. NONPAR DE CAUMONT et CAUMONT-LA-FORCE.

Forcet. *Mars*, 1715, 1re part., p. 210.

Forest. *Juill.*, 1759, p. 1675.

Forest (la). *Août*, 1751, p. 2045; *juin*, 2e vol., 1752, p. 201.

Foresta de Colongue. *Déc.*, 2e vol., 1756, p. 2975.

Foret. *Oct.*, 1686, p. 89, *juill.*, 1704, p. 182.

Forge (la). *Mars*, 1er vol., 1722, p. 170.

Forge de Couillière (la). *Mai*, 1777, p. 212.

Forges. *Juill.*, 1755, p. 225.

Forget. *Mai*, 1703. p. 125; *mai*, 1705, p. 274.

Formery. *Juin*, 1712, p. 116.

Fornier de Montagny. *Mars*, 1715, 1re part., p. 216; *déc.*, 1er vol., 1727, p. 2750; *mars*. 1742, p. 626; *sept.*, 1766, p. 208.

Forqueray. *Juill.*, 1745, p. 212.

Fort (du). *Oct.*, 1702, p. 242. V. encore GRIMOD.

Fortelles (la). V. ROBINEAU et LANGLOIS.

Fortia. *Oct.*, 1740, p. 2525; *juill.*, 1742, p. 1688; *déc.*, 2e vol., 1755, p. 194; *oct.*, 1696, p. 275; *nov.*, 1764, p. 173; *oct.*, 1er vol., 1767, p. 208; *janv.*, 1er vol., 1769, p. 214; *oct.*, 1er vol., 1776, p. 212.

Fortia de Montréal. *Janv.*, 1696, pp. 174-204; *avr.*, 1704, p. 51; *févr.*, 1710, p. 176; *sept.*, 1730, p. 2114.

Fortileste (la). *Août*, 1770, p. 228.

Fortin. *Mars*, 1720, p. 166.

Forval. *Mai*, 1762, p. 521.

Forville-Pilles. *Janv.*, 1696, pp. 174-204. V. encore FORTIA.

Fos (du). *Févr.*, 1756, p. 235; *août*, 1756, p. 236.

Fosse (la). *Janv.*, 1729, p. 290. V. encore CHABAN.

Fossés (des). V. POREL.

Fosseuse. V. MONTMORENCY.

Fossez (des). *Nov.*, 1699, p. 228; *août*, 1747, p. 187.

Foucart de Beauchamps. *Mars*, 1750, p. 198.

Foucaud. *Oct.*, 1731, p. 2462; *janv.*, 1755, p. 215.

Foucaud - Duplessis. *Nov.*, 1694, p. 500; *déc.*, 1764, p. 556; *août*, 1708, p. 287.

Foucault. *Avr.*, 1696, p. 502; *janv.*, 1698, p. 267; *févr.*, 1699, p. 56; *avr.*, 1703, p. 538; *déc.*, 1705, p. 556; *avr.*, 1704, p. 189; *janv.*, 1706, p. 29; *août*, 1709. p. 202; *mars*, 1711, p. 121; *févr.*, 1719, p. 127; *févr.*, 1721, p. 125; *sept.*, 1728, p. 2129; *juill.*, 1755, p. 1679; *mars*, 1755, p. 197; *juill.*, 1er vol., 1756, p. 254; *déc.*, 1767, p. 242; *juin*, 1769, p. 224.

Foucault de Magny. *Sept.*, 1772, p. 211.

Fouchet. *Mai*, 1778, p. 212.

Forchin. *Févr.*, 1750, p. 208.

Foucques. *Oct.*, 1754, p. 2505.

Foudras. *Juill.*, 1744, p. 1692; *sept.*, 1748, p. 235; *mars*, 1775, p. 256.

Fougasse d'Entrechaux. *Avr.*, 2e vol., 1767, p. 196.

Fougerolles. V. HALLES (DES).

Fougières. *Oct.*, 2e vol., 1770, p. 213.

Fouilloux (du). V. MAUX.

Fouilleuse. *Juin*, 1713, p. 1441.

Fouilleuse de Flavacourt. *Mai*, 1721, p. 160; *déc.*, 1er vol., 1754, p. 2746; *mai*, 1755, p. 202; *avr.*, 1er vol., 1762, p. 204; *oct.*, 1er vol., 1765, p. 209. V. encore FLAVACOURT.

Foullé. *Mai*, 1756, p. 1059; *janv.*, 1757, p. 169.

Foullé de Martangis. *Déc.*, 1700, p. 174; *mars*, 1704, p. 150; *juill.*, 1708, p. 129.

Foullé de Prunevaux. *Oct.*, 1686, p. 518; *nov.*, 1703, p. 54; *déc.*, 1er vol., 1747, p. 207.

Fouquelin. *Nov.* 1703, p. 66; *juin*, 1740, p. 1251.

Fouquerolles. *Nov.*, 1749, p. 214. V. encore MORILLE DE FOUQUEROLLES.

Fouquet. *Juin*, 1703, p. 258; *mai*, 2e part., 1711, p. 95; *avr.*, 1716,

p. 171; *juin*, 1716, p. 152; *sept.*, 1720, p. 164; *juin*, 1er vol., 1729, p.1260; *juin*, 2e vol , 1729, p.1469; *nov.*, 1729, p 2739; *avr.*, 1752, p 800; *sept.*, 1758, p. 2084; *juin*, 1759, p. 1464; *janv.*,1743,p. 179; *sept.*, 1747, p. 169; *déc.*, 2e vol., 1749, p. 192; *juin*, 2e vol., 1755, p. 188; *juill.*, 1755, p. 221; *mars*, 1761, p. 215.

Fouquet de Belle-Isle. *Mai*, 1704, p. 180; *avr.*, 1722, p. 184; *juin*, 1er vol., 1729, p. 1260; *juill.*, 2e vol., 1758, p. 206.

Four (du)- *Sept.*, 1741, p. 2119.

Four de Nogent (du). *Avr.*, 1750, p. 212. V. encore NOGENT.

Fourcy. *Mars*, 1708, pp. 209 218; *avr.*, 1711, p. 88; *sept.*, 1714, p. 250; *oct.*, 1714, p. 545; *août*, 1715, p. 251; *janv.*, 1720, p 165; *déc.*, 1er vol., 1727, p 2748; *déc.*, 1er vol., 1757, p. 2751; *août*, 1742, p 1898; *juil.*, 1749, p. 205; *juin*, 2e vol., 1751, p. 204.

Fourgonneau. *Juill.*, 1697, p. 228.

Fourille. V. CHAUMEJAN.

Fournel. *Oct*, 1759, p. 2521; *nov.*, 1752, p. 240.

Fournes. V FARET.

Fournier. *Janv.*, 1708, p. 80; *août*, 1754, p. 1890; *juin*, 2e vol., 1749, p 205; *juin*, 1er vol., 1751, p.191.

Fournier d'Autanne. *Janv.*, 1758, p. 182.

Fourqueux. V. BOUVARD.

Fours (du). *Juin*, 1708, p. 115.

Fourvière de Quincy. *Mars*, 1764, p. 222.

Foy. *Juill.*, 1750, p. 1686; *mars*, 1759, p. 615.

Foyal. *Juin*, 1er vol., 1736, p.1259.

Foyal de Donnery. *Févr.*, 1765, p. 205.

Fradet. *Juin*, 1715, p. 208; *juill.*, 1715, pp. 246-252; *déc.*, 1758, p. 2722.

Fradet de Saint-Aoust. *Déc.*, 1758, p. 2722.

Fraguier. *Juill.*, 1700, p. 284; *juill.*, 1712, p.235; *janv.*, 1750, p. 184; *juin*, 1er vol., 1752, p. 207; *mars*, 1755, p. 195; *mars*, 1775, p.233.

Fraguier de Bussy. *Oct.*, 1759, p. 2522; *juin*, 1740, p. 1247.

Frain de la Motte. *Juill.*, 1742, p. 1660.

Fraissinet. V. ISARN DE FRAISSINET.

Franc (le). *Avr.*, 1755, p. 820.

Franc de Pompignan (le). *Févr.*, 1761, p. 220.

Franc des Essarts (le). *Août*, 1776, p. 255; *oct.*, 1er vol., 1756, p.251.

France. *Déc.*, 1740, p. 2965.

France de la Tour. *Mai*, 1700; p. 216.

Francheville. *Juill.*, 1755, p. 224.

Francine de Grandmaison. *Avr.*, 1761; p, 519; *févr.*, 1704, p. 154; *avr.*, 1755, p. 818; *oct.*, 1737, p. 2511.

Francini. *Janv.*, 1754, p. 188.

Franclieu. V. PASQUIER.

Franquemont. *Juin*, 1er vol., 1749, p 211.

Franquetot de Coigni. *Juill.*, 1701, p. 61; *mars*, 1703, p. 48; *oct.*, 1704, p. 549; *août*, 1712, p 140; *oct.*, 1712, p. 71; *juin* 1714, p 157; *janv.*, 1726, p. 192; *nov.*, 1729, p. 2739; *oct.*, 1750 p 2528; *juin*, 1er vol., 1755, p. 1242; *févr.*, 1745, p. 594; *avr.*, 1748 p. 214; *juill.*, 1755, p 219; *oct.*, 2e vol., 1756, p. 228; *oct.*, 2e vol., p. 1757, p 212; *janv.*, 2e vol., 1760, p.207; *mars*, 1772, p. 212; *mars*, 1775, p 233; *nov.*, 1775, p. 237.

Franqueville. V. POERIER.

Fransure. *Oct.*, 2e vol., 1775, p.215.

Fréauville. V. BERTHAULT.

Frédy. *Janv.*, 1756, p. 179.

Frémont de Rozay *et* d'Auneuil. *Sept.*, 1696, p. 505; *sept.*, 1705, p. 276; *févr.*, 1704, p. 268; *sept.*, 1727, p. 2154; *déc.*, 1741, p. 2958; *oct.*, 1748, p. 252; *janv.*, 1er vol., 1775, p. 254; *mai*, 1775, p. 224; *avr.*, 2e vol., 1778, p. 215.

Fremyn. *Juill.*, 2e vol., 1765, p. 209.

Freret. *Mai*, 1749, p. 227.

Fréron. *Avr.*, 1er vol., 1776, p. 237.

Frenelle. *Janv.*, 1er vol., 1765, p.202.

Freschemberg. *Janv.*, 1er vol., 1775, p. 211.

Freslon de Saint-Aubin. *Nov.*, 1755, p. 209.

Fresnay. *Mai*, 1764, p. 209. V. encore CHARON.

Fresne (du). *Nov.*, 1712, p. 263.

Fresne du Cange (du). *Janv.*, 1736, p. 178.

Fresnel (du). *Mars*, 1751, p. 206. V. encore FERTÉ FRESNEL (LA).

Fresnoy (du). *Sept.*, 1707, p. 111; *nov.-déc.*, 1707, p. 575; *avr.*, 1713, p. 178; *déc.*, 1733, p. 2745; *août*, 1747, p. 184; *janv.*, 1755, p. 214.

Frétat de Boissieux. *Févr.*, 1739, p. 392.

Frette (la). *Juill.*, 1713, p. 155.

Frettes (des). V. ROSSET.

Fréval. *Nov.*, 1718, p. 115. V. encore GUILLEMEAU.

Frézeau de la Frézelière. *Janv.*, 1701, p 101; *nov.*, 1702, p. 160; *janv.*, 1703, p. 204; *mars*, 1705, p. 254; *juin*, 1705, p. 94; *févr.*, 1706, p 255; *oct.*, 4e part., 1711, p. 109; *mars*, 1724, p. 576; *déc.*, 1er vol., 1733, p. 2744; *mars*, 1755, p. 199; *mars*, 1777, p. 236.

Friches (des). *Juill.*, 1717, p. 202; *juin*, 1746, p. 195.

Friese. *Juill*, 1755, p. 223.

Frizon. *Févr.*, 1751, p. 400.

Fromentières. V. ETANG.

Fronsac. V. RICHELIEU.

Frontebose. V. TOUSTAIN.

Frontenac. V. BUADE.

Frotier. *Mars*, 1759, p. 612.

Frotier de la Messelière. *Avr.*, 1694, pp. 206-216; *oct.*, 1711, 4e part., p. 108.

Frotier de la Coste. *Nov.*, 1721, p. 184; *sept.*, 1727, p. 2138.

Frottier. *Sept.*, 1730, p. 2115; *sept.*, 1771, p. 212.

Froulay de Tessé. *Nov.*, 1678, p. 561; *avr.* 1698, p. 243; *mai*, 1704,

p. 286; *mai*, 1706, pp. 31 et 33; *juin*, 1er vol., 1725, p. 1248; *août*, 1725, p. 1914; *mai*, 1750, p. 1047; *juill.*, 1750, p. 1686; *déc.*, 1753, p. 2743; *mars*, 1754, p. 616; *mars*, 1754, p. 621; *juin*, 1er vol., 1754, p. 1248; *avr.*, 1757, p. 830; *juin*, 1740, p. 1250; *sept.*, 1740, p. 2118; *juin*, 1744, p. 1273; *nov.*, 1746, p. 195; *août*, 1747, p. 187; *nov.*, 1755, p. 208; *nov.*, 1755, p. 254; *janv.*, 2e vol., 1767, p. 186; *avr.*, 2e vol., 1767, p. 196; *oct.*, 1er vol., 1777, p. 212.

Frugulay de Kervers. *Janv.*, 1746; p. 204.

Fuchsamberg d'Amblimont. *Sept.*, 1754, p. 211; *janv.*, 1er vol., 1775; p. 211.

Fuligny. *Avr.*, 1745, p. 199.

Fuligny-Damas. *Mai*, 1761, p. 226. V. encore DAMAS.

Fulvy. V. ORRY.

Fumée. *Févr.*, 1712, p. 58.

Fumel. *Déc.*, 1765, p. 195.

Fumel-Montaigu. *Mars*, 1754, p. 206. V. encore MONTAIGU.

Fumel-Montsegur. *Juin*, 1776, p. 254.

Furstemberg. *Avr.*, 1696, p. 505; *oct.*, 1700, p. 254; *nov.*, 1702, p. 165; *avr.*, 1704, p. 211; *janv.*, 1705, p. 168; *févr.*, 1705, p. 155; *févr.*, 1706, p. 150; *janv.*, 1708, p. 299; *sept.*, 4e part., 1711, p. 58; *janv.*, 2e vol., 1760, p. 208.

Furstemberg d'Anglebermer. *Nov.*, 1775, p. 256.

Fuselière (la). V. POLASTRON.

Fyot de la Marche. *Mai*, 1750, p. 208. V. encore MARCHE (LA).

G

Gabaret de la Morte. *Nov.*, 1698, pp. 115 et 124; *févr.*, 1722, p. 161.

Gabriac. *Sept.*, 1768, p. 214.

Gabriel, *Juill.*, 1742, p. 1665.

Gabrielly. *Avr.*, 1750, p. 212.

Gadaigue. *Avr.*, 1733, p. 819.

Gadaigne d'Hostun. *Oct.*, 1727, p. 2351; *avr.*, 1728, p. 860; *févr.*, 1732, p. 406; *déc.*, 2e vol., 1752,

p. 2925; *août*, 1758, p. 1875; *oct.*, 1759, p. 2522; *juin*, 2e vol., 1750, p. 124; *mars*, 1754, p. 209; *janv.*, 1er vol., 1756, p. 227.

Gaffart. *Mai*, 1704, p. 207.

Gagnat de Logny, *Déc.*, 1768, p. 215.

Gagne. *Sept.*, 1768, p. 215.

Gagne de Périgni. *Oct.*, 2e vol., 1756, p. 229; *avr.*, 1er vol., 1757, p. 205.

Gagnian de Vilennes. V. Gaignon de Villannes.

Gagny. V. Blondel.

Gaigue. *Mars*, 1701, p. 413.

Gaignon de Villannes. *Févr.*, 1685, p. 157; *déc.*, 1er vol., 1750, p. 199.

Gaillarbois-Marconville. *Déc.*, 1697, p. 271.

Gaillard. *Mai*, 1740, p. 1036; *mai*, 1744, p. 1055.

Gaillon. V. Vion.

Gains de Linars. *Avr.*, 1er vol., 1775, p. 215.

Galaizières (la). V. Chaumont de la Galaisière.

Galard de Béarn. *Mai*, 1707, p. 53; *août*, 1714, p. 267; *déc.*, 1er vol., 1747, p. 207; *juin*, 2e vol., 1749, p. 196; *juill.*, 1er vol., 1756, p. 232; *oct.*, 1er vol. 1768, p. 215; *déc.*, 1771, p. 212; *déc.*, 1772, p. 210; *janv.*, 1er vol., 1777, p. 234.

Galardon. *Mai*, 1721, p. 163. V. encore Bullion.

Galbert de Capistron. *Mai*, 1725, p. 1009.

Galéano-Galéani. *Oct.*, 2e vol., 1758, p. 208.

Galerande V. Clermont-Galerande.

Galiffes. *Févr.*, 1745, p. 214.

Galiot de Mandat. *Juin*, 2e vol., 1755, p. 228. V. encore Mandat.

Galissonnière (la). *Sept.*, 1708, p. 78; *déc.*, 1708, p. 94. V. Barbin.

Galland. *Mai*, 1768, p. 196.

Galland d'Estrapagny. *Juill.*, 1752, p. 196.

Gallard. *Juin*, 1772, p. 224; *juin*, 1776, p. 234. V. encore Galliot.

Gallaup. *Nov.*, 1708, p. 208.

Gallerande. V. Clermont de Galle-rande.

Gallevon de la Cerda. *Juill.*, 1755, p. 224.

Galliffet. *Juill.*, 1756, p. 252; *déc.*, 1er vol., 1746, p. 187; *déc.*, 2e vol., 1748, p. 225; *juill.*, 2e vol., 1756, p. 252; *avr.*, 1er vol., 1772, p. 222; *mai*, 1776, p. 212.

Galliot-Gallard. *Déc.*, 2e vol., 1747, p. 195.

Gallois. *Juin-juill.*, 2e part., 1721, p. 80.

Gallois dè la Tour. *Mars*, 1747, p. 209; *mars*, 1748, p. 208; *avr.*,

1755, p. 205; *oct.*, 2e vol., 1762, p. 198.

Gallon. *Mai*, 1754, p. 1051.

Galloys. V. Gallois.

Galluci de l'Hôpital. *Août*, 1755, p. 259; *déc.*, 1767, p. 245; *oct.*, 1er vol., 1774, p. 236; *févr.*, 1778, p. 245. V. encore Hôpital (l').

Galmois. *Janv.*, 1705, p. 519.

Galoubie. *Déc.*, 1er vol., 1757, p. 2727.

Gamaches. *Avr.*, 1687, p. 294; *nov.*, 1706, p. 171; *mars*, 1727, p. 622; *juill.*, 1752, p. 195; *juin*, 2e vol., 1753, p. 184.

Gamart. *Avr.*, 1729, p. 822.

Gambais. *Févr.*, 1744, p. 405.

Gamot de Chavigny. *Oct.*, 1747, p. 154; *juin*, 1772, p. 225.

Gand. *Mars*, 1769, pp. 226-257. V. encore Isenghen et Mérode.

Ganges. *Avr.*, 1745, p. 819.

Gantès. *Déc.*, 1765, p. 265; *mai*, 1776, p. 211.

Gantes d'Ablainville. *Avr.*, 1er vol., 1777, p. 213.

Garaby de Troismont. *Mars*, 1704, p. 94.

Garault de la Cassagne. *Août*, 1705, p. 210; *avr.*, 1750, p. 210.

Garceival. V. Roque de Garceival.

Gard (du). *Avr.*, 1745, p. 816; *août*, 1746, p. 213.

Gard de Longpré (du). *Févr.*, 1702, p. 262; *mars*, 1702, p. 552.

Gardanne. V. Forbin-Gardanne.

Garde (la). *Août*, 1702, p 184; *août*, 1705, p. 151; *janv.*, 1706, p. 291; *juill.*, 1706, p. 85; *sept.-oct.*, 1710, p. 271; *avr.*, 1715. p. 251; *mars*, 2e vol., 1722, p. 165; *juin*, 2e vol., 1725, p. 1455; *sept.*, 1er vol., 1729, p. 2012; *nov.*, 1751, p. 2684; *juill.*, 1732, p. 1668; *mars*, 1753, p. 604; *oct.*, 1742, p. 2519; *mai*, 1755, p. 208; *avr.*, 2e vol., 1765, p. 206; *déc.*, 1773, p. 227; *févr.*, 1778, p. 210. V. encore Delay de la Garde (du).

Gardien. *janv.*, 2e vol., 1778, p. 213.

Gardouch. V. Varagne.

Garennes. *Avr.*, 1729, p. 824. V. encore Morlet.

Garibal. *Juin*, 1715, p. 200.

Garillon. *Avr.*, 1715, p. 255.

Garlaye (la). *Juill.*, 1er vol., 1776, p. 255.

Garnerans. V. Cachet.
Garnier. *Avr.*, 1705, pp. 74 et 180 ;
  juin, 1705, p. 116 ; *févr.*, 1774,
  p. 242.
Garnier de la Courmocaud. *Nov.*,
  1737, p. 2531.
Garnier de Montigny. *Avr.*, 1735,
  p. 826.
Garnier de Salins. *Juin*, 1740, p. 1242.
Garrigue (la). *Sept.*, 1774, p. 249.
Garrot. *Janv.*, 2ᵉ vol., 1775, p. 212.
Gasq. *Déc.*, 1703, pp. 124-143.
Gaspardon. *Juill.*, 1742, p. 1674.
Gasquet. *Mai*, 1752, p. 1016.
Gassion. *Mai*, 1688, p. 154 ; *mai*,
  1704, p. 199 ; *sept.*, 1704, p. 268 ;
  avr., 1708, p. 505 ; *avr.*, 1710,
  p. 272 ; *nov.*, 1715, p. 246 ; *mai*,
  1752, p. 1022 ; *oct.*, 1755, p. 2527 ;
  sept., 1741, p. 2121 ; *févr.*, 1745,
  p. 595 ; *nov.*, 1767, p. 211.
Gast (du). V. Isle (l').
Gastoing. *Déc.*, 2ᵉ vol., 1750, p. 196.
Gasville. V. Goujon.
Gaucber. *Sept.*, 1765, p. 211.
Gaucourt. *Juin*, 1715, p. 118 ; *oct.*,
  1757, p. 2510 ; *mai*, 1772, p. 210.
Gaudard. *Oct.*, 1686, p. 94.
Gaudechart. *Nov.* et *déc.*, 1707,
  p. 408 ; *janv.*, 1750, p. 185 ; *août*,
  1755, p. 1888.
Gaudechart de Querrieu. *Janv.*,
  2ᵉ vol., 1775, p. 211.
Gaudiez. V. Lévis-Gaudiez.
Gaudin. *Sept.*, 1770, p. 229.
Gaudissart. *Avr.*, 1727, p. 845.
Gaufridi. *Déc.*, 1741, p. 415.
Gaulmont de Montgeorges. *Déc.*,
  2ᵉ vol., 1755, p. 2941.
Gault. V. Bonnet de Gault.
Gaultes (des). V. Charry.
Gaultier de Chiffreville. *Juin*, 1ᵉʳ vol.,
  1754, p. 206 ; *mai*, 1755, p. 204 ;
  juin, 1764, p. 201.
Gaultier du Bois. *Juin*, 1726, p. 1272 ;
  mai, 1757, p. 1056.
Gaumont. *Sept.*, 1740, p. 2119 ;
  sept., 1750, p. 195.
Gaumont de Saussay. *Janv.*, 1700,
  p. 218.
Gaume de Cazeau. *Juin*, 1776, p. 256.
Gaunet. *Mars*, 1749, p. 210.
Gaupillière. V. Clere.
Gaureault du Mont. *Oct.*, 1754,
  p. 2507. V. encore Mont (du).
Gauthier. *Déc.*, 1775, p. 256.

Gautier de Montdorge. *Sept.*, 1779,
  p. 228.
Gautier de Montreuil. *Juin*, 1ᵉʳ vol.,
  1752, p. 210.
Gauville. *Juin*, 1740, p. 1246 ; *févr.*,
  1758, pp. 195-205 ; *avr.*, 1ᵉʳ vol.,
  1775, p 212. V. encore Pellerin
  de Gauville.
Gavielle. V. Verdure (la).
Gayart. *Août*, 1751, p. 167.
Gayardon de Lévignan. *Août*, 1758,
  p. 1877.
Gaye (la). *Sept.*, 1756, p. 2155.
Gaye de Lanteuil (la). *Juin*, 2ᵉ vol.,
  1754, p. 200.
Gazau. V. Coué.
Gazeau. V. Aymeret.
Gédouyn de Pully. *Nov.*, 1701, p. 246 ;
  nov., 1705, p. 285 ; *nov.*, 1731,
  p. 2687 ; *janv.*, 1752, p. 196.
Gédoyn. *Sept.*, 1744, p. 2044.
Geinoz. *Août*, 1752, p. 201.
Gelas. *Mars*, 1759, p. 619 ; *déc.*,
  2ᵉ vol., 1745, p. 184 ; *mars*, 1774,
  p. 212.
Gelas d'Ambres. *Févr.*, 1745, p. 594 ;
  déc., 2ᵉ vol., 1745, p. 184. V. en-
  core Ambres.
Gelas-Leberon. *Avr.*, 1ᵉʳ vol., 1758,
  p. 205
Gelas-Voisins d'Ambre. *Nov.*, 1755,
  p. 209 ; *mars*, 1758, p. 207 ; *juin*,
  1769, p. 223.
Gemeaux. V. Loppin.
Gendre (le). *Janv.*, 1706, p. 27 ;
  avr., 1706, p. 265 ; *mars*, 1708,
  p. 267 ; *mai*, 1708, p. 275 ; *oct.*,
  1715, p. 215 ; *août*, 1715, p. 254 ;
  mars, 1716, p. 221 ; *déc.*, 1ᵉʳ vol.,
  1726, p. 2805 ; *sept.*, 1735,
  p. 2089 ; *déc.*, 1ᵉʳ vol., 1755,
  p. 2759 ; *oct.*, 1742, p. 2516 ;
  janv., 1743, p. 180 ; *avr.*, 1746,
  pp. 205 et 206 ; *juin*, 1746, p. 196 ;
  juin, 1ᵉʳ vol., 1747, p. 215 ; *déc.*,
  2ᵉ vol., 1749, p. 195 ; *janv.*, 1755,
  p. 208 ; *oct.*, 1ᵉʳ vol., 1761, p. 217 ;
  avr., 1ᵉʳ vol, 1762, p. 204 ; *janv.*,
  1ᵉʳ vol., 1775, p. 212.
Gendre d'Ons-en-Bray (le). *Sept.*,
  1776, p. 212. V. encore Pajot.
Gendre de Collande (le). *Mai*, 1758,
  p. 1027.
Gendre de Saint-Aubin (le). *Juin*,
  1746, p. 196 ; *juill.*, 1746, p. 201.
Gendron. V. Deshais.

Geneay. *Févr.*, 1734, p. 597.

Genest. *Janv.*, 1715, p. 276.

Geneste-Durpaire. *Oct.*, 1ᵉʳ vol., 1774, p. 235.

Genelines. V. CHARPIN.

Genlis. *Mars*, 1699, p. 119; *janv.*, 1704, p. 102; *nov.*, 1750, p. 227. V. encore BRULART et COLBERT.

Gennes. *Avr.*, 1759, p. 1055.

Genou. V. GENOUD.

Genoud. *Févr.*, 1708, p. 57; *août*, 1709, p. 180.

Genouillac. V. GOURDON.

Gensac. V. ROCHE-GENSAC (LA).

Gentil de Paroy (le). *Avr.*, 2ᵉ vol., 1775, p. 210.

Gentilly. V. BEAUVAIS.

Genty. *Nov.*, 1755, p. 209.

Geoffreville. *Févr.*, 1757, p 227.

Geoffroy de Coiffy. *Août.* 1755, p. 1895; *oct.*, 1755, p. 2507.

Georges. V. SAINT-GERMAIN.

Géral. V. FITZ.

Géral Géraldin. *Avr.*, 2ᵉ vol., 1770, p. 211.

Géraldin. *Juill.*, 1755, p. 1679.

Gérard. *Nov.*, 1741, p. 2549; *déc.*, 2ᵉ vol., 1745, p. 189.

Gérauld de Cordemoy. *Févr.*, 1722, p 165; *avr.*, 1722, p, 185,

Gerfeuil. V. THIBOUX DE GERFEUIL.

Gergoley. *Juin*, 1777, p. 212,

Gergy. V. LANGUET.

Gervaise. *Juill* , 2ᵉ vol., 1765, p, 194.

Gesvres. V. POTIER.

Gévaudan. *Janv.*, 1705, p, 527,

Gévigney. V. GUILLAUME.

Geys. *Mars*, 1708, p. 87.

Ghaisnes. *Déc.*, 1710, p. 54,

Gibanel. V. COMBAREL.

Gibert. *Déc.*, 1771, p. 215.

Gigault de Bellefond. *Déc.*, 1694, p. 226; *mars*, 1698, p. 268; *déc.*, 1703, p. 45; *mars*, 1706, p. 259; *juill.*, 1706, p. 150; *avr.*, 1708, p. 298; *juin*, 1708, p. 292; *juin*, 1716, p. 152; *oct.*; 1755, p. 2505; *oct.*, 1757, p. 2510; *juill.*, 1746, p. 210; *mai*, 1754, p. 208; *juin*, 2ᵉ vol., 1754, p. 202; *avr.*, 2ᵉ vol., 1765, p. 205.

Gigot de la Peyronnie. *Mai*, 1747, p. 206.

Gilbert de Voysins. *Nov.*, 1685, p. 271; *févr.*, 1698, p. 256; *juin*,

4ᵉ part., 1711, p. 47; *août*, 1714, p. 271; *févr.*, 1717, p. 169; *nov.*, 1718, p. 112; *août*, 1724, p. 1846; *sept.*, 2ᵉ vol., 1725, p. 2517; *sept.*, 1726, p. 2175; *févr.*, 1727, p. 404; *juill.*, 1750, p. 1686; *août*, 1756, p. 1925; *déc.*, 1758, p. 2921; *mars*, 1745, p. 605; *juin*, 2ᵉ vol., 1754, p. 207.

Gilbertprey. V. ROUX (LE).

Gillet de la Cazo. *Déc.*, 1ᵉʳ vol., 1757, p. 2748; *déc.*, 1777, p. 211.

Gillier. *Avr.*, 1713, p. 211; *juin-juill.*, 2ᵉ part., 1721, p. 85.

Gillier-Clérambault. *Févr.*, 1696, p. 292; *déc.*, 1709, p. 270.

Gilly. *Juill.*, 1ᵉʳ vol , 1774, p. 212.

Gimel. V. LENTILHAC.

Ginest ou Gineste. *Juin*, 1700, p. 195; *août*, 1729, p. 1899; *mai*, 1755, p. 210.

Ginestoux. *Janv.*, 1703, p. 189.

Girac. V. BAREAU.

Girard. *Mai*, 1710, p. 154; *Janv.*, 1717, p. 153; *avr.*, 1718, p. 189;

Girardière (la). *Déc.*, 2ᵉ vol., 1751, p. 205.

Girardin. *Sept.* 1744, p. 216; *juin*, 1761, p. 216.

Girardin de Vauvré. *Oct.*, 1724, p. 2260; *août*, 1752, p. 201,

Girardon. *Janv.*, 1ᵉʳ vol., 1775, p. 235.

Giraud. *Août*, 1712, p. 128.

Gircourt. *Févr.*, 1769, p. 224.

Girocely. *Mai*, 1719, p. 252.

Gironde. *Mai*, 1750, p. 205; *mai*, 1776, p. 211.

Gironde de Buron. *Avr.*, 1ᵉʳ vol., 1757, p. 206.

Gironde de Layaur. *Avr.*, 2ᵉ vol., 1764, p. 208.

Gironde de Montamel. *Juin*, 1767, p. 212.

Giry de Saint-Cyr. *Févr.*, 1761, p. 216.

Givry. *Avr.*, 1710, p. 275. V. encore FÈVRE DE GIVRY (LE).

Gizaucourt. *Mars*, 1715, 1ʳᵉ part., p. 211.

Glandevez. *Juill.*, 1706, p. 81.

Glime de Brabant. *Nov.*, 1774, p. 237.

Glizy. V. LOUVEL.

Clucq. *Oct.*, 1714, p. 259; *juill.*, 1750, p. 1286.

Goas. V. BIRAN.

Gobelin. *Janv.*, 1702, p. 179; *juill.*, 1742, p. 1677.

Gobelin d'Offremont. *Juill.*, 1759, p 1679.

God ou Goddes de Varennes. *Mars*, 1745, p. 614; *févr.*, 1771, p. 215.

Godefroy. *Oct.*, 1722, p. 161.

Goderneau. *Déc.*, 1777, p. 212.

Godet de Soudé. *Févr.*, 1686, p. 181; *mai*, 1700, p. 215; *nov.*, 1715, p. 252.

Godet des Marais. *Mai*, 1705, p. 555.

Godet Morinville *Juin*, 1709, p. 226.

Godin. *Mars*, 1777, p. 254.

Godonville. V. JOUBERT.

Godot. *Mai*, 1756, p. 1025.

Godran de Chazans. *Juill.*, 1685, p. 180.

Goesbriant. V. GUÉBRIANT.

Gogué. *Juin*, 1765, p. 215.

Goimpy. V. MAÏRS.

Goislard. *Août*, 4ᵉ part, 1711, p. 55; *nov.*, 1712, p. 264; *mars*, 1717, p. 187; *oct*, 1753, p. 2508; *mai*, 1759, p. 1042.

Gombault. *Juill.*, 2ᵉ vol., 1775, p 212.

Gomecourt. *Juill.*, 1755, p. 1677.

Gomer de Luzancy. *Juin*, 1708, p. 555; *janv.*, 1710, p. 110; *mai*, 1755, p. 212.

Gommats. V. GOYON-LAUNAY.

Gon. *Nov.*, 1758, p. 2504; *mars*, 1750, p. 198.

Gon d'Argenlieu. *Juill.*, 1707, p. 171; *mars*, 1775, p. 212.

Gondi. *Oct.-nov.*, 1705, p. 99; *sept.*, 1707, p. 124; *févr.*, 1716, p. 285; *mars*, 1716, p. 12.

Gondras. *Janv.*, 1705, p. 105.

Gondrecourt. *Déc.*, 2ᵉ vol., 1750, p. 195. V. encore HURAULT.

Goudrin de Pardaillan, *Janv.*, 1707, p. 589; *juin*, 1707, p. 245; *avr.*, 1710, p. 286; *juin*, 4ᵉ part, 1711, p. 61; *févr.*, 1712, p. 65; *mai*, 1715, p. 290; *déc.*, 1719, p. 137; *avr.*, 1722, p. 164; *nov.*, 1755, p. 2522; *nov*, 1756, p. 2576; *juin*, 1751, p. 1251; *juill.*, 1742, p. 1686; *janv.*, 1744, p. 189; *oct.*, 1751, p. 214; *avr.*, 1755, p. 198; *oct.*, 2ᵉ vol., 1757, p. 211; *juill.*, 2ᵉ vol., 1764, p. 191.

Gonel. *Juill.*, 1ᵉʳ vol., 1758, p. 205.

Gonfray. V. PIERREVILLE.

Gonisièro (la). *Juin*, 1ᵉʳ vol., 1750, p. 210.

Gontault. *Oct.*, 1ᵉʳ vol., 1759, p. 251; *avr.*, 2ᵉ vol., 1770, p. 212.

Gontaut de Biron. *Avr.*, 1700, p. 266; *juin*, 1702, pp. 523-519; *sept.*, 1707, p. 138; *avr.*, 1708, p. 509; *déc.*, 1715, p. 265; *mars*, 1720; p. 164; *juin-juill.*, 2ᵉ part., 1721, p. 86; *août*, 1724, p. 1817; *sept.*, 1ᵉʳ vol., 1725, p. 2108; *juill.*, 1726, p. 1695; *avr.*, 1727, p. 848; *janv.*, 1728, p. 187; *mars*, 1730, p. 614; *mars*, 1752, p. 619; *avr.*, 1752, p. 798; *déc.*, 1ᵉʳ vol., 1752, p. 2711; *janv.*, 1756, p. 181; *juin*, 2ᵉ vol., 1757, p. 1159; *mars*, 1759, p. 615; *juin*, 1759, p. 1246; *juin*, 1759, p. 1465; *juill.*, 1740, p. 1669; *juin*, 1741, p. 1246; *févr.*, 1745, p. 595; *févr.*, 1744, p. 405; *févr.*, 1757, p 255; *nov.*, 1756, p. 251; *déc.*, 1756, p. 205; *août*, 1777, p. 215.

Gontaut de Saint-Geniez. *Juin*, 1702, pp. 515-529; *janv.*, 2ᵉ vol., 1742, p. 212; *sept.*, 1775, p 225.

Gontier d'Auvillars. *Juill.*, 1720, p. 152.

Gonzagues. *Janv.*, 1711, p. 180; *nov.*, 1746, p. 196.

Gorce (la). V. MERLE.

Gordes. *Août*, 1694, p. 216; *nov.*, 1695, p 237; *févr.*, 1740, p. 591.

Gordon. *Mars*, 1691, pp. 121-129.

Goret. *Mars*, 1716, p. 50.

Gorge. *Juill.*, 1757, p. 1675.

Gorillon de Courcousson. *Mai*, 1698, p. 261.

Gordier (le). *Janv.*, 1711, p. 141.

Gorlier de Verneuil. *Avr.*, 1740, p. 817; *janv.*, 1747, p. 201.

Gormont. V. BOITEULX (LE).

Gorze de Berthet. *Janv.*, 1695, p. 285; *oct.*, 1740, p. 2525.

Goudin. *Févr.*, 1754, p. 595; *déc.*, 1ᵉʳ vol., 1755, p. 199.

Gouffié. *Sept.*, 1722, p. 192.

Goufflier. *Oct.*, 1687, pp. 210-255; *oct.*, 1696, p. 246; *nov.*, 1701, p. 577; *avr.*, 1705, pp. 42-53; *juin*, 1706, pp. 545-518; *nov.*, 1710, p. 98; *juin-juill.*, 2ᵉ part., 1721, p. 85; *nov.*, 1728, p. 2561; *mars*, 1729, p. 625; *sept.*, 1730, p. 2114; *juin*, 1ᵉʳ vol., 1751,

p. 1591; *févr.*, 1734, p. 404; *nov.*, 1759, p. 2713; *mai*, 1740, p. 1059; *sept*, 1746, p. 196; *mars*, 1747, p. 209; *janv.*, 1749, p. 219; *juin*, 1er vol., 1754, p. 206; *mai*, 1755, p. 204; *oct.*, 2e vol., 1771, p. 210; *déc.*, 1774, p. 271. V. CHOISEUL.

Gougenot. *Juin*, 2e vol., 1748, p. 208; *nov.*, 1767, p. 212; *déc.*, 1767, p. 210.

Gouin. *Déc.*, 2e vol., 1748, p. 225.

Goujet. *Avr.*, 2e vol., 1767, p. 197.

Goujon. *Oct.*, 1757, p. 2505; *déc.*, 2e vol., 1747, p. 196.

Goujon de Gasville. *Juin*, 1er vol., 1753, p. 1247; *mars*, 1751, p. 206; *juin*, 2e vol., 1753, p. 189; *janv.*, 1er vol., 1756, p. 227.

Goujon de Thuisy. *Mai*, 1757, p. 1045; *avr.*, 1740, p. 825; *oct.*, 1749, p. 210.

Goulaynes. *Juill.*, 1696, p. 291.

Gould. *Nov.*, 1755, p. 206.

Goulet de Rugy. *Juin*, 1777, p. 212.

Goultz-Maillard (le). *Avr.*, 1753, p. 824.

Goupy. *Août*, 1722, p. 216.

Gourault. *Mars*, 1726, p. 612.

Gourcy. *Nov.*, 1775, p. 213.

Gourdan, *Mars*, 1754, p. 209.

Gourdon de Genouillac. *Déc.*, 1696, p. 292; *avr.*, 1696, p. 260; *nov.*, 1701, pp. 28-44; *avr.*, 1702, p. 545; *juin*, 1702, p. 557; *janv.*, 1705, p. 526; *oct.*, 1704, p. 58; *août*, 1707, pp. 65-88; *nov.*, 1710, p. 95; *févr.*, 1727, p. 404; *mars*, 1729, p. 625; *juin*, 1er vol., 1757, p. 1228.

Gourdon de Léglizière. *Nov.*, 1755, p. 204.

Gourges. *Août*, 1720, p. 190.

Gourgues. *Avr.*, 1700, p. 268; *sept.*, 1708, p. 176; *oct.*, 1708, pp. 257-278; *févr.*, 1712, p. 70; *mars*, 1726, p. 612; *juill.*, 1754, p. 1686; *juill.*, 1755, p. 1670; *janv.*, 1747, p. 198; *déc.*, 1er vol., 1751, p. 167; *juin*, 2e vol., 1755, p. 228.

Gourjault. *Déc.*, 1er vol., 1751, p. 169.

Gournai. *Juin*, 2e vol., 1749, p. 205.

Gournay. V. JAMETZ.

Gourreau de la Proustière. *Févr.*, 1692, p. 296; *mai*, 1695, p. 275; *oct.*, 1694, p. 266; *janv.*, 1695, p. 285; *août*, 1688, p. 245.

Goury. *Avril* 1687, p. 291; *mai*, 1688, p. 156; *janv.*, 1702, p. 526; *avr.*, 1709, p. 26.

Goussé. *Janv.*, 1715, p. 210.

Goussé de la Roche-Allart. *Mars*, 1751, p. 211. V. encore ROCHE-ALLART (LA).

Gout (le). *Juin*, 1er vol., 1751, p. 188.

Goutte (la). V. VANDÈGRE.

Gouttes de la Salle (des). *Févr.*, 1749, p. 193.

Gouttes de Maison-Fort (des). *Déc.*, 1690, p. 281; *août*, 1702, p. 252.

Gouvernet. V. TOUR DE GOUVERNET (LA).

Goux de la Berchère (le). *Oct.*, 1691, p. 220; *sept.*, 1697, p. 253; *mars*, 1699, p. 159; *nov.*, 1705, p. 69; *déc.*, 1705, p. 205; *août*, 1707, p. 275; *juill.*, 1709, p. 81; *oct.*, 1715, p. 212; *juin*, 1710, p. 125; *sept.*, 1721, p. 166; *mars*, 1729, p. 623; *juin*, 1er vol., 1757, p. 1222.

Goux-Maillard (le). *Oct.*, 1709, p. 146; *sept.*, 1765, p. 211.

Gouy. *Juin*, 1688, p. 119; *mai*, 1715, p. 210; *mars*, 1749, p. 209.

Gouy d'Arcy. *Oct.*, 2e vol., 1750, p. 228.

Gouyon. *Nov.*, 1753, p. 210.

Gouyon de Ravilliers. *Janv.*, 1708, p. 553.

Gouz (le). *Juill.*, 1709, p. 233.

Groyer d'Armenon. *Août*, 1750, p. 205.

Goyon. V. MATIGNON.

Goyon-Launay-Gommats. *Avr.*, 2e vol., 1762, p. 207.

Grain (le) *Nov.*, 1715, p. 252.

Graintheville. *Juin*, 1777, p. 211.

Grammont. *Août*, 1688, p. 158; *mai*, 1689, p. 287; *déc.*, 1693, p. 279; *févr.*, 1694, p. 177; *mai*, 1698, p. 257; *juin*, 1698, p. 266; *août*, 1700, p. 152; *janv.*, 1701, p. 124; *janv.*, 1705, p. 500; *mars*, 1705, p. 242; *oct.*, 1704, p. 554; *avr.*, 1706, p. 59; *févr.*, 1707, p. 189; *juin*, 1708, p. 502. *Janv.*, 1709, p. 512; *avr.*, 1715, p. 516; *mars*, 1716, p. 218; *sept.*, 1717, p. 185; *mars*, 1720, p. 164; *oct.*, 1720, p. 147; *juin*, 1er vol., 1725, p. 1250; *sept.*, 2e vol., 1725, p. 2514; *juill.*, 1726, p. 1695; *déc.*, 1er vol., 1727, p. 2755; *mai*, 1728, p. 1067; *juin*, 1er vol., 1751, p. 1597; *mai*, 1755,

p. 1035; *janv.*, 1739, p. 191; *juin*, 1741, p. 1258; *févr.*, 1742, p. 402; *oct.*, 1742, p. 2316; *janv.*, 1745, p. 179; *mai*, 1745, p. 205 ; *juill.*, 1746, p, 208; *sept.*, 1746, p. 188; *avr.*, 1748, p. 210; *mai*, 1748, p. 191; *janv.*, 1753, p. 202; *juin*, 2ᵉ vol., 1753, p. 192; *déc.*, 1ᵉʳ vol., 1754, p. 207; *janv.*, 1755, p. 214; *juill.*, 1755, p. 222; *fév.*, 1756, p. 235; *sept.*, 1759, p. 213; *déc.*, 1762, p. 230; *août*, 1763, p. 197; *juin*, 1765, p. 211. V. encore CADEROUSSE.

Grammont-Falon. *Janv.*, 1703, p. 300.

Grammont-Guiche. *Août*, 1765, p. 197.

Cramont. V. CAULET.

Granbonne. V. PILEUR (LE).

Grancé. *Mai*, 1694, p. 74.

Grancey. *Déc.*, 1680, p. 37; *janv.*, 1703, p. 338; *mars*, 1703, p. 90 ; *mai*, 1703, p. 126; *fév.*, 1705, p. 196; *avr*, 1705, p. 191; *mars*, 1716, p. 18; *juin*, 1743, p. 1441. V. encore ROUSSEL.

Granchamp. *Avr.*, 2ᵉ vol., 1772, p. 211.

Granche (la). V. VERGEUR.

Grancour. V. GUILLEBAULT.

Grand (le). *Sept.*, 1716, p. 212; *juill.*, 1727, p. 1707.

Grandchamp. *Juill.*, 1ᵉʳ vol., 1769. p. 226.

Grandcour. V. PETIT DE GRANCOUR (LE).

Grandhomme. *Mars*, 1747, p. 204.

Grandier. *Déc.*, 1ᵉʳ vol., 1726, p. 2804.

Grandière (la). V. CORNUAU.

Grandin de Meutauclos. *Oct.*, 1ᵉʳ vol., 1774, p. 234.

Grandmaison. V. FRANCINE.

Grandpré. *Mai*, 1713, p. 199 ; *mars*, 1769, p. 257. V. encore JOYEUSE.

Grandval. V. PEYREL, POIREL et SADOC.

Grandville (la). V. BIDÉ et LOQUET.

Grange (la). *Fév.*, 1706, pp. 156-164; *mars*, 1706, p. 119; *mai*, 1716, p. 273 ; *juin*, 1716, p. 153; *juill.*, 1723, p. 180; *janv.*, 1728, p. 186; *nov.*, 1728, p. 2560; *fév.*, 1729, p. 410; *févr.*, 1747, p. 198; *nov.*, 1749, p. 212; *déc.*, 1ᵉʳ vol., 1754, p. 205. V. encore CHANCEL.

Grange d'Arquien. *Août*, 1717, p. 152. V. encore ARQUIAN ou ARQUIEN.

Grange-Trianon (la). *Août*, 1714,

pp. 275-280; *nov.*, 2ᵉ vol., 1722, p. 201 ; *juill.*, 1733, p. 1680; *nov.*, 1753, p. 206.

Granges de Puiguyon. *Oct.*, 1ᵉʳ vol., 1767, p. 207.

Grant de Blairfindy, *Mai*, 1778, p. 211.

Granvilliers. *Janv.*, 1729, p. 202; *avr.*, 1750, p. 838.

Gras (le). *Sept.*, 1701, p. 395; *mai*, 1708, p. 269; *juill.*, 1709, p. 343; *mars*, 1710, p. 31; *juin*, 1724, p. 1231; *sept.*, 2ᵉ vol., 1725, p. 2318.

Gras de Vaubersey (le). *Mai*, 1756, p. 261; *oct.*, 1ᵉʳ vol., 1758, p. 205.

Grasinier. V. BADIE (LA).

Grasse. *Oct.*, 1748, p. 228; *juin*, 2ᵉ vol., 1754, p. 206; *oct.*, 2ᵉ vol., 1756, p. 231 ; *août*, 1763, p. 197; *avr.*, 2ᵉ vol., 1764, p. 207 ; *janv.*, 2ᵉ vol., 1772, p. 209.

Grasse-Briançon. *Août*, 1776, p. 211.

Grassi. *Avr.*, 1747, p. 198.

Grassières (des). V. CHÉROUVIER.

Grassin. *Déc.*, 2ᵉ vol., 1753, p. 200; *juill.*, 1755, p. 216.

Graulet (la). *Juin*, 1775, p. 236.

Graus de Pinos. *Mai*, 1739, p. 1036.

Graut de la Motte. *Août*, 1717, p. 153.

Grave. *Août*, 1722, p. 214; *mars*, 1725, p. 618; *févr.*, 1730, p. 422; *déc.*, 1738, p. 2722; *sept.*, 1749, p. 213; *juill.*, 1755, p. 223.

Graveizon. *Avr.*, 1709, p. 262.

Gravel. *Avr.*, 1753, p. 204.

Gravel de Marly. *Oct.*, 1726, p. 2400.

Gravelle. *Fév.*, 1729, p. 409.

Graville. V. MALET.

Grécourt. V. VILLART.

Green de Saint-Marseault. *Déc.*, 1776, p. 235.

Grenaud de Rougemont. *Juill.*, 1707, p. 69; *avr.*, 1ᵉʳ vol, 1763, p. 213. V. encore MONTILLET.

Grenelle. *Juin*, 1760, p. 255.

Grésignac. V. LAGEARD.

Gressel. *Sept.*, 1748, p. 256; *juill.*, 1ᵉʳ vol., 1777, p. 212.

Gressolles. V. GROSSOLLES

Grieu. *Déc.*, 1718, p. 155; *déc.*, 1ᵉʳ vol., 1728, p. 2758; *déc.*, 1769, p. 236.

Grignan. *Nov.*, 1704, p. 58; *nov.*, 1756, p. 2568; *août*, 1705, p. 298. V. encore MONTEIL.

Grille. *Oct.*, 1742, p. 2526; *août,* 1747, p. 190.

Grille d'Estoublon. *Mars*, 1773, p. 209.

Grillet *Juill.*, 1759, p. 1675.

Grillet de Brissac. *Août*, 1709, p.94; *avr.*, 1717, p. 208; *août,* 1751, p. 2011; *avr.*, 2ᵉ vol., 1769, p.198.

Grilllère (la). *Nov.*, 1709, p. 149.

Grimaldi. *Sept.*, 1688, p. 293; *août,* 1700, p. 152; *janv.*, 1701, p. 121; *avr.*, 1704, p. 42; *juill.*, 1705, p. 158; *avr.*, 1720, p. 191; *janv.*, 1722, p. 192; *nov.*, 1721, p.2197; *févr.*, 1726, p. 395; *juill.*, 1728, p. 1695; *févr.*, 1751, p. 400; *févr.*, 1748, p. 212; *oct.*, 1749, p. 210; *janv.*, 1750, p.199; *juin,* 1ᵉʳ vol., 1751, p 189; *mai*, 1758, p. 211; *avr.*, 1ᵉʳ vol., 1770, p 224; *juill.*, 2ᵉ vol., 1774, p. 212.

Grimbert. *Août*, 1734, p. 1889.

Grimoard de Beauvoir. *Nov.*, 1745, p. 229; *mai*, 1746, p. 196; *mai*, 1748, p. 199; *nov.*, 1752, p. 208; *mars*, 1759, p. 213; *déc.*, 1768, p.211; *avr.*, 2ᵉ vol., 1770, p. 212.

Grimoard de Beauvoir de Montlaur. *Juin-juill.*, 2ᵉ part., 1721, p. 86; *juin,* 2ᵉ vol., 1756, p, 1470.

Grimoard de Villars. *Déc* , 2ᵉ vol.; 1747, p. 191. V. encore VILLARS.

Grimoard du Roure. *Avr.*, 1753, p. 820.

Grimod. *Janv.*, 1ᵉʳ vol., 1775, p.233.

Grimod de la Reynie. *Avr.*, 1ᵉʳ vol., 1758, p. 204; *févr.*, 1776, p. 211.

Grimod du Fort. *Févr.*, 1742, p. 401; *mars*, 1748, p. 207; *nov.*, 1748, p. 211; *févr.*, 1761, p. 219.

Grimonville. *Août*, 1715, p. 308.

Grinbergben. *Août,* 1756, p. 1923; *déc.*, 1744, p. 201.

Grippon (du). V. FESCHAL DU GRIP-PON.

Gris d'Ecbauffon (le). V. ERAND.

Grivel. *Juin,* 1ᵉʳ vol., 1757, p. 1220.

Grivel-Douvoy *ou* d'Ouroy. *Juin,* 1ᵉʳ vol., 1728, p. 1234; *janv.*, 1753, p. 208; *mars*, 1753, p. 211.

Grolée de Viriville. *Mars*, 1703, pp. 52-63; *mai*, 1704, p. 293; *avr.*, 1706, p. 259; *févr.*, 1708, p. 286; *avr.*, 1718, p. 188; *juin,* 2ᵉ vol., 1754, p. 203.

Grolier. *Janv.*, 1708, p. 123.

Grolier de Servières. *Avr.*, 1ᵉʳ vol., 1776, p. 237.

Grolier de Tressort. *Avr.*, 1ᵉʳ vol., 1760, p. 214.

Grondeau. *Juill.*, 1742, p. 1674.

Grondel. *Avr.*, 2ᵉ vol., 1773, p. 212.

Groppo. *Mars*, 1747, p. 205.

Gros de Bel-Air. *Janv.*, 1ᵉʳ vol., 1764, p. 183.

Gros de Boze. *Nov.*, 1753, p. 207.

Grosbois. V. PERRENCY.

Grosséreau. *Avr.*, 1727, p. 845.

Grossolles de Flammarens. *Août,* 1708, p. 72; *juin,* 1743, p. 1240; *août,* 1751, p.167; *juill.*, 2ᵉ vol., 1765, p. 193. V. encore FLAMA-RENS.

Grouches de Chépy. *Juin,* 1744, p. 1489; *mars*, 1746, p.209; *sept.*, 1750, p. 195. V. encore CHÉPY.

Grouchy. *Oct.*, 2ᵉ part., p. 215.

Groue. *Juin,* 1ᵉʳ vol., 1754, p. 209.

Groular. *Juin,* 2ᵉ vol., 1754, p. 196.

Grout de Beaufort. *Janv.*, 1ᵉʳ vol., 1756, p. 222.

Groux (du). *Févr.*, 1751, p. 205.

Gruel. *Août*, 1708, p. 161.

Gruslier. *Avr.*, 1703, p. 60.

Gruyn *Oct.*, 1698, p. 229; *févr.*, 1722, p. 163; *juin,* 2ᵉ vol., 1748, p.208; *juill.*, 2ᵉ vol.1, 1765, p. 195.

Gua (du). V. BÉRENGER.

Guast (du). V. GUA (DU).

Guay de la Tour. *Déc.*, 1ᵉʳ vol., 1751, p. 188.

Guay-Trouin (du). *Oct.*, 1698, p. 252; *nov.*, 1703, p. 13; *juill.*, 1709, p. 21; *nov.*, 1715, p. 184; *nov.*, 1736, p. 2569.

Gué (du). *Oct.*, 1702, p. 274; *juin,* 1703, p. 182; *nov.*, 1704, p. 331; *oct.*, 1706, p. 82; *mai*, 1714, p. 141; *mars*, 1720, p. 167; *févr.*, 1727, p. 401; *nov.*, 1754, p. 2528; *mai*, 1756, p. 1036; *juin.* 2ᵉ vol., 1749, p. 204. V. encore COUPEAU.

Gué de Bagnol (du). *Nov.*, 1752, p. 209; *nov.*, 1756, p. 234.

Gueau. *Janv.*, 1758, p. 175.

Gueau de Reverseaux. *Juill.*, 1753, p. 212.

Guébriant ou Goesbriant. *Janv.*, 1703, p. 521; *déc.*, 1714, p. 521; *sept* , 1726, p. 2173; *févr* , 1728, p. 417; *oct.*, 1731, p. 2308; *juin,* 1ᵉʳ vol., 1756, p. 1232; *déc.*, 2ᵉ vol.,

1736, p. 2980; *nov.*, 1743, p.2533; *juin*, 1744, p. 1488; *sept.*, 1752, p. 206; *févr.*, 1753, p. 212; *juill.*, 2ᵉ vol., 1765, p. 195; *janv.*, 2ᵉ vol., 1767, p. 187; *avr.*, 1ᵉʳ vol., 1774, p. 210.

Guedeville. *Févr.*, 1747, p. 207.

Guédreville. V. Bois (DU).

Guébery. *Mai*, 1699, p. 211.

Guéménée. V. ROHAN.

Guémadeuc. *Mars*, 1702, p. 330.

Guénégaud *Oct.*, 1686, p. 314; *avr.*, 1706, p 557; *janv.*, 1703, p. 71; *avr.*, 1710, p. 252; *janv.*, 1723, p. 200; *mai*, 1724, p. 1230; *juin*, 1724, p. 1250; *juin*, 2ᵉ vol., 1757, p. 1463.

Guenel. *Oct.*, 1ᵉʳ vol., 1769, p. 225.

Guérapin de Vauréal. *Août*, 1699, p.202; *déc.*, 1713, p. 189; *mars*, 1729, p. 623; *août*, 1745, p. 189.

Guérault. *Mai*, 1766, p. 210.

Guerche (la). *Juill.*, 1698, p. 255.

Guerchois (le). *Sept.*, 1700, p. 264; *mai*, 1704, p. 172; *août*, 1734, p. 1687; *avr.*, 1740, p. 819; *déc.*, 1740, p. 2756.

Guerchy. V. RÉGNIER.

Gueret. *Févr.*, 1750, p. 416.

Guérignon. *Sept.*, 1731, p. 2268.

Guérin. V. MOTTE.

Guérin des Bruslars. *Avr.*, 2ᵉ vol., p. 212.

Guérin de Lugeac. *Déc.*, 1ᵉʳ vol., 1754, p. 203.

Guérin de Tencin. *Janv.*, 1750, p. 202; *avr.*, 1ᵉʳ vol., 1758, p. 205; *avr.*, 1ᵉʳ vol., 1771, p. 211. V. encore TENCIN.

Guérin de Terrier. *Avr.*, 1ᵉʳ vol., 1771, p. 211.

Guérinière (la). *Mai*, 1710, p. 237.

Guernonval d'Esquelbec. *Févr.*, 1753. p. 213.

Guerre *ou* Guette (la). V. TESTARD

Guerti. *Déc.*, 1ᵉʳ vol., 1751, p. 180.

Guet de Balzac (du). *Nov.*, 1749, p. 212.

Gueydon. *Juill.*, 2ᵉ vol., 1759, p. 209.

Guibert de Bussy. *Janv.*, 1700, p. 251.

Guibourgère. *Janv.*, 1703, p. 94.

Guichard. *Mai*, 1749, p. 227.

Guicharddevouldy *Déc.*, 1699, p.278.

Guicho (la). *Févr.*, 1753, p. 397;

nov., 1710, p. 2552; *janv.*, 1746, p. 200; *sept.*, 1747, p. 168; *mars*, 1770, p. 212; *mai*, 1772, p. 211. V. encore GRAMMONT.

Guiffrey de Monteynard. *Juill.*, 1742, p. 1665; *sept.*, 1755, p. 202; *déc.*, 1ᵉʳ vol., 1755, p. 200; *janv.*, 2ᵉ vol., 1756, p. 229; *nov.*, 1756, p. 216; *mai*, 1760, p. 207.

Guignolet de Montalembert. *Août*, 1763, p. 206. V. encore MONTA-LEMBERT.

Guignon de Villennes. *Juill.*, 1ᵉʳ vol., 1776, p. 235.

Guigou de Varastre. *Oct.*, 1727, p. 2350; *juin*, 1ᵉʳ vol., 1731, p. 1395; *déc.*, 2ᵉ vol., 1748, p. 225.

Guilbert. *Juill.*, 1750, p. 1686.

Guillard. *Mai*, 1742, p. 1257.

Guillart. *Mars*, 1700, p. 194.

Guillart de la Vacherie. *Mai*, 1730, p. 1049.

Guillaume de Gévigney. *Août*, 1756, p. 233; *oct.*, 1ᵉʳ vol., 1756, p. 228.

Guillaumye (la). *Mai*, 1736, p.1030; *févr.*, 1758, p. 368; *juill.*, 1758, p. 1657.

Guillebault de Grancour. *Déc.*, 1740, p. 2963.

Guillemeau. *Mars*, 1716, p. 220.

Guillemeau de Fréval. *Mars*, 1743, p 615.

Guillemin d'Igny. *Nov.*, 1756, p.2574.

Guillemin de Milly. *Juin*, 1696, p. 290.

Guillemin de la Mayrie. *Sept.*, 1696, p. 53.

Guiller. *Sept.*, 1710, p. 2120.

Guilleragues. *Oct.*, 1737, p. 2315.

Guilles de Crécy. *Juill.*, 1ᵉʳ vol., 1776, p. 236. V. encore CRÉCY.

Guillet. *Mai*, 1709, p. 158; *sept.*, 1712, p. 146.

Guillet de la Platière. *Juill.*, 169 p. 129.

Guillier. *Juin*, 1ᵉʳ vol., 1736, p. 1232.

Guilliet. V. GUILLET.

Guillois. *Déc.*, 1ᵉʳ vol., 1728, p. 2760; *déc.*, 2ᵉ vol., 1729, p. 3166; *mai*, 1735, p. 1022; *sept.*, 1740, p. 2119.

Guillon (de). *Févr.*, 1692, p. 266.

Guimont de la Touche. *Juin*, 1762, p. 41.

Guin. *Oct.*, 1ᵉʳ vol., 1758, p. 205.

Guines de Bonnières. *Janv.*, 1754, p. 190.

Guinet d'Arthel. *Juin*, 1700, p. 199.

Guingamp. *Juill.*, 1750, p. 215 ; *juin*, 1774, p. 257.

Guiry. *Nov.*, 1756, p. 2574 ; *avr.*, 1741, p. 857 ; *juin*, 2ᵉ vol., 1753, p. 192 ; *juill.*, 1755, p. 211 ; *déc.*, 1ᵉʳ vol., 1755, p. 199 ; *août*, 1754, p. 208 ; *août*, 1777, p. 213.

Guiry-Chaumout. *Juill.*, 1ᵉʳ vol., 1760, p. 207.

Guiry de Noncourt. *Avr.*, 1705, p. 572 ; *juill.*, 1724, p. 1658.

Gniscard. *Juin*, 1708, pp. 150-158 ; *oct.*, 1725, p. 2540 ; *nov.*, 1752, p. 201 ; *juin*, 1762, p. 194.

Guisigny. *Mai*, 1686, p. 80.

Guislain. *Janv.*, 1ᵉʳ vol., 1776, p. 212.

Guitaud. *Févr.*, 1777, p. 223.

Guitry. V. CHAUMONT-GUITRY ou QUITRI.

Guy. *Déc.*, 1ᵉʳ vol., 1757, p. 2722 ; *juin*, 2ᵉ vol., 1757, p. 208.

Guy-Allard. *Sept.*, 1773, p. 213.

Guy d'Airebaudouse. *Mars*, 1756, p. 600.

Guyard de Banay. *Avr.*, 2ᵉ vol., 1771, p. 213.

Guyet de Chevigny et de la Sourdière. *Janv.*, 1698, p. 265 ; *mars*, 1701, p. 189 ; *août*, 1704, p. 409 ; *févr.*, 1706, p. 195 ; *nov.*, 1708, p. 272 ; *févr.*, 1756, p. 581 ; *janv.*, 1750, p. 201 ; *sept.*, 1752, p. 206.

Guyeux. *Juin*, 1740, p. 1467.

Guy-le-Borgne de Kermoran. *Nov.*, 1761, p. 198.

Guymont. *Oct.*, 1740, p. 2325.

Guyonnet. *Déc.*, 1767, p. 242.

Guynet. *Mai*, 1733, p. 1052 ; *déc.*, 2ᵉ vol., 1757, p. 2934.

Guyon. *Nov.*, 1756, p. 2574 ; *mars*, 1759, p. 613 ; *juill.*, 1742, p. 1685 ; *avr.*, 2ᵉ vol., 1771, p. 213.

Guyon de Crochans. *Févr.*, 1757, p. 227.

Guyot. *Févr.*, 1750, p. 417 ; *déc.*, 2ᵉ vol., 1756, p. 2981.

Guyot de Chenisot. *Juin*, 1ᵉʳ vol., 1731, p. 1594 ; *oct.*, 1745, p. 2315.

Guyot de Chesne. *Oct.*, 1753, p. 2304.

Guyot de Villers. *Oct.*, 1755, p. 2322.

H

Habert de Montmort. *Févr.*, 1695, p. 251 ; *fév.*, 1700, p. 72 ; *nov.*, 1702, p. 522 ; *oct.*, 1706, p. 156 ; *janv.*, 1716, p. 121.

Haguais (le). *Mai*, 1704, p. 155.

Haguenau d'Aine. *Janv.*, 1755, p. 211 ; *avr.*, 2ᵉ vol., 1758, p. 199.

Haicourt. *Avr.*, 2ᵉ v., 1778, p. 213.

Haillet. *Juin*, 2ᵉ vol., 1749, p. 205 ; *juin*, 2ᵉ vol., 1755, p. 228.

Hainault de la Tour. *Mars*, 1740, p. 612.

Hainaut. *Avr.*, 2ᵉ vol., 1771, p. 213.

Halgouët. *Sept.*, 1705, p. 216.

Hallai (du). *Juin*, 2ᵉ v., 1749, p. 200.

Halleboul. *Avr.*, 1755, p. 211.

Hallée. *Avr.*, 1740, p. 817 ; *juin*, 1740, p. 1216 ; *nov.*, 1741, p. 2547 ; *juill.*, 1742, p. 1670.

Hallencourt. *Nov.*, 1706, p. 170 ; *févr.*, 1742, p. 597 ; *juill.*, 1742, p. 1676 ; *juin*, 1ᵉʳ vol., 1745, p. 208, *oct.*, 2ᵉ vol., 1756, p. 251 ; *nov.*, 1770, p. 225.

Halles de Fougerolles (des). *Déc.*, 1ᵉʳ vol., 1755, p. 2738.

Hallincourt de Boulainvilliers. *Avr.*, 2ᵉ vol., 1757, p. 202.

Halluin. *Janv.*, 1756, p. 233 ; *juin*, 1756, p. 225.

Hamard. *Sept.*, 1748, p. 236.

Hamay de Saint-Ange. *Oct.*, 1748, p. 230.

Hamel (du). *Mai*, 1705, p. 50 ; *févr.*, 1706, pp. 241-249 ; *août*, 1706, p. 235 ; *janv.*, 1ᵉʳ v., 1771, p. 225 ; *avr.*, 2ᵉ vol., 1773, p. 210 ; *oct.*, 2ᵉ vol., 1774, p. 211.

Hamon des Roches. *Avr.*, 1740, p. 817.

Hangest. *Déc.*, 1705, p. 140 ; *janv.*, 1706, p. 285.

Hanivel. V. ANNYVEL.

Hannyvel de Manevillette. *Nov.*, 1701, p. 106 ; *déc.*, 1ᵉʳ vol., 1727, p. 2750 ; *oct.*, 1ᵉʳ vol., 1757, p. 202.

Hanon de la Mivoye. *Avr.*, 1750, p. 837.

F. raneder. *Juill.*. 2e v., 1762, p. 188.

Haraucourt. *Janv.*, 1706, p. 54; *août.* 1706, p. 222; *juill.*, 2e vol., 1771, p. 212. V. encore Longueval et Chatelet (du).

Harbouville. V. Arbouville.

Harcourt. *Déc.*, 1702. p. 278; *mars*, 1705, p. 48; *mai*, 1705, pp. 29-50; *juill.*, 1705, p. 142; *août.*, 1705, p. 150; *nov.*, 1705, p. 245; *sept.*, 1706, p. 155; *mars*, 1708, p. 262; *juin*, 4e part., 1711, p. 40; *mai*, 1713, pp. 251-264; *août.*, 1714, p. 260; *nov.*, 1714, p. 516; *avr.*, 1715, p. 252; *janv.*, 1716, p. 224; *juin*, 1716, p. 156; *sept.*, 1716, p. 210; *juin*, 1717, p. 181; *nov.*, 1718, p. 115; *juill.*, 1720, p. 150; *févr.*, 1725, p. 594; *déc.*, 1er vol., 1726, p. 2805; *oct.*, 1727, p. 2356; *déc.*, 1er vol., 1728, pp. 2760-2762; *juill.*, 1750, p. 1685; *oct.*, 1750, p. 2327; *juin*, 1er vol., 1756; p. 1255; *avr.*, 1741, p. 859; *mars*, 1745, p. 254; *mai*, 1748, p. 192; *févr.*, 1749, p. 191; *mars*, 1750, p. 197; *août*, 1750, p. 211; *déc.*, 1er vol., 1750, p. 201; *janv.*, 1751; p. 199; *juin*, 2e vol., 1751, p. 208; *avr.*, 1752, p. 208; *janv.*, 1er vol., 1770, p. 213; *mai*, 1772, p. 210.

Harcourt-Lillebonne. *Sept.*, 1752, p. 203; *juill.*, 1er vol., 1772, p. 210.

Harcourt-Olonne. *Déc.* 1er vol., 1753, p. 199.

Hardion. *Janv.*, 2e vol., 1767, p. 187.

Hardouin. *Déc.*, 1715, p. 225.

Hardouin de Chaslou. *Janv.*, 2e vol., 1763, p. 181.

Hardy (le). *Août*, 1714, p. 255; *juill.*, 1718, p. 210.

Haris. V. Fay d'Haris.

Harlay. *Oct.*, 1696, p. 280; *nov.*, 1698, p. 272; *nov.*, 1701, p. 108; *avr.*, 1704, p. 190; *févr.*, 1706, p. 69; *mars*, 1706, p. 137; *déc.*, 1709, p. 210; *déc.*, 1710, p. 35; *déc.*, 4e part., 1711, p. 94; *juill.*, 1712, pp. 65-72; *déc.*, 1715, p. 185; *févr.*, 1714, p. 276; *juill.*, 1717, p. 207; *août*, 1717, p. 154; *mars*, 1729, p. 624; *nov.*, 1750, p. 2555; *févr.*, 1755, p. 405; *déc.*, 1759, p. 5149; *mai*, 1749, p. 229; *oct.*, 1749, p. 210; *oct.* 1er vol., 1757, p. 201.

Harleville. *Avr.*, 1712, p. 505.

Harling. *Mai*, 1729, p. 1035.

Harlus de Vertilly. *Sept.*, 1688, p. 86; *mai*, 1700, p. 215; *juill.*, 1726, p. 1694; *mai*, 1729, p. 1036; *avr.*, 1er vol., 1769, p. 215.

Harouys. *Juin*, 1er vol., 1751, p. 1390.

Harte. V. Hatte.

Harteloyre. *Juin*, 1726, p. 1269.

Harville. *Oct.*, 1701, pp. 265 et 268; *oct.*, 1712, p. 252; *août*, 1715, p. 229; *mai*, 1717, p. 167; *nov.*, 1750, p. 2532; *juin*, 1er vol., 1750, p. 210; *avr.*, 1753, p. 203; *nov.*, 1756, p. 254; *sept.*, 1759, p. 214; *juill.*, 2e vol., 1761, p. 206. V. encore Juvenal.

Hastrel de Préaux. *Janv.*, 1685, p. 244.

Hatte. *Janv.*, 1715, p. 280; *janv.*, 1758, p. 170. V. encore Bernard de Hatte.

Hatte de Chévilly. *Mai*, 1706, p. 546; *oct.*, 1722, p. 161; *nov.*, 1741, p. 2544.

Hauague d'Auneau. *Août*, 1735, p. 1890.

Haudaille. *Oct.*, 1748, p. 230.

Hauguel. V. Ménestrel.

Haunevin. V. Scomon.

Haurecourt. V. Hinselin.

Haussonville. *Juin*, 1er vol., 1749, p. 208; *mai*, 1754, p. 209.

Hauteourt. *Mars*, 1710, p. 48.

Hautefeuille. *Janv.*, 1703, p. 335; *mai*, 1705, p. 90; *août*, 1705, p. 56; *juill.*, 1760, p. 212. V. encore Texier.

Hautefort. *Nov.*, 1680, p. 5; *janv.*, 1694, p. 515; *nov.*, 1701, p. 111; *janv.*, 1705, p. 502; *janv.*, 1705, pp. 554, 559 et 542; *févr.*, 1712, p. 60; *août*, 1712, p. 150; *juin*, 1715, p. 219; *janv.*, 1719, p. 197; *févr.*, 1727, p. 404; *juill.*, 1727, p. 1707; *nov.*, 1750, p. 2554; *févr.*, 1751, p. 599; *avr.*, 1752, p. 799; *juill.*, 1752, p. 1668; *févr.*, 1756, p. 594; *nov.*, 1756, p. 2580; *juin*, 1741, p. 1261; *mars*, 1745, p. 602; *mars*, 1915, p. 607; *mars*, 1743, p. 615; *nov.*, 1748, p. 212; *août*, 1749, p. 198; *déc.*, 1er vol., 1749, p. 210; *juin*, 2e vol., 1751, p. 208; *déc.*, 1er vol., 1751, p. 187; *juin*, 2e vol., 1753, p. 194; *août*, 1754, p. 210; *août*, 1760, p. 202;

mars, 1761, p. 215; *avr.*, 2ᵉ vol., 1767, p. 199; *mai*, 1773, p. 212.

Hauterive. *Avril*, 1741, p. 834; *juill.*, 1755, p. 223. V. encore VIGNIER.

Hauterive de Châtelard. *Janv.*, 1757, pp. 250 236. V. encore CHATELARD.

Hauteville. *Déc.*, 1742, p. 2761. V. encore ROCHEREAU.

Hautonnière (la). *Oct.*, 1709, p. 189.

Hautoy (du). *Août*, 1735, p. 261.

Havetel. *Juill.*, 1743, p. 1654.

Havré. V. CROY.

Havrincourt. V. CARDEVAC.

Hay. *Avr.*, 1710, p. 815.

Haye (la). *Mars*. 2ᵉ vol., 1722, p. 162; *sept.*, 1723, p. 617; *déc.*, 2ᵉ vol., 2940; *mars*, 1747, p. 205; *déc.*, 1ᵉʳ vol., 1753, p. 198; *juin*, 1ᵉʳ vol., 1754; p. 210; *mars*, 1774, p. 212. V. encore NÉEL DE LA HAYE.

Haye-Monbaut (la). *Déc.*, 1702, p. 119.

Hayer (le). V. DREUX.

Hayer de la Follaine (le). *Déc.*, 1ᵉʳ vol, 1749, p. 208.

Hayes (des). V. CLERC (LE).

Hazon. *Juill.*, 1742, p. 1685.

Hébert. *Oct.*, 1707, p. 156; *juin*, 1712, p. 265; *avr.*, 1720, p. 189; *oct.*, 1735, p. 2299; *mai*, 1749, p. 228; *mars*, 1762, p. 214.

Hébert de Fouquelin. *Juin*, 1740, p. 1251.

Heberville. *Avr.*, 1725, p. 831.

Hécourt. V. SAINT-POL.

Héere. *Oct.*, 1735, p. 2354; *janv.*, 1757, p. 159.

Heete. *Oct.*, 1ᵉʳ vol., 1769, p. 225.

Héliot. *Févr.*, 1700, p. 254; *févr.*, 1750, p. 208.

Hélissant. *Mai*, 1735, p. 1020; *nov.*, 1735, p. 2525; *déc.*, 2ᵉ vol., 1735, p. 2943; *sept.*, 1740, p. 2122.

Hollot. *Sept.*, 1766, p. 206.

Helmstart. *Avr.*, 1ᵉʳ vol., 1774, p. 210.

Helvetius. *Févr.*, 1726, p. 405; *déc.*, 1ᵉʳ vol., 1751, p. 180; *oct.*, 2ᵉ vol., 1760, p. 215; *oct.*, 2ᵉ vol., 1772, p. 210.

Hem. *Avr.*, 1729, p. 827.

Héman. *Févr.*, 1771, p. 212.

Hémart. *Oct.*, 1748, p. 252.

Hénault. *Mars*, 1713, p. 171; *févr.*,

1714, p. 174; *sept.*, 1727, p. 2133; *juin*, 1ᵉʳ vol., 1738, p. 1228; *juill.*, 1738, p. 1665; *août*, 1750, p. 205; *août*, 1752, p. 201.

Hénin. *Avr.*, 1724, p. 785; *déc.*, 1ᵉʳ vol, 1726, p. 2802; *sept.*, 1727, p. 2158; *oct.*, 1731, p. 2461; *nov.*, 1750, p. 2530; *juin*, 1ᵉʳ vol., 1757, p. 1222; *juin*, 1744, p. 1485; *août*, 1750, p. 201. V. encore ALSACE.

Hénin-Liétard. *Juin*, 2ᵉ vol., 1754, p. 196; *juill.*, 2ᵉ vol., 1764, p. 191.

Hénin-Liétard-Chimay. *Avr.*, 2 vol., 1756. p. 225; *janv.*; 1ᵉʳ vol., 1764, p. 182.

Hennequin. *Janv.*, 1701, p. 145; *avr.*, 2ᵉ vol., 1701, p. 245; *juin*, 1708, p. 292; *nov.*, 1708, p. 263; *févr.*, 1725, p. 391; *déc.*, 1ᵉʳ vol., 1725, p. 2939; *avr.*, 1727, p. 846; *juin*, 2ᵉ vol., 1727, p. 1486; *oct.*, 1727, p. 2354; *août*, 1731, p. 2043; *févr.*, 1735, p. 402; *mars*, 1735, p 619; *janv.*, 1738, p. 176; *mars*, 1739, p. 614; *mai*, 1739, p. 1043; *août*, 1755, p. 260; *avr.*, 2ᵉ vol., 1765, p. 205; *avr.*, 2ᵉ vol., 1775; p. 212.

Henriau. *Janv.*, 1738, p. 187.

Henrichemont. *Avr.*, 2ᵉ vol, 1767, p. 194.

Hérardin. *Nov.*, 1697, p. 227.

Hérault. *Mai*, 1726, p. 1075; *juill.*, 1726, p. 1693; *mars*, 1728, p. 645; *mars*, 1729, p. 622; *nov.*, 1732, p. 2507; *déc.*, 1ᵉʳ vol., 1732, p. 2711; *déc.*, 2ᵉ vol., 1732, p. 2926; *janv.*, 1734, p. 194; *juin*, 1ᵉʳ vol., 1734, p. 1247; *mai*, 1742, p. 1257; *oct.*, 1742, p. 2314; *janv.*, 1746, p. 199; *juin*, 2ᵉ vol., 1755, p. 194.

Hérault de Lionnière. *Févr.*, 1696, p. 172.

Hérault de Vaucresson. *Août*, 1740, p. 1907.

Herbault. V. PHÉLYPEAUX.

Herbigny. V. LAMBERT.

Herbin. *Mai*, 1710, p 156.

Herbouville. *Juin*, 1705, p. 114; *juin*, 1ᵉʳ vol., 1737, p. 1223; *juill.*, 1742, p. 1678 *déc.*, 2ᵉ vol., 1751, p. 201; *févr.*, 1757, p. 227; *août*, 1762, p. 208.

Héricourt. V. TROUSSET.

Héritier (l'). *Juill.*, 1732, p. 1668.

Hermand. *Juill.*, 1739, p 1678 ; *déc.*, 2ᵉ vol., 1748, p. 225; *oct.*, 1ᵉʳ vol., 1776, p. 211.

Herment. *Févr.*, 1750, p. 209.

Herment de Souville. *Janv.*, 1705, p. 171.

Hermite (l'). *Juin*, 1714, p. 159.

Hermite d'Ilieville (l'). *Juin*, 1770, p. 249.

Hermitte d'Ubaye. *Déc.*, 1771, p. 213.

Hernoton. *Oct.*, 1748, p. 227.

Héron. *Janv.*, 1703, p. 332; *sept.*, 1703, p. 279; *juin*, 1706, p. 106 ; *juill*, 1712, p. 235; *oct.*, 1733, p. 2204; *nov.*, 1743, p. 2526.

Héron de la Thuillerie. *Mai*, 1730, p. 1047.

Héron de Villefosse. *Févr.*, 1737, p. 406; *août*, 1740, p. 1906.

Hérouval. V. Vion.

Hérouville. *Mai*, 1704, p. 174. V. encore Ricouart.

Hérouville de Claye. *Oct.*, 1ᵉʳ vol., 1760, p. 204.

Herse. V. Vialart.

Hervart de Bois-le-Vicomte. *Sept.*, 1699, p. 251.

Hervault. V. Ysoré.

Hervault de Plumartin. *Févr.*, 1703, p. 59; *déc.*, 1715, p. 234.

Hervé, *Sept*, 1697, p. 246: *juill.*, 1749 p. 205; *janv.*, 1751, p 199.

Hervé de Langauvay. *Juin*, 2ᵉ vol., 1743. p. 214.

Hervé-Ménard *Juill.*, 1735, p. 1666; *déc.*, 1767, p 243.

Hervilly. *Mars*, 2ᵉ vol., 1722, p. 165; *déc*, 1742, p. 2758; *avr.*, 1ᵉʳ vol., 1774, p 212.

Hessy. *Janv.*, 1703, p. 317; *nov.*, 1729. p. 2758; *juin*, 2ᵉ vol., 1756, p. 1469.

Heudelot. *Févr.*, 1741, p. 413.

Heudicourt. V. Sublet.

Heuseb. *Déc.*, 1763, p. 195.

Heussonville. *Août*, 1703, p. 25.

Heuze de Vologer. *Nov.*, 1764, p. 159.

Hieville. V Hermite (L').

Hilledin *Déc.*, 1767, p. 240.

Hinge. V. Pire.

Hinnisdal. *Avr.*, 1ᵉʳ vol., 1776, p. 235.

Hinselin. *Févr.*, 1738, p. 267; *janv.*,

1ᵉʳ vol., 1773, p. 212.

Hinselin de Haurecourt. *Avr.*, 1702, p 384.

Hivours. *Juill.*, 1703, p. 58.

Hocquart. *Juin*, 1759, p. 1251; *avr.*, 1750, p. 210; *déc.*, 1ᵉʳ vol., 1753, p. 198; *juin*, 1760, p. 252; *janv.*, 1ᵉʳ vol. 1761, p. 204; *juin*, 1772, p. 224.

Hocquart de Felcourt. *Oct.*, 1742, p. 2306.

Hocquincourt V. Monchy.

Holbach. *Nov*, 1753, p. 210; *janv.*, 1755, p. 214.

Holstein-Beck. *Oct.*, 2ᵉ vol.. 1769, p. 213; *avr.*, 1ᵉʳ vol., 1772, p. 223.

Homache. *Juill.*, 2ᵉ vol., 1775, p. 211.

Honneuil. V. Bariot.

Honoré. *Janv.*, 2ᵉ vol., 1756, p. 233.

Hook. *Nov.*, 1738, p. 2502.

Hôpital (l') *Févr.*, 1685, p. 300 ; *févr.*, 1692, p. 259; *oct.*, 1694, p. 260; *juin*, 1697, p 210; *déc.*, 1698, p. 264; *déc.*, 1701, p. 535; *janv.*, 1702, pp. 169-182 et 180 ; *avr.*, 1702, p. 444; *mars*, 1704, pp. 8-26; *mai*, 1706; p. 70; *déc.*, 4ᵉ part., 1711, p. 92; *nov.*, 1721, p. 181 ; *nov.*, 1726, p. 2603; *juill*, 1737, p. 1669; *déc.*, 1ᵉʳ vol., 1751, p. 179; *juin*, 2ᵉ vol., 1754, p 196; *juill.*, 2ᵉ vol., 1762, p. 206; V. encore Galluci de l'Hôpital.

Horix. *Nov.*, 1777, p. 211.

Horne. *Janv.*, 1703, p, 325 ; *mars*, 1704, p. 144 ; *sept.*, 1703, p. 73 ; *juin*, 1706, p. 531.

Hoslier. *Janv*, 1685, p 246; *déc.*, 1715, p. 233; *août*, 1727, p. 1928.

Hosdier de la Varenne. *Nov.*, 1774, p 256. V. encore Varenne.

Hoste (l'). *Févr.*, 1723, p. 394.

Hostie de Silly. V. Fay d Hostie de Silly.

Hostun. V. Gadaigne.

Hotman de Fontenay. *Sept.*, 1704, p. 219.

Houallet. *Mai*, 1735, p. 1022.

Houchin. *Déc.*, 1ᵉʳ vol., 1754, p. 205.

Houdancourt. V. Mothe (la).

Houdart. *Juin*, 2ᵉ vol., 1749. p. 206.

Houdetot *Févr.*, 1721, p. 128; *juin*, 1726, p. 1270; *sept.*, 1726, p. 2173; *févr.*, 1732, p. 408; *juin*, 1ᵉʳ vol.

1737, p. 1224; *mars*, 1748, p. 202;
juin, 2ᵉ vol., 1748, p. 207; *janv.*,
1749, p. 220; *août.*, 1749, p. 193;
juin, 1ᵉʳ vol., 1753, p. 196; *oct.*,
1ᵉʳ vol., 1761, p. 218; *mars*, 1771,
p. 212; *oct.*, 2ᵉ vol., 1775, p. 211.

Houelle. *Mai*, 1703, p. 179; *juill.*,
1703, p. 145; *févr.*, 1736, p. 379.

Houet de Sainte-Marie. *Mars*, 1706,
p. 122.

Houlier de la Poyade. *Mai*, 1700,
p. 201.

Hourlier. *Nov.*, 1700, p. 179.

Hours (le). *Avr.*, 1709, p. 268.

Houssaye (du). *Févr.*, 1751, p. 201.

Houssaye (la). *Juin*, 2ᵉ vol., 1749,
p. 204. V. encore PELLETIER DE LA
HOUSSAYE.

Houssemans. *Déc.*, 1ᵉʳ vol., 1751,
p. 190.

Houx de Lavau (le). *Mars*, 1743,
p. 598.

Houze (la) V. BASQUIAT.

Hozier (d'). *Mai*, 1716, p. 280; *janv.*,
1729, p. 200; *févr.*, 1751, p. 401;
févr., 1732, p. 407; *mars*, 1733,
p. 603; *mai*, 1733, pp. 1032 et
1033; *févr.*, 1739, p. 394; *juin*,
2ᵉ vol., 1752, pp. 203 et 204;
août, 1754, p. 205; *déc.*, 1767,
p. 243.

Huart. *Avr.*, 1740, p. 815.

Huart de la Poterie. *Juill.*, 2ᵉ vol.,
1762, p. 206.

Huault. *Févr.*, 1732, p. 408; *août*,
1732, p. 1885; *nov.*, 1740, p. 195.

Huault de Bernay. *Août*, 1756,
p. 1931.

Hubert. *Janv.*, 2ᵉ vol., 1775, p. 212.

Hubert de Corcy. *Oct.*, 1742, p. 2316.

Hubert-Fontenu. *Janv.*, 1ᵉʳ vol.,
1756, p. 224.

Huchet de la Bédoyère. *Sept.*, 1746,
p. 189.

Hue de Dicy. *Août*, 1772, p. 213.

Hue de Miromesnil. *Août*, 1702,
p. 259; *mai*, 1704, p. 175; *déc.*,
1719, p. 189; *févr.*, 1732, p. 407;
juill., 1733, p. 1676; *mars*,
1774, p. 211.

Huet. *Oct.*, 1725, p. 2541; *oct.*,
1737, p. 2310; *juin*, 1741, p. 1250.

Huffel. *Juin*, 1775, p. 234.

Hugo. *Sept.*, 1739, p. 2091.

Hugues. V. MOTHE D'HUGUES (LA).

Huguet. *Sept.*, 1714, p. 342; *févr.*,
1ʳᵉ part., 1715, p. 117; *mars*,
1ʳᵉ part., 1715, p. 115; *sept.*,
1ᵉʳ vol., 1725, p. 2109; *sept.*, 1732,
p. 2079; *déc.*, 1ᵉʳ vol., 1735,
p. 2741.

Huguet de Sémonville. *Juill.*, 2ᵉ vol.,
1759, p. 210. V. encore SÉMON-
VILLE.

Huilller (l'). *Juin*, 1ᵉʳ vol., 1730,
p. 1252; *juin*, 1740, p. 1241;
juill., 1742, p. 1678.

Humbert. *Avr.*, 1722, p. 185; *févr.*,
1769, p. 224.

Humes. *Août*, 1749, p. 194; *juill.*,
2ᵉ vol., 1775, p. 212; *oct.*, 1ᵉʳ vol.,
1776, p. 212.

Humières. *Sept.*, 1694, p. 208; *oct.*,
1702, p. 335; *janv.*, 1708, p. 64;
mars, 1708, p. 218; *mars*, 1710,
p. 189; *avr.*, 1732, p. 799; *août*,
1732, p. 1884; *oct.*, 1742, p. 2316;
déc., 1ᵉʳ vol., 1748, p. 232; *déc.*,
2ᵉ vol., 1751, p. 205.

Huot. *Mars*, 1703, p. 63; *avr.*,
2ᵉ vol., 1767, p. 195.

Hurault de Chiverni. *Mars*, 1702,
p. 333; *janv.*, 1703, p. 321; *mars*,
1706, p. 126; *août*, 1707, p. 48;
sept., 1708, p. 82; *janv.*, 1727,
p. 188, *févr.*, 1739, p. 394.

Hurault de Gondreceurt. *Juill.*,
1ᵉʳ vol., 1776, p. 235. V. encore
GONDRECOURT.

Hurault de Vibraye. *Juill.*, 1751,
p. 214; *janv.*, 2ᵉ vol., 1772, p. 211,
V. encore VIBRAYE.

Hurault de Saint-Denis. *Oct.*, 2ᵉ vol.,
1775, p. 213.

Hureau. *Oct.*, 2ᵉ vol., 1771, p. 213.

Hureau de Dalmas. *Févr.*, 1760,
p. 250. V. encore DALMAS.

Husson. *Oct.*, 1729, p. 2540.

Husson de Bonnac. V. USSON DE
BONAC.

Huxelles. *Avr.*, 1730, p. 837.

I

Iberville. V. Bonde (la).
Igny. V. Guillemin.
Iliers. *Mai*, 1704, p. 200.
Illiers. V. Douhault.
Illiers d'Entragues. *Janv.*, 1ʳ vol., 1771, p. 226.
Imbercourt. V. Langeois.
Imecourt. *Janv.*, 1705, p. 331.
Inguinberti. *Oct.*, 2ᵉ vol., 1757, p. 211.
Interville. V. Brun (le).
Intraville. V. Soyen.
Irlan de Sainte-Hermine. *Janv.*, 1694. p. 506; *fév.*, 1700, p. 192; *janv.*, 1703, p. 524; *août*, 1704, p. 285; *janv.*, 1707. p. 289; *juill.*, 1709, p. 234; *avr.*, 1715, p. 251; *nov.*, 1725, p. 2742; *nov.*, 1754, p. 2529; *mars*, 1757, p. 616; *oct.*, 2ᵉ vol., 1773, p. 213.
Isabeau. *Janv.*, 2ᵉ vol., 1760, p. 207.
Isarn de Fraissinet. *Janv.*, 1753, p. 209.
Isarn de Saint-Amans. *Mars*, 1687, p. 128.

Isarn de Villefort. *Mai*, 1749, p. 231. V. encore Villefort.
Isarn de Villefort de Montjeu. *Oct.*, 1740, p. 2326; *janv.*, 1ʳ vol., 1774, p. 235.
Isengbien. *Oct.*, 1700, p. 234; *févr.*; 1706, p. 151; *janv.*, 1715, p. 188, *avr.*, 1720, p. 191; *août*, 1733, p. 1897; *mai*, 1755, p. 202; *juin*, 1758, p. 211; *janv.*, 2ᵉ vol., 1762, p. 199; *nov.*, 1767, p. 210; *oct.*, 1ʳ vol., 1771, p. 224. V. encore Gand.
Isle (l'). *Mai*, 1728, p. 1065; *mai*, 1760, p. 208. V. encore Cosson.
Isle-Adam. V. Villiers de l'Isle-Adam.
Isle du Gast (l'). *Sept.*, 1739, p. 2092, *mai*, 1746, p. 199.
Isque de Colemberg. *Janv.*, 1743, p. 182; *mai*, 1749, p. 229.
Issaly. *Mai*, 1700, p. 212.
Issertaux. V. Berry.
Ivry. V. Bosc (du).

J

Jacquiet. *Sept.*, 1751, p. 2270.
Jacquinot. *Mars*, 1731, p. 608.
Jagoux de la Croix. *Mars*, 1773, p. 209. V. encore Croix (la).
Jaille (la). *Avr.*, 1746, p. 198; *mars*, 1755, p. 198. V. encore. Matthefelon.
Jaime. *Févr.*, 1712. p. 64.
Jallais. V. Bauyn de Jallais.
Jallard. *Févr.*, 1708, p. 54.
Jametz de Gournay. *Mars*, 1747, p. 206; *août*, 1759, p. 201.
Jannel. *Avr.*, 1ʳ vol., 1770, p. 224.
Jansen. *Avr.*, 2ᵉ vol., 1770, p. 212.
Janson. V. Forbin.
Janssen. *Sept.*, 1766, p. 206.
Jardin. *Mars*, 1777, p. 234.
Jarente. *Mai*, 1768, p. 197.

Jarente d'Orgeval. *Avr.*, 1ʳ vol., 1758, p. 204.
Jariel. *Août*, 1729, p. 1899.
Jarnac. *Août*, 1709, p. 258.
Jarzé. V. Savary.
Jassaud d'Arquinvillers. *Août* 1700, p. 159; *juin*, 1717, p. 177; *janv.*, 1727, p. 189.
Jaubert de Nauthiat. *Janv.*, 2ᵉ vol., 1773, p. 213.
Jaucen *ou* Jaussen. *Mars*, 1726, p. 612; *sept.*, 1727, p. 2139; *oct.*, 2ᵉ vol., 1770, p. 214.
Jaucen de la Perrière. *Juin*, 1ʳ vol., 1737, p. 1233.
Jaucourt. *Mai*, 1717, p. 163; *avr.*, 1724, p. 784; *oct.*, 1727, p. 2357; *nov.*, 1736, p. 2571; *sept.*, 1749, p. 215; *nov.*, 1759, p. 203; *avr.*,

1er vol., 1767, p. 212; sept., 1768, p 213; oct., 1er vol., 1772, p. 210; juill., 1er vol., 1774, p. 212.

Jaucourt-Duveaut. Janv., 2e vol., 1774, p. 213.

Jaussen V. JAUCEN.

Javerlhac. Déc., 1762, p. 230.

Jay (le). Nov., 1755, p. 2526; févr., 1740, p. 396.

Jay de la Maison-Rouge (le). Nov., 1705, p. 69.

Jean-Bart. V. BART (JEAN).

Jehannot. Sept., 1751, p. 2268; déc., 1er vol., 1748, p. 230.

Joannis. V. VISSEC.

Jobelot de Montheureux. Janv., 1698, p. 212; mars, 1698, p. 167; janv., 1703, p. 264.

Joffreville. Janv., 1703, p. 529.

Jobal. Janv., 1er vol., 1756, p. 227.

Jobanne. Mai, 1726, p. 1068; janv., 1728, p. 186; févr., 1750, p. 419; mars, 1752, p. 618; sept., 1738, p. 2085; nov., 1747, p. 206; nov., 1756, p. 216. V. encore CARRE (LA) et SAUMERY.

Johnston. Avr., 2e vol., 1757, p. 203.

Joigny V. BLONDEL.

Joli. V. JOLY.

Jolly. V. JOLY.

Joly. Janv., 1700, p. 276; mai, 1704, p. 206; déc., 2e vol., 1750, p. 195; janv., 2e vol, 1775, p. 212.

Joly de Béry. Mars, 1754, p. 619; mars, 1744, p. 602.

Joly de Chasy. Févr., 1700, p. 234.

Joly de Choin. Juin, 1759, p. 214.

Joly de Fleury. Oct., 1702, p. 257; déc., 1704, p. 510; janv., 1705, p. 211, oct., 1709, p. 205; févr., 1717, pp. 168 et 174; mai, 1717, p. 166; nov., 1717, p 217; sept., 2e vol., 1725, p. 2518; janv., 1756, p. 180; déc., 1738, p. 2921; sept., 1740, p. 2124; janv., 1746, p. 199; févr., 1747, p. 198; sept., 1753, p. 210; juill., 2e vol., 1756, p. 235; oct., 1er vol., 1756, p. 236; oct., 1er vol., 1760, p. 204; avr., 2e vol., 1762, p. 209; sept., 1762, p. 193; juin, 1776, p. 236. V. encore ROSSET DE FLEURY.

Jomard de Thoisy. Janv., 1712, p. 204.

Joncac (du). Oct., 1706, p. 286.

Jonchère (la). V. JOSSIER.

Jonzac. Avr., 2e vol., 1757, p. 202.

Jorye. Juill., 1738, p. 1657.

Jossan. Mars, 1750, p. 615.

Jossaud. Déc., 2e vol., 1755, p. 2939.

Jossier de la Jonchère. Mars, 1739, p. 614.

Jouan. Janv., 2e vol., 1763, p. 205.

Joubert de Godonville. Janv., 1685, p. 246.

Joubert de la Bastide. Juin, 1er vol., 1731, p. 1590.

Jouenne d'Esgrigny. Avr., 1754, p. 826; nov., 1741, p. 2549.

Jougleur de Rémilly (le). Juin, 1706, p. 359; nov., 1741, p. 2556; avr., 1746, p. 201.

Jourdan de Fleins. Avr., 1753, p. 205.

Jourdan de l'Aunay. Mars, 1736, p. 601; juin, 1er vol., 1736, p. 1240.

Jourdan de Saint-Sauveur. Mai, 1768, p. 198. V. encore SAINT-SAUVEUR.

Journet. Oct 1er vol., 1773, p. 212.

Jousselin de Marigny. Août, 1717, p. 152.

Joussineau de Tourdonnet. Oct., 2e vol., 1776, p. 224; mai, 1778, p. 211.

Jouvaucour. Avr., 1729, p. 822 janv., 1740, p. 180.

Jeuy. V. BRILLON.

Joven de la Blachette. Nov., 1769, p. 225.

Jovenel de Marenzac. Févr., 1769, p. 225.

Joyeuse. Avr., 1696, p. 235; avr., 1710, pp. 192-203; juin, 1710, p. 45; juill., 1710, p. 57; mars, 1715, p. 158; mai, 1715, pp. 199-209; févr., 1716, p. 281; mars, 1716, p. 53; déc., 1724, p. 2725; mai, 1725, p. 1052; mars, 1736, p. 606; juin, 1740, p. 1250; mai, 1751, p. 207; juin, 2e vol., 1757, p. 211; oct., 1er vol., 1759, p. 233; avr., 2e vol, 1769, p 225; janv., 1er vol., 1775, p. 235.

Joyeuse de Grandpré. Août, 1774, p. 213. V. encore GRANDPRÉ.

Joyeux. Avr., 1706, p. 367.

Jubert. Févr., 1705, p. 509; juill., 1708, p. 122; juill., 1724, p 1635.

Jubert de Bouville. Juin, 1741, p. 1466, juill., 1742, p. 1687

oct., 1742, p. 2183; *déc.*, 2ᵉ vol., 1747, p. 197; *nov.*, 1749, p. 216; *juin*, 2ᵉ vol , 1757, p. 204.
Judde. *Août*, 1772, p. 209.
Juigné. *Avr.*, 1741, p. 837. V. encore CLERG DE JUIGNÉ (LE).
Juillet. *Oct.*, 1727, p. 2358.
Juiny. *Juin*, 2ᵉ vol., 1733, p. 1435.
Julien. *Janv.*, 1703, p. 323.
Julisane. *Mai*, 1769, p. 212.
Jullienne. *Févr.*, 1733, p. 398.
Jumel de Barneville. *Janv.*, 1705, p. 244.
Jumelles. V. ROY (LE).
Jumilhac. *Mars*, 1775, p. 236; *avr.*, 2ᵉ vol., 1777, p. 211; *Sept.*, 1777, p. 213.

Jumilhac de Cubiac. *Juill.*,, 2ᵉ vol., 1772, p 213. V. encore CHAPELLE.
Jusas. V. BOYER.
Jussac. *Déc.*, 1703, p. 533; *juin*, 1701, p. 31.
Jussieu. V. BERNARD.
Juvénal de Harville. *Avr.*, 1ᵉʳ vol., 1770, p. 225. V. encore HARVILLE et le suivant.
Juvénal des Ursins. *Mai*, 1705, p. 35; *mai*, 1717, p. 167; *janv.*, 1721, p. 111 ; *juill.*, 1726, p. 1690; *avr.*, 1746, p. 206; *avr.*, 1747, p. 200. V. encore HARVILLE et le précédent.
Juverlac. *Déc.*, 1775, p. 235.
Juvisy. V. PAJOT.

K

Kadennec. V. CHARRUC.
Kadot. *Déc.*, 4ᵉ part., 1711, p. 91; *oct.*, 1730, p. 2327; *juin*, 1743, p. 1446.
Kadot de Sebeville. *Déc.*, 1703, pp. 43 et 331; *févr.*, 1704, p. 319; *mars*, 1704, pp. 26-62, *sept.*, 1752, pp. 203 et 205, *nov.*, 1760, p. 201 ; *oct* , 1ᵉʳ vol., 1763, p. 209.
Kain (le). *Mars*, 1778, p 209.
Karcado. *Août*, 1724, p. 1848; *août*, 1727, p. 1930; *mars*, 1738, p 605; *déc.*, 1ᵉʳ vol., 1747, p. 204; *juin*, 2ᵉ vol., 1749, p. 199; *déc.*, 2ᵉ vol., 1751, p. 202.
Karuel de Mercy. *Mai*, 1740, p. 1035.
Keingiaert. *Juin*, 1740, p. 1466.
Kercado *Mai*, 1694, p. 319 ; *oct.*, 1706, p. 109; *nov.*, 1706, p. 531; *juill.*, 1708, p. 132; *mai*, 1736, p. 1040 ; *juin*, 1776, p. 236. V. encore SÉNÉCHAL DE KERCADO (LE).
Kerchoent de Coëtenfaö. *Avr.*, 1699, p. 238; *déc.*, 2ᵉ vol., 1734, p. 2947; *oct.*, 1743, p. 2309; *sept.*, 1752, p. 204. V. encore COETENFAO.

Kerchoent de Loc-Maria. *Sept.*, 1752, p. 204. V. encore LOC-MARIA.
Kerfilis V. SERENT.
Kergoumadeck. *Juin*, 1ᵉʳ vol.; 1729, p. 1264; *oct.*, 1743, p. 2309.
Kergrendes. *Juin*, 2ᵉ vol., 1753, p. 188.
Kerleret. V. BILLOUARD.
Kérouart. *Janv.*, 1746, p. 202; *déc.*, 1ᵉʳ vol., 1754, p. 205; *mars*, 1775, p. 255.
Kermoysan. *Déc.*, 2ᵉ vol., 1747, p. 198.
Kerpatri. *Juin*, 1724, p. 1229.
Kersauzon *Janv.*, 1744, p. 188.
Kersiles. V. SERENS.
Kersulguen. *Janv*, 1734, p. 192; *juin*, 1764, p. 201.
Kerven *Mars*, 1740, p. 608; *mai*, 1748, p. 201.
Kervers. V. FRUGULAY.
Kervert. *Déc.*, 1ᵉʳ vol., 1753, p. 199.
Kervillon. *Août*, 1694, p. 240.
Klinglin. *Août*, 1734, p. 1890; *sept.*, 1769, p. 226.
Kœnigsmark. *Déc.*, 1ᵉʳ vol., 1747, p. 204.

L

Laborie. *Févr.*, 1700, p. 239.

Laboureur de Vertepierre (le). *Août*, 1699, p. 203.

Labro. *Nov.*, 1706, p. 178.

Lacoré. *Oct.*, 1740, p. 2323; *août*, 1753, p. 209.

Lacroy. *Déc.*, 1759, p. 210.

Ladore. *Nov.*, 1735, p. 2525.

Ladvocat. *Mars*, 1700, p. 99; *août*, 1702, p. 258 ; *mai*, 1706, p. 77; *févr.*, 1735, p. 598; *août*, 1737, p. 1885.

Laffemas. *Juin*, 1703, p. 20.

Lafond de Savines. V. FONT (LA).

Lagan *ou* Lagau. *Juin*, 2ᵉ vol., 1735, p. 1437; *nov.*, 1760, p. 210.

Lageard de Grésignac. *Juin*, 2ᵉ vol., 1752, p. 202.

Lages de Cuilli. *Nov.*, 1753, p. 206.

Lagny. *Janv.*, 1701, p. 143. V. DU-RAND et FURSTEMBERG D'ANGLEBER-MER.

Laigneau. *Mai*, 1736, p. 1053.

Laing (la). *Oct.*, 1ᵉʳ vol., 1774, p. 237; *janv.*, 1ᵉʳ vol., 1775, p. 232.

Laire. *Avr.*, 1ᵉʳ vol., 1759, p. 212.

Laissart. *Oct.*, 1726, p. 2400.

Laistre. *Juill.*, 1742, p. 1679.

Laizer. *Juin*, 1743, p. 1241.

Lalanne. V. LÉON.

Laleu. *Sept.* 1734, p. 2089; *janv.*, 1736, p. 170.

Lalive. *Juin*, 1ᵉʳ vol., 1737, p. 1233; *Févr.*, 1749, p. 196.

Lalive de Bellegarde. *Mars*, 1748, p. 202. V. encore BELLEGARDE.

Lallemand de Montlangault. *Janv.*, 1ᵉʳ vol., 1762, p. 196. V. encore ALLEMAND.

Lallemand. *Juin*, 1712, p. 265; *févr.*, 1730, p. 421 ; *mars*, 1750, p. 613; *mars*, 1777, p. 235.

Lallemant. *Mai*, 1749, p. 228.

Lallemant de Lévignen. *Févr.*, 1740, p. 392; *avr.*, 1740, p. 821 ; *avr.*, 2ᵉ vol., 1767, p. 199.

Lallemant de Macqueline. *Nov.*, 1754, p. 2535.

Lalouette de Vernicourt. *Oct.*, 2ᵉ vol., 1756, p. 231.

Lamballe. *Juill.*, 1768, p. 212; *juin*, 1773, p. 213.

Lambert. *Juill.*, 1729, p. 1683; *janv.*, 1730, p. 185 ; *mai*, 1736, p. 1040; *sept.*, 1749, p. 210; *oct.*, 1754, p. 215; *avr.*, 2ᵉ vol., 1772, p. 210.

Lambert d'Herbigny. *Nov.*, 1700, p. 178 ; *déc.*, 1703, p. 557 et 560; *mai*, 1706, p. 82; *mars*, 1729, p. 623 ; *oct.*, 1751, p. 2462; *sept.*, 1756, p. 2152.

Lambert de Saint-Bris. *Déc.*, 1740, p. 2757; *juin*, 2ᵉ vol., 1754, p. 203.

Lambert de Thibouville. *Sept.*, 1772, p. 211.

Lambert de Thorigny. *Août*, 1700, p. 158; *juill.*, 1704, p. 107.

Lamberti. *Juin*, 1ᵉʳ vol., 1749, p. 209.

Lamberty. *Oct.*, 1ᵉʳ vol., 1772, p. 210.

Lambertye. *Sept.*, 1706, p. 109; *avr.*, 1707, p. 77; *févr.*, 1712, p. 66; *janv.*, 2ᵉ vol., 1775, p. 210; *août*, 1775, p. 212.

Lamer de Matha. *Juill.*, 1710, p. 172.

Lameth. *Avr.*, 1714, p. 212 ; *janv.*, 1746, p. 204; *juill.*, 1752, p. 193; *juin*, 2ᵉ vol., 1753, p. 184; *juin*, 1761, p. 217; *févr.*, 1777, p. 223.

Lamoignon. *Févr.*, 1685, p. 150; *avr.*, 1687, p. 287; *mars*, 1698, p. 271 ; *janv.*, 1701, p. 142; *nov.*, 1704, p. 553; *oct.*, 1705, p. 515; *déc.*, 1705, p. 199; *oct.*, 1706, p. 159; *sept.*, 4ᵉ part., 1711, p. 48; *janv.*, 1714, pp. 53-62; *mars*, 1ᵉʳ part., 1715, p. 195; *déc.*, 1ᵉʳ vol., 1723, p. 1242; *mai*, 1724, p. 1227 ; *sept.*, 1726, p. 2175; *sept.*, 1727, p. 2134; *janv.*, 1727, p. 185; *nov.*, 1729, p. 2737; *mai*, 1732, p. 1022; *janv.*, 1753, p. 169; *avr.*, 1753, p. 820; *août*, 1733, p. 1896; *sept.*, 1753, p. 2086; *nov.*, 1754, p. 2527; *mars*, 1758, p. 606; *sept.*, 1740, p. 2121; *avr.*, 1742, p. 840; *sept.*, 1744, p. 2140; *juin*, 2ᵉ vol., 1755, p. 928; *fév.*,

1758, p. 188; *avr.*, 2ᵉ vol., 1767, p. 200; *août*, 1772, p. 208; *févr.*, 1775, p. 235.

Lamoignon - Malesherbes. *Févr.*, 1749, p. 193.

Lamont. *Mars*, 1697, p. 150.

Lamoureux. *Déc.*, 1759, p. 3152.

Lamoureulx de la Javellière. *Nov.*, 1753, p. 203.

Lamouroux. *Déc.*, 2ᵉ vol., 1753, p. 201.

Lampérière. *Févr.*, 1755, p. 599; *mars*, 1755, p. 612.

Lamyre. *Août*, 1754, p. 1686.

Lancelot. *Nov.*, 1740, p. 2552; *mars*, 1755, p. 199; *avr.*, 2ᵉ vol., 1759, p. 214. V. encore TURPIN DE CRISSÉ et LANDES (DES).

Lancry. V. FAVIER.

Lancry Promleroy, *Janv.*, 1ᵉʳ vol., 1777, p. 236.

Landais. *Oct.*, 1747, p. 153.

Lande (la). *Mai*, 1715, p. 210; *févr.*, 1726, p. 595; *juin*, 1726, p. 1274; *déc.*, 2ᵉ vol., 1728, p. 2974; *août*, 1751, p. 2042; *févr.*, 1755, p. 397; *oct.*, 1754, p. 2306; *nov.*, 1750, p. 227; *mai*, 1761, p. 226; *févr.*, 1764, p. 234. V. encore VENAULT (LE).

Landenberg. *Déc.*, 1774, p. 270.

Landes (des). *Févr.*, 1727, p. 406; *mai*, 1729, p. 1036; *juin*, 1ᵉʳ vol., 1750, p. 1252; *sept.*, 1759, p. 2090; *août*, 1740, p. 1909. V. encore PETIT DES LANDES.

Landes de Lancelot (des). *Déc.*, 1767, p. 237.

Landis. *Août*, 1749, p. 198.

Landouillet. *Avr.*, 1716, p. 175; *sept.*, 1718, p. 211.

Landreville. *Août*, 1768, p. 214.

Landri. *Sept.*, 1753, p. 203; *janv.*, 2ᵉ vol., 1756, p. 229.

Laneau. *Déc.*, 2ᵉ vol., 1753, p. 198.

Lanfernat. *Juin*, 1ᵉʳ vol., 1757, p. 1231.

Langeac. *Juill.*, 1752, p. 1669; *févr.*, 1756, p. 234; *janv.*, 2ᵉ vol., 1757, p. 234; *janv.*, 1ᵉʳ vol., 1764, p. 182; *janv.*, 2ᵉ vol., 1767, p. 187; *mai*, 1772, p. 211; *août*, 1772, p. 204; *mai*, 1777, p. 212.

Langelerye. *Avr.*, 1738, p. 818.

Langeron. V. ANDRAULT.

Langey. V. BELLEY (DU) et CORDOUAN.

Langhéac. V. LANGEAC.

Langier. V. SERGIER.

Langlade. *Mars*, 1743, p. 612.

Langlade du Cayla. *Mars*, 1755, p. 197. V. encore CAYLA (DU).

Langle. *Août*, 1774, p. 213.

Langlée. *Mars*, 1708, p. 189.

Langlois. *Mai*, 1732, p. 1019; *mai*, 1734, p. 1034; *avr.*, 1741, p. 834; *juill.*, 1749, p. 205.

Langlois de Blacfort et de Colmolins. *Mai*, 1693, p. 278; *déc.*, 1697, p. 141; *juill.*, 1698, p. 256; *nov.*, 1706, p. 92; *mars*, 1708, p. 76; *août*, 1712, p. 140.

Langlois de la Fortelle. *Juin-juill.*, 2ᵉ part., 1721, p. 85; *avr.*, 1722, p. 185; *nov.*, 1738, p. 2505; *déc.*, 1739, p. 2948; *avr.*, 1741, p. 829.

Langlois de Montri. *Janv.*, 1ᵉʳ vol., 1760, p. 202.

Languedoue. *Déc.*, 1ᵉʳ vol., 1729, p. 2965.

Languet. *Juin*, 2ᵉ vol., 1753, p. 195.

Languet de Gergy. *Août*, 1714, p. 253; *mai*, 1710, p. 161; *janv.*, 1715, p. 198; *nov.*, 1734, p. 2536.

Languet de Montigny. *Avr.*, 1743, p. 803.

Langy. V. BAULT.

Lanier. *Août*, 1688, p. 149.

Lanmary. *Janv.*, 1708, p. 60.

Lanne (la). V. SARRAN.

Lannion. *Févr.*, 1708, pp. 217-231; *avr.*, 1710, p. 277; *mai*, 1726, p. 1068; *janv.*, 1755, p. 182; *mars*, 1738, p. 605 et 607; *avr.*, 1738, p. 817; *déc.*, 2ᵉ vol., 1745, p. 185; *nov.*, 1752, p. 202; *janv.*, 1ᵉʳ vol., 1763, p. 201; *juin*, 1764, p. 201; *déc.*, 1774, p. 272.

Lannoy. *Avr.*, 1710, p. 184; *juill.*, 1714, p. 199; *mai*, 1751, p. 1197; *janv.*, 1755, p. 169; *oct.*, 1758, p. 2299; *mai*, 1778, p. 211.

Lansac. *Juin*, 1702, p. 521; *avr.*, 1709, p. 256; *oct.*, 1742, p. 2322; *nov.*, 1753, p. 210. V. encore GONTAUT.

Lanteuil. V. GAYE (LA).

Lanthe. *Avr.*, 1734, p. 829.

Lanti de la Rovère. *Juin*, 2ᵉ vol., 1753, p. 194.

Lanly. V. CHASTENAY.

Lapeyrouse. V. PEYROUSE (LA).

Lara. V. NARBONNE-LARA.

Larbouillard du Plessis. *Oct.*, 1738, p. 2302.

Larboust. V. Péquilham.

Larcher. *Oct.*, 1696, p. 275; *mai*, 1715, p. 189; *mai*, 1719. p. 164; *déc.*, 2ᵉ vol., 1735, p. 2951; *avr.*, 1750, p. 211; *mars*, 1755, p.195; *avr.*, 1755, p. 208; *juill.*, 1ᵉʳ vol., 1771, p. 211.

Larechef du Parc. *Févr.* 1752, p. 214.

Largentier. *Juin*, 1ᵉʳ vol., 1738, p. 1225.

Largentier de Chapelennes. *Mars*, 1698, p. 269.

Largillière. *Mars*, 1746, p. 212.

Larré. V. Lenet.

Larriatéguy de Vignolles. *Janv.*, 1ᵉʳ vol., 1762, p. 197.

Lartige. V. Musnier.

Las. *Juill.*, 1755, p. 212.

Lasbordes. V. Lesbordes.

Lascaris d'Urfé. *Nov.*, 1756, p. 252.

Lasmaires. V. Damblard.

Lassay. *Déc.*, 1ᵉʳ vol., 1750, p. 202.

Lasséré. *Févr.*, 1700, p. 235.

Lassone. *Déc.*, 1774, p. 268. V. encore Sone (la).

Lasteyras. *Déc.*, 1712, p. 214.

Lastic. *Août*, 1752, p. 202; *déc.*, 2ᵉ vol., 1753, p. 201; *juill.*, 1755, p. 220. V. encore Saint-Jal de Lastic.

Latin. V. Lottin.

Lattaignant de Barouville. *Sept.*, 1716, p. 205.

Lattre. *Avr.*, 1741, p. 428; *mars*, 1713, p. 211.

Lau (du). *Nov.*, 1715, p. 181; *déc.*, 1764, p. 205.

Lau de la Côte (du). *Oct.*, 1ᵉʳ vol., 1759, pp. 217-232.

Lau de la Côte d'Allemans (du). *Sept.*, 1746, p. 197.

Laubanie. *Août*, 1706, p. 49 et 182.

Laube. *Avr.*, 1699, p. 173.

Laubières (la). V. Puech de la Leubières (del).

Laudun. V. Valette.

Lauganai. *Avr.*, 1753, p. 208.

Laugeois d'Imbercourt. *Août*, 1700, p. 156.

Laugier-Villars. *Sept.*, 1751, p. 214.

Laumont. *Janv.* 1703, p. 295.

Launay. *Oct.*, 1705, p. 323; *mars*, 1713, p. 159; *sept.*, 1749, p. 213; *avr.*, 2ᵉ vol., 1762, p. 207; *avr.*,

2ᵉ vol., 1777, p. 211. V. encore Valles.

Lauraguais. *Mars*, 1743, p.613; *mai*, 1755. p. 202: *janv.*, 1ᵉʳ vol., 1770, p. 213; *févr.*, 1775. p. 212.

Laurencin *Août*, 1705, p. 31; *juin*, 1775, p. 257.

Laurencin de Mison. *Juill.*, 1754, p. 1681; *janv.*, 1ᵉʳ vol., 1752, p. 206; *mars*, 1755. p.197.

Laurens (du). *Févr.*, 1705, p. 157; *mars*, 1705, p. 150.

Laurent. *Nov.*, 1773, p. 212.

Laurents d'Ampus (des). *Avr.*, 2ᵉ vol., 1767, p. 195.

Lautrec *Mai*, 1704, p. 208; *mars*, 1705, p. 218; *mars*, 1739, p. 619; *févr.*, 1758. p, 188.

Lauvecourt. *Mai*, 1731, p. 1193.

Lauzières. *Nov.*, 1750, p. 2534; *déc.*, 1ᵉʳ vol., 1731, p. 2914; *déc.* 1ᵉʳ vol., 1749, p. 211. V. encore Trudaine.

Lauzières de Cardaillac. *Déc.*, 1774, p. 271. V. encore Cardaillac.

Lauzières-Thémines. *Juin*, 1ᵉʳ vol., 1757, p. 1219.

Lauzun. *Mai*, 1695, p. 316; *juin*, 1702, p. 368.

Laval. *Déc.*, 1693, p. 276; *avr.*, 1710, p. 276; *avr.*, 1729, p. 823; *mars*, 1735, p. 614; *févr.*, 1741, p. 414; *juill.*, 2ᵉ vol., 1772, p.211. V. encore Montmorency.

Lavardin. *Mai*, 1694, p. 301; *sept.*, 1698, p. 142; *sept.*, 1701, p. 310; *mars*, 1705, p. 29; *déc.*, 1703, p. 342; *févr.*, 1708, p. 234; *mai*, 1725, p 1052. V. encore Beaumanoir Lavardin.

Lavau. V. Houx (le).

Lavaulx. *Déc.*, 1ᵉʳ vol., 1750, p.206; *sept.*, 1754, p. 211.

Laverdy. *Déc.*, 1ᵉᵉ vol., 1751, p. 179; *sept.*, 1776, p. 212.

Lavogadre. *Nov.*, 1703, p. 276.

Lay de Villemaré (le). *Févr.*, 1ʳᵉ part., 1715, p. 131; *déc.*, 1715, pp. 254 et 260; *nov.*, 1743, p. 2533.

Layat. *Juin*, 1740, p. 1245.

Lebeau. *Avr.*, 1ᵉʳ vol., 1777, p. 212.

Leber. *Sept.*, 1735. p. 2118.

Leberon. V. Gelas-Leberon.

Leboeuf. *Mai*, 1760, p. 209.

Lecat. *Oct.*, 2ᵉ vol., 1768, p. 213.

Leclerc de Fleurigny. *Juill.*, 1ᵉʳ vol.,

1777, p. 212. V. encore FLEURI-
GNY.

Lecuyer de Balagny, *Nov.*, 1753,
p. 209.

Lée. *Janv.*, 1703, p. 322; *juin-juill.*,
2ᵉ part., 1721, p. 85; *mars*, 1734,
p. 615.

Lefebvre (Armand-François). *Oct.*,
1ᵉʳ vol., 1762, p. 199.

Lefebvre. V. FÈVRE (LE).

Legall. *Juin*, 2ᵉ vol., 1753, p. 192.

Léguisé. V. ESGUISÉ (L').

Lelay. V. LAY (LE).

Lelièvre. *Févr.*, 1766, p. 196. V. en-
core LIEVRE (LE).

Lemazier. *Juill.*, 1ᵉʳ vol., 1774,
p. 212.

Lemée. *Janv.*, 1ᵉʳ vol., 1776, p. 211.

Lenet de Larré. *Mars*, 1698, p. 266.

Lenoncourt. *Juin*, 1ᵉʳ vol., 1749,
p. 207; *janv.*, 1ᵉʳ vol., 1764, p.182;
juill., 2ᵉ vol., 1765, p. 193; *août*,
1770, p 230.

Lens. V. RÉCOURT.

Lentilhac de Gimel. *Janv.*, 2ᵉ vol.,
1777, p. 213. V. SÉDIÈRE.

Lentivi. *Sept.*, 1753, pp. 205-209.

Léon. *Août*, 1776, p. 212.

Léon de Lalanne. *Oct.*, 1700, p.191.

Lepagnol de Fontenay. *Nov.*, 1701,
p. 350.

Lepelletier. V. PELLETIER (LE).

Lepreuil de Réfontaine. *Juin*, 1ᵉʳ vol.,
1718, p. 175.

Lériget de la Faye. *Juin*, 1724,
p. 1251; *juin*, 1ᵉʳ vol., 1747,
p. 211.

Lès. V. ASPECT (L').

Lesbordes. V. RAYMOND.

Lescalopier. V. ESCALOPIER (L').

Leschassier. *Nov.*, 1757, p. 2530;
sept., 1719, p. 210.

Lescot de Chasseley. *Juill.*, 1696,
p. 150.

Lescoux. *Oct.*, 1757, p. 2310.

Lescure. *Juin*, 1756, p. 197; *juill.*,
2ᵉ vol., 1765, p. 205; *sept.*, 1765,
p. 212; *janv.*, 2ᵉ vol., 1767,
p. 188; *janv.*, 1ᵉʳ vol., 1778, p. 228.
V. encore ESCURE (L').

Lescusson. *Févr.*, 1752, p. 405.

Lescut. V. RENNEL.

Lescuyer de Meuret. *Nov.*, 1741,
p. 2545.

Lesdiguières. V. ESDIGUIÈRES (L').

Lesdo. *Nov.*, 1715, p. 198.

Lesmérie. *Août*, 1756, p. 234.

Lesmerye des Choisy. *Juin*, 1ᵉʳ vol.,
1754, p. 211.

Lesonet. V. PRESTRE (LE).

Lespine. *Nov.*, 1741, p. 2550.

Lesquen. *Janv.*, 1729, p. 202; *mai*,
1766, p. 208.

Lesquin. V. LESQUEN.

Lesqueu de Villemeneust. *Janv.*,
1729, p. 202; *déc.*, 2ᵉ vol., 1732,
p. 2921.

Lessart. *Mai*, 1704, p. 201. V. en-
core FLORY.

Lesseville. V. CLERC (LE).

Lestendart de Bully. *Avr.*, 1740,
p. 313.

Lestenon. *Août*, 1742, p. 1897.

Lestocq. *Janv.*, 1753, p. 208.

Lestonac. V. AULÈDE.

Letorière. *Juill.*, 1ᵉʳ vol., 1774,
p. 212.

Leuville. *Sept.*, 1698, p. 258; *nov.*,
1744, p. 206.

Levarey. *Août*, 1703, p. 53.

Lévesque. *Oct.*, 1724, p. 2260; *juin*,
1ᵉʳ vol., 1731, p. 1395; *mai*, 1740,
p. 1011; *sept.*, 1746, p. 198.

Leveville. V. MAISSAT.

Lévi. V. LÉVIS.

Lévignan. V. GAYARDON et LALLE-
MANT.

Lévis. *Févr.*, 1698, p. 282; *août*,
1699, pp. 168 177; *juill.*, 1701,
p. 513; *avr.*, 1702, pp. 352-359;
mai, 1703, p. 172; *janv.*, 1706,
p. 248; *mars*, 1710, p. 150; *sept.*,
1717, p. 187; *oct.*, 1717, p. 189;
févr., 1719, p. 126; *avr.*, 1719,
p. 158; *déc.*, 1724, p. 2724; *juin*,
1ᵉʳ vol., 1725, p. 1248; *nov.*, 1725,
p. 2714; *mars*, 1727, pp. 622, 624 et
626; *déc.*, 1728, pp. 2757 et 2761;
juin, 1ᵉʳ vol., 1729, p. 1260; *juin*,
2ᵉ vol., 1729, p. 1469; *mai*, 1730,
p. 1192; *mars*, 1753, p. 606; *sept.*,
1753, p. 2097; *mai*, 1754, p. 1052;
nov., 1754, p. 2528; *déc.*, 2ᵉ vol.,
1756, p. 2982; *déc.*, 1744, p. 210;
juill., 2ᵉ vol., 1756, p. 252; *oct.*,
2ᵉ vol., 1757, p. 218; *déc.*, 1765,
p. 259; *mai*, 1766, p. 207; *juill.*,
2ᵉ vol., 1771, p. 212; *janv.*, 1ᵉʳ vol.,
1776, p. 213.

Lévis-Charlu. *Août*, 1705, p. 504;
sept., 1705, p. 295.

Lévis-Châteaumorand. *Avr.*, 1ᵉʳ vol.,

1760, p. 215; *avr.*, 2ᵉ vol., 1767, p. 196.

Lévis-Cousan. *Avr.*, 1ᵉʳ vol., 1758, p. 205.

Lévis-Gaudiez. *Juin*, 1740, p. 1243.

Lévis-Loran. *Juin*, 2ᵉ vol., 1749, p. 202.

Lévis-Lugny. *Avr.*, 2ᵉ vol., 1767, p. 198; *juin*, 1767, p. 212.

Levoué. *Juin*, 1ᵉʳ vol., 1754, p. 208.

Lévy. *Janv.*, 1737, p. 161; *juin*, 1740, p.1246; *janv.*, 2ᵉ vol., 1763, p. 180.

Lezay. V. LUSIGNAN.

Lesons. *Sept.*, 1769, p. 225.

Lhoste de Beaulieu. *Déc.*, 1700, p. 176. V. encore BEAULIEU.

Lhostel. V. AFRICAN.

Liancourt. V. ROCHEFOUCAULD et RIVIÉ.

Licques. V. RÉCOURT.

Lier. *Oct.*, 1754, p. 215.

Liétard. V. HÉNIN.

Lieurray. *Juin*, 1765, p. 211; *août*, 1765, p. 196; *oct.*, 2ᵉ vol., 1775, p. 211.

Lièvre (le). *Avr.*, 1704, p. 72; *juin*, 1716, p. 153; *avr.*, 1720, p. 188; *juill.*, 1727, p. 1707; *févr.*, 1747, p. 200; *juill.*, 1ᵉʳ vol., 1771, p. 211. V. encore LELIÈVRE.

Ligne. *Déc.*, 1701, pp. 242 et 244; *juin*, 1706, p. 532; *févr.*, 1707, p.515; *avr.*, 1722, p. 184; *janv.*, 1724, pp. 155-161; *nov.*, 1751, p. 2684; *juin*, 1ᵉʳ vol., 1745, p. 205; *juin*, 1ᵉʳ vol., 1748, p. 172; *janv.*, 1ᵉʳ vol., 1756, p. 226.

Ligne-Azemberg. *Févr.*, 1756, p. 234.

Lignerac. *Janv.*, 1702, pp. 249-260; *août*, 1752, p. 1884; *mai*, 1755, p. 1051; *avr.*, 1ᵉʳ vol., 1760, p.215. V. encore ROBERT.

Lignerolles-Rampin. *Juin*, 1695, p. 253.

Ligneville. *Juill.*, 1751, p.211; *déc.*, 1ᵉʳ vol., 1751, p. 180; *juill.*, 1ᵉʳ vol., 1760, p. 213; *juill.*, 2ᵉ vol., 1762, p. 206; *avr.*, 1769, p. 212; *août*, 1770, p. 230; *août*, 1772, p. 208; *janv.*, 1ᵉʳ vol., 1774, p. 229.

Ligny. *Déc.*, 1775, p. 234.

Lignières. V. COLBERT-LIGNIÈRES.

Ligny. *Juill.*, 1705, p. 60; *juill.*, 1755, p. 219; *sept.*, 1766, p. 206.

Ligondez. *Juin*, 1707, p. 84; *août*, 1746, p. 210.

Lillebonne.V.HARCOURT-LILLEBONNE.

Lillerin. *Mai*, 1752, p. 1020.

Limerick. *Févr.*, 1740, p. 390.

Limoges. *Nov.*, 1757, p. 2529.

Limon. V. BRILLET.

Linange. *Sept.*, 1705, p. 275.

Linars. V. GAINS.

Lingendes. *Juin*, 1689, p. 247; *nov.*, 1706, p. 323.

Linières. V. EAU (L').

Lionne. *Sept.*, 1701, p. 513; *juin*, 1702, p. 447; *sept.*, 1708, p. 55; *avr.*, 1716, p. 179; *juin-juill.*, 2ᵉ part., 1721, p. 79; *avr.*, 1722, p. 185.

Lionnière. V. HÉRAULT.

Liot. *Févr.*, 1778, p. 213.

Liré. *Juin*, 1760, p. 253.

Lis (du). *Nov.*, 1751, p. 2685.

Liscoet. *Févr.*, 1705, p. 510, *juill.*, 1747, p. 209.

Lisle. V. BODET.

Listel. *Août*, 1750, p. 209.

Listenay. *Janv.*, 1705, p. 180; *janv.*, 1706, p. 262; *févr.*, 1706, p. 253.

Live (la). V. LALIVE.

Livron. *Juin*, 1714, p. 123; *avril*, 1722, p. 192. V. encore LUBERSAC.

Livry. V. SANGUIN.

Lizy. V. CARPENTIER.

Lochefontaine. V. ARNOLLET.

Loc-Maria. *Nov.*, 1694, p.297; *nov.*, 1709, p. 41; *août*, 1724, p. 1848; *oct.*, 1745, p. 200. V. encore KERCHOENT DE LOC-MARIA.

Lodève. V. CLERMONT.

Loë (la). *Févr.*, 1ᵉʳ part., 1715, p. 114.

Loewenstein-Wertheim. *Nov.*, 1736, p. 2566.

Logny. V. GAGNAT.

Lohéac. *Févr.*, 1757. p. 407; *juill.*, 1ᵉʳ vol., 1775, p. 211.

Loir de Lude. *Juill.*, 2ᵉ vol., 1774, p. 212. V. encore LUDE.

Loisel. *Avr.*, 1705, p. 187; *juin*, 1705, p. 334.

Loisier. *Janv.*, 1ᵉʳ vol., 1771, p. 228.

Lomagne-Tarride. *Mars*, 1753, p. 195.

Lombard. *Mars*, 1700, p. 98; *mars*, 1707, p. 284; *déc.*, 1ᵉʳ vol., 1729, p. 2963; *janv.*, 1752, p. 196; *janv.*, 1755, p. 214.

Lombelon des Essars. *Juin*, 1er vol., 1755, p. 1244.

Loménie de Brienne. *Avr.*, 1698, pp. 246-253; *déc.*, 1704, p. 544; *avr.*, 1720, p. 188; *déc.*, 1739, p 2947; *mars*, 1745, p.611; *août*, 1747, p. 191; *oct.*, 2e vol., 1757, p. 211; *mai*, 1762, p. 201.

Lomont. V. CHATELET.

Long (le). *Oct.*, 1755, p. 2507; *oct.*, 1er vol., 1774, p. 237.

Longaunay. V. HERVÉ.

Longecombe. *Oct.*, 1717, p. 156.

Longecombe de Peysieu. *Déc.*, 1705, p. 54; *sept.*, 1708, p. 185.

Longounay. *Avr.*, 1er vol., 1759, p. 212.

Longpré. V. GARD (DU).

Longueil. *Juill.*, 1687. p. 295 *févr.*, 1698, pp. 247-255; *mars*, 1698, p. 275; *nov.*, 1698, p. 289; *mai*, 1705, p. 16; *sept.*, 1715, pp. 257-251; *oct.*, 1715, p. 205; *sept.*, 1720, p. 155; *mai*, 1727, p. 1045; *sept.*, 1751, p. 2268, *oct.*, 1752; p. 2297; *mars*, 1755, p. 606.

Longueloise. V. BAUSSAY.

Longueval. *Mars*, 1710, p. 128; *déc.*, 1714, p. 242.

Longueval d'Haraucourt. *Janv.*, 1681. p. 525. V. encore HARAUCOURT.

Longueval de Manicamp. *Janv.*, 1685, p. 82.

Longueville. V. ORLÉANS.

Lons. *Nov.*, 1755, p. 2528.

Lopes de la Fare. *Juill.*, 1748. p. 193; *oct.*, 2e vol., 1777, p. 210. V. encore FARE (LA).

Loppin de Gémeaux. *Janv.*, 1714, p. 169.

Lopriac. *Déc.*, 1er vol., 1757, p. 2736; *sept.*, 1717, p. 170; *juin*, 2e vol., 1750, p. 185.

Lopriac de Coëtmadeuc. *Oct.*, 1722, p. 165; *sept.*, 1er vol., 1725, p.2109; *juin*, 2e vol., 1755, p. 1456; *juin*, 2e vol., 1748, p. 209.

Lopriac de Donges. *Sept.*, 1752, p.204.

Loquet de Grandville. *Oct.*, 2e vol., 1756, p. 230; *juill.*, 2e vol., 1762, p. 188.

Loran. V. LÉVIS-LORAN.

Loras. *Avril*, 2e vol., 1767, p. 194.

Lordat. *Juill.*, 1759, p. 1612; *avr.*, 2e vol., 1765, p. 206; *oct.*, 1er vol., 1765, p. 196; *févr.*, 1778, p. 210.

Lorchère. V. SAMSON.

Lorerchet. *Mars*, 1746. p. 211.

Lorges. V. DURFORT DE LORGES.

Lorière. V. BILLARD DE LORIÈRE.

Lorimier. *Déc.*, 1755, p. 2746; *oct.*, 1742, p. 2325.

Lorme. *Oct.*, 1742, p. 2525; *sept.*, 1747, p. 174; *févr.*, 1760, p. 249.

Lormoy. *Oct.*, 1715, p. 215.

Lorraine. *Sept.*, 1702, p. 84; *juin*, 1704, p. 100; *déc.*, 1704, p. 185; *juill.*, 1705, p. 278; *janv.*, 1708, p. 227; *nov.*, 1708, p. 255; *juin*, 1709, p. 515; *avr.*, 1712, p. 173; *sept.*, 1714, p, 217; *janv.*, 1715, p. 177; *mai*, 1715, p. 191; *mai*, 1717, p. 167; *juin*, 1717, p. 178; *juin*, 1718, p. 136; *févr.*, 1719, p. 126; *sept.*, 1721, p. 169; *janv.*, 1725, p. 200; *oct.*, 1724. p. 2259; *nov.*, 1724, p. 2497; *janv.*, 1727, p. 190; *juin*, 1er vol., 1728, p. 1255; *mai*, 1729, p. 1056; *mai*, 1754, p. 1059; *juin*, 1er vol., 1754, p. 1248; *janv.*, 1756, p. 175; *juin*, 2e vol., 1756, p. 1474; *juin*, 1er vol., 1757, p. 1218; *févr.*, 1758, p. 369; *mai*, 1759, p. 1057; *août*, 1740, p. 1900; *oct.*, 1741, p. 2185; *juin*, 1745, p. 1240; *oct.*, 1745, p. 2316; *déc.*, 1744, p. 200; *juin*, 2e vol., 1747, p. 205; *mai*, 1748; p. 192; *juin*, 1er vol., 1748, p. 177; *nov.*, 1748, p. 210; *mars*, 1751, p. 207; *déc.*, 1752, p. 212; *oct.*, 1755, p. 211; *janv.*, 2e vol., 1756; p. 254; *avr.*, 1er vol., 1757, p. 210; *août*, 1765, p. 199; *oct.*, 2e vol., 1772, p. 212; *déc.*, 1775, p. 228. V. encore BRIONNE.

Lort. *Mai*, 1721, p. 162.

Lory. *Déc.*, 1er vol., 1728, p. 2759; *mars*, 1750, p. 614; *juill.*, 1742. p. 1682.

Lossandière. *Avr.*, 1745, p. 204.

Lossanges. *Févr.*, 1750, p. 420; *mars*, 1769, p. 221; *mai*, 1770, p. 210. V. encore LOSTANGES.

Lossart. V. LESSART.

Losse. *Janv.*, 2e vol., 1775, p. 212.

Lossendière. *Juill.*, 1754, p. 1684.

Lostanges. *Juill.*, 1702, p.172; *nov.*, 1702, p. 66; *juin*, 1707, p. 125; *avr.*, 1715, pp. 61-70; *mars*, 1719, p. 171; *avr.*, 1729, p. 829; *avr.*,

1747, p. 201; *juin*, 2ᵉ vol.; 1754, p. 196; *mai*, 1756, p. 258-261; *juill.*, 1ᵉʳ vol., 1756, p. 254; *janv.*, 2ᵉ vol., 1759, p. 212. V. encore ALVAIRE, BÉDUER et LOSSANGES.

Loslanges Saint-Alvaire. *Avril*, 1ᵉʳ vol., 1776, p.256.

Lottin de Charny. *Avr.*, 1727, p. 815; *août*, 1752, p. 200. V. encore CHARNY.

Louan. *Sept.*, 1774, p. 249.

Loubraill. *Mars*, 1696, p. 259.

Loudeville. V. PETIT DE LOUDEVILLE.

Louet de Calvisson *Janv.*, 1707, pp. 170 et 581; *août*, 1707, p. 266; *déc.*, 2ᵉ vol., 1753, p. 194.

Louet de Coëtgenval (du). *Mai*, 1749, p. 229.

Louet de Mural. *Sept.*, 1752, p. 207. V. encore MURAT.

Louis de Bagnollet *et* de Sailly. *Janv.*, 1715, p. 187 et 190; *févr.*, 1ᵉʳ part., 1715, pp. 120-151.

Loumier de Chamilly. *Juill.*, 1ᵉʳ vol., 1775, p. 212.

Loup de Bellenave (le). *Oct.*, 1724, p. 2254.

Loupiac de la Devèze. *Déc.*, 1742, p. 2761. V. encore DEVÈZE (LA).

Louptière (la). V. RELONGUE.

Louraille. V. MOUGEL (DU).

Louval. *Août*, 1699, p. 200.

Louvat. *Sept.*, 1755, p. 2085.

Louvel de Glizy. *Déc.*, 1740, p. 2754.

Louvencourt. *Janv.*, 1705, p. 176; *févr.*, 1712, p. 62; *mai*, 1758, p. 1025.

Louvestein. *Févr.*, 1705, p. 155.

Louvet. *Mai*, 1740, p. 1057.

Louvigny. *Janv.*, 1705, p. 268; *mars*, 1710, p. 189.

Louville. V. ALONVILLE.

Louvois. V. TELLIER (LE).

Louvois de Rébénac. *Jnav.*, 2ᵉ vol., 1768, p. 210.

Lovendière. *Nov.*, 1755, p. 208.

Lowendalh. *Oct.* 1754, p. 214; *juin*, 2ᵉ vol., 1755, p. 20; *avr.*, 2ᵉ vol., 1759, p. 214; *juill.*, 2ᵉ vol, 1762, p. 206; *mars*, 1772, p. 209; *mars*, 1775, p. 298.

Loynes. *Juin*, 2ᵉ vol., 1729, p. 1469.

Loys de Chéseaux. *Juin*, 1ᵉʳ vol., 1752, p. 209.

Loyson d'Alençon. *Févr.*, 1749, p. 194.

Loz. *Mars*, 1748, p. 209.

Lubersac-Livron. *Déc.*, 1767, p. 242; *janv.*, 1ᵉʳ vol., 1768, p. 257. V. encore LIVRON.

Lubert. *Juin*, 2ᵉ vol., 1729, p. 1469.

Lucas. *Févr.*, 1748, p. 208.

Lucas de Romeval. *Déc.*, 2ᵉ vol., 1728, p. 2975.

Lucé. V. PINEAU et VIENNAY.

Lucinge. *Nov.*, et *déc.*, 1701, p. 376.

Lude (du). *Nov.*, 1691, p. 250; *avr.*, 1ᵉʳ vol., 1767, p. 211; *juill.*, 2ᵉ vol., 1774, p. 212. V. encore LOIR.

Ludron. *Avr.*, 1722, p. 192.

Lugeac. *Déc.*, 1ᵉʳ vol., 1754, p. 203.

Lugny. V. LÉVIS-LUGNY.

Luillier. *Déc.*, 1686, p. 319; *août*, 1700, p. 226.

Lully. *Janv.*, 1716, p. 131; *juill.*, 1735, p. 1667.

Lumagne. *Oct.*, 1691, pp. 228-250; *févr.*, 1704, p. 187.

Luppé. *Sept.*, 1770, p. 229.

Lur de Saluce. *Oct.*, 1755, p. 2505; *nov.*, 1755, p. 2501.

Lusancy. V. GOMER.

Lusignan. *Mars*, 1705, p. 277; *oct.*, 1705, p. 505; *avr.*, 1707, p. 171; *août*, 1709, p. 131; *mars*, 1716, p. 217; *mars*, 2ᵉ vol., 1722, p. 23. V. encore BESSAY DE LUSIGNAN et ROGRES DE LUSIGNAN.

Lusignan de Lezay. *Mars*, 1755, p. 198.

Lussan. *Janv.*, 1705, p. 173; *déc.*, 1ᵉʳ vol., 1754, p. 2718; *sept.*, 1747, p. 171; *janv.*, 1748, p. 210; *févr.*, 1748, p. 209; *août*, 1750, p. 205; *avr.*, 2ᵉ vol., 1757, p. 202. V. encore AUDIBERT, BOUCHARD et ESPARBEZ.

Lussan, auteur. *Juill.*, 1ᵉʳ vol., 1758, p. 205.

Lusson. *Avr.*, 1709, pp. 26-38.

Luthier. *Juin*, 2ᵉ vol., 1749, p. 206; *juill.*, 1749, p. 204.

Lux. *Nov.*, 1711, 4ᵉ part., p. 107.

Luxembourg. *Mars*, 1699, p. 250; *déc.*, 1701, p. 225; *janv.*, 1702, p. 260; *juill.*, 1706, p. 565; *juill.*, 1708, pp. 270-280; *avr.*, 1711, p. 216; *avr.*, 1716, p. 184; *août*, 1725, p. 1914; *déc.*, 1740, p. 2755; *avr.*, 2ᵉ vol., 1771, p. 215; *mars*, 1772, p. 209.

Luxembourg - Béon. *Août*, 1725, p. 1914; *déc.*, 1740, p. 2755.

Luxembourg-Boutteville. *Août*, 1725, p. 1914.

Luynes. V. ALBERT DE LUYNES.

Luzard. V. MALET.

Luzerne (la). *Juin*, 1726, p. 1274; *nov.*, 1727, p. 2560; *déc.*, 1er vol.,
1729, p. 2964; *août*, 1753, p. 1896; *juill.*, 1741, p. 1690; *nov.*, 1746, p. 201; *août*, 1755, p. 260; *nov.*, 1755, p. 255; *févr.*, 1758, p. 188. V. encore BRIQUEVILLE.

Lyonne. *Mai*, 1697, p. 212.

Lyons des Fontenelles (des). *Févr.*, 1778, p. 215.

Lys (du). V. BÉZE.

M

Mabille, 1700, p. 217.

Macéran. *Déc.*, 1776, p. 135.

Machault. *Févr.*, 1702, p. 565; *déc.*, 1702, p. 250; *mars*, 1705, p. 87; *oct.*, 1712, p. 250; *oct.*, 1714, p. 281; *janv.*, 1720, p. 166; *juin*, 1er vol., 1750, p. 211. V. MACKAU.

Macheco de Prémeaux. *Sept.*, 1752, p. 205; *janv.*, 1er vol., 1772, p. 210.

Machet. *Avr.*, 1741, p. 854; *sept.*, 1741, p. 2159.

Macheto. *Mai*, 1749, p. 228.

Mackau. *Avr.*, 2e vol., 1774, p. 212; *févr.*, 1778, p. 210. V. MACHAULT.

Mac-Mahon. *Oct.*, 1er vol., 1775, p. 213; *nov.*, 1775, p. 257.

Macquarie. *Nov.*, 1759, p. 2715.

Macquart, *Mai*, 1729, p. 1034.

Macqueline. V. LALLEMANT.

Madaillan de Lespare. *Févr.*, 1re part., 1715, p. 156; *sept.*, 1718, p. 210; *avr.*, 1720, p. 188; *mai*, 1725, p. 1010; *oct.*, 1725, pp. 805 et 806; *févr.*, 1725, p. 595; *avr.*, 1729, p. 827; *févr.*, 1758, p. 572; *déc.*, 1er vol., 1750, p. 202, *janv.*, 2e vol., 1765; p. 205.

Madières. V. PICHON.

Madot. *Déc.*, 1er vol., 1755, p. 198.

Maffre de Cruzel. *Janv.*, 1726, p. 190.

Maffières. *Août*, 1712, p. 137.

Magalotti. *Mai*, 1705, p. 25.

Magdelaine. *Mai*, 1747, p. 205.

Magdelin. *Oct.*, 1712, p. 2519.

Magdonnell. *Juin*, 1740. p. 1466.

Magnac. *Janv.*, 1705, p. 500; *mai*, 1706, p. 545; *mars*, 1712, p. 84.

Magnan (le). *Mai*, 1755, p. 210.

Magny. *Août*, 1704, p. 597; *mars*,
1705, p. 158; *avr.*, 1710, p. 293. V. encore FOUCAULT.

Magon. *Déc.*, 1765, p. 261; *oct.*, 1er vol., 1771, p. 225.

Magon de la Chipodière. *Oct.*, 1er vol., 1768, p. 214.

Magon de Terloye. *Juin*, 1er vol., 1748, p. 175.

Magontier. *Sept.*, 1751, p. 2270.

Magueux. *Juill.*, 1740, p. 1671.

Mahury. V. THOURET.

Maignart. *Déc.*, 1694, p. 155; *juill.*, 1708, p. 123; *nov.*, 1715, p. 199; *févr.*, 1717, p. 167; *janv.*, 1718, p. 195; *nov.*, 1727, p. 2558.

Maigremont. *Juin*, 1706, p. 552.

Maillac-Tauriac. V. BOYER.

Maillanne. *Mars*, 1749, p. 211.

Maillard *ou* Maillart. *Mai*, 1721, p. 160; *mai*, 1724, p. 1250; *juin*, 1724, p. 1229; *janv.*, 1759, p. 189; *sept.*, 1750, p. 194; *avr.*, 2e vol., 1765, p. 205. V. encore GOULTZ (LE).

Maillard de Landreville. *Août*, 1768, p. 214; *mars*, 1777, p. 235.

Maillé. *Nov.*, 1706, p. 240; *nov. et déc.*, 1707, p. 68; *déc.*, 1er vol., 1728, p. 2757; *juill.*, 1742, p. 1681; *avr.*, 2e vol., 1760, p. 216. V. encore PERDREAU.

Maillé de Caraman. *Nov.*, 1755, p. 2528; *nov.*, 1745, p. 254; *oct.*, 2e vol., 1766, p. 211. V. CARAMAN.

Maillé de la Tour-Landri. *Mai*, 1755, p. 208; *juin*, 2e vol., 1755, p. 221.

Maillebois. *Févr.*, 1715, p. 57; *févr.*, 1745, p. 208; *mars*, 1745, p. 254; *déc.*, 2e vol., 1750, p. 195. V. encore DESMARETZ.

Maillet de Cerny. *Juill.*, 1745, p. 214.

Maillli. _Sept._, 1748, p. 252; _févr._, 1750, p. 208.

Mailloc. _Avr._, 1718, p. 188; _juill._, 1720, p. 150; _nov._, 1724, p. 2498.

Maillot. _Oct._, 1724, p. 2258.

Mailly. _Déc._, 1695, p. 226; _avr._, 1690, p. 257; _juin_, 1700, p. 119; _sept._, 1700, p. 129; _avr._, 1704, p. 61; _janv._, 1706, p. 262; _févr._, 1707, p. 513; _sept._, 1707, p. 197; _avr._, p. 1708, pp. 56 et 65; _mai_, 1709, p. 272; _juill._, 1709, p. 254; _juill._, 1710, p. 151; _juin_, 4e part., 1711, p. 55; _juin_, 1718, p. 196; _avr._, 1720, p. 190; _sept._, 1720, p. 155; _sept._, 1721, p. 167; _juin_, 1726, p. 1277; _déc._, 1er vol., 1729, p. 2965; _avr._, 1752, p. 805; _juill._, 1755, p. 1677; _nov._, 1754, p. 2529; _déc._, 1er vol., 1754, p. 2746; _aur._, 1738, p. 814; _nov._, 1741, p. 2556; _févr._, 1742, p. 406; _oct._, 1742, p. 2517; _juin_, 1745, p. 1446; _déc._, 1744, p. 209; _janv._, 1747, p. 198; _août_, 1748, p. 214; _mars_, 1751, p. 216; _juin_, 1er vol., 1751, p. 188; _sept._, 1752, p. 206; _déc._, 1er vol., 1755, p. 196; _janv._, 1755, p. 212; _mai_, 1755, p. 206; _janv._, 1er vol., 1756, p. 228; _mai_, 1756, p. 257; _juin_, 2e vol., 1757, p. 210; _mai_, 1758, p. 206; _avr._, 2e vol., 1759, p. 213; _mai_, 1759, p. 204; _déc._, 1764, p. 204; _sept._, 1765, p. 212; _déc._, 1767, pp. 240 et 244; _avr_, 1er vol., 1769, p. 215, et 2e vol., p. 224; _janv._, 1er vol., 1770, p. 215; _avr._, 1er vol., 1772, p. 222; _janv._, 2e vol., 1776, p. 215.

Mailly-Couronnel. _Déc._ 1775, p. 226.

Mailly de Rubempré. _Juin_, 2e vol., 1754, p. 205; _nov._, 1774, p. 256.

Mailly du Breuil. _Juin-juill._, 2e part., 1721, p. 84; _janv._, 1752, p. 197; _juin_, 1775, p. 212.

Maineaud. _Juin_, 1759, p. 214.

Maine (du). _Juin_, 1707, pp. 66-82.

Maineblanc. _Mai_, 1715, p. 186.

Maine du Bourg (du). _Mai_, 1770, p. 210; _avr._, 1729, p. 829; _janv._, 1759, p. 185; _févr._, 1770, p. 215; _mai_, 1770, p. 210.

Mainnecourt. _Mai_, 1756, p. 1022.

Mainville. _Avr._, 1706, p. 290; _août_, 1742, p. 1898.

Mairan. V. Ortous.

Mairat (le). _Janv._, 1701, p. 100; _mars_, 1710, p. 275; _déc._, 2e vol., 1729, p. 5165; _juin_, 1er vol., 1758, p. 1250; _juill._, 1er vol., 1777, p. 210. V. encore Espinette (l').

Mairault. _Févr._, 1752, p. 410.

Maire (le). _Mars_, 1715, 1re part., p. 208; _mars_, 1755, p. 197.

Maison. _Nov._, 1725, p. 1005; _Déc._, 2e vol., 1725, p. 5159; _déc._, 1er vol., 1726, p. 2805; _sept._, 1728, p. 2150, _sept._, 1728, p. 2152.

Maison-Fort. V. Gouttes (des).

Maison-Neuve. V. Pilletx.

Maison-Rouge (la). V. Jay (le) et Masson de Maisonrouge.

Maisons (des). V. Besnard des Maisons.

Maissat. _Nov._, 1741, p. 2547.

Maissat de Leveville. _Juill._, 1705, p. 50.

Maistre (le). V. Maître (le).

Maître (le). _Juill._, 1716, p. 187; _janv._, 1759, p. 176; _juin_, 1740, p. 1464; _juin_, 1741, p. 1480; _juin_, 2e vol., 1745, p. 214; _nov._, 1755, p. 203; _janv._, 2e vol., 1760, p. 207; _oct._, 1er vol., 1760, p. 204; _sept._, 1762, p. 195; _oct._, 2e vol., 1768, p. 215; _août_, 1775, p. 211; _mars_, 1776, p. 251.

Maître de Bellejamme (le). _Janv._, 1706, p. 237.

Maître de Ferrières (le). _Juin_, 2e vol., 1749, p. 205.

Maître de Persac (le). _Sept._, 1755, p. 2094.

Maitz. _Mars_, 1712, p. 151.

Maïts de Goimpy. _Oct._, 1er vol., 1772, p. 211.

Maizon. V. Billet.

Majainville. V. Besgue.

Malarie de Montricoux. _Juin_, 1777, p. 212.

Malartic. _Juin_, 1726, p. 1275.

Malauze. V. Bourbon-Malauze.

Malaviller. V. Enault.

Malbran de la Noue. _Juin_, 2e vol., 1749, p. 206.

Maleïde. _Nov._, 1771, p. 212.

Malénas de Morcuil. _Nov._, 1755, p. 208.

Malesherbes. V. Lamoignon.

Malet. _Janv._, 1700, p. 247; _mai_, 1705, p. 174; _mars_, 1750, p. 615; _mai_, 1786, p. 1057; _mars_, 1749,

p. 210; *juill.*, 2ᵉ vol., 1764, p. 196.

Malet de Cabrespine. *Mai*, 1758, p. 1020.

Malet de Graville. *Janv.*, 1708, p. 241; *avr.*, 1716, p. 176; *janv.*, 1720, p. 169; *janv.*, 1727, p. 188; *juin*, 2ᵉ vol., 1750, p. 1477; *juin*, 2ᵉ vol., 1755, p. 184; *févr.*, 1760, p. 202; *mars*, 1773, p. 211; *oct.*, 2ᵉ vol., 1774, p. 211; *janv.*, 2ᵉ vol., 1777, p. 213.

Malet de Luzard. *Nov.*, 1738, p. 2501.

Malet de Vandègre. *Janv.*, 1746, p. 192. V. encore Vandègre.

Maleteste. *Juin*, 1775, p. 211.

Maleyssie. *Févr.*, 1725, p. 596; *juin*, 1ᵉʳ vol., 1758, p. 1251. V. encore Tardieu.

Malezieu. *Févr.*, 1699, p. 280; *avr.*, 1705, p. 572; *déc.*, 1741, p. 2964; *juill.*, 1755, p. 224; *oct.*, 2ᵉ vol., 1756, p. 232; *déc.*, 1765, p. 196.

Malfalgueyrat. *Août*, 1763, p. 199.

Malfayde. *Janv.*, 1708, p. 159.

Malherbe. *Juin*, 1ᵉʳ vol., 1755, p. 1244; *janv.*, 1755, p. 209; *avr.*, 1755, p. 200; *mars*, 1771, p. 212.

Malide. *Août*, 1748, p. 214.

Mallard. *Juill.*, 1ᵉʳ vol., 1771, p 209.

Mallebranche. *Févr.*, 1685, p. 508; *déc.*, 1705, p. 225.

Mallet. V. Malet.

Mallier de Chassonville. *Nov.*, 1774, p. 237.

Mallière. V. Rébèque.

Malmaison (la). V. Fèvre (le).

Malnoue. *Févr.*, 1750, p. 422.

Malo. *Juin*, 4ᵉ part, 1711, p. 43; *sept.*, 1712, p. 172.

Malon. V. Bercy.

Malvin de Montazet. *Janv.*, 1755, p. 210; *mai*, 1768, p. 197.

Malvoisin. V. Poisson.

Mancini. *Juin*, 1714, p. 286; *déc.*, 1758, p. 2922; *oct.*, 1747, p. 154; *déc.*, 1767, p. 257; *oct.*, 2ᵉ vol., 1768, p. 213.

Mancini de Nevers. *Avr.*, 1ᵉʳ vol., 1760, p. 214.

Mandat. *Févr.*, 1752, p. 406. V. encore Galiot.

Manerbe. V. Borel.

Manevillette. V. Hannyvel.

Mangot de Danzay. *Nov.*, 1741, p. 2556.

Maniban. *Juill.*, 1708, p. 12.

Maniban de Casaubon. *Juill.*, 1743, p. 1653.

Manicamp. V. Longueval.

Manisy. *Déc.*, 1741, p. 2965.

Manneville. *Mai*, 1754, p. 207; *janv.*, 1ᵉʳ vol., 1763, p. 202. V. encore Cour (la).

Mansart. *Avr.*, 1748, p. 212; *janv.*, 1ᵉʳ vol., 1765, p. 201.

Mansart de Sagonne. *Mai*, 1708, p. 294; *janv.*, 1711, p. 187; *oct.*, 1758, p. 2299. V. encore Sagonne.

Manville. V. Dejean.

Marais (des). V. Godet.

Maran. *Mai*, 1762, p. 201.

Marandon. *Mars*, 1745, p. 616.

Marangle, *Juin*, 1772, p. 225.

Marbeuf. *Juill.*, 1756, p. 1753; *avr.*, 2ᵉ vol., 1757, p. 201.

Marc la Ferté. *Janv.*, 1746, p. 201.

Marcé. *Août*, 1770, p. 228; *sept.*, 1777, p. 212.

Marcès de Villers. *Avr.*, 1741, p. 851.

Marcest. V. Raymond.

Marchais. *Avr.*, 1720, p. 190.

Marche (la). *Déc.*, 1ᵉʳ vol., 1748, p. 251. V. encore Fyot.

Marcieu. *Mai*, 1707, p. 64; *févr.*, 1749, p. 194. V. encore Emé.

Marcillac. *Août*, 1751, p. 2045.

Marcilly. *Juill.*, 1708, p. 256; *sept.*, 1708, p. 179.

Marck (la). *Avr.*, 1714, p. 215; *avr.*, 1717, p. 211; *mars*, 1726, p. 612; *mai*, 1726, p. 1068; *août*, 1750, p. 1899; *juin*, 1ᵉʳ vol., 1748, p. 172; *mars*, 1750, p. 197; *nov.*, 1775, p. 213. V. encore Tour d'Auvergne (la) et Bouillon.

Marcognet. *Oct.-nov.*, 1705, p. 280; *nov.*, 1706, p. 240.

Marconnay. *Sept.*, 1745, p. 218.

Marconville. V. Gaillardbois.

Maredat. *Janv.*, 1716, p. 158.

Marensac. V. Jovenel.

Mareschal. *Août*, 1755, p. 1889; *déc.*, 1ᵉʳ vol., 1756, p. 2795; *oct.*, 1747, p. 155; *févr.*, 1751, p. 201.

Marescot. *Janv.*, 1705, p. 187; *janv.*, 1706, p. 504; *mai*, 1710, p. 135; *avr.*, 1714, p. 211; *févr.*, 1751, p. 405; *déc.*, 1740, p. 2756.

Marescotti. *Févr.*, 1705, p. 193.

Mareslan. V. Preissac.

Marestang. *Mai*, 1777, p. 212.

Marçon. V. FIEF.

Mareste-Rochefort. *Oct.*, 1709, p. 148.

Marets (des). V. DAUVET et DESMA-RETS.

Maretz (des). *Janv.*, 1er vol., 1775, p. 235.

Mareuil. *Mai*, 1727, p. 1046. V. encore BENOISE.

Marfontaines de Proisy. *Juill.*, 1753, p. 1677. V. encore PROISY.

Margaux. *Oct.*, 1748, p. 227.

Margeret. *Févr.*, 1738, p. 571.

Margeret de Pontault. *Mai*, 1703, p. 129.

Maridat de Servières. *Juill.*, 1689. p. 284; *janv.*, 1698, p. 257.

Maridor. *Déc.*, 2° vol., 1748, p. 224; *juill.*, 1753, p. 211; *nov.*, 1755, p. 229 et 231.

Mariette. *Juin*, 2e vol., 1748, p. 207; *oct.*, 1er vol., 1774, p. 236.

Marignanes. *Févr.*, 1692, p. 251. V. encore COVEL.

Marigny. *Juin*, 1706, p. 204. V. encore SIRY.

Marillac. *Juill.*, 1695, p. 174; *mars*, 1696, p. 262; *janv.*, 1703, p. 253; *sept.*, 1704, p. 264; *sept.*, 1712, p. 195; *août*, 1722. p. 215; *juin*, 2e vol., 1727, p. 1486.

Marin. *Mars*, 1724, p. 576; *déc.*, 2e vol., 1748, p. 225.

Marin de la Chastaigneraye. *Avr.*, 1699, p. 234; *juin*, 1715. p. 209; *juin*, 1740, p. 1466.

Marin de la Trousserie. *Avr.*, 1697, p. 18.

Mariolles. *Janv.*, 1er vol., 1760, p. 202.

Marion. *Juin*, 1706, p. 250.

Marion de Druy. *Juin*, 1743, p. 1241.

Marivatz. V. BOURET et PETIT.

Marivault. *Oct.*, 1er vol., 1777, p. 213.

Marivel. V. PETIT.

Marle. *Déc.*, 1703, p. 41; *avr.*, 1750, p. 857.

Marloup de Charnaisse. *Janv.*, 1743, p. 177.

Marly. V. GRAVEL.

Marmier. *Avr.*, 1747, p. 204; *mars*, 1778, p. 208.

Marnais. *Nov.*, 1734, p. 2538.

Marnais de Saint-André. *Mai*, 1759, p. 1036; *oct.*, 1742, p. 2326; *mai*,

1754, p. 206; *juill.*, 2e vol., 1762, p. 207.

Marmont. *Oct.-nov.*, 1703, p. 298.

Marnays. V. MARNAIS.

Marnie de Clairac (la). *Nov.*, 1773, p. 212.

Marolles. *Juin*, 1er vol., 1753, p. 1247; *mai*, 1756, p. 1020; *juin*, 2e vol., 1753, p. 189; *juin*, 1er vol., 1754, p. 210.

Marolles de la Rocheplate. *Juin*, 1er vol., 1754, p. 210. V. encore ROCHEPLATE (LA).

Marpont. *Déc.*, 1738, p. 2924.

Marque (la). *Nov.*, 1760, p. 208.

Marquet. *Oct.*, 1er vol., 1774, p. 257.

Marquette. *Avr.*, 1755, p. 204.

Marquette de Flavigny. *Déc.*, 1er vol., 1751, p. 187. V. encore FLAVIGNY.

Marquier. *Juin*, 1772, p. 225.

Marre (la). *Juin*, 2e vol., 1750, p. 185.

Marsan (de) *Févr.*, 1696, p. 501; *févr.*, 1699, p. 145.

Marsay. *Juill.*, 2e vol., 1765, p. 195.

Marsin. *Déc.*, 1703, p. 252.

Marsollier. *Juill.*, 1753, p. 1682 *juin*, 2e vol., 1752, p. 203.

Marsy. *Juin*, 2e vol., 1755, p. 1455.

Martainville. *Juill.*, 1er vol., 1774, p. 213; *janv.*, 2e vol., 1775, p. 213.

Marle (la). *Oct.*, 1747, p. 157.

Martel-Fontaine. *Mai*, 1733, p. 1052.

Martelière (la). *Janv.*, 1698, p. 204; *déc.*, 1er vol., 1728, p. 2759; *mars*, 1730, p. 614; *août*, 1757, p. 1886; *juill.*, 1742, p. 1682.

Martengis. V. FOULLÉ.

Marteville. V. ESPINAY.

Martial de Raucen. *Juin*, 1er vol., 1751, p. 1595.

Martigny. *Avr.* 1er vol., 1778, p. 212.

Martin. *Févr.*, 1701, pp. 96-108; *mai*, 1704, p. 173; *mai*, 1716, p. 268; *juill.*, 1755, p. 1667; *nov.*, 1756, p. 2571; *juill.*, 1742, p. 1687; *avr.*, 2e vol., 1765, p. 204.

Martin de Beaufort. *Juin*, 1740, p. 1467.

Martineau. *Juill.*, 1689, p. 285; *août*, 1714, p. 253; *déc.*, 1718, pp. 150-154; *juin*, 1724, p. 1229; *janv.*, 1er vol., 1765, p. 204.

Martinière (la). V. COTENTIN DE LA MARTINIÈRE.

Martrais (des) V. Thibert.

Marzières. V. Thibouet.

Mas (du). *Déc.*, 2ᵉ vol., 1755, p. 2944; *juin*, 1759, p. 1462; *août*, 1747, p. 190.

Mascaron. *Mars*, 1704, p. 65.

Mascrany. *Févr.*, 1698, p. 262; *juill.*, 1709, p. 129; *janv.*, 1715, p. 278; *mai*, 1716, p. 271; *juill.*, 1717, p. 206; *mai*, 1747, p. 202; *nov.*, 1751, p. 188; *janv.*, 1ᵉʳ vol., 1765, p. 204. V. encore Planelli.

Masparault. V. Florent.

Massac. *Juill.*, 1704, p. 77.

Massais. V. Amproux.

Masseilles. *Oct.*, 1745, p. 201.

Massiac. *Sept.*, 1770, p. 230.

Massillon. *Oct.*, 1742, p. 2521.

Masso de la Ferrière. *Oct.*, 1759, p. 2520; *oct.*, 1ᵉʳ vol., 1756, p. 253; *avr.*, 2ᵉ vol., 1775, p. 212.

Massol. *Janv.*, 1695, p. 220; *mai*, 1752, p. 1015.

Masson. *Sept.*, 1720, p. 165; *nov.*; 1721, p. 2496; *août*, 1729, p. 1901; *sept.*, 1740, p. 2124; *juin*, 1741, p. 1470; *juill.*, 1742, p. 1690; *janv.*, 1746, p. 205; *mai*, 1768, p. 198.

Masson de Maisonrouge. *Févr.*, 1752, p. 213.

Masson de Meslay. *Janv.*, 1ᵉʳ vol., 1756, p. 224.

Masson de Trèves. *Déc.*, 2ᵉ vol., 1750, p. 2969.

Masson de Vernon. *Avr.*, 1755, p. 204.

Mastin. *Mai*, 1752, p. 1021.

Masting. *Août*, 1756, p. 235.

Massué de Ruvigny. *Août*, 1689, p. 260.

Matha. V. Lamer.

Mathan. *Févr.*, 1746, p. 208; *sept.*, 1769, p. 226.

Matharel. *Déc.*, 1758, p. 2718; *août*, 1752, p. 198; *nov.*, 1777, p. 213.

Matharel-Fiennes. *Janv.*, 2ᵉ vol., 1775, p. 210.

Mathefelon. *Oct.*, 1715, p. 156; *nov.*, 1755, p. 229.

Malignon. *Déc.*, 1699, p. 271; *mai*, 1701, 1ᵉʳ vol., p. 527; *juill.*, 1702, p. 197; *mai*, 1704, p. 289; *août*, 1706, p. 35; *oct.*, 1706, p. 257; *avr.*, 1708, p. 547; *mai*, 1710, p. 205; *juill.*, 1714, p. 195; *déc.*,

1715, p. 249; *juin*, 1720, p. 188; *août*, 1722, p. 214; *janv.*, 1725, p. 181; *mars*, 1726, p. 615; *mars*, 1727, p. 625; *avr.*, 1727, p. 847; *févr.*, 1750, p. 422; *janv.*, 1758, p. 186; *avr.*, 1745, p. 201; *sept.*, 1747, p. 177; *oct.*, 1747, p. 157; *juin*, 1ᵉʳ vol., 1751, p. 189; *avr.*, 1755, p. 198; *janv.*, 2ᵉ vol., 1756, p. 234; *juill.*, 2ᵉ vol., 1756, p. 236; *juin*, 2ᵉ vol., 1757, p. 207; *avr.*, 2ᵉ vol., 1765, p. 205; *nov.*, 1766, p. 210; *avr.*, 1ᵉʳ vol., 1770, p. 225; *mai*, 1772; p. 210; *juill.*, 1ᵉʳ vol., 1774, p. 211.

Mauclerc de la Musampère. *Mai*, 1775, p. 254.

Maucomble. V. Pardieu.

Mauconseil. *Déc.*, 1ᵉʳ vol., 1725, p. 2940.

Maudet. *Oct.-nov.*, 1705, p. 292.

Maugiron. *Oct.*, 1767, p. 207.

Maugiron de Montléans. *Mai*, 1770, p. 210.

Maulde. *Août*, 1765, p. 199; *déc.*, 1715, p. 251; *mai*, 1726, p. 1074; *juill.*, 1755, p. 1669; *août*, 1765, p. 199.

Mauléon. *Nov.*, 1745, p. 2556; *juin*, 2ᵉ vol., 1755, p. 192; *janv.*, 1ᵉʳ vol., 1761; p. 205.

Mauléon de Beaupré, *Mai*, 1735, p. 1055, V. encore Beaupré.

Mauléon de Causans. *Juin-juill.*, 2ᵉ part., 1721, p. 79; *juin*, 1774, p. 236; *févr.*, 1776, p. 210.

Mauleuvrier. *Avr.*, 1706, p. 551; *juin*, 1709, p. 236; *juin*, 1ᵉʳ vol., 1728, p. 1252.

Maulevrier. V. Colbert.

Maulnorry. *Juill.*, 1728, p. 1696.

Maulon, V. Noir (le).

Maumousseau. *Janv.*, 1ᵉʳ vol., 1756, p. 228.

Mauni. V. Estampes.

Maupeou, *Févr.*, 1698, p. 259; *mars*, 1698, p. 166; *mai*, 1704, p. 167; *janv.*, 1706, p. 504; *janv.*, 1708, p. 546; *févr.*, 1710, p. 194; *mars*, 1711, p. 122; *mai*, 1727, p. 1015; *août*, 1751, p. 2041; *nov.*, 1751, p. 2688; *févr.*, 1754, p. 599; *déc.*, 1ᵉʳ vol., 1754, p. 2741; *avr.*, 1741, p. 855; *févr.*, 1744, p. 406; *avr.*, 1745, p. 202; *déc.*, 2ᵉ vol., 1746,

p. 209; *juin*, 1er vol., 1749, p. 211; *avr.*, 1751, p. 192; *mai*, 1753, p. 211; *janv.*, 1er vol., 1756, p. 219; *avr.*, 1er vol., 1759, p. 212; *déc.*, 1759, p. 210; *juin*, 1761, p. 216; *avr.*, 2e vol., 1767, p. 200; *avr.*, 2e vol., 1775, p. 212.

Maupeou d'Ableiges. *Juill.*, 2e vol., 1765, p. 205. V. encore ABLEIGES.

Mauperluis. *Août*, 1706, p. 183; *sept.*, 1759, p. 214.

Mauregard. V. COUSTURIER (LE) et MONTHEGARD.

Maurepas. V. PHÉLYPEAUX.

Mauriac. *Mai*, 1768, p. 197.

Maurice *ou* Morue. *Déc.*, 1er vol., 1750, p. 205.

Maurice de Saxe. *Déc.*, 2e vol., 1750, p. 196.

Maurin. *Nov.-déc.*, 1707, p. 71; *nov.*, 1752, p. 205.

Mauron. V. BRÉHAN-MAURON.

Mauroy. *Mars*, 1715, 1er part., p. 208; *juill.*, 1742, p. 1672. V. encore MUSNIER.

Naury. *Juill.*, 1er vol., 1770. p. 250.

Maussion-Dumesnil. *Déc.*, 1er vol., 1750, p. 205.

Mautour. V. MOREAU.

Mauville. *Oct.*, 1er vol., 1774, p. 256; *mai*, 1778, p. 211.

Maux du Fouilloux. *Mai*, 1721, p. 163; *avr.*, 1724, p. 783,

May. *Mai*, 1750, p. 202.

May de Termont. *Avr.*, 1er vol., 1762, p. 205; *août*, 1776, p. 212.

Maye (le). *Mai*, 1714, p. 150.

Mayeur (le). *Oct.*, 1er vol., 1761, p. 218.

Maynaud. *Nov.*, 1729, p. 2739.

Mayneaud de la Tour. *Juin*, 1er vol., 1758, pp. 1225.

Maynier. V. FORBIN-MAYNIER.

Maynon. *Sept.*, 1752, p. 2079; *mai*, 1756, p. 1055; *oct.*, 2e vol., 1756, p. 252.

Mayrie (la). V. GUILLEMIN.

Maz (du). *Avr.*, 1701, p. 515; *oct.*, 1715, pp. 156-144.

Mazade. *Mars*, 1738, p. 609; *oct.*, 1er vol., 1771, p. 225; *avr.*, 2e vol., 1775, p. 212.

Mazade d'Argeville. *Mai*, 1758, p. 206.

Mazancourt. *Sept.*, 1752, p. 206.

Mazarini. V. MAZARIN.

Mazarin. *Juill.*, 1699, p. 224; *sept.*, 1699, p. 257; *juin*, 1707, p. 54; *mai*, 1709, p. 286; *nov.*, 1715, p. 211; *juin*, 1714, p. 286; *janv.*, 1715, p. 192; *juill.*, 1715, p. 259; *mai*, 1716, p. 279; *déc.*, 2e vol., 1750, p. 2067; *juin*, 2e vol., 1751, p. 1626; *sept.*, 1731, p. 2267; *juin*, 1er vol., 1755, p. 1248; *oct.*, 1755, p. 2321; *janv.*, 1758, p. 189; *oct.*, 1745, p. 195; *nov.*, 1755, p. 210; *mai*, 1754, p. 208; *avr.*, 1er vol., 1760, p. 214; *oct.*, 2e vol., 1768, p. 213.

Mazerolles. V. PARC (DU).

Mazières (des) V. PUYAU.

Mazis. *Mai*, 1740, p. 1058; *juin*, 2e vol., 1754, p. 201.

Mazuyier (le). *Déc.*, 1er vol., 1749, p. 208.

Méan. *Févr.*, 1710, p. 157; *avr.* 1755, p. 205.

Meaux. V. MAUX.

Méchatin. *Févr.*, 1752, p. 405.

Médicis. *Déc.*, 1709, p. 286.

Meelz. *Juin*, 1er vol., 1752, p. 1259.

Mégret. *Mai*, 1726, p. 1076; *sept.*, 1728, p. 213; *févr.*, 1731, p. 401, *août*, 1755, p. 1894; *juill.*, 1754, p. 1687; *févr.*, 1752, p. 214.

Mégret de Sérilly. *Janv.*, 1755, p. 207; *juin*, 1776, p. 256.

Megret d'Etigny. *Déc.*, 1776, p. 255.

Mégrigny. *Févr.*, 1685, p. 504; *oct.*, 1699, p. 451; *avr.*, 2e part., 1711, p. 101; *mars*, 1726, p. 609; *janv.*, 1729, p. 201; *juin*, 1er vol., 1752, p. 1258; *nov.*, 1752, p. 2309; *mars*, 1739, p. 612; *nov.*, 1741, p. 2544; *août*, 1761, p. 199; *janv.*, 1er vol., 1764, p. 185.

Meillant. *Sept.*, 1710, p. 58. V. encore MÉLIAND.

Meilleraye (la). *Mai*, 1710, p. 159; *août*, 1715, p. 509; *mai*, 1716, p. 270. V. encore PORTE (LA).

Mélac. *Mai*, 1704, p. 256.

Melfort. *Nov.*, 1721, p. 185.

Méliand. *Janv.*, 1704, p. 141; *juin*, 1716, p. 155; *déc.*, 1718, p. 154; *sept.*, 1740, p. 2121; *mai*, 1747, p. 207; *juin*, 2e vol., 1747, p. 212; *févr.*, 1766, p. 197; *sept.*, 1768, p. 214. V. encore MEILLANT.

Meliet de Fargues. *Sept.*, 1775, p. 213.

Mellet. *Déc.*, 1765, p. 265.

Melleville. V. DOULX (LE).

Melot. *Oct.*, 1er vol., 1759, p. 254.

Melun, *Nov.*, 1683, pp. 265-267; *août*, 1698, p. 249; *août*, 1706, p. 185; *oct.*, 1707, p. 284; *mars*, 1716, p. 55; *sept.*, 1754, p. 2088; *nov.*, 1754, p. 2526; *janv.*, 1758, p. 174; *sept.* 1759, p. 2088; *nov.*, 1759, p. 2721; *juin*, 1745, p. 1442; *mai*, 1748, p. 192; *sept.*, 1749, p. 210; *juill.*, 1751, p. 215; *janv.*, 1754, p. 190; *févr.*, 1756, p. 254; *janv.*, 1er vol., 1758, p. 199; *mai*, 1759, p. 204; *juill.*, 1er vol., 1760, p. 207; *août*, 1772, p. 204. V. encore JOYEUSE.

Ménard. V. HERVÉ.

Ménardeau. *Avr*, 1716, pp. 161-170; *août*, 1719, p. 140.

Ménars. V. CHARON.

Menestrel. *Sept.*, 1707, p. 115.

Menestel de Hauguel. *Janv.*, 1701, p. 100; *déc.*, 1er vol., 1751, p. 186.

Meneust de Bréquigny. *Avr.*, 1700, p. 212.

Menevilette. *Mai*, 1704, p. 167.

Meneville. *Déc.*, 1758, p. 2721.

Menildot de Vierville. *Juin*, 2e vol., 1755, p. 184.

Menilles. V. SESNE.

Meuillet (du). V. BOIS (DU).

Menjo de Sarré. *Janv.*, 2e vol., 1760, p. 208.

Mennatoux. V. TEXIER DE MENNA-TOUX.

Menon. *Févr.*, 1737, p. 405.

Menou. *Juin*, 1692, p. 205; *mai*, 1702, p. 518; *janv.*, 1704, p. 204; *mai*, 1704, p. 165; *avr.*, 1707, p. 540; *août.*, 1708, p. 286; *déc.*, 1720, p. 165; *mai*, 1726, p. 1076; *déc.*, 1er vol., 1726, p. 2804; *juin*, 1er vol., 1751, p. 1594; *juin*, 1er vol, 1756, p. 1235; *nov.*, 1756, p. 2575; *déc.*, 2e vol., 1757, p. 2951; *févr.*, 1746, p. 207; *mai*, 1749, p. 224; *déc.*, 1er vol., 1751, p. 179; *oct.*, 1754, p. 215; *nov.*, 1756, p. 216; *déc.* 1758, p. 205; *oct.*, 1er vol., 1760, p. 205; *janv.*, 1er vol., 1761, p. 204; *janv.*, 1er vol., 1764, p. 188; *mai*, 1766, p. 209; *sept.*, 1766, p. 206; *oct.*, 1er vol., 1767, p. 208; *janv.*, 2e vol., 1768, pp. 210 et 211;

juill., 2e vol., 1774, p. 212; *nov.*, 1774, p. 237; *sept.*, 1777, p. 215.

Menou du Charnisay. *Janv.*, 2e vol., 1768, p. 210.

Menou de Turbilly. *Avr.*, 1er vol., 1776, p. 236. V. encore TURBILLY.

Menthon. *Déc.*, 1709, p. 216.

Merat. *Mars*, 1708, p. 294; *août*, 1750, p. 210.

Mérault. *Févr.*, 1708, p. 41; *juill.*, 1742, p. 1676; *janv.*, 1752, p. 206.

Mercy. *Janv.*, 1er vol., 1776, p. 212.

Mercyer (le). *Sept.*, 1754, p. 2088.

Méré. V. BROSSIN.

Méreclel de Chasteloyer. *Févr.*, 1764, p. 254.

Merey. V. KARUEL.

Mériadec. V. ROHAN.

Méricault-Destouches. *Oct.*, 1754, p. 215; *nov*, 1754, p. 25. V. encore DESTOUCHES.

Mérigot. *Juin*, 1715, p. 206.

Mérinville. *Juin*, 1695, p 215. V. encore MONTIERS,

Merle. *Juill.*, 1er vol., 1776, p. 253.

Merle de la Gorce. *Nov.*, 1745, p. 229.

Merle de Blanchuison (du). *Avr.*, 1er vol., 1772, p. 225.

Merlin de Chélas. *Mars*, 1758, p. 607.

Merniez. *Juin*, 1772, p. 225.

Mérode. *Janv.*, 1708, pp. 71-80; *août*, 1752, p. 1884; *août.*, 1755, p. 1897; *mai*, 1755, p. 210. V. encore ISENGHIEN et GAND.

Merville. *Mai*, 1707, p. 50; *nov.-déc.*, 1707, p. 541.

Mesgrigny. V. MÉGRIGNY.

Meslay. *Juin*, 1715, p. 196; *avr.*, 1725, p. 845; *oct.*, 1er vol., 1771, p. 225. V. encore MASSON DE MES-LAY et ROUILLÉ.

Meslé. V. RABIOT.

Meslé (le). *Juin*, 2e vol., 1749, p. 206.

Mesleraye (la). *Nov.*, 1715, p. 241.

Mesme. *Janv.*, 1688, pp. 175-182; *mai*, 1695, p. 275; *févr.*, 1705, p. 145; *mars*, 1709, p. 294; *janv.*, 1712, pp. 221-250; *févr.*, 1712, p. 67; *juin*, 1712, p. 47; *déc.*, 1720, p. 164; *mai*, 1721, p. 161; *août*, 1725, p. 418; *avr.*, 1741, p. 825; *juill.*, 1742, p. 1671; *juin*, 2e vol., 1755, p. 228; *avr.*, 1er vol., 1764, p. 205; *avr.*, 2e vol., 1767, p. 199.

Mesmon. V. ROMANCE.

Mesnager. *Juin*, 1714, p. 156.

Mesnard. *Juin*, 1716, p. 159; *avr.*, 1er vol., 1772, p. 225.

Mesnard de Chouzy. *Févr.*, 1775, p. 236.

Mesniel (du). *Sept.*, 1757, p. 2103.

Mesnil (du). *Août*, 1749, p. 198.

Mesnil-Montant. V. Sévin.

Mesplès. *Févr.*, 1772, p. 213.

Mesplès de Saint-Armand. *Janv.*, 1753, p. 206.

Messageot. *Mai*, 1750, p. 1050; *oct.*, 2e vol., 1759, p. 209.

Messelière (la). V. Frotier.

Messey. *Nov.*, 1755, p. 207.

Messonier. *Oct.*, 1750, p. 138.

Metz. V. Berbier.

Metz (du). *Janv.*, 1706, p. 256; *oct.*, 1709, p. 206; *mars*, 1750, p. 615; *nov.*, 1750, p. 2552; *nov.*, 1755, p. 2521; *déc.*, 2e vol., 1746, p. 211. V. encore Clément.

Metzenhausen. *Nov. - déc.*, 1707, p. 42.

Meures. *Juill.*, 1750, p. 1688; *sept.*, 1750, p. 2114.

Meuret. V. Lescuyer.

Meusnier. *Déc.*, 2e vol., 1755, p. 202.

Meulanclos. V. Grandin.

Meuves, fameux banquier anobli. *Avr.*, 1705, p. 172.

Meuze. V. Choiseul.

Meximieux. *Nov.*, 1697, p. 145; *févr.*, 1706, p. 251.

Meyronnet. *Avr.*, 2e vol., 1772, p. 212.

Mézières. *Juin*, 1706, p. 541; *juill.*, 2e vol., 1775, p. 213.

Mianne. *Oct.*, 2e vol., 1759, p. 209.

Michau. *Déc.*, 1758, p. 2721.

Michaudière (la). *Mars*, 1re part., 1715, p. 200; *mars*, 1716, p. 24; *avr.*, 1727, p. 845; *oct.*, 1740, p. 2525; *févr.*, 1745, p. 207.

Michels de Champorcin (des). *Janv.*, 1749, p. 216.

Michodière. V. Michaudière.

Middleton. *Juill.*, 2e vol., 1763, p. 210.

Midorge. *Juin*, 2e vol., 1751, p. 1626; *avr.*, 2e vol., 1757, p. 202.

Midy. *Mai*, 1749, p. 224.

Mier. *Déc.*, 1710, p. 55.

Migieu (de). *Déc.*, 1709, p. 170; *févr.*, 1755, p. 597.

Mignard. *Févr.*, 1742, p. 403.

Migneux des Essarts. *Mai*, 1686, p. 83.

Mignot. *Nov.*, 1730, p. 2535; *sept.*, 1771, p. 212.

Mignot de Montigny. *Mai*, 1749, p. 252.

Milani de Cornillon. *Nov.*, 1744, p. 2558.

Milet. *Juill.*, 1er vol., 1770, p. 250.

Milhon de l'Ecossois. *Juin*, 2e vol., 1750, p. 185.

Millain. *Déc.*, 1727, p. 2748.

Millau. *Déc.*, 1er vol., 1750, p. 205.

Millet. *Août*, 1747, p. 182; *juin*, 2e vol., 1755, p. 228; *mai*, 1777, p. 211.

Millière (la). V. Chaumont.

Milly. *Juin*, 1699, p. 250. V. encore Guillemin.

Milon. *Févr.*, 1754, p. 595; *nov.*, 1755, p. 2535; *janv.*, 1er vol., 1772, p. 210.

Minet de Mérille. *Nov.*, 1758, p. 2499.

Mintier. *Mars*, 1773, p. 207.

Miotte de Ravannes. *Déc.*, 1751, p. 2915; *nov.*, 1756, p. 251.

Mirabault. *Juill.*, 1708, p. 138.

Miraman. V. Violan.

Miramion. *Mars*, 1696, p. 524.

Mirabeau. V. Riqueti.

Miran. *Avr.*, 1710, p. 508.

Mirepoix. *Juin*, 1702, p. 407; *mai*, 1705, p. 172; *avr.*, 2e vol., 1777, p. 211.

Mirey. V. Pomponne-Mirey.

Miromesnil. V. Hue de Miromesnil.

Misery. *Mai*, 1778, p. 211.

Mison. V. Laurencin.

Misson. *Févr.*, 1722, p. 96.

Mistral. *Juin*, 1706, p. 557.

Mithon de Senneville. *Juill.*, 1757, p. 1668. V. encore Senneville.

Mitte de Chevrières. *Déc.*, 1714, p. 239.

Mizon. V. Mison.

Modène. *Oct.*, 2e vol., 1775, p. 211.

Mogniat. *Mai*, 1709, p. 264.

Moi. *Nov.*, 1711, 4e part., p. 107.

Moine (le). *Déc.*, 1759, p. 2946.

Molac. *Déc.*, 2e vol., 1751, p. 202.

Molé. *Janv.*, 1694, p. 227; *mars*, 1702, p. 544; *juill.*, 1707, p. 552; *avr.*, 1708, p. 162; *févr.*, 1709, p. 205; *mai*, 1709, p. 110; *févr.*, 1710, p. 257; *janv.*, 1711, p. 144; *juin*, 4e part., 1711, p. 45; *août*,

1716, p. 200; juill., 1720, p. 149; oct., 1755, p. 2510; mars, 1757, p. 614; juin, 2e vol., 1752, p.205; juill., 1755, p. 222; oct., 1er vol., 1761, p. 219.

Molette de Morangiès. Oct., 1755, p. 212; avr., 2e vol., 1774, p. 215.

Molières. V. PRIVAT.

Molin. Juill., 1755, p. 222.

Molineuf. Janv., 1708, p. 554.

Mollet. Févr., 1742, p. 400.

Mollondin. V. ESTAVAY.

Mommège. V. MONTMÉGE.

Mommerel. Août, 1754, p. 211.

Monaco. V. GRIMALDI.

Montbaut. V. HAYE (LA).

Moncaut. Janv., 1705, p. 525.

Monceaux (du). Févr., 1698, p. 271; oct., 1709, p. 154; janv., 1716, p. 242; août, 1716, p. 204.

Monceaux d'Auxi. Août, 1714, pp. 274-280; mai, 1745, p. 205; juin, 1er vol., 1745, p. 207; mai, 1750, p. 202; nov., 1755, p. 206. V. encore AUXI,

Monchy. Juin, 2e vol., 1757, p. 1462; déc., 1742, p. 2765; août, 1752, pp. 199 et 200; janv., 1er vol., 1775, p. 256.

Monchy d'Hocquincourt. Mai, 1705, p. 517; avr., 1713, p. 165; mai, 1715, p. 198; nov., 1719, p. 211; juin, 1er vol., 1757, p. 1229; janv., 1er vol., 1752, p. 206.

Monchy - Sénarpont. Févr., 1756, p. 255.

Moneron de la Bussière. Avr., 1755, p. 205.

Monhénault d'Egli, fondateur du Journal de Verdun. Juin, 2e vol., 1749, p. 202.

Monestay. Déc., 1719, p. 190.

Monestay-Chazeron. Avr., 2e vol., 1772, p. 210; mai, 1776, p. 212.

Monestrol d'Alhouy. Juill., 1er vol., 1771, p. 209.

Monier. V. QUESNE (DU).

Monière de Cuer. Oct., 2e vol., 1769, p. 215.

Moniquet. Nov., 1714, p. 518.

Monmège. V. MONTMÉGE.

Monnerat. Août, 1750, p. 204.

Monnerot de Sève. Oct., 1701, p. 596; févr., 1704, p. 162. V. encore SÈVE.

Monnier. Nov., 1755, p. 2524; déc., 1742, p. 2761; août, 1771, p. 212.

Monnier de Fléville (l). Oct., 1742, p. 2521.

Monsigot. Août, 1702, p. 258.

Monstier. V. MONTIER.

Monstrouet. Juin, 1772, p. 224.

Mont (du). Sept., 1708, p. 87. V. encore GAUREAULT.

Montagnac. Mars, 1757, p. 607.

Mortagne. V. COLINS.

Montagny. V. FORNIER.

Montagu. Juill., 1749, p. 205; avr., 1er vol., 1760, p. 215; juin, 1777, p. 211. V. MONTAIGU.

Montaigu. Sept., 1724, p. 2066; déc., 1er vol., 1726, p. 2806; mars, 1752, p. 619; oct., 1742, p. 2322; nov., 1746, p. 197; mai, 1747, p. 206; juin, 2e vol., 1747, p. 211; janv., 1749, p. 217; déc., 1er vol., 1755, p. 197; janv., 1er vol., 1765, p. 205; janv., 1er vol., 1774, p. 229. V. encore MONTAGU et FUMEL-MONTAIGU.

Montaigu de Beaune. Avr., 1699, p. 209; mars, 1705, p. 255; mai, 1766, p. 210.

Montaigu de Bouzoles. Mai, 1696, p. 520. V. encore BOUZOLLES.

Montainard. Juin, 2e vol., 1752, p. 1444. V. encore MONTEYNARD.

Montal (du). Mai, 1705, p. 215; avr., 1710, p. 274; mars, 1754, p. 209. V. encore MONSAULNIN.

Montalais. Juin, 2e vol., 1749, p. 197.

Montalant. V. VIEIL-CHATEL.

Montalambert. Juin, 1er vol., 1754, p. 1251; janv., 2e vol., 1765, p. 199. V. encore GUIGNOLET.

Montalet. V. BÉRARD.

Montalet de Villebreuil. Nov., 1767, p. 210.

Moutamel. V. GIRONDE.

Montaney. V. BROSSARD.

Montanson. V. CHARRETON.

Montaran. Juin, 2e vol., 1754, p. 1626; oct., 1758, p. 2505.

Montargis. Févr., 1714, p. 174; janv., 2e vol., 1768, p. 211. V. encore BAS (LE).

Montastruc. V. ABZAC.

Montataire. Janv., 1706, p. 507; avr., 1708, p. 199.

Montauban. Oct., 1702, p. 245; août, 1707, p. 282; juin, 1er vol., 1750, p. 209; déc., 1er vol., 1755, p. 198.

V. encore Agoult, Chau et Tour (la).

Montauglan. Juin, 1694, p. 205.

Montault de la Serre. Nov., 1714, p. 325.

Montaut de Navailles et de Bénac. Avr., 1696, p. 10; févr., 1700, p. 236; mars, 1700, p. 190; juin, 1702, p. 268; mai, 1717, p. 165; juin, 1717, p. 177; nov., 1751, p. 194.

Montauzet. V. Saint-Cristan.

Montaynard. V. Monteynard.

Montazet. V. Malvin.

Montban. Mars, 1778, p. 209.

Montbaque. Août, 1747, p. 184.

Montbarcy. Déc., 1er vol., 1753, p. 196; janv., 1755, p. 212.

Montbazon. V. Rohan.

Montbel. Mars, 1771, p. 210.

Montbérard. V. Brusse.

Montboissier, Oct., 1707, p. 60; avr., 1708, p. 165; sept., 1712, p. 49; janv., 1725, p. 185; mai, 1729, p. 1054; nov., 1735, p. 2527; mars, 1759, p. 618; juin, 1759, p. 1162; juin, 1er vol., 1751, p. 188; avr., 2e vol., 1777, p. 211.

Montboissier-Beaufort. Mars, 1759, p. 618; févr., 1742, p. 400; juill., 1742, p. 1681; mars, 1718, p. 203; sept., 1751, p. 210; janv., 2e vol., 1760, p. 207; mars, 1761, p. 216; oct., 1er vol., 1765, p. 196.

Montbourcher. Juin, 1744, p. 1275; janv., 1752, p. 201.

Montbriseuil. Déc., 1697, pp. 201 et 203-205.

Montbron. Janv., 1703, p. 539; févr., 1704, p. 514.

Montbrun. Sept., 1er vol., 1725, p. 2111; mai, 1727, p. 1046; janv., 1728, p. 188; févr., 1728, p. 416; avr., 1729. p. 825; juin, 1er vol., 1730, p. 1255. V. encore Aubinet et Paris.

Montcalm. Nov., 1756, p. 2585; nov., 1752, p. 204; janv., 1er vol., 1760, p. 205; mai, 1775, p. 212.

Montcel (du) V. Bourbon.

Montchal de Noyen. Sept, 1698, p. 129; sept., 1700, p. 265.

Montcheau. Nov., 1769, p. 225.

Montchène. V. Berthelot.

Montchenu de Thodure. Déc., 1769, p. 236.

Montchevreuil. V. Mornay.

Montclar. Avr., 1er vol., 1774, p. 215.

Montclus. V. Vivet.

Montdorge. V. Gautier.

Montdragon. Nov., 1755, p. 202.

Montebert. V. Charette.

Montecler. Déc., 1764, p. 204.

Montées (des). V. Fontaine.

Monteil de Castellane. Janv., 1715, p. 185; oct., 1728, p. 2545; nov., 1736, p. 2568; sept., 1745, p. 212; mars, 1750, p. 195.

Monteil de Grignon. Nov., 1697, p. 269; mars, 1er vol., 1722, p. 168; nov., 1736, p. 2568; juill., 1757, p. 1670; févr., 1759, p. 594.

Monteils. Oct., 1754, p. 2306.

Montenay. Juill., 1700, p. 288.

Montendre. Déc., 1702, p. 105; août, 1709, p. 258.

Montespan. V. Gondrin de Pardaillan.

Montesquieu. Juin, 2e vol., 1755, p. 228; mars, 1756, p. 83.

Montesquiou. Juin, 1745, p. 1159; oct., 1754, p. 214; août, 1756, p. 235; juin, 1760, p. 252 juin, 1770, p. 250.

Montesquiou d'Artaignan. Nov. 1709, pp. 8-29; mars, 1717, p. 192; août, 1724, p. 1847; janv., 1729, p. 201; janv., 1737, p. 170; janv., 2e vol., 1750, p. 229; mars, 1775, p. 212. V. encore Artaignan (d').

Montesquiou-Poylebon. Mars, 1777, p. 235.

Montesson. Août, 1724, p. 1847; mai, 1751, p. 1192; sept., 1769, p. 225.

Monteynard, V. Guiffrey et Montainard.

Montfalcon. Avr., 1740, p. 820.

Montfaucon. Déc., 1741, p. 2905.

Montfaucon de Rogles. Juin, 1775, p. 211.

Montfermeil. Mars, 1778, p. 207.

Montferrand. Nov., 1702, p. 248.

Montferrat de la Bastie. Nov., 1755, p. 203. V. encore Barral et Bastie (la).

Montforan. V. Brunet.

Montfort. V. Murat.

Mongaillard. Janv., 1704, p. 74.

Montgauger. Avr., 1755, p. 201.

Montgault. Août, 1746, p. 214.

Montgeffond. *Mai*, 1705, p. 232.

Montgeorges. *Janv.*, 1705, p. 551; *déc.*, 2e vol., 1755, p. 2941; *déc.*, 2e vol., 1747, p. 195.

Montgeron. *Avr.*, 1710, p. 225.

Montgeroust. *Mai*, 1710, p. 158.

Montgibault. *Janv.*, 1er vol., 1705, p. 201.

Montginord. *Nov.*, 1755, p. 210.

Montgommery. *Avr.*, 1708, p. 205; *Mars*, 1712, p. 77; *oct.*, 1715, p. 141; *janv.*, 1726, p. 192; *mars*, 1731, p. 608; *juin*, 1er vol., 1757, p. 1229.

Montgon. *Janv.*, 1705, p. 507; *mars*, 1706, p. 505; *janv.*, 1707, p. 294; *nov.*, 1708, p. 274; *avr.*, 1710, p. 270; *oct.*, 1724, p. 2225; *déc.*, 1758, p. 2922. V. encore BERNARD.

Montgrand. *Mai*, 1727, p. 1042; *oct.*, 1er vol., 1760, p. 204.

Montguillon. *Janv.*, 1755, p. 190.

Montguyot. *Avr.*, 1er vol., 1772, p. 225.

Monthassu. V. DURAND.

Monthérant. V. COILLOT.

Monthéreau. *Sept.*, 1755, p. 2095.

Montheureux. V. JOBELOT.

Monthion. *Mars*, 1727, p. 625.

Montholon. *Avr.*, 1691, p. 165; *janv.*, 1700, p. 165; *juin*, 1705, pp. 149-161; *juin*, 1708, pp. 70-86; *mai*, 1715, pp. 212-222; *sept.*, 1711, p. 348; *août*, 1751, p. 2044; *mars*, 1754, p. 619; *juin*, 1er vol., 1754, p. 1251; *nov.*, 1754, p. 2559; *janv.*, 1757, p. 1517; *janv.*, 1740, p. 176; *juill.*; 1742, p. 1662; *août*, 1749, p. 195; *nov.*, 1752, p. 205; *juill.*, 1er vol., 1772, p. 210; *juill.*, 1er vol., 1774, p. 211; *oct.*, 2e vol., 1777, p. 210.

Monthuchet. V. PINON.

Monthullé. *Sept.*, 1750, p. 194. V. encore MONIULÉ.

Monthyon. V. AUGER.

Monti. *Avr.*, 1758, p. 816.

Montiers. *Août*, 1755, p. 259; *déc.*, 1767, p. 245; *juill.*, 1er vol., 1771, p. 210.

Montiers de Mérinville. *Oct.*, 1689, p. 234; *avr.*, 1710, p. 501; *déc.*, 1724, p. 2915; *avr.*, 2e vol., 1765, p. 205.

Montigny. *Déc.*, 1er vol., 1755, p. 197; *août*, 1755, p. 260; *janv.*,

2e vol., 1756, p. 228; *nov.*, 1759, p. 215; *avr.*, 2e vol., 1767, p. 200 *oct.*, 1er vol., 1775, p. 215. V. encore TRUDAINE DE MONTIGNY.

Montigny-Servien. *Juill.*, 1699, p. 227; *oct.*, 1714, p. 298. V. encore BACHELIER, BERGHES, CHABREY, GARNIER, LANGUET, MIGNOT et SERVIEN.

Montillet de Grenaud. *Avr.*, 1er vol., 1765, p. 215.

Montizambert. *Juin*, 1er vol., 1755, p. 1247.

Montjeu. *Août*, 1705, p. 150. V. encore CASTILLE et ISARN.

Montjoie. *Avr.*, 2e vol., 1775, p. 215.

Montjournel. V. PORTEBOIS.

Montjustin. *Nov.*, 1748, p. 211.

Montlangault. V. LALLEMAND.

Montlaur. V. GRIMOARD.

Montléans. V. MAUGIRON.

Montléard de Rumont. *Déc.*, 1775, p. 227. V. encore RUMONT.

Montlileaud. *Nov.*, 1706, p. 180.

Montlevrier. V. ANDRAULT.

Montlezun. *Oct.*, 1696, p. 276; *déc.*, 1697, pp. 266-271; *juin*, 1715, p. 202; *févr.*, 1730, p. 418; *nov.*, 1754, p. 2524; *oct.*, 2e vol., 1758, p. 211.

Montlezun de Brusca. *Oct.*, 1722, p. 165; *sept.*, 1er vol., 1729, p. 2045.

Montlouet. V. BRUNES.

Montlouis de Brivaque. *Déc.*, 1er vol., 1750, p. 201.

Montluc. *Juin*, 1704, p. 172.

Montmain. V. VOLON.

Montmartel. *Oct.*, 1745, p. 197; *févr.*, 1746, p. 208; *janv.*, 2e vol., 1767, p. 186. V. encore PARIS DE MONTMARTEL.

Montmartin. V. ALLEMAND.

Montmége. *Mars*, 1704, p. 215; *août*, 1705, p. 295.

Montméjean. *Juill.*, 1709, p. 166.

Montmerqué. *Janv.*, 1718, p. 195.

Montmirail ou Montmirel. V. TELLIER (LE).

Montmirel. V. MONTMIRAIL.

Montmor. *Avr.*, 1722, p. 186.

Montmoran. *Déc.*, 2e voi., 1748; p. 225.

Montmorency. *Juill.*, 1687, p. 290; *janv.*, 1695, pp. 255-281; *sept.*, 1696, p. 54; *sept.*, 1697, p. 85,

déc., 1697, p. 201; *août*, 1698, p. 213; *nov.*, 1700, p. 178; *nov.*, 1702, p. 219; *oct.*, 1700, p. 252; *déc.*, 1er part., 1714, pp. 49-93; *déc.*, 4e part., 1714, p. 35; *juill.*, 1715, p. 152; *déc.*, 1715, p. 182; *mai*, 1716, p. 265 ; *avr.*, 1717, p. 213; *oct.* 1721, p. 194; *oct.*, 1723, p. 805; *juill.*, 1724, p. 1645; *juin*, 2e vol., 1725, p. 1455; *sept.*, 1er vol., 1725, p. 2107; *nov.*, 1725, p. 2715; *juill.*, 1726, p. 1094; *sept.*, 1726, p. 2172; *nov.*, 1726, p. 2605; *déc.*, 1er vol., 1726, p. 2806; *janv.*, 1727, p. 195; *mars*, 1727, p. 625; *mai*, 1727, p. 1045; *sept.*, 1728, p. 2151; *déc.*, 1er vol., 1728, p. 2759; *avr.*, 1729, p. 829; *juin*, 1er vol., 1729, p. 1262; *sept.*, 1730, p. 2114; *août*, 1731, p. 2014 et 2017; *oct.*, 1731, p. 2465; *av.*, 1752, p. 799; *déc.*, 2e vol., 1755, p. 2952; *juin*, 1er vol., 1756, p. 1258; *janv.*, 1740, p. 179; *févr.*, 1740, p. 594; *déc.*, 1740, p. 2755; *déc.*, 1740, p. 2964; *juin*, 1741, p. 1481; *févr.*, 1745, p. 592; *avr.*, 1745, p. 815; *mars*, 1745, p. 255; *déc.*, 1er vol., 1746, p. 189; *nov.*, 1747, p. 210; *juill.*, 1749, p. 205; *oct.*, 1749, p. 211; *nov.*, 1749, p. 216; *déc.*, 2e vol., 1749, p. 192; *mai*, 1750, p. 207; *juill.*, 1750, p. 215; *janv.*, 1751, p. 199; *janv.*, 1752, p. 202; *juin*, 1er vol., 1752, p. 206; *nov.*, 1752, p. 209; *janv.*, 1753, p. 201; *janv.*, 1753, p. 206; *févr.*, 1755, p. 210; *juin*, 2e vol., 1753, p. 189 et 194; *juill.*, 1753, p. 210; *nov.*, 1752, p. 208; *janv.*, 1754, p. 190; *mai*, 1754, p. 206; *janv.*, 1er vol., 1756, p. 222; *nov.*, 1756, p. 251; *janv.*, 2e vol., 1760, p. 208; *août*, 1760, p. 202 ; *mars*, 1761, p. 211; *juill.*, 1er vol., 1761, p. 209; *déc.*, 1762, p. 229; *juill.*, 2e vol., 1765, p. 209; *déc.*, 1765, p. 261; *avr.*, 1769, p. 215; *oct.*, 1er vol., 1770, p. 214; *août*, 1771, p. 212; *avr.*, 2e vol., 1775, p. 211; *juin*, 1775, p. 210; *mars*, 1775, p. 254; *janv.* 1er vol., 1776, p. 256; *févr.*, 1778, p. 211.

Montmorency-Fosseuse. *Déc.*, 1767, p. 258.

Montmorency-Laval. *Avr.*, 1713, p. 815; *avr.*, 1715, p. 200; *nov.*, 1717, p. 146; *juin*, 1er vol., 1749, p. 210; *mai*, 1760, p. 207; *oct.*, 2e vol., 1762, p. 195. V. encore **Laval.**

Montmorency-Luxembourg. *Déc.*, 1710, p. 2755; *oct.*, 2e vol., 1762, p. 195; *janv.*, 2e vol., 1765, p. 180.

Montmorency-Olonne. *Déc.*, 2e vol., 1755, p. 2952; *févr.* 1756, p. 595.

Montmorency-Robecque. *Nov.*, 1745, p. 254; *févr.*, 1749, p. 194.

Montmorency-Tingri. *Janv.*, 1755, p. 214.

Montmorillon. *Nov.*, 1756, p. 218.

Montmorin – Saint – Hérem. *Févr.*, 1696, p. 171; *août*, 1701, p. 257; *oct.*, 1701, p. 267; *janv.* 1702, p. 500; *mars*, 1710, p. 51; *juill.*, 1710, p. 155; *juin*, 1722, p. 155; *juill.* 1723, p. 180; *févr.*, 1724, p. 595; *janv.*, 1727, p. 189; *mars*, 1752, p. 619; *avr.*, 1747, p. 200; *août*, 1751, p. 168; *déc.*, 1er vol., 1755, p. 197; *déc.*, 2e vol., 1755, p. 201; *juill.*, 1755, p. 217; *juill.*, 1755, p. 222; *mai*, 1766, p. 210; *juin*, 1770, p. 250; *oct.*, 1er vol., 1777, p. 256; *oct.*, 2e vol., 1777, p. 245.

Montmoron de Sévigné. *Août*, 1705, p. 299.

Montmort. V. **Habert** et **Payen.**

Montmort de Doignon. *Févr.*, 1777, p. 223.

Montmort de Tressan. *Déc.*, 1706, p. 180; *févr.*, 1712. p. 45.

Montmouton. V. **Bérenger.**

Montmurat. V. **Felsins.**

Montmyral. *Mai*, 1755, p. 1051.

Montoison. V. **Clermont de Montoison.**

Montolivet. *Août*, 1706, p. 44.

Montpellier. *Avr.*, 1755, p. 820.

Montperni. *Oct.*, 1754, p. 214.

Montpéroux. *Mars*, 1705, p. 257; *mai*, 1704, p. 151; *nov.*; 1706, p. 185; *févr.*, 1714, p. 268; *sept.*, 1759. p. 214; *déc.*, 1765, p. 262.

Montpezat. *Mai*, 1704, p. 169; *févr.*, 1708, p. 249; *sept.*, 1740, p. 2124; *nov.* 1748, p. 212; *juin*, 2e vol.,

1755 p. 229; *oct.*, 2ᵉ vol., 1758, p. 210.

Montpouillan. *Juin*, 1702. pp. 250 et 568

Montréal. V. Fortia.

Montregard. V. Thiroux de Montregard.

Montreuil. V. Carbonet et Gautier.

Montrevel. V. Baume-Montrevel (la).

Montri. V. Langlois de Montri.

Montricoux. V. Malaric.

Montriel. *Mars*, 1771, p. 211.

Montrognon. V. Salvert.

Montrond. *Mai*, 1710, p. 201.

Montroux. *Mai*, 1706, p. 172.

Mont-Saint-Père. *Déc.*, 1759, p. 2914.

Montsauge. V. Thiroux.

Montsaulnin. *Oct.*, 1ᵉʳ vol., 1758, p. 206.

Montsaulnin du Montal. *Oct.*, 1696, p. 249. V. encore Montal (du).

Montségur. V. Fumel.

Montsoreau. *Janv.*, 1715, p. 196; *juin*, 1720, p. 165; *mars*, 1750, pp. 614; *mai*, 1716, p. 200; *janv.*, 1755, p. 206; *févr.*, 1755, p. 205. *oct.*, 2ᵉ vol., 1756, p. 252; *avr.*, 2ᵉ vol., 1778, p. 210. V. encore Chambres.

Montulé. *Mai*, 1714, p. 130; *oct.*, 1714, p. 259; *juill.*, 1750, p. 1686; *sept.*, 1750, p. 194; *févr.*, 1774, p. 211.

Montureux. V. Bourcier.

Montval. V. Porte de Montval (la).

Montvalat. *Déc.*, 1ᵉʳ vol., 1747, p. 202.

Montvalat d'Entragues. *Janv.*, 1747, p. 199; *oct.*, 2ᵉ vol., 1775, p. 211. V. encore Entragues.

Montviel. *Janv.*, 1705, p. 342; *oct.*, 1706, p. 219.

Montzuzain. V. Thoynard.

Morais de Brezolles. *Oct.*, 1704, p. 179.

Morand. *Oct.*, 1692, p. 151; *sept.*, 1698, p. 259; *avr.*, 1700, p. 212; *août*, 1706, p. 154; *avr.*, 1708, p. 175; *sept.*, 1752, p. 204; *déc.*, 1765, p. 197; *août*, 1775, p. 215.

Morandière (la). V. Turmeau.

Morange. *Juill.*, 1705, p. 157.

Morangies. *Oct.*, 2ᵉ vol., 1775, p. 215.

Morangis. V. Barillon.

Morant. V. Morand.

Moras. V. Peirenc.

Moreau. *Sept.*, 1698, p. 263; *déc.*, 1699, p. 96; *août*, 1751, p. 2045; *févr.*, 1712, p. 410; *juill.*, 1712, pp. 1666 et 1675; *mars*, 1755, p. 185; *oct.*, 1ᵉʳ vol., 1775, p. 215.

Moreau d'Avrolles *ou* Averolles. *Févr.*, 1756, p. 595; *mars*, 1759, p. 614.

Moreau de Mautour. *Juin*, 1705, p. 107; *avr.*, 1729, p. 826; *juin*, 1ᵉʳ vol., 1751, p. 1595; *janv.*, 1752, p. 197; *oct.*, 1757, p. 2596.

Moreau de Nassigny. *Sept.*, 1759, p. 2092.

Moreau de Plancy. *Janv.*, 1700, p. 206; *févr.*, 1776, p. 210.

Moreau de Saint-Elier. *Juin*, 2ᵉ vol., 1751, p. 205.

Moreau de Saint-Just. *Oct.*, 1751, p. 215. V. encore Saint-Just.

Moreau de Séchelles. *Déc.*, 2ᵉ vol., 1752, p. 2926; *janv.*, 1754, p. 194.

Moreau de Villeregis. *Juill.*, 1755, p. 1677.

Moreau des Raviers. *Déc.*, 1ᵉʳ vol., 1757, p. 2724.

Morel. *Avr.*, 1755, p. 825; *avr.*, 1755, p. 829; *juin*, 1ᵉʳ vol., 1757, p. 1228. V. encore Champs (des).

Morel de Courci. *Janv.*, 1716, p. 156.

Morel de Putanges. *Mai*, 1705, p. 125; *janv.*, 2ᵉ vol., 1765, p. 205; *janv.*, 2ᵉ vol., 1772, p. 210.

Morel de Stainville. *Avr.*, 1697, p. 258; *sept.*, 1698, p. 154.

Morel de Vindé. *Nov.*, 1755, p. 209.

Morel d'Aubigny. *Avr.*, 1ᵉʳ vol., 1777, p. 211.

Moreste. *Avr.*, 1707, p. 155.

Moreton. *Déc.*, 1ᵉʳ vol., 1748, p. 252; *mai*, 1752, p. 208. V. encore Chabrillan.

Moreton-Chabrilland. *Févr.*, 1755, p. 208; *avr.*, 2ᵉ vol., 1765, p. 205; *avr.*, 2ᵉ vol., 1767, p. 194; *juill.*, 1ᵉʳ vol., 1776, p. 256; *déc.*, 1776, p. 255.

Moreuil. V. Comeny et Malenas.

Morey. *Avr.*, 1759, p. 825.

Morezan. *Nov.-déc.*, 1707, p. 575.

Morgan. *Juill.*, 1755, p. 1666; *déc.*, 1ᵉʳ vol., 1751, p. 180.

Morgny. V. Duval de Morgny.

Moriau. *Sept.*, 1759, p. 2089; *oct.*, 1712, p. 2520.

Morice. V. MAURICE.

Lorie (la); *Mars*, 1774, p. 212.

Morille de Fouquerolles. *Mars*, 1759, p. 215. V. encore FOUQUEROLLES.

Morillon. *Mars*, 1716, p. 23.

Morin. *Janv.*, 1716, p. 121; *juin*, 2e vol., 1749, p. 196.

Morin du Bosc. *Nov.*, 1697, p. 233.

Morin du Villeré. *Nov.*, 1705, p. 58.

Morinville. V. GODET et PERROCHELLE.

Morlat de Montour. *Mai*, 1728, p. 1065; *janv.*, 1756, p. 175.

Morlet de Museau de Garennes. *Mai*, 1741, p. 1054.

Morlière (la). *Août*, 1776, p. 212.

Mormez de Saint-Hilaire. *Déc.*, 1740, p. 2754; *août*, 1730, p. 209.

Mornay. *Juill.*, 2e vol., 1776, p. 213.

Mornay de Montchevreuil. *Févr.*, 1691, p. 276; *nov.*, 1699, p. 244; *juin*, 1706, p. 110; *févr.*, 1708; p. 217; *oct.*, 1716, p. 257; *mai*, 1721, p. 165; *mai*, 1729, p. 1055; *déc.*, 2e vol., 1750, p 2969; *nov.*, 1754, p. 2528; *déc.*, 1741, p.2959; *juin*, 1745, p. 1242; *déc.*, 1764, p. 205; *sept.*, 1766, p. 206.

Mornière de la Saussaye. *Févr.*, 1722, p. 161.

Morogues. *Avr.*, 2e vol., 1775, p. 212.

Moron. *Janv.*, 1737, p. 200.

Morsan. V. SENS (LE).

Morsau. V. DUREY.

Mortagne. V. COLINS.

Mortaigne. *Juin*, 2e vol., 1754, p. 1449; *févr.*, 1764, p. 254.

Mortaing. *Août*, 1729, p. 1900.

Morte (la). V. GABARET.

Mortemart. V. ROCHECHOUART.

Morville. V. FLEURIAU.

Mory. *Sept.*, 1759, p. 214.

Mosson (la). *Août*, 1740, p. 1907. V. encore BONNIER.

Motet. *Nov.*, 1749, p. 212.

Mothe (la). *Mai*, 1704, p. 181; *févr.*, 1706, p. 255; *nov.*, 1727, p.2558; *mars*, 1774, p. 211. V. encore BIGOT, BRUÈRE et MOTTE (LA).

Mothe-Buracé (la). *Juill.*, 1er vol., 1772, p. 210.

Mothe d'Hugues (la). *Juill.*, 2e vol., 1765, p. 194.

Mothe-Houdancourt (la). *Juin*, 1693, p. 192; *juill.*, 1695, p. 71; *mai*, 1702, p. 423; *oct.*, 1706, p. 524; *avr.*, 2e part., 1711, p. 81; *mai*,

1726, p. 1074; *mars*, 1728, p. 645; *déc.*, 1er vol., 1756, p. 2793; *févr.*, 1745, p. 593; *déc.*, 1744, p. 210; *nov.*, 1747, p. 150; *févr.*, 1756, p. 255; *févr.*, 1775, p. 213; *oct.*, 1er vol., 1777, p. 212.

Mothe-Wauvert (la). *Mars*, 1775, p. 207.

Moti. V. MYRE (LA).

Motier de la Fayette. V. FAYETTE (LA).

Motte (la). *Janv.*, 1706, p. 24; *févr.*, 1709, p. 182; *nov.*, 1718, p. 114; *janv.*, 1758, p. 185; *déc.*, 1er vol., 1751, p. 181; *juin*, 1764, p. 200; *juill.*, 1er vol., 1774, p. 215. V. encore BOUVIER, CERF, FRAIS, MOTHE (LA), ORLÉANS et PÉROUSE (LA).

Motte d'Aulnoy (la). *Déc.*, 1er vol., 1727, p. 2748.

Motte-Fouqué (la). V. COSSÉ.

Motte-Guérin (la). *Nov.*, 1701, p. 249; *déc.*, 1740, p. 2962; *janv.*, 1749, p. 220.

Motteville. *Mai*, 1719, p. 227.

Mouceau de Nollent (du). *Mars*, 1759, p. 614. V. encore NOLLENT.

Moucel de Louraille (du). *Août*, 1740, p. 1909.

Mouche (la). *Janv.*, 1756, p. 177; *avr.*, 1758, p. 816.

Mouche de Beauregard (la). *Oct.*, 1722, p. 162.

Mouchi. *Déc.*, 1705, p. 251; *févr.*, 1704, p. 281; *mai*, 1704, p. 180; *sept.*, 1751, p. 2266.

Moufle. *Févr.*, 1750, p. 209.

Moufle de Champigni. *Nov.*, 1729, p. 2758.

Moufle de la Thuillerie. *Nov.*, 1755, p. 207.

Mouliard. *Juill.*, 1er vol., 1772, p. 212.

Moulineau (du). *Nov.*, 1705, p. 276.

Moulins (des). V. DESMOULINS.

Moulins de l'Isle (des). *Juill.*, 1754, p. 1681.

Moura. *Janv.*, 1758, p. 178.

Mourgues. V. MONACO.

Mourille de Montaran. *Oct.*, 1758, p. 2505.

Mourlière (la). *Avr.*, 1696, p. 287.

Mourvalon. *Mars*, 1775, p. 233.

Mousseau (du). *Avr.*, 1772, p. 185.

Moussi. *Oct.*, 1709, p. 154; *déc.*, 1709, p. 210.

Moustier. *Mai*, 1777, p. 211. V. encore Montier.

Moustier de Sainte-Marie (du). *Sept.*, 1751, p. 215.

Moustron. V. Sauton.

Mouy. *Oct.*, 1699, p. 211; *déc.*, 1699, p. 225; *avr.*, 1700, p. 201; *avr.*, 1728, p. 860.

Moy (de). *Déc.*, 1695, p. 259; *déc.*, 1701, p. 213; *mai*, 1702, pp. 294 et 295.

Moyencourt. V. Chasteler (du).

Moyno (le). *Janv.*, 1756, p. 170.

Moyriac. *Sept.*, 1705, p. 95; *nov.*, 1708, p. 89; *mai*, 1725, p. 1008.

Mozène. *Janv.*, 1750, p. 201.

Mugueux. *Mai*, 1739, p. 1042.

Muisière (la). V. Saulnier.

Murard. *Août*, 1750, p. 1897; *juin*, 1746, p. 198.

Murard de Biligneux. *Févr.*, 1705, p. 574.

Murat. *Déc.*, 2e vol., 1755, p. 194; *févr.*, 1764, p. 254; *janv.*, 1er vol., 1777, p. 254.

Murat de Calvisson. *Sept.*, 1752, p. 207.

Murat de Montfort, de Villeneuve-Varilettes, etc. *Oct.*, 1691, p. 80; *janv.*, 1702, p. 246; *oct.*, 1716, pp. 228-256; *nov.*, 1751, p. 2688; *mai*, 1740, p. 1037; *nov.*, 1751, p. 188. V. encore Louet de Murat.

Murcey. V. Mursey.

Murinais. *Juin*, 1772, p. 222.

Mursay. V. Mursey.

Mursey. V. Valois.

Murviel. *Oct.*, 1705, p. 50; *mars*, 1755, p. 195.

Musampère (la). V. Mauclerc.

Museau de Garennes. V. Morlet.

Musnier de Lartigo. *Déc.*, 1er vol., 1751, p. 180.

Musnier de Mauroy. *Mai*, 1721, p. 160; *nov.*, 1759, p. 2718; *sept.*, 1741, p. 2115.

Mussegros. V. Paryot.

Musset. *Févr.*, 1761, p. 216.

Mussy. *Oct.*, 1704, p. 52; *nov.*, 1704, p. 285.

Muy. *Oct.*, 2e vol., 1774, p. 211.

Muy (du). *Avr.*, 1744, p. 841; *mars*, 1755, p. 197; *mai*, 1768, p. 198. V. encore Felix.

Myro (la). *Avr.*, 1er vol., 1769, p. 212.

Myre de Moti (la). *Juin*, 2e vol., 1753, p. 187.

N

Nadaillac. V. Poujet.

Nagu. *Oct.*, 1er vol., 1777, p. 215.

Nagu de Varennes. *Nov.*, 1750, p. 2552; *sept.*, 1754, p. 2089; *nov.*, 1756, p. 2580; *janv.*, 1757, p. 157; *juill.*, 1er vol., 1772, p. 210.

Nain (le). *Juin*, 1696, p. 291; *janv.*, 1698, p. 262; *mai*, 1699, p. 196; *déc.*, 1700, p. 101; *mai*, 1701, 1er vol., p. 272; *sept.*, 1701, p. 395; *déc.*, 1709, p. 280; *mars*, 1710, p. 46; *sept.*, 1726, p. 2175; *oct.*, 1727, p. 2355; *mai*, 1728, p. 1065; *juin*, 2e vol., 1736, p. 1470.

Nainville. *Oct.*, 1704, p. 208.

Namps. V. Bournel.

Nancré. V. Dreux.

Naintouillet. *Avr.*, 2e vol., 1778, p. 210.

Napier. *Avr.*, 2e vol., 1762, p. 207.

Narbonne. *Mars*, 1771, p. 210.

Narbonne-Clermont. V. Clermont-Narbonne.

Narbonne-Lura. *Mars*, 1741, p. 626.

Narbonne-Pelet. *Déc.*, 1er vol., 1751, p. 190; *nov.*, 1755, p. 235; *oct.*, 2e vol., 1756, p. 254; *juill.*, 1er vol., 1760, p. 215; *août*, 1765, p. 204; *févr.*, 1775, p. 212.

Nargonne. *Août-sept.*, 1715, pp. 236 et 265.

Nassau. *Juin*, 4e part., 1711, p. 52; *nov.*, 1714, p. 525.

Nau. *Mai*, 1725, p. 1049.

Nau des Arpents. *Oct.*, 1759, p. 2524.

Naucaze. *Janv.*, 1708, pp. 89-99;

Nauchelles. *Sept.*, 1er vol., 1725, p. 2111.

Naulac. V. Fieubet.

Nauthiat. V. Jaubert.

Nauze (la). *Juin*, 1775, p. 215.

Navailles. V. Montaut.

Navarre. *Déc.*, 1er vol., 1753, p. 197.

Nazelles. V. Causé.

Nédonchel. *Mai*, 1736, p. 1027.

Néel. *Août*, 1772, p. 209.

Neel de Cristol. *Oct.*, 1er vol., 1775, p. 215. V. encore Cristot.

Néel de la Haye. *Août*, 1765, p. 196.

Neret. *Mai*, 1736, p. 1030.

Neret de la Ravoye. *Juill.*, 1701, p. 251; *sept.*, 1708, p. 92; *mars*, 1711, p. 120; *févr.*, 1712, pp. 81-92; *juin*, 1715, p. 206; *juin*, 1er vol., 1738, p. 1225.

Nelle. V. Cueuret.

Nérot. *Déc.*, 1er vol., 1750, p. 200.

Nesle. V. Mailly et Cœuret.

Nesmond. *Nov.*, 1705, p. 245; *avr.*, 1710, p. 219; *juill.*, 1710, p. 266; *juin*, 1715, p. 211; *déc.*, 1er vol., 1726, p. 2802.

Nettancourt. *Mai*, 1736, p. 1030; *mars*, 1747, p. 207; *sept.*, 1748, p. 235.

Neuf de la Poterie. *Juin*, 1774, p. 235.

Neuf de Sourdeval (le). *Avr.*, 1750, p. 208; *mars*, 1755, p. 196.

Neufbourg. V. Courtin et Tessier.

Neufchatel. V. Soissons.

Neuilly. V. Avet et Brunet de Neuilly.

Neuville. *Août*, 1688, p. 144; *janv.*, 1690, p. 206; *juin*, 1695, p. 187; *mai*, 1er vol., p. 269; *janv.*, 1702, p. 185; *janv.*, 1708, p. 227 et 232; *avr.*, 1er vol., 1757, p. 205. V. encore Bordeaux, Chiens (des), Coussturier, Titon, Vallot et Villeroy.

Nevers. *Janv.*, 1704, p. 69; *déc.*, 1704, p. 185; *août*, 1707, p. 135; *août*, 1707, p. 191; *juill.*, 1709, p. 125; *janv.*, 1715, p. 192; *sept.*, 1726, p. 2175. V. encore Mancini.

Nevet. *Nov.*, 1694, p, 298.

Neyret. V. Neiret.

Nezelles. V. Doublet.

Nicolaï. *Juill.*, 1696, p. 167; *déc.*, 1705, p. 198; *mars*, 1708, p. 244;

oct., 1716, p. 213; *juin-juill.*, 2e part., 1721, p. 86; *juill.*, 1725, p. 1684; *juin*, 1er vol., 1751, p. 1595; *mars*, 1735, p. 609; *avr.*, 1755, p. 820; *oct.*, 1737, p. 2311; *juill.*, 1740, p. 1675; *août*, 1747, p. 182; *mars*, 1755, p. 198; *déc.*, 1767, p. 245; *janv.*, 1er vol., 1770, p. 214; *oct.*, 2e vol., 1771, p. 210.

Nigot. *Janv.*, 1758, p. 172, *juin*, 1740, p. 1247; *juill.*, 1742, p. 1679; *févr.*, 1744, p. 403.

Nigot de Saint-Sauveur. *Févr.*, 1700, p. 216. V. encore Saint-Sauveur.

Nils. *Mai*, 1704, p. 205.

Niquet. *Juin*, 1726, p. 1272.

Nisas. V. Carrion.

Niso de Brague. *Févr.*, 1765, p. 192.

Noailles. *Déc.*; 1695, p. 274; *juin*, 1696, p. 310; *nov.*, 1696, p. 522; *avr.*, 1698, p. 216; *mars*, 1703, pp. 29; *juill.*, 1703, pp. 566; *déc.*, 1703, p. 345; *janv.*, 1704, p. 515; *avr.*, 1708, p. 308; *oct.*, 1708, pp. 146-195; *nov.*, 1708, pp. 94-155; *Déc.*, 1708, pp. 118-186 et 504; *Sept.-oct.*, 1710, p. 54; *mars*, 1716, p. 215; *juill.*, 1717, p. 202; *sept.*, 1720, p. 165; *août*, 1721, p. 158; *mai*, 1723, p. 1008; *juin*, 1725, p. 1254; *déc.*, 1er vol., 1725, p. 2938; *mai*, 1729, p. 1037; *févr.*, 1732, p. 410; *mars*, 1737, p. 615; *nov.*, 1759, p. 2712; *janv.*, 1745, p. 211; *avr.*, 1747, p. 197; *déc.*, 1er vol., 1747, p. 205; *avr.*, 1748, p. 210; *juill.*, 1748, p. 187; *mars*, 1759, p. 208; *janv.*, 1755, p. 202 et 209; *juill.*, 1755, p. 216; *juin*, 1756, p. 227; *janv.*, 1er vol., 1761, p. 204; *janv.*, 2e vol., 1761, p. 46; *août*, 1763, p. 197; *oct.*, 2e vol., 1766, p. 215; *nov.*, 1766, p. 209; *déc.*, 1767, p. 257; *oct.*, 1er vol., 1771, p. 224; *juill.*, 1er vol., 1773, p. 211; *oct.*, 2e vol., 1773, p. 211; *avr.*, 2e vol., 1774, p. 212; *oct.*, 2e vol., 1774, p. 212.

Noblet. *Nov.* 1741, p. 2547.

Noblet de Romery. *Déc.*, 1er vol., 1757, p. 2729.

Nocé. *Juin*, 1759, p. 1246.

Nocey de Fontenay. *Mars*, 1704, p. 519; *août*, 1712, p. 158; *nov.*, 1714, p. 517; *déc.*, 1714, p. 244.

Noé. *Oct.*, 1733, p, 2301; *janv.*,

1755, p. 203; *avr.*, 1754, p. 205; *avr.*, 1er vol., 1776, p. 234.

Noël de Saint-Denis. *Oct.*, 1737, p. 2565; *juin*, 1er vol., 1754, p. 195.

Nogaret. *Août*, 1756, p. 233.

Nogent. *Janv.*, 1703, p. 525; *sept.*, 1703, pp. 229-234; *févr.*, 1708, p. 211; *oct.*, 1714, p. 295. V. encore BAUTRU et FOUR (DU).

Noguez. *Févr.*, 1773, p. 213.

Nointel de Béchameil. *Mai*, 1705, p. 220; *juin*, 1709, p. 558; *juill.*, 1710, p. 49; *sept.*, 1718. p. 210; *janv.*, 1737, p. 163; *avr.*, 1740, p. 820.

Noinville. V. DUREY.

Noir (le) *Févr.*, 1709, p. 175; *janv.*, 1728, p. 189; *août*, 1751, p. 2015; *sept.*, 1754, p. 2087; *déc.*, 1740, p. 2965; *déc.*, 2e vol., 1748, p. 224; *oct.*, 1er vol., 1759, p. 233.

Noir de Moulon (le). *Nov.*, 1678, p. 59.

Noiraye (la). V. VOISIN.

Noirmoustier. *Juin*, 1705, p. 541; *oct.*, 1706, p. 252.

Noizet de Saint-Paul. *Mars*, 1775, p. 255.

Noland. *Avr.*, 1729, p. 829.

Nolin de la Tournelle. *Juin*, 1741, p. 1241.

Nollent. *Juill.*, 1er vol. 1774, p. 211. V. encore MONCEAU (DU).

Nollet. *Mai*, 1770, p. 210.

Nommion. V. PONGIN.

Nompar de Caumont. *Sept.*, 1690, p. 255; *juin*, 1698, p. 265; *juin*, 1702, p. 567; *févr.*, 1704, p. 268; *juill.* 1715, p. 155; *nov.*, 1725, p. 1004; *juill.*, 1726, p. 1691; *janv.*, 1750, p. 186; *déc.*, 1er vol.,

1737, p. 2729; *juin*, 1740, p. 1241; *nov.*, 1746, p. 198; *mars*, 1751, p. 211; *janv.*, 1753, p. 209; *janv.*, 1er vol., 1756, p. 222; *janv.*, 2e vol., 1756, p. 228; *oct.*, 2e vol., 1764, p. 206; *mars*, 1775, p. 209,

Nompère. *Juin*, 1er vol., 1730, p. 1253.

Nonant. *Oct.*, 1705, pp. 45 et 520; *juill.*, 1709, p. 140; *juin-juill.*, 2e part., 1721, p. 83; *mars*, 1756, p. 605; *déc.*, 1743, p. 2752; *avr.*, 1744, p. 839; *déc.*, 1er vol., 1753, p. 198; *oct.*, 1er vol., 1763, p. 209.

Noncourt. V. GUIRY.

Noraye (la). V. VOISIN.

Normant (le). *Janv.*, 1716, p. 139; *nov.*, 1750, p. 2532; *mai*, 1753, p. 1031; *sept.*, 1753, p. 2084; *juin*, 2e vol., 1753, p. 193; *juin*, 1760, p. 252.

Normant d'Estiolles (le). *Janv.*, 1er vol., 1752, p. 203.

Normanville. *Mars*, 1705, p. 111; *août*, 1707, p. 172.

Nos (des). V. DESNOS.

Nostre (le). *Sept.*, 1700, p. 278.

Noue-Vieuxpont (le). *Avr.*, 1er vol., 1770, p. 225; *févr.*, 1772, p. 208. V. encore MALBROX et VIEUXPONT.

Nourri (le). *Juin*, 1724, p. 1165.

Nouveau. *Déc.*, 1740, p. 2962.

Novion. V. POTIER.

Noyen. V. MONTCHAL.

Noyer. *Oct.*, 1716, p. 240; *août*, 1752, p. 1883.

Noyer (du). *Sept.*, 1756, p. 2181.

Nozières. *Avr.*, 2e vol., 1760, p. 216.

Nugent. *Avr.*, 1er vol., 1778, p. 211.

Nyert. *Mars*, 1756, p. 607; *janv.*, 1759, p. 192; *févr.*, 1744, p. 405; *nov.*, 1749. p. 211.

O

O. *Avr.*, 1705, p. 339; *mai*, 1706, p. 28; *janv.*, 1708, p. 59; *janv.*, 1708, p. 359; *juill.*, 1708, p. 24; *avr.*, 1712, p. 510; *févr.*, 1re part., 1715, pp. 134-138; *avr.*, 1727, p. 845; *mars*, 1728; p. 644; *sept.*, 1731, p. 2270; *nov.*, 1734, p. 2526; *août*, 1735, p. 1892; *oct.*, 1757,

p. 2315; *juill.*, 1745, p. 214; *août*, 1750, p. 210; *déc.*, 1765, p. 262.

Oblé. V. ROGER.

Obrien. *Avr.*, 1710, p. 287.

O'Brien de Thomond. *Avr.*, 1er vol., 1755, p. 209. V. encore THOMOND.

Offremont. V. GOBELIN.

Ogier. *Déc.*, 2° vol., 1755, p. 2945; *janv.*, 1758, p. 172; *mars*, 1775, p. 256.

Ogier de Berville. *Juin*, 1er vol., 1750, p. 209.

O'Gilvy. *Avr.*, 1722, p. 185; *avr.*, 2° vol., 1757, p. 205; *janv.*, 1er vol., 1765, p. 201.

Ognate. V. ARAZOLA.

Ogny. V. RIGOLEY.

Oheguerty. *Janv.*, 2° vol., 1765, p. 205.

O'Driscol. *Avr.*, 2° vol., 1777, p. 211.

O'Kelly. *Janv.*, 1er vol., 1777, p. 254.

O'Kennely. *Août*, 1775, p. 212.

Olbreuze. V. DESMIERS.

Olier de Verneuil. *Mars*, 1688, p. 203; *oct.*, 1702, p. 255; *mai*, 1710, p. 154; *août*, 4° part., 1711, p. 55; *janv.*, 1716, p. 154; *oct.*, 1716, p. 256; *avr.*, 1719, p. 160; *août*, 1722, p. 215; *janv.*, 1717, p. 201.

Olivet (d'). *Nov.*, 1768, p. 214.

Olivier. *Févr.*, 1722, p. 162; *juin*, 1772, p. 222.

Olivier de Sénozan. *Juill.*, 1740, p. 1668; *oct.*, 1741, p. 2541; *avr.*, 2° vol., 1759, p. 210.

Olivier de Viriville. *Janv.*, 1er vol., 1770, p. 215.

Ollier. V. OLIER.

Olonne. *Juill.*, 1715, p. 150. V. encore MONTMORENCY OLONNE et HARCOURT-OLONNE.

Ombreval. *Janv.*, 1705, p. 212. V. encore RAVOT.

Omelane. *Déc.*, 1774, p. 272.

Ons-en-Bray. V. GENDRE (LE) et PAJOT.

Oppède. V. FORBIN.

Oppenord. *Avr.*, 1742, p. 841.

Oraison. *Déc.*, 1709, p. 259; *janv.*, 1755, p. 210.

Oraison d'Ancezune. *Juin*, 2° vol., 1749, p. 200. V. encore ANCEZUNE.

Orange des Roches. *Janv.*, 1705, p. 177.

Orçay. *Août*, 1750, p. 1899.

Orgemont. *Juin*, 1706, p. 550.

Orgeval. V. JARENTE.

Orglandes de Briouse. *Déc.*, 1758, p. 2719.

Orival. V. RIENCOURT.

Orléançon. *Août*, 1742, p. 1699.

Orléans. *Sept.*, 1721, p. 168; *juin*, 2° vol., 1748, p. 209.

Orléans de la Motte. *Sept.*, 1733, p. 2084.

Orléans-Longueville. *Févr.*, 1694, p. 171; *juill.*, 1707, p. 205; *juill.*, 1748, p. 203.

Orléans-Rothelin. *Oct.*, 1694, p. 261; *août*, 1714, p. 253; *sept.*, 1715, p. 251; *août*, 1716, p. 208; *janv.*, 1728, p. 187; *févr.*, 1728, p. 413; *oct.*, 1742, p. 2525; *juill.*, 1744, p. 1703; *sept.*, 1744, p. 2032; *févr.*, 1746, p. 129; *mai*, 1749, p. 229; *juill.*, 2° vol., 1762, p. 205; *juill.*, 2° vol., 1764, p. 191.

Orméa. *Juill.*, 1er vol., 1771, p. 210.

Ormesson. V. FÈVRE D'ORMESSON (LE).

Ormoys. *Sept.*, 1704, p. 271.

Ornaison de Chamarante. *Mars*, 1699, p. 155; *sept.*, 1716, p. 208; *mai*, 1717, p. 164; *déc.*, 1er vol., 1737, p. 2722.

Orriac. V. CASSAN.

Orry. *Sept.*, 1739, p. 2314; *déc.*, 1er vol., 1747, p. 206; *nov.*, 1761, p. 198; *janv.*, 2° vol., 1775, p. 212.

Orry de Fulvy. *Févr.*, 1750, p. 205.

Orsay. V. BOUCHER.

Orsigny. *Juin*, 2° vol., 1750, p. 185.

Orsteinstein. V. TRAVERS.

Ortès. *Nov.*, 1774, p. 257.

Ortous de Mairan. *Avr.*, 1er vol., 1771, p. 212.

Orval. *Févr.*, 1729, p. 418; *juin*, 2° vol., 1729, p. 1470; *déc.*, 1735, p. 2714. V. encore BÉTHUNE D'ORVAL et TABOUROT.

Orves. *Avr.*, 1752, p. 211.

Osigny. V. COEURET.

Osmond. *Avr.*, 1755, p. 208; *janv.*, 2° vol., p. 210; *oct.*, 1er vol., 1776, p. 211.

Ossone. *Avr.*, 1716, p. 170.

Ossun. *Mars*, 1749, p. 208; *avr.*, 1749, pp. 252-259; *avr.*, 1750; p. 210; *févr.*, 1759, p. 213.

Otho. *Avr.*, 1755, p. 211.

Ottange. V. ELTZ.

Ouchamps. V. BOULET.

Ouroy. V. GRIVEL-DOUVOY ou D'OUROY.

Oursin. *Févr.*, 1742, p. 410; *juin*, 1744, p. 1489; *mars*, 1744, p. 212.

Outresoule. *Août*, 1750, p. 209.

Oysonville. *Mars*, 1775, p. 253.

Ozonne de Bâville. *Juin*, 2° vol., 1755, p. 193.

P

Pagel. *Juill.*, 1ᵉʳ vol., 1773, p. 213.

Paignon. *Juin*, 2ᵉ vol., 1729, p. 1470.

Pailhès. *Janv.*, 2ᵉ vol., 1759, p. 212. V. encore LOSTANGES.

Pailleterie. V. DAVID.

Painel. *Févr.*, 1721, pp. 41-43.

Pajon. *Févr.*, 1748, p. 211; *oct.*, 1ᵉʳ vol., 1757, p. 201.

Pajot. *Avr.*, 1700, p. 205; *nov.*, 1708. p. 259; *déc.*, 2ᵉ vol., 1750, p. 2966; *mars*, 1759, p. 615; *nov.*, 1739, p. 2716; *nov.*, 1741, p. 2542; *mai*, 1749, p. 227; *oct.*, 1751, p. 213.

Pajot d'Ons-en-Bray. *Juin*, 1ᵉʳ vol., 1754, p. 208; *janv.*, 1ᵉʳ vol., 1773, p. 212. V. encore GENDRE (LE) et ONS-EN-BRAY.

Pajot de Dampierre. *Juin*, 2ᵉ vol., 1757, p. 211.

Pajot de Juvisy. *Avr.*, 1ᵉʳ vol., 1775, p. 209.

Pajot de Villeperot. *Mars*, 1755, p. 197; *janv.*, 1ᵉʳ vol., 1756, p. 219.

Pajot de Villers. *Sept.*, 1759, p. 2092; *oct.*, 1ᵉʳ vol., 1757, p. 202.

Pajot du Roulle. *Mars*, 1758, p. 207.

Palais (du). *Oct.*, 1706, p. 355. V. encore RIVOIRE.

Palaiseau. *Oct.*, 1700, p. 187.

Palamin. V. VAULX.

Palerme. *Mars*, 1758, p. 207.

Palisse (la). *Nov.* 1745, p. 226.

Pallant. *Déc.*, 1706, p. 72.

Pallissot. *Août*, 1776, p. 212.

Pallu. *Sept.*, 1727, p. 2154; *juin*, 1740, p. 1242; *juin*, 1758, p. 211; *juin*, 1774, p. 255; *mars*, 1776, p. 231.

Palluau. *Avr.*, 1722, p. 182.

Palluau de Rosières. *Sept.*, 1741, p. 2119.

Palmes. *Juill.*, 1735, p. 1666; *avr.*, 1ᵉʳ vol., 1775, p. 211.

Palu (la). *Janv.*, 1693, p. 291; *janv.*, 1705, p. 109; *févr.*, 1706, p. 55.

Palun (la). V. COHORNE.

Pan. *Oct.* 1706, p. 234.

Panat. *Janv.*, 2ᵉ vol., 1767, p. 186.

Pancatelin. *Nov.*, 1725, p. 2742.

Paneau. *Juin*, 1ᵉʳ vol., 1737, p. 1234.

Pange. *Juin*, 1ᵉʳ vol., 1750, p. 209; *juin*, 1ᵉʳ vol., 1752, p. 209; *avr.* 2ᵉ vol., 1773, p. 211; *juill.*, 1ᵉʳ vol., 1777, p. 210; *juill.*, 2ᵉ vol., 1777, p. 212.

Panisses. *Juill.*, 2ᵉ vol., 1764, p. 192.

Pannart. *Août*, 1736, p. 2150.

Paon. *Juill.*, 1755, p. 1666.

Paparel. *Mars*, 1750, p. 615.

Papavoine de Canappeville. *Mars*, 1769, p. 221.

Papillon. *Sept.*, 1714, p. 538.

Papillon de la Ferté. *Mai*, 1749, p. 226.

Parabere. V. BAUDEAN.

Parat. *Juin*, 2ᵉ vol., 1749, p. 196.

Parc (du). V. LOC-MARIA, COHON et LARECHEF.

Parc-Mazerolles (du). *Avr.*, 1753, p. 200.

Parchappe de Vinay. *Avr.*, 1ᵉʳ vol., 1769, p. 214.

Pardaillan. V. GONDRIN.

Pardieu. *Août*, 1763, p. 197.

Pardieu d'Avémenil. *Juin*, 1741, p. 1261; *avr.*, 1746, p. 202.

Pardieu de Maucomble. *Sept.*, 1754, p. 213.

Parelle. *Sept.* 1705, p. 84.

Parent. *Août*, 1730, p. 1896; *juin*, 1741, p. 1480; *janv.*, 1745, p. 178.

Parent des Tournelles. *Févr.*, 1750, p. 208. V. TOURNELLES (DES).

Parfaict. *Févr.*, 1755, p. 401; *avr.*, 1740, p. 817.

Paris. *Oct.*, 1691, p. 123; *févr.*, 1695, p. 511; *mars*, 1699, p. 141; *déc.*, 1702, p. 248; *avr.*, 1706, p. 348; *sept.*, 1753, p. 2085; *avr.*, 1755, p. 829; *août*, 1757, p. 1889; *févr.*, 1759, p. 394; *déc.*, 1741, p. 2962; *oct.*, 1ᵉʳ vol., 1770, p. 213; *avr.*, 2ᵉ vol., 1775, p. 212.

Paris de la Brosse. *Juin*, 2ᵉ vol., 1729, p. 1469; *janv.*, 1730, p. 187; *déc.*, 1ᵉʳ vol., 1747, p. 205.

Paris de Montbrun. *Avr.*, 1746, p. 201. V. encore MONTBRUN.

Paris do Montmartel. *Avr.*, 1748, p. 207. V. encore Montmartel.

Parisière (la). *Déc.*, 1er vol., 1736, p. 2792.

Parquet. *Oct.*, 1er vol., 1757, p. 202.

Parrocel. *Août*, 1752, p. 202.

Parteville. *Avr.*, 1er vol., 1764, p. 205.

Parthenay. *Août*, 1755, p. 1892; *août*, 1761, p. 199.

Paryot de Mussegros. *Mars*, 1716, p. 30.

Pas de Brion (du). *Oct.*, 1740, p. 2329. V. encore Brion de Combronde.

Pas-Feuquières. *Août*, 1691, pp. 167-182; *juill.*, 1694, p. 87; *janv.* 1695, pp. 288 et 536; *févr.*, 1697, p. 284; *avr.*, 1702, p. 526; *mars*, 1707, p. 512; *févr.*, 1720, p. 171; *sept.*, 1726, p. 2172; *août*, 1727, p. 1929; *juin*, 1er voi., 1728, p. 1254; *sept.*, 1728, p. 2130; *juill.*, 1739, p. 1674; *nov.*, 1741, p. 2542; *févr.*, 1742, p. 403; *juill.*, 1742, p. 1680; *févr.*, 1759, p. 215. V. encore Saisseval-Feuquières.

Paslard. *Nov.*, 1725, p. 2743.

Pasquier. *Mai*, 1757, p. 1036.

Pasquier de Franclieu. *Avr.*, 1715, p. 149; *oct.*, 1er vol.. 1773, p. 212.

Passard. *Juill.*, 1741, p. 1692.

Passi. V. Petit.

Passerat de Résinant. *Août*, 1706, p. 175.

Patoulet. *Déc.*, 1706, p. 48.

Patu. *Déc.*, 1758, p. 2721; *mars*, 1749, p. 211.

Paulmier.· *Sept.* 1755, p. 2097.

Paulmier de la Bucaille. *Mai*, 1734, p. 1031; *déc.*, 1er vol., 1734, p. 2747; *mars*, 1754, p. 209.

Paulmy. V. Voyer.

Paumet. *Janv.*, 1708, p. 355.

Pavé. *Févr.*, 1749, p. 191.

Paviot. *Déc.*, 1758, p. 2717.

Payen. *Janv.*, 1705, p. 173; *janv.*, 1727, p. 191; *oct.*, 1745, p. 201.

Payen de Fercourt. *Oct.*, 1743, p. 2320.

Payen de Montmort. *Juill.*, 1742, p. 1685.

Pechpeirou. *Mai*, 1736, p. 1022; *déc.*, 2e vol., 1736, p. 2973; *juill.*, 1742, p. 1670; *mars*, 1746, p. 211;

juill., 1748, p, 195; *sept.*, 1754, p. 211.

Pechpeirou do Beaucaire. *Févr.*, 1776, p. 212.

Pechpeirou-Comminges. *Mat*, 1772, p. 211.

Pécoil. *Déc.*, 1720, p. 165; *juin*, 1726, p. 1275; *juin*, 1770, p. 249.

Pécome. *Mai*, 1729, p. 1035.

Pécou. *Juin*, 1739, p. 1247.

Pecquet. *Oct.*, 1728, p. 2342.

Pecquot. *Mai*, 1735, p. 1019; *juin*, 1741, p. 1250; *juin*, 2e vol., 1755, p. 229.

Pecquot de Saint-Maurice. *Nov.*, 1697, p. 224; *mai*, 1751, p. 1197.

Pegna-Blanca. *Janv.*, 1750, p. 201.

Péguilham de Larboust. *Juill.*, 2e vol., 1775, p. 212.

Peichpeyroux. V. Peichpeirou.

Peinier. V. Thomassin.

Peirenc do Blet. *Mars*, 1775, p. 211.

Peirenc de Moras. *Janv.*, 1710, p· 155; *nov.*, 1732, p. 2508; *janv.*, 1734, p. 191; *janv.*, 1758, p. 182; *avr.*, 1748, p. 215.

Peirenc de Saint-Cyr. *Oct.*, 1735, p. 2334; *juill.*, 1758, p. 1659.

Pelet. V. Narbonne.

Peletier (le). V. Pelletier (le).

Peletyer. *Oct.*, 1757, p. 2309.

Pélissier. *Fév.*, 1722, p. 163; *mai*, 1749, p. 234.

Pellard. *Sept.*, 1745, p. 218.

Pelleport. *Mai*, 1704, p. 197.

Pelleré. *Juin*, 1724, p. 1231.

Pellerin. *Juin*, 1er vol., 1738, p. 1221.

Pellerin de Gauville (le). *Mai*, 1766, p. 208; *avr.*, 1er vol., 1772, p. 222.

Pelleterie (la). *Juin*, 1762, p. 194.

Pelletier (le). *Févr.*, 1685, p. 148; *oct.*, 1696, p. 277; *févr.*, 1701, pp. 118 et 198; *avr.*, 1702, p. 516; *juin*, 1703, p. 16; *août*, 1706, p. 230; *oct.*, 1706, p. 158; *mai*, 2e part., 1711, p. 77; *août*, 4e part.. 1711, p. 61; *Janv.*, 1712, p. 220; *févr.*, 1712, p. 70; *mars*, 1720, p. 165; *sept.*, 1725, p. 619; *déc.*, 1er vol., 1725, p. 2358; *févr.*, 1726, p. 596; *févr.*, 1729, p. 409; *janv.*, 1730, p. 185; *sept.* 1751, p. 2268; *juin*, 1er vol., 1734, p. 1251; *déc.*, 2e vol., 1736, p. 2981; *janv.*, 1745, p. 211; *déc.*, 2e vol., 1748, p. 225,

avr., 1er vol., 1767, p. 212; juill.,
1er vol., 1769, p. 225, mars, 1770,
p. 212; mai, 1773, p. 212.

Pelletier de Beaupré. Avr., 1er vol.,
1762. p. 203.

Pelletier de la Houssaye (le). Mai,
1710, p. 1058; avr., 1741, p. 857;
sept., 1746, p. 191; déc., 1er vol.,
1746, p. 185; déc., 2e vol., 1748,
p. 223. V. encore HOUSSAYE (LA).

Pelletier de Rosambo (le). Mars,
1758, p. 608; juin, 1741, p. 1481;
janv., 1751, p. 199; sept., 1760,
p. 218; août, 1761, p. 199.

Pelletier de Saint-Fargeau (le).
Févr., 1735, p. 207; juill., 1759,
p. 1672; juill., 1740, p. 1670;
sept., 1744, p. 2140; avr. 1er vol.,
1762, p. 203.

Pelletot. V. POTIER-SAVIS.

Pellevé. Mai, 1756, p. 1052; févr.,
1758, p. 569.

Pellevé de Boury. Sept., 1697,
p. 253; juin, 1724, p. 1251; juill.,
1724, p. 1655; oct., 1754, p. 2507.

Pellot. Mai, 1726, p. 1076; juill.,
1726, p. 1790; févr., 1751, p. 401;
avr., 1752, p. 798; août 1753,
p. 1894.

Pelluys. Juill., 1749, p. 206.

Pelouze (la). Avr., 1er vol., 1778,
p. 212.

Penasreun. Avr., 1703, p. 335.

Pennes (des). V. VENTO.

Penthièvre. Juill., 1750, p. 215.

Pepin. Mars, 1741, p. 627.

Pepin de Bois-Herpin. Août, 1758,
p. 1877.

Pérachon. Sept., 1727, p. 2138.

Peray (du). Janv., 1710, p. 147.

Percy. Mars, 1725, p. 476.

Perdreau de Maillé. Janv., 1685,
p. 101.

Perdu. Mai, 1710, p. 170.

Péreuse. V. BAUHIN.

Périgny. V. GAGNE et PICARD.

Périgord. V. TALLEYRAND.

Périssac. V. CLARE.

Perlan. Févr., 1704, p. 516.

Permangle. V. CHOULY.

Pernon. Oct.; 2e vol., 1775, p. 212.

Pernot. Oct., 1748, p. 209; juin,
2e vol., 1752, p. 201.

Pernot de Buat. Nov., 1758, p. 2506;
avr., 1751, p. 192; déc., 1765,
p. 259.

Pérochelle de Morinville. Nov.
1753, p. 206.

Péron de Praslin. Fév., 1771, p. 214.

Pérouse. V. PEYROUSE (LA).

Perrault. Mai, 1703, p. 253.

Perrault d'Armancour. Mars, 1700,
p. 105.

Perrelle. Oct., 1716, p. 248; déc.,
1er vol., 1735, p. 2742; déc.,
2e vol., 1735, p. 2939; avr., 1741,
p. 825.

Perrency de Grosbois. Mars, 1771,
p. 210.

Perrier. Avr., 1710, p. 293.

Perrier (du). Sept., 1748, p. 256;
mars, 1749, p. 210.

Perrier de Salvert. Juin, 2e vol.,
1757, p. 208.

Perrière (la). V. JAUCEN.

Perrin. Avr., 1710, p. 288; avr.,
1751, p. 810; juin, 1769, p. 225.

Perrinet de Faugnes. Oct., 2e vol.,
1775, p. 211.

Perrochel. Sept., 1707, p. 136; oct.,
1708, p. 152.

Perron (du). Mai, 1715, p. 115;
juill., 1735, p. 1681.

Perron de Belle-Isle. Déc., 1739,
p. 5148.

Perrot. Févr., 1771, p. 212.

Perrot de Fercourt. Mars, 1689,
p. 510; déc., 1710, p. 42.

Perrot de Saint-Dié. Mars, 1735,
p. 604.

Perrot-Duvernay. Févr., 1750, p. 208.
V. encore DUVERNAY.

Perrotin de Barmond. Août, 1729,
p. 1899; juin, 2e vol., 1752.
p. 203.

Persac. V. MAISTRE (LE).

Persan. V. DOUBLET DE PERSAN.

Pertuis. Juin, 1772, p. 222.

Pertuis de Baons-le-Comte. Août,
1753, p. 207.

Pertus. V. VALADOUS.

Pérussault. Juin, 2e vol., 1753,
p. 195.

Perusse d'Escars. Nov., 1750, p. 221;
juill., 1755, p. 224; déc., 1764,
p. 204; févr., 1770, p. 215. V. en-
core ESCARS.

Peschellerie (la). Juin, 1er vol., 1734,
p. 1254.

Peseux. V. PEZÉUX.

Pestalozzy. Avr., 2e vol., 1774, p. 212.

Pétau. Sept., 1696, p. 507; avr.;

1702, p 384; *juin*, 1706, p. 214; *sept.*, 1747, p. 179; *oct.*, 1767, p. 207.

Petit. *Oct.*, 1702, p. 277; *janv.*, 1703, p. 97; *mai*, 1704, p. 122; *juill.*, 1704; p. 81; *avr.*, 1705. p. 65; *sept.*, 1708, p. 91; *févr.*, 1736, p. 389.

Petit d'Avesnes (le). *Juin*, 1756, p. 228.

Petit de Grandcour. *Juin*, 2° vol., 1754, p. 204.

Petit de Loudeville. *Juin*, 1er vol., 1750, p. 209.

Petit de Marivats. *Avr.*, 1744, p. 839.

Petit de Marivel. *Févr.*, 1778, p. 212.

Petit de Passi. *Avr.*, 1727, p. 816; *mai*, 1759, p. 1036.

Petit de Ravannel. *Déc.*, 2° vol., 1747, p. 196.

Petit de Villeneuve. *Nov.*, 1711, 4° part., p. 110; *avr.*, 1710, p. 261; *sept.*, 1751, p. 2267; *avr.*, 1752, p. 801; *juill.*, 1753, p. 1679; *avr.*, 1755, p. 850; *déc.*, 2° vol., 1747, p. 196.

Petit des Landes. *Avr.*, 1753, p. 209. V. encore LANDES (DES).

Petitpas. *Janv.*, 1756, p. 178.

Petitpied des Essars. *Août*, 1699, p. 104; *juill.*, 1705, p. 175.

Peyrebac. *Juill.*, 2° vol., 1769, p. 250.

Peyrel de Grandval. *Févr.*, 1754, p. 598. V. encore POIREL DE GRANDVAL.

Peyronnie (la). V. GIGOT.

Peyrouse (la). *Juill.*, 1738, p. 1664; *janv.*, 1754, p. 193; *oct.*, 1er vol., 1763, p. 209. V. encore ROCHON DE LA PEYROUSE.

Beysieu. V. LONGECOMBE.

Peytier. *Déc.*, 2° vol., 1753, p. 200.

Pezay. *Janv.*, 1er vol., 1777, p. 234.

Pezé. V. COURTARVEL.

Pezeau (du). *Févr.*, 1754, p. 210.

Pezenne. V. BEAULAC.

Pezeux. *Oct.*, 1694, p. 242; *mai*, 1703, p. 208; *déc.*, 1742, p. 2763. V. encore CLÉRADIUS.

Pezey. *Nov.*, 1751, p. 2683.

Phélypeaux. *Avr.*, 1688, p. 111; *févr.*, 1689, p. 335; *janv.*, 1694, p. 221; *mai*, 1694, p. 64; *mars*, 1697, pp. 235-249; *sept.*, 1697, p. 248; *janv.*, 1703, p. 308; *juin*,

1704, p. 367; *oct.*, 1704, p. 199; *avr.*, 1705, p. 187; *juin*, 1708, pp. 575-591; *sept.*, 1710. p. 506; *avr.*, 1711, p. 88; *sept.*, 4° part., 1711, p. 59; *août*, 1715, p. 11; *janv.*, 1716, p. 152; *mars*, 1718, p. 171; *avr.*, 1724, p. 785; *mai*, 1724, p. 1226; *juin*, 1er vol., 1725, p. 1249; *sept.*, 1er vol., 1725, p. 2107; *oct.*, 1725, p. 2542; *nov.*, 1725, p. 2744; *déc.*, 1er vol., 1726, p. 2804; *déc.*, 1er vol., 1727. p. 2751; *juin*, 2° vol., 1729, p. 1470; *mai*, 1752, p. 1019; *févr.*, 1754, p. 404; *mai*, 1754, p. 1051; *juin*, 2° vol., 1754, p. 1455; *mars*, 1757, p. 610; *janv.*, 1746, p. 202; *févr.*, 1747, p. 206; *déc.*, 1er vol., 1751, p. 188; *avr.*, 1752, p. 209; *déc.*, 1763, p. 195; *nov.*, 1770, p. 225. V. encore VRILLIÈRE (LA).

Philip. *Janv.*, 1708, p. 157.

Philippe. *Sept.*, 1698, p. 119.

Piarron. V. PIARROT.

Piarrot de Chamousset. *Nov.*, 1714, p. 518; *déc.*, 1739, p. 2944; *janv.*, 1740, p. 183; *août*, 1753, p. 210; *juin*, 1773, p. 212. V. encore CHAMOUSSET.

Pibrac. V. FAURE DE PIBRAC.

Picard. *Août*, 1705, p. 50; *oct.*, 1711, 4° part., p. 107.

Picard d'Aubercourt. *Juin*, 1697, p. 212.

Picart (le). *Juill.*, 1708, pp. 15-27; *sept.*, 1716, p. 210.

Picart de Périgny. *Févr.*, 1701, p. 197; *mars*, 1720, p. 165.

Pichon. *Août*, 1712, p. 158; *févr.*, 1757, p. 404; *mai*, 1744, p. 1056.

Pichon de Madières. *Août*, 1759, p. 1889.

Picon. V. PICOT.

Picot d'Andrezel. *Mars*, 1749, p. 211; *avr.*, 1749, p. 252; *juill.*, 2° vol., 1765, p. 194. V. encore ANDREZEL.

Picot de Combreux. *Janv.*, 2° vol., 1772, p. 212; *déc.*, 1777, p. 213; *janv.*, 1er vol., 1777, p. 229.

Picot de Dampierre. *Sept.*, 1688, p. 89; *janv.*, 2° vol., 1772, p. 215.

Piques. *Mai*, 1714, p. 150.

Picquet. *Mai*, 1699, p. 203; *oct.*, 1740, p. 2525; *juill.*, 1742, p. 1684.

Pidou de Saint-Olon. *Juill.*, 1715, p. 214; *oct.*, 1720, p. 145.

Piecourt. *Févr.*, 1720, p. 173; *déc.*, 2ᵉ vol., 1746, p. 213.

Piedefert. *Nov.*, 1703, p. 291.

Piedoux de Charligné. *Mars*, 1775, p. 234.

Pieissac. *Avr.*, 2ᵉ vol., 1771, p.214.

Piennes de Farolles. *Févr.*, 1699, p. 61; *oct.*, 1699, p. 252. V. encore Brouilly.

Pierous. V. Nonant (*Oct.*, 1ᵉʳ vol., 1703, p. 209).

Pierre (la). *Oct.*, 1ᵉʳ vol., 1756, p. 256; *oct.*, 2ᵉ vol., 1756, p. 234; *janv.*, 2ᵉ vol., 1757, p. 255.

Pierre de Bernis. *Nov.*, 1755, p. 235; *avr.*, 2ᵉ vol., 1774, p. 212; *avr.*, 1ᵉʳ vol., 1777, p. 211.

Pierre de Bousies (la). *Mai*, 1768, p. 198.

Pierrefeu. V. Dedons.

Pierrepont. *Juin*, 2ᵉ vol., 1729, p. 1470; *mai*, 1734, p. 1036; *mars*, 1758, p. 609.

Pierreville-Gonfray. *Déc.*, 1696, p. 260.

Pignatelli d'Egmont. *Nov.*, 1717, p. 214; *mars*, 1744, p. 602; *août*, 1751, p. 174; *nov.*, 1751, pp 183-188; *mai*, 1753, p. 209; *nov.*, 1753, p. 204; *avr.*, 1ᵉʳ vol., 1756, p. 236; *nov.*, 1775, p. 212. V. encore Egmont.

Pigray. *Oct.*, 1714, p. 500.

Pijart. *Oct.*, 1753, p. 2307.

Pille (du). *Juin*, 1740, p. 1240.

Pilles. V. Forville-Pilles.

Pilletx de Maison-Neuve. *Juill.*, 1ᵉʳ vol., 1777, p. 212.

Pilleur (le). *Janv.*, 1695, p. 296; *avr.*, 1709, p. 252; *mai*, 1726, p. 1068; *déc.*, 1738, p. 2717.

Pilleur d'Apligny (le). *Juin*, 1741, p. 1256.

Pimodan. *Janv.*, 1746, p. 203; *juill.*, 1ᵉʳ vol., 1772, p. 209.

Pimpie (la). *Avr.*, 1ᵉʳ vol., 1775, p. 212.

Pinault de Tenelles. *Janv.*, 2ᵉ vol., 1778, p. 211.

Pineau. *Mai*. 1759, p. 1035.

Pineau de Lucé. *Avr.*, 1745, p. 818.

Pineau de Viennay. *Juin*, 2ᵉ vol., 1754, p. 205; *déc.*, 1775, p. 234. V. encore Viennay.

Pinet. *Sept.*, 1757, p. 224.

Pinette de Charmoy. *Févr.*, 1685, p. 287; *nov.*, 1700, p. 80; *juin*, 1703, p. 83; *févr.*, 1708, p. 46.

Pingré de Farinvilliers. *Févr.*, 1706, pp. 73 et 144.

Pinguet. *Janv.*, 1ᵉʳ vol., 1773, p. 212.

Pinneau. V. Pineau.

Pinon. *Août*, 1689, p. 254; *juill.*, 1691, p. 24; *nov.-déc.*, 1707, p. 355; *mai*, 1710, p. 157; *juill.*, 1726, p. 1695, *avr.*, 1729, p. 824; *juin*, 1ᵉʳ vol., 1750, p. 1256; *janv.*, 1747, p. 198.

Pinos. V. Graus.

Pinot-Duclos. *Avr.*, 2ᵉ vol., 1772, p. 214.

Pinsonneau. *Janv.*, 1756, p. 177, *déc.*, 2ᵉ vol., 1747, p. 196.

Piochard. *Déc.*, 1740, p. 2962.

Pioger. *Mars*, 1729, p. 624.

Piolenc. *Févr.*, 1759, p. 214; *avr.*, 1ᵉʳ vol., 1777, p. 213.

Pionsac. *Avr.*, 1706, p. 282; *janv.*, 1709, p. 345; *févr.*, 1709, p. 372. V. encore Chabannes de Pionsac.

Piquet de Ver. *Juin*, 1699, p. 240; *juill.*, 1699, p. 69; *juin*, 1ᵉʳ vol., 1747, p. 211.

Piquot. *Juin*, 1ᵉʳ vol., 1732, p. 1259.

Pire d'Ilinge. *Oct.*, 2ᵉ vol., 1774, p. 211.

Piron. *Mars*, 1773, p. 209.

Pise de Bourbon-Lancy. *Oct.*, 1ᵉʳ vol., 1774, p. 236.

Pithon. *Mai*, 1714, p. 135.

Pitot. *Févr.*, 1772, p. 213.

Pivart de Chastulé. *Déc.*, 1757, p. 245.

Planche (la). *Août*, 1699, p. 104.

Plancy. V. Moreau.

Planelly de Mascrany. *Mars*, 1772, p. 209. V. encore Mascrany.

Planque. *Déc.*, 1710, p. 55.

Planson. *Mai*, 1700, p. 270; *juin*, 2ᵉ vol., 1754, p. 205.

Plantavit. *Avr.*, 1708, pp. 45-63; *avr.*, 2ᵉ vol., 1762, p. 208.

Planstrom. *Déc.*, 2ᵉ vol., 1745, p. 183.

Plas. *Avr.*, 1705, p. 57; *mars*, 1746, p. 206; *janv.*, 1750, p. 198.

Platière (la). *Mai*, 1754, p. 1059. V. encore Guillet.

Plélo. V. Bréhan.

Plenneville. *Juin*, 2° vol., 1749, p. 200.

Plesnoye (la). *Oct.*, 2° vol., 1775, p. 212.

Plessis (du). *Avr.*, 1708, p. 538; *avr.*, 1726, p. 854; *janv.*, 1727, p. 192; *oct.*, 1er vol., 1772, p. 210. V. encore VERNET (du), LARBOUILLARD, BAS (LE) et RICHELIEU.

Plessis-Bellière. V. ROUGÉ.

Plessis-Besançon (du). *Sept.*, 1708, p. 78.

Plessis Châtillon (du). *Juill*, 1709, p. 140; *févr.*, 1712, p. 80; *juin*, 1715, p. 206; *févr.*, 1718, p. 234; *déc.*, 1er vol., 1726, p. 2805; *déc.*, 1738, p. 2722; *nov.*, 1745, p. 226; *juin*, 1er vol., 1754, p. 208; *déc.*, 1er vol., 1754, p. 206; *oct.*, 2° vol., 1756, p. 229; *juill.*, 2° vol., 1762, p. 187; *août*, 1765, p. 202; *janv.*, 1er vol., 1764, p. 185; *oct.*, 2° vol., 1775, p. 212; *mai*, 1776, p. 212.

Plessis-Clereau (du). *sept.*, 1726, p. 2175.

Plessis d'Argentré (du). *Oct.*, 1740, p. 2525.

Pleurre. *Nov.*, 1739, p. 2718; *févr.*, 1742, p. 409; *août*, 1743, p. 197; *mars*, 1773, p. 211; *janv.*, 2° vol., 1778, p. 211.

Pleurs. V. PLEURRE.

Ploeuc du Timeur. *Févr.*, 1739, p. 391. V. encore RIVIÈRE (LA).

Plumard. *Sept.*, 1747, p. 168.

Plumartin. V. HERVAULT.

Podenas. *Mars*, 1777, p. 234.

Podénas de Villepinte. *Juin*, 1759, p. 214.

Poeppe. *Avr.*, 1702, p. 528.

Poerier de Franqueville. *Mai*, 1770, p. 210.

Poictiers. *Mai*, 1748, p. 195; *juin*, 1759, p. 214; *avr.*, 1er vol., 1778, p. 212.

Poivillain. *Oct.*, 1er vol., 1771, p. 224.

Poinsy. V. CROIX DE POINSY (LA).

Pointis. *Juin*, 1707, p. 116.

Poilvillain. *Déc.*, 1767, p. 241.

Poirel de Grandval. *Oct.*, 1702, p. 242. V. encore PEYREL DE GRANDVAL.

Poirier-Cottereau (du). *Juin*, 2° vol., 1757, p. 1457; *févr.*, 1740, p. 392.

Poirier de Vallois. *Avr.*, 1729, p. 825.

Poissi (de). *Mars*, 1698, p. 272.

Poisson. *Oct.*, 1735, p. 2326; *avr.*, 2° vol., 1771, p. 213.

Poisson de Malvoisin. *Août*, 1754, p. 211.

Poissonnier. *Janv.*, 1er vol., 1777, p. 255.

Poitiers. *Oct.*, 1er vol., 1775, p. 215.

Polastre. *Févr.*, 1707, p. 105.

Polastron de la Fuselière. *Avr.*, 1704, p. 48; *mai*, 1704, p. 188; *mars*, 1706, p. 141; *oct.*, 1706, p. 244; *juill.*, 1707, p. 65; *déc.*, 1715, p. 248; *juill.*, 1742, p. 1666; *janv.*, 1746, p. 199; *juin*, 2° vol., 1753, p. 194; *déc.*, 1767, p. 257; *janv.*, 2° vol., 1771, p. 224.

Poleins. *Nov.*, 1703, p. 297; *oct.*, 1747, p. 156.

Polémieux. V. BARONNAT.

Polignac. *Juin*, 1706, p. 256; *sept.*, 1706, p. 71; *juill.*, 1709, p. 235; *mai*, 1713, p. 41; *juin*, 1712, p. 195; *avr.*, 1713, p. 176; *mai*, 1713, pp. 41-48; *nov.*, 1721, p. 82; *déc.*, 1738, p. 2922; *avr.*, 1739, p. 817; *déc.*, 1741, p. 2759; *mai*, 1753, p. 208; *oct.*, 1er vol., 1762, p. 198; *déc.*, 1764, p. 204; *avr.*, 2° vol., 1767, p. 194; *déc.*, 1767, pp. 237 et 244; *août*, 1768, p. 214; *mars*, 1776, p. 251; *nov.*, 1777, p. 211.

Pollaillon de Sameuse. *Oct.*, 1691, p. 228.

Pollart de Villequoy. *Mai*, 1700, p. 211; *juin*, 1707, p. 43; *nov.-déc.*, 1707, p. 75; *oct.*, 1711, p. 297; *févr.*, 1716, p. 79; *janv.*, 1729, p. 201; *janv.*, 1753, p. 210; *août*, 1755, p. 209.

Pommeraye. V. BALAINE.

Pommereu. *Oct.*, 1702, p. 269; *août*, 1715, p. 512; *mai*, 1725, p. 1052; *nov.*, 1727, p. 2559; *févr.*, 1752, p. 407; *déc.*, 2° vol., 1754, p. 2947; *janv.*, 1755, p. 190; *juin*, 2° vol., 1756, p. 1471; *nov.*, 1748, p. 211.

Pompadour. *Juin*, 1708, p. 356; *mars*, 1er vol., 1722, p. 168; *sept.*, 1726, p. 2174; *févr.*, 1752, p. 406; *oct.*, 1752, p. 2206; *mai*, 1741, p. 1052; *juin*, 2° vol., 1748, p. 207.

Pomponne. V. ARNAULT.

Pomponne-Mirey. *Mai*, 1740, p. 1035.

Poncher. *Déc.*, 1724, p. 2912; *avr.*, 1753, p. 820.

Pongin de Nommion. *Déc.*, 1er vol., 1750, p. 200.

Poniatowsky. *Juill.*, 1744, p. 1703.

Ponnal. *Juill.*, 1696, p. 152; *juill.*, 1698, p. 276.

Pons. *Févr.*, 1709, pp. 221-256; *mars*, 1722, 2e vol., p. 174; *sept.*, 1762, p. 206; *oct.*, 1709, p. 146; *janv.*, 1710, p. 256; *févr.*, 1714, p. 277; *mars*, 1714, pp. 55-58; *juin*, 1715, p. 219; *juill.*, 1757, p. 1674; *juin*, 2e vol., 1750, p. 184; *avr.*, 1751, p. 187; *juin*, 1er vol., 1754, p. 208; *août*, 1756, p. 255; *janv.*, 2e vol., 1759, p. 206; *sept.*, 1762, p. 206; *avr.*, 1er vol., 1764, p. 206; *janv.* 2e vol., 1767, p. 186; *avr.*, 1er vol., 1769, p. 213; *juill.*, 1er vol., 1770, p. 250; *déc.*, 1771, p. 212.

Pons d'Annonville. *Sept.*, 1762, p. 206.

Pons de Lonzac. *Déc.*, 1741, p. 2758.

Pons de Rennepont. *Août*, 1742, p. 1912; *janv.*, 2e vol., 1760, p. 208; *avr.*, 1er vol., 1770, p. 224. V. encore RENNEPONT.

Pons de Roquefort. *Oct.*, 1745, p. 2319.

Pont. *Déc.*, 1er vol., 1750, p. 198; *juill.*, 1er vol., 1772, p. 211.

Pont de Vesle. V. FÉRIOL.

Pont-l'Abbé. *Août*, 1777, p. 212.

Pont-Saint-Michel. *Juin*, 1759, p. 213.

Pont-Saint-Pierre. V. RONCHEROLLES.

Pontac. *Sept.*, 1706; p. 143; *avr.*, 1708, p. 171.

Pontault. V. MARGERET.

Pontbriand. V. BREIL (DU).

Pontcarré. V. CAMUS DE PONTCARRÉ (LE).

Poncet. *Sept.*, 1716, p. 212.

Poncet de la Rivière. *Déc.*, 2e vol., 1728. p. 2975; *août*, 1750, p. 1896; *mars*, 1754. p. 618; *nov.*, 1745, p. 2554; *juin*, 1776, p. 235; *oct.*, 2e vol., 1777, p. 209. V. encore RIVIÈRE (LA).

Poncharost. V. BROCHET.

Pontcharron. V. PONTCHAROST.

Pontchartrain. G. PHÉLYPEAUX.

Ponté d'Albaret. *Oct.*, 1722, p. 163; *sept.*, 1727, p. 2133; *déc.*, 1er vol., 1750, p. 205.

Pontevez. *Avr.*, 1699, p. 256; *déc.*, 1709, pp. 201 et 204; *mai*, 2e part., 1711, p. 74; *mars*, 1743, p. 602;

déc., 1er vol., 1750, p. 206; *déc.*, 1777, p. 210. V. encore SABRAN.

Ponton. *Juill.*, 1758, p. 1665.

Pontus. V. THYARD DU BISSY.

Pontville. V. ROCHECHOUART-PONT-VILLE.

Ponty. *Avr.*, 2e vol., 1772, p. 212.

Porel des Fossés. *Mai*, 1769, p. 212.

Porignan. *Janv.*, 1757, p. 162.

Porchet de Condé. *Avr.*, 1744, p. 859.

Porlier. *Déc.*, 1721, p. 166.

Porrier de la Surrière. *Août*, 1716, p. 205.

Port (du). *Déc.*, 1702, p. 262; *déc.*, 1759, p. 2946.

Portail. *Mai*, 1699, p. 195; *janv.* 1701, p. 106; *août*, 4e part., 1711, p. 60; *mars*, 1er vol., 1722, p. 170; *févr.*, 1752, p. 406; *mars*, 1754, p. 619; *mai*, 1756, p. 1040; *juin*, 1759, p. 1461; *août*, 1755, p. 255; *oct.*, 2e vol., 1766, p. 212.

Portal (du). *Févr.*, 1775, p. 213.

Portalis. *Janv.*, 2e vol., 1757, p. 234.

Portault (du). V. VILLE (LA).

Porte (la). *Juill.*, 1696, p. 228; *août*, 1706, p. 227; *nov.*, 1715, p. 241; *mai*, 1716, p. 270; *janv.*, 1716, p. 126; *juill.*, 1716, p. 191; *févr.*, 1750, p. 420; *juin*, 1er vol., 1755, p. 1239; *juill.*, 1755, p. 1666; *juin*, 1er vol., 1756, p. 1239; *juin*, 1741, p. 1249; *mars*, 1746, p. 208; *oct.*, 1er vol., 1774, p. 235; *janv.*, 1er vol., 1777, p. 237; *oct.*, 2e vol., 1777, p. 212. *mars*, 1778, p. 207. V. MEILLE-RAYE.

Porte d'Artois. *Juill.*, 2e vol., p. 236.

Porte de Montval (la). *Avr.*, 1750, p. 211.

Porte du Theil (la). *Oct.*, 1757, p. 2316; *janv.*, 1er vol., 1756, p. 225. V. encore THEIL (DU).

Porte-Mazarin (la). *Janv.*, 1758, p. 188; *oct.*, 1742, p. 2517.

Portebois de Montjournel. *Nov.*, 1702, p. 257.

Portes. V. BUDOS.

Portes (des). *Déc.*, 1er vol., 1751. p. 190.

Portes de Pardaillan (des). *Avr.*, 1753, p. 200.

Portia. *Oct.*, 1er vol., 1767, p. 208.

Postel ou Possel. *Août*, 1765, p.199; *déc.*, 1763, p. 196.

Pot de Rhodes. *Juill.*, 1706, pp. 133-141; *janv.*, 1715, p. 188; *août*, 1717, p. 153; *févr.*, 1740, p.391.

Potérat. *Avr.*, 1740, p. 813; *nov.*, 1741, p. 2543; *juin*, 1771, p. 236.

Poterie (la). V. Neuf.

Potier de Novion et de Gèvres. *Févr.*, 1687, p. 350; *sept.*, 1695, p. 54; *juin*, 1694, p. 205; *avr.*, 1702, p. 380; *nov.*, 1702, pp. 208-215; *févr.*, 1703, p. 80; *juill.*, 1703, p. 398; *févr.*, 1704, p.158; *déc.*, 1704, p. 235; *avr.*, 1705, p. 71; *oct.*, 1705, p. 513; *nov.*, 1705, p, 179; *août*, 1707, p. 129; *juill.*, 1709, p. 128; *mai*, 1713, pp. 212-222; *sept.*, 1715, p. 252; *juill.*, 1717, p, 206; *juill.*, 1722, p. 179; *déc.*, 1er vol., 1723, pp. 1240 et 1242; *déc.*, 1er vol., 1725, p.2939; *juin*, 1726, pp. 1271 et 1272; *avr.*, 1729, p.829; *sept.*, 1731, p.2269; *nov.*, 1733, p.2524; *oct.*, 1755, p. 2525; *avr.*, 1739, pp. 822-52; *déc.*, 1759, p. 2948; *oct.*, 1740, p. 2528; *juin*, 1741, p. 1244; *déc.*, 1744, p.205; *févr.*, 1747, p. 202; *août*, 1747, p. 187; *juill.*, 1748, p. 196; *déc.*, 2e vol., 1748, p. 223; *févr.*, 1752, p. 213; *déc.*, 1er vol., 1754, p. 206; *janv.*, 1er vol., 1756, p.222; *oct.*, 2e vol., 1757, p. 212; *avr.*, 2e vol., 1758, pp. 198 et 199; *nov.*, 1769, p.225; *juin*, 1772, p. 224; *sept.*, 1774, p. 248; *janv.*, 2e vol., 1725, p.211.

Potier Savis de Pelletot. *Déc.*, 2e vol., 1745, p. 183.

Pouancey. *Oct.*, 1757, p. 2310.

Poudenx. *Févr.*, 1708, pp. 274-283; *mars*, 1709, p. 281; *juin*, 1709, p. 242.

Pouffier. *Mai*, 1736, p. 1021.

Pouget de Nadaillac (du). *Août*, 1707, p. 186; *avr.*, 1740, p. 827; *mai*, 1749, p. 252; *juin*, 2e vol., 1751, p. 197; *déc.*, 1771, p. 212; *oct.*, 2e vol., 1774, p. 212; *juin*, 1776, p. 254.

Poujade. *Août*, 1702, p. 252.

Poullain de Saint-Foix. *Oct.*, 1er vol., 1776, p. 211.

Poulletier. *Oct.*, 1704, p. 208; *avr.*,

1711, 2e part., p. 80; *mars*, 1736, p. 601; *oct.*, 1er vol., 1765, p. 196.

Pouilly-Bessey. *Janv.*, 1er vol., 1775, p. 212.

Poulpry. *Déc.*, 1738, p. 2718; *avr.*, 1er vol., 1769, p. 214.

Poupe (la). V. Darrots.

Poupelinière (la). V. Arrot.

Poupet (le). *Juill.*, 1740, p. 1667.

Pourroy de Quinsonnas. *Avr.*, 1753, p. 205.

Poussart. *Déc.*, 1738, p. 2718.

Poussart du Vignan. *Juin*, 1741, p. 1479.

Pousse. V. Raguier.

Poussemothé. *Janv.*, 1688, p. 321; *déc.*, 1697, p. 204; *janv.*, 1708, p. 549; *mars*, 1718, p. 174; *nov.*, 2e vol., 1722, p. 201; *mai*, 1725, p.1051; *déc.*, 1er vol., 1727, p. 2750; *mars*, 1742, p.628; *mai*, 1750, p. 207; *août*, 1753, p. 210; *juill.*, 1er vol., 1761, p.209; *avr.*, 1er vol., 1762, p. 201.

Pousset de Montauban. *Janv.*, 1685, p. 90.

Pouyvet de la Blinière. *Déc.*, 1er vol., 1748, p. 230.

Poyade (la). V. Houlier.

Poyanne. *Août*, 1761, p. 199; *avr.*, 2e vol., 1767, p. 194. V. encore Baylens.

Poylebon. V. Montesquiou.

Poype (la). *Avr.*, 1709, p. 253; *févr.*, 1752, p. 407; *sept.*, 1739, p. 2091; *nov.*, 1751, p. 194.

Poyrel. *Sept.*, 1716, p. 206.

Pra de Balay-Sauly. V. Cléradius.

Pracontal. *Déc.*, 1703, p. 358; *juill.*, 1723, p. 184; *mai*, 1729, p. 1055; *juin*, 1er vol., 1755, p. 197; *sept.*, 1754, p. 214; *juin*, 1772, p. 222.

Pradel. *Oct.*, 1696, p. 251.

Praslin. V. Choiseul.

Prat (du). *Nov.*, 1708, p. 191; *juin*, 1712, p.116; *juill.*, 1742, p. 1677; *janv.*, 2e vol., 1767, p. 188.

Prat de Barbanson (du). *Févr.*, 1735, p. 407; *août*, 1744, p. 1925; *mai*, 1749, p. 225; *fév.*, 1750, p. 208; *août*, 1750, p. 210.

Pré (du). V. Dupré.

Préaux. V. Hastrel.

Préchac. *Nov.*, 1715, p. 180.

Preissac. *Août*, 1755, p. 209. V. encore Abzac.

Preissac d'Espagne. *Janv.*, 2ᵉ vol., 1765, p. 181. V. encore ESPAGNE.

Preissac de Fezensac. *Mai*, 1777, p. 212.

Preissac de Marestan. *Sept.*, 1752, p. 203.

Prémeaux. V. MACHECO.

Prémont. *Mars*, 1705, p. 112.

Presle. *Janv.*, 1708, p. 354.

Presque. V. BONAFOU.

Pressigny. *Nov.-déc.*, 1707, p. 365.

Prestre (le). V. VAUBAN.

Prestre de Lesonet (le). *Juin*, 1ᵉʳ vol., 1758, p. 1224.

Prêtre (le). *Mai*, 1750, p. 202.

Pretz (des). *Janv.*, 1755, p. 187.

Prévost. *Févr.*, 1764, p. 235.

Prevost de la Tousche. *Sept.*, 1750. p. 196.

Prévost de Sansac. *Déc.*, 1775, p. 228.

Prévost de Barail. *Déc.*, 1ᵉʳ vol., 1754, p. 2759.

Prévost du Four (le). *Sept.*, 1748, p. 256.

Prezau. *Févr.*, 1750, p. 421.

Prie. *Nov.*, 1700, p. 176; *févr.*, 1709, p. 209; *déc.*, 1715, p. 169; *déc.*, 2ᵉ vol., 1752, p. 2925; *juin*, 1ᵉʳ vol., 1751, p. 190; *mars*, 1755, p. 186; *mars*, 1775, p. 210.

Prieur (le). *Avr.*, 1752, p. 211; *mai*, 1759, p. 205.

Princé. V. CHARLOT.

Princerie-Coignac (la). *Mai*, 1776, p. 212.

Pringy. *Janv.*, 1704, p. 205; *juill.*, 1709, p. 237.

Prix-Hay. *Avr.*, 2ᵉ vol., 1758, p. 201.

Privat de Molières. *Juill.*, 1742, p. 1671.

Proisy d'Eppe. *Oct.*, 1ᵉʳ vol., 1774, p. 235. V. MARFONTAINES.

Promleroy. V. LANCRY.

Prondre. *Févr.*, 1756, p. 389; *janv.*, 2ᵉ vol., 1757, p. 255; *nov.*, 1771, p. 212.

Prougent. *Sept.*, 1755, p. 2088.

Proustière (la). V. GOURREAU.

Provenzal. *Mai*, 1729, p. 1035.

Prulay. V. BONVOUST.

Prumarède. *Juin*, 1770, p. 250.

Prunay. *Mars*, 1756, p. 602.

Prunelé. *Mai*, 1750, p. 1049; *avr.*,

1758, p. 816; *juin*, 1759, p. 1246; *mars*, 1746, p. 209; *mai*, 1750, p. 204.

Prunevaux. V. FOULLÉ.

Prunier. *Oct.*, 1754, p. 214.

Prunier de Saint-André. *Sept.*, 1692, pp. 105-119; *mai*, 1760, p. 208; *mai*, 1766, p. 209.

Pruslay. *Mai*, 1778, p. 211.

Prye. *Août*, 1758, p. 1875.

Pucelle. *Févr.*, 1704, p. 269; *mai*, 1715, p. 289; *mars*, 1751, p. 608; *août*, 1759, p. 1888; *janv.*, 1745, p. 210; *févr.*, 1745, p. 185.

Puech de Comeiras (del). *Janv.*, 1755, p. 213; *mars*, 1755, p. 185; *juin*, 2ᵉ vol., 1757, p. 210; *oct.*, 1ᵉʳ vol., 1759, p. 233; *janv.*, 1ᵉʳ vol., 1762, p. 196.

Puech de la Laubières (del). *Juin*, 2ᵉ vol., 1757, p. 210.

Puget. *Févr.*, 1775, p. 213.

Puidevale de Saint-Marsol de Boncoroz. *Avr.*, 1755, p. 204.

Puis (du). *Févr.*, 1755, p. 598.

Puis de Chantemerle (du). *Oct.*, 1742, p. 2328.

Puisieux. V. BRULART.

Puisséguiers. *Déc.*, 1ᵉʳ vol., 1728, p. 2764.

Pujet. *Avr.*, 1708, p. 158; *juin*, 1708, p. 122; *avr.*, 1710, pp. 208-214; *mars*, 1718, p. 172; *févr.*, 1728, p. 413.

Pujet de Barbantane. *Juin*, 2ᵉ vol., 1755, p. 184.

Pujol. *Sept.*, 1696, p. 509; *avr.*, 1710, p. 506; *juill.*, 1ᵉʳ vol., 1760, p. 209.

Puligny. V. RIGOLEY.

Pully. V. GÉDOUIN.

Punont. *Juin*, 1760, p. 255.

Pusignan. *Janv.*, 1696, p. 284.

Pusignieu. *Mai*, 1775, p. 225.

Putanges. *Mai*, 1706, p. 165. V. encore MORET.

Puy (du). *Févr.*, 1695, p. 190; *nov.*, 1706, p. 241; *oct.*, 1758, p. 2299.

Puyau des Mazières. *Oct.*, 1709, p. 122.

Puydufou. *Mars*, 1696, p. 221.

Puyguion. *Juill.*, 1708, p. 151.

Puy-Montbrun (du). *Déc.*, 1741, p. 2963; *août*, 1774, p. 214.

Puynormand. *Mai.*, 1704, p. 184.
Puységur. *Nov.-déc.*, 1707, p. 420 ; *oct.*, 1714, p. 343 ; *déc.*, 1er vol., 1757, p. 2731 ; *juill.*, 1742,

p. 1690 ; *juill.*, 1er vol., 1772, p. 210. V. encore CHASTENET.
Puysieux. *Déc.*, 1704, p. 201 ; *janv.*, 1705, pp. 8-24. V. encore BRULART.

Q

Quadt. *Mai*, 1704, p. 196.
Quantin. *Févr.*, 1742, p. 402 ; *août*, 1742, p. 1901.
Quantin de la Vienne. *Sept.*, 1747, p. 179.
Quantin de Richebourg. *Mars*, 1719, p. 171 ; *mai*, 1748, p. 190 ; *juill.*, 2e vol., 1762, p. 187. V. encore RICHEBOURG et TOUSTAIN.
Quarré. *Janv.*, 1750, p. 201.
Quatrebarbes. *Août*, 1698, p. 221 ; *janv.*, 1700, p. 199 ; *janv.*, 1704. p. 90 ; *avr.*, 2e part., 1711, p. 82.
Queille (la). *Mai*, 1706, p. 59 ; *févr.*, 1755, p. 210 ; *juin*, 1758, p. 211 ; *mai*, 1775, p. 212 ; *juill.*, 1er vol., 1776, p. 256.
Quelen. *Août*, 1686, p. 87 ; *avr.*, 1722, p. 186 ; *oct.*, 1722, p. 159 ; *nov.*, 1746, p. 289 ; *juin*, 1777, p. 212.
Quélen d'Estuer. *Déc.*, 1738, p. 2719.
Quélen-Stuart ou Stuer. *Sept.*, 1750, p. 2113 ; *mars*, 1772, p. 211.
Quélus. *Janv.*, 1703, p. 296 ; *août*, 1704. p. 593 ; *déc.*, 1704, p. 189 ; *mars*, 1705, p. 197.
Quéhillac. *Avr.*, 1er vol., 1774, p. 211 ; *avr.*, 2e vol., 1774, p. 213.
Quémadeu. *Févr.*, 1778, p. 210.
Quentin. V. QUANTIN.
Querhoent. V. KERCHOENT.
Quérouart. V. KEROUART.

Querrieu. V. GAUDECHART.
Querronas. *Nov.*, 1728, p. 2561.
Quesnay. *Janv.*, 1er vol., 1775, p. 234.
Quesnaye. *Févr.*, 1705, p. 575.
Quesne (du). *Avr.*, 1710, p. 257 ; *mai*, 1724, p. 1225 ; *juin*, 1724, p. 1225 ; *août*, 1763, p. 199 ; *déc.*, 1763, p. 197.
Quesne de Monier (du). *Déc.*, 1763, p. 197.
Quesnel (du). *Juill.*, 1708, p. 19-27 ; *nov.*, 1714, p. 331 ; *avr.*, 1722, p. 186 ; *juill.*, 1734, p. 1686 ; *juin*, 2e vol., 1754, p. 205 ; *janv.*, 2e vol., 1769, p. 214.
Quesnois. V. FÈVRE DE QUESNOIS (LE).
Quesnois (du). *Mai*, 1774, p. 225.
Quesse de Valcourt. *Juin*, 1742, p. 1475 ; *juill.*, 1742, p. 1679.
Queuille (la). V. QUEILLE (LA).
Quein de la Neuville (le). *Mai*, 1768, p. 197.
Quincarnou. *Avr.*, 2e vol., 1774, p. 212.
Quincy. V. BOULU, FOURVIÉRE, PINON et SÉVIN.
Quinson. *Janv.*, 1750, p. 182.
Quinsonas. V. POURROY.
Quintin. *Nov.*, 1702, p. 314.
Quiqueran de Beaujeu. *Juill.*, 1736, p. 1733 ; *août*, 1757, p. 1884.
Quiry. *Nov.*, 1751, p. 2686.
Quitri. V. GUITRY.

R

Rabiot de Meslé. *Juin*, 1761, p. 217.
Rabodanges. *Févr.*, 1722, p. 163 ; *janv.*, 1752, p. 203 ; *janv.*, 2e vol., 1776, p. 215.
Rabutin. V. BUSSY.

Racine. *Déc.*, 1er vol., 1752, p. 2710 ; *juin*, 1741, p. 1246 ; *déc.*, 1742, p. 2761 ; *juin*, 1er vol., 1754, p. 209 ; *avr.*, 2e vol., 1765, p. 202.
Radovay. *Mars*, 1741, p. 625.

Rafélis. *Déc.*, 1774, p. 269.

Raffetot. *Janv.*, 1705, p. 553; *mai*, 1759, p. 1040. V. encore CANONVILLE.

Raffin. *Févr.*, 1714, p. 276.

Ragarcu. *Août*, 1709, p. 185.

Ragereu. *Juill.*, 1er vol., 1756, p. 234.

Ragni. V. CHARTRAINE.

Ragois. *Août*, 1709, p. 267.

Ragois de Bretonvilliers (le). *Janv.*, 1700, p. 201; *sept.*, 1712, p. 172; *oct.*, 1712, p. 250; *févr.*, 1714, p. 275; *janv.*, 1757, p. 165; *juill.*, 2e vol., 1763, p. 208. V. encore BRETONVILLIERS.

Ragouzinski. *Oct.*, 1754, p. 215.

Raguain. *Juin*, 1745, p. 1240.

Raguienne. *Juin*, 2e vol., 1755, p. 193.

Raguier. *Août*, 1706, pp. 40 et 45.

Raguier de Pousse. *Mars*, 1729, p. 624.

Raimond de Modène. *Févr.*, 1772, p. 213.

Rainvilliers. *Déc.*, 1777, p. 210.

Rais. V. BREIL (DU).

Ralet de Chalet. *Mars*, 1755, p. 197.

Rallemont. *Juin*, 1777, p. 211.

Rambaud. *Mai*, 1749, p. 229.

Rambouillet. V. ANGENNES.

Rambures. *Janv.*, 1705, p. 110; *août*, 1706, p. 71. V. encore ROCHE DE RAMBURES (LA).

Rameau. *Nov.*, 1764, p. 174.

Rampin. V. LIGNEROLLE.

Ramsault. V. RAULT.

Ramé. V. BOUTEILLER (LE).

Ramzay. *Févr.*, 1770, p. 212.

Rancher. *Août*, 1699, p. 98; *mai*, 1702, p. 192; *mai*, 1705, p. 284; *avr.*, 1717, p. 210.

Ranchin. *Nov.*, 1727, p. 2559; *oct.*, 1745, p. 200.

Ranconnet. *Déc.*, 1er vol., 1749, p. 210.

Randon de la Tour. *Déc.*, 1774, p. 268. V. encore TOUR (LA).

Randon de Sommery. *Févr.*, 1749, p. 192.

Rangueuil. *Sept.*, 1696, p. 52; *oct.*, 1729, p. 254.

Rannes. *Janv.*, 1705, p. 554. V. encore ARGOUGES.

Raoussel. *Nov.*, 1689, p. 267; *avr.*, 1706, p. 268; *janv.*, 1710, p. 114;

mai, 1755, p. 1035; *févr.*, 1754, p. 400.

Raphael. *Mars*, 1754, p. 209.

Rarai. *Juin*, 1772, p. 222.

Rasilly. *Mars*, 1704, pp. 201-224; *avr.*, 1704, p. 296; *juin*, 2e vol., 1749, p. 197; *févr.*, 1760, p. 249; *juill.*, 2e vol., 1765, p. 196; *sept.*, 1765, p. 213; *oct.*, 2e vol., 1766, p. 212; *juill.*, 1er vol., 1769, p. 225.

Rastel de Rocheblave. *Mars*, 1777, p. 235.

Rastignac. V. CHAPT.

Rat(le). *Mars*, 1er vol., 1722, p. 170.

Ratabon. *Sept.*, 1716, p. 203; *mai*, 1727, p. 1044; *juin*, 1er vol., 1728, p. 1255; *déc.*, 2e vol., 1736, p. 2979.

Rattray. *Juin*, 1er vol., 1751, p. 189.

Raucen. V. MARTIAL.

Raucourt. *Avr.*, 1729, p. 825.

Raudot. *Août*, 1757, p. 1885; *juin*, 1742, p. 1476.

Raullin de Belval. *Janv.*, 2e vol., 1775, p. 210.

Rault de Ramsault. *Déc.*, 1774, p. 272.

Ravannel. V. PETIT DE RAVANNEL.

Ravannes. V. MIOTTE.

Ravend de Saint-Frémond. *Juin*, 1722, p. 154.

Ravenoville. V. BERRIER.

Raverot. *Nov.*, 1710, p. 99.

Ravel. *Avr.*, 1715, p. 251.

Raviers (des). V. MOREAU.

Ravignan. *Juin*, 1712, p. 47; *juin*, 2e vol., 1755, p. 228.

Ravilhon. *Juin*, 1697, p. 254.

Ravilliers. V. GOUVON.

Ravot. *Nov.*, 1729, p. 2757.

Ravot d'Ombreval. *févr.*, 1748, p. 212; *juin*, 1er vol., 1752, p. 206; *sept.*, 1754, p. 215. V. encore OMBREVAL.

Ravoye (la) V. NEIRET.

Raymond. *Mai*, 1700, p. 215; *déc.*, 1771, p. 212.

Raymond de Lesbordes. *Avr.*, 1er vol., 1771, p. 215; *janv.*, 1er vol., 1774, p. 228.

Raymond de Marcest. *Févr.*, 1755, p. 598.

Raynier de Boisseleau. *Nov.*, 1698, p. 283; *oct.*, 1699, p. 246; *déc.*, 1er vol., 1729, p. 2964.

Razaud. *Sept.*, 1755, p. 202; *juin*, 2e vol., 1754. p. 202.

Réaulx. V. RÉAUX.

Réaumur. V. Ferchaud.

ReauvilleSept.,2ᵉvol.,1725, p. 2518.

Réaux (des). Déc., 1697, p. 126; mars, 1698, p. 166; mars, 1755, p. 192 ; mai, 1775, p. 223. V. Tallemant.

Rebé. Févr., 1765, p. 192.

Rébé-Faverge. Août, 1695, p. 275 ; ᵗsept., 1698, pp. 140 et 185.

Rebecque. V. Constant.

Rebel. Déc., 1775, p. 255.

Rebenac. Févr., 1698, p. 285. V. encore Louvois.

Rébèque de Mallière. Août, 1721, p. 157.

Rebeyre. Juill., 1ᵉʳ vol., 1776, p. 236.

Rebours (le). Mai, 1695, p. 287; déc., 1700, p. 175; août, 1704, p. 410 ; nov., 1704, p. 547 ; oct., 1706, p. 275; sept., 1714, p. 540; mai, 1718, p. 186 ; mars, 1727, p. 625 ; juin, 2ᵉvol., 1729, p. 1470 ; juill. 1730, p. 1687; août, 1751, p. 2041; nov., 1756, p. 2570; mai, 1757, p. 1044; mars. 1749, p. 210; janvᵗ, 1ᵉʳ vol., 1778, p. 228.

Récourt-de-Lens-de-Licques. Juin, 1ᵉʳ vol., 1751, p. 1397; juin, 1ᵉʳvol., 1745 p. 205; avr., 2° vol., 1756, pp. 217 et 223; déc., 1775, p. 234. V. encore Rupelmonde.

Redon. Oct., 1ᵉʳ vol., 1772, p. 210.

Redon de Fontenilles. Juin, 1761, p. 217. V. encore Rochefontanilles (la).

Réfontaine. V. Lepreuil.

Refuge (du). Sept., 1688, p. 85; juill., 1700, p. 288; oct., 1ᵉʳ vol., 1756, p. 236.

Régnaudière. Mai, 1756, p. 1022.

Régnault. Mai, 1728, p. 1064; juill., 1753, p. 1681; juin, 1740, p. 1240; juin, 2ᵉ vol., 1753, p. 194; juill., 1753, p. 211 ; oct., 1ᵉʳ vol., 1761, p. 217.

Régnault des Barres. Sept., 1745, p. 2105; avr., 2ᵉ vol., 1767, p. 198.

Régnier de Guerchy. Févr., 1748, p. 211 ; déc., 2ᵉ vol., 1749, p. 191; oct., 2ᵉ vol., 1767, p. 207.

Regnon. Nov., 1761, p. 198.

Reignac. V. Barbarin.

Reims. Déc., 1742, p. 2761.

Reinal. V. Reynal.

Reinterie (la). Mai, 1732, p. 1019; oct., 1756, p. 2377.

Reiset. Déc., 1702, p. 264.

Relingue. Oct., 1704, p. 502.

Relongue de la Louptière. Mai, 1756, p. 261; mars, 1758, p. 214; juill., 2ᵉ vol., 1771, p. 215.

Remahsart. V. Flavigny.

Rembach. Oct , 1ᵉʳvol., 1761, p. 218.

Remilly. V. Jougleur (le).

Remond. Janv., 1701, p. 142.

Renaud de Villeneuve. Juill., 1745, p. 213.

Rency. V. Brunet.

Rennel. Juin, 1756, p. 228 ; janv., 1704, p. 251; juin, 2ᵉ vol., 1752, p. 202.

Rennel de Lescut. Juin, 1756, pp. 228-234.

Rennepont. Mars, 1705, p. 244; oct., 1706, p. 226 ; avr., 1ᵉʳ vol., 1775, p. 209. V. encore Pons.

Renneville. Oct., 2ᵉ vol., 1775, p. 210.

Renolds. Janv., 1705, p. 301.

Rénouard. Janv., 1ᵉʳ vol., 1756, p. 227.

Renouard de Fleury. Août, 1758, p. 1877.

Rénouard de la Touanne. Juill., 1701, p. 250; juill., 1712, p. 235.

Renouard - Villayer. Févr., 1751, p. 405; juin, 1ᵉʳvol., 1758, p. 1228.

Renty. Juill., 1710, p. 175; mai, 1729, p. 1054.

Repaire (du). V. Beaumont.

Résie. V. Aubert.

Résinant. V. Passerot.

Resmond. Févr., 1714, p. 276.

Reste. Sept., 1753, p. 208.

Restout. Févr., 1768, p. 194; mai, 1768, p. 197.

Relz. V. Goudi.

Reversaux. V. Gueau de Reversaux.

Reverssat de Celetz. Oct., 1722, p. 165.

Revest de Vachières. Sept., 1708, p. 76.

Revol. Févr., 1704, p. 149; mai, 1705, p. 48 ; mai, 1705, p. 121 ; août, 1707, p. 129; avr., 1759, p. 816; nov., 1749, p. 210; déc., 2ᵉ vol., 1749, p. 190. V. encore Broglio.

Rey (du). V. Durey.

Reyffard. Juin, 1ᵉʳvol., 1750, p. 211.

Reynal. *Juin*, 2ᵉ vol., 1754, p. 200; *déc.*, 1765, p. 196.

Reynarde (la). *Avr.*, 1744, p. 842.

Reynel. V. CLERMONT.

Reynie (la). *Juin*, 1709, pp. 279-297; *juill.*, 1709, p. 174; *juin*, 1715, p. 201; *févr.*, p. 598.

Reynier. *Janv.*, 1706, p. 225.

Reyrie (la). V. COLLINET.

Rezay. *Oct.*, 1704, p. 85; *avr.*, 1710, p. 180; *nov.*, 1735, p. 2522. V. encore BÉNARD.

Rhodes. *Juin-juill.*, 2ᵉ part., 1721, p. 82.

Riancey. *Oct.*, 1729, p. 2541; *déc.*, 1ᵉʳ vol., 1753, p. 199.

Riants. *Oct.*, 1694, p. 283; *août*, 1708, p. 280; *mars*, 1717, p. 187; *juin*, 2ᵉ vol., 1749, p. 200.

Riballier. *Janv.*, 1751, p. 199.

Riberac. V. AYDIE.

Ribérée. *Janv.*, 1751, p. 198.

Ribeyre. *Août*, 1711, 4ᵉ part., p. 48.

Ribeyrolles. *Nov.*, 1753, p. 2523.

Ribodon. *Avr.*, 1717, p. 213.

Ribrevoie. *Oct.*, 2ᵉ vol., 1772, p. 212.

Ricard. *Déc.*, 1ᵉʳ vol., 1754, p. 2744; *févr.*, 1742, p. 401; *janv.*, 2ᵉ vol., 1757, p. 254; *janv.*, 2ᵉ vol., 1765, p. 201.

Ricard de Courgy. *Juin*, 2ᵉ vol., 1756, p. 1472.

Ricaut. *Déc.*, 1ᵉʳ vol., 1751, p. 191.

Riccè. *Sept.*, 1706, p. 161.

Richard. *Juin*, 1ᵉʳ vol., 1758, p. 1221; *avr.*, 1753, p. 209; *août*, 1771, p. 212; *sept.*, 1773, p. 213.

Richardie (la). V. BESSE.

Richebourg. *Oct.-nov.*, 1703, p. 286; *mars*, 1705, p. 150; *janv.*, 1708, p. 50; *mai*, 1709, p. 535; *mars*, 1719, p. 171; *déc.*, 1740, p. 2757; *oct.*, 2ᵉ vol., 1775, p. 212. V. encore QUANTIN et TOUSTAIN..

Richebourg de Champcenetz. *Mars*, 1755, p. 194. V. encore CHAMP-CENETZ.

Riche de Courgain. *Avr.*, 1755, p. 824.

Richelieu. *Août*, 1695, p. 252; *mars*, 1702, p. 537; *janv.*, 1705, p. 182; *mars*, 1711, pp. 116-118; *mai*, 1715, p. 281; *juin*, 1ᵉʳ vol., 1729, p. 1261; *nov.*, 1729, p. 2757; *oct.*, 1730, p. 2528; *mars*, 1736, p. 598; *nov.*, 1756, p. 2573; *août*,

1740, p. 1906; *avr.*, 1750, p. 209; *janv.*, 2ᵉ vol., 1756, p. 229; *avr.*, 1ᵉʳ vol., 1756, p. 256; *juill.*, 2ᵉ vol., 1759, p. 210; *avr.*, 2ᵉ vol., 1765, p. 205; *janv.*, 2ᵉ vol., 1767, p. 185; *avr.*, 2ᵉ vol., 1767, p. 199; *févr.*, 1770, p. 213; *nov.*, 1773, p. 212; *juill.*, 1ᵉʳ vol., 1776, p. 236. V. encore WIGNEROT.

Richer. *Mai*, 1716, p. 263; *févr.*, 1722, p. 162; *août*, 1756, p. 234.

Richer d'Aube. *Janv.*, 1753, p. 207.

Richier de Cérisy. *Sept.*, 1771, p. 212.

Ricouart. *Déc.*, 1ᵉʳ vol., 1726, p. 2804; *sept.*, 1765, p. 211.

Ricouart d'Hérouville. *Juill.*, 1755, p. 223; *mars*, 1774, p. 212. V. encore HÉROUVILLE.

Riencourt. *Avr.*, 1756; 2ᵉ vol., p. 228; *août*, 1707, p. 120; *juill.*, 1742, p. 1675; *avr.*, 2ᵉ vol., 1756, pp. 228-233; *oct.*, 1ᵉʳ vol., 1756, p. 233; *oct.*, 2ᵉ vol., 1771, p. 212.

Riencourt d'Orival. *Sept.*, 1745, p. 213; *oct.*, 2ᵉ vol., 1771, p. 212.

Rieux. *Mai*, 1695, p. 220; *nov.*, 1702, p. 521; *mars*, 1703, p. 198; *oct.*, 1704, p. 252; *déc.*, 1705, p. 299; *nov.*, 1706, p. 92; *déc.*, 1709, p. 220; *sept.*, 1753, p. 2097; *déc.*, 2ᵉ vol., 1756, p. 2982; *avr.*, 1753, p. 203; *avr.*, 2ᵉ vol., 1767, p. 197; *janv.*, 1ᵉʳ vol., 1771, p. 226; *mai*, 1771, p. 215. V. encore BERNARD DE RIEUX.

Rieux de Fargis. *Janv.*, 1743, p. 177; *nov.*, 1756, p. 231.

Rigaud. *Févr.*, 1744, p. 405.

Rigaud de Vaudreuil. *Janv.*, 1754, p. 193; *févr.*, 1764, p. 234; *déc.*, 1764, p. 204. V. encore VAU-DREUIL.

Rigolet. *Avr.*, 1706, p. 288; *juin*, 1706, p. 206.

Rigoley. *Nov.*, 1756, p. 2583; *août*, 1758, p. 212.

Rigoley d'Ogny. *Mai*, 1775, p. 212.

Rigoley de Puligny. *Avr.*, 2ᵉ vol., 1770, p. 213.

Rigoville. *Janv.*, 1703, p. 504.

Rintrie (la). *Janv.*, 1ᵉʳ vol., 1773, p. 211.

Riotor de Villemur. *Oct.*, 1727, p. 2350. V. VILLEMUR.

Rioult de Cursay. *Oct.*, 2ᵉ vol., 1766, p. 212. V. encore CURSAY.

Rioule. V. RIOULT.

Rioult de Douilly. *Fév.*, 1696, p. 171; *juill.*, 1758, p. 1666 ; *août*, 1751, p. 168.

Rioux. *Févr.*, 1699, p. 280.

Riparfonds. *Déc.*, 1704, p. 545.

Ripault de Veuilly. *Janv.*, 1691, p. 275.

Riquet, jardinier de Boileau. *Déc.*, 1ᵉʳ vol., 1749, p. 215.

Riquet de Caraman. *Sept.*, 1696, p. 72; *janv.*, 1705, p. 510; *avr.*, 1706, p. 278; *mars*, 1ᵉʳ vol., 1722, p. 170; *déc.*, 2ᵉ vol., 1750, p. 185; *juin*, 1760, p. 255. V. encore CA-RAMAN.

Riquéti de Mirabeau. *Oct.*, 1686, pp. 90-94; *juin*, 1714, p. 129.

Ris (de). V. FAUCON.

Risaucourt. *Août*, 1702, p. 258.

Rivarolles. *Juin*, 1704, p. 160; *juill.*, 1704, p. 186; *août*, 1706, p. 81.

Rivau (du). *Juill.*, 1702, p. 209 ; *janv.*, 1705, p. 558; *févr.*, 1705, p. 55 ; *avr.*, 1706, p. 296; *août*, 1759, p. 1886 ; *juin*, 1ᵉʳ vol., 1754, p. 209.

Rivaudais. *Mars*, 1755, p. 617.

Rivié. *Juill.*, 1752, p. 1667; *nov.*, 1755, p. 2525; *févr.*, 1757, p. 402; *déc.*, 1744, p. 208 ; *mai*, 1747, p. 202; *juin*, 1ᵉʳ vol., 1747, p. 210; *nov.*, 1748, p. 210; *oct.*, 2ᵉ vol., 1756, p. 228.

Rivié de Liancourt. *Sept.*, 1727, p. 2159; *juin*, 1ᵉʳ vol., 1729, p. 1265.

Rivière (la). *Mars*, 1709, p. 184; *févr.*, 1718, p. 255; *sept.*, 1727, p. 2159; *juin*, 1ᵉʳ vol., 1729, p. 1265 ; *oct.*, 1750, p. 2528; *juin*, 1ᵉʳ vol., 1755, p. 1245; *déc.*, 1ᵉʳ vol., 1755, p. 2745; *janv.*, 1756, p. 179; *oct.*, 1756, p. 2572; *déc.*, 1ᵉʳ vol., 1755, p. 198; *juin*, 2ᵉ vol., 1754, p. 205 ; *juill.*, 1754, p. 191; *oct.*, 1754, p. 214; *janv.*, 1ᵉʳ vol., 1762, p. 197; *juin*, 1771, p. 256. V. encore PONCET.

Rivière de Ploeuc (la). *Oct.*, 1705, p. 45. V. encore PLOEUC.

Rivoire. *Mai*, 1727, p. 1045; *Juin*, 1ᵉʳ vol., 1728, p. 1250; *juin*, 2ᵉ vol., 1737, p. 1460.

Rivoire du Palais. *Févr.*, 1704, p. 271; *juin*, 1ᵉʳ vol., 1728, p. 1256.

Robbe. *Juill.*, 1742, p. 1665.

Roberge. *Janv.*, 1737, p. 166.

Robert. *Janv.*, 1705, p. 271 ; *avr.*, 1705, p. 275; *nov.*, 1705, p. 292 ; *juill.*, 1704, p. 109 ; *août*, 1706, p. 151; *déc.*, 1706, p. 521 ; *janv.*, 1708, p. 257 ; *mars*, 1708, p. 224; *juin*, 1708, p. 171; *août*, 1709, p. 186; *août*, 1719, p. 158; *août*, 1751, p. 2045 ; *mai*, 1756, p. 1054; *avr.*, 1741, p. 824.

Robert de Chastillon. *Sept.*, 1699, p. 254.

Robert de Cotte. *Juin*, 1740, p. 1248; *mars*, 1758, p. 207.

Robert de Lignerac. *Déc.*, 1741, p. 2960. V. encore LIGNERAC.

Robert de Saint-Vincent. *Sept.*, 1759, p. 2095.

Robillard. *Mai*, 1716, pp. 280-286; *févr.*, 1751, p. 401; *mai*, 1755, p. 1055; *févr.*, 1759, p. 595; *juin*, 1741, p. 1465.

Robineau de Fortelles. *Oct.*, 1711, 4ᵉ part., p. 109.

Robiner. *Oct.*, 2ᵉ vol., 1758, p. 211.

Robion. *Oct.*, 1ᵉʳ vol., 1758, p. 205.

Robuste. *Nov.*, 1714, p. 329 ; *mai*, 1751, p. 209.

Rochambeau. *Oct.*, 1749, p. 210; *févr.*, 1750, p. 207; *mars*, 1751, p. 212. V. encore VIMEUR.

Roche (la). *Août*, 1716, p. 199; *janv.*, 1755, p. 202 ; *oct.*, 1ᵉʳ vol., 1757, p. 202.

Roche-Allard (la). *Janv.*, 1745, p. 210; V. encore GOUSSÉ.

Roche-Aymon (la). *Juin*, 1ᵉʳ vol., 1728, p. 1252; *avr.*, 2ᵉ vol., 1759, p. 215; *mai*, 1759, p. 204 ; *nov.*, 1761, p. 198 ; *avr.*, 1ᵉʳ vol., 1762, p. 205; *oct.*, 1ᵉʳ vol., 1763, p. 209; *janv.*, 1ᵉʳ vol., 1765, p. 201; *déc.*, 1765, p. 261; *janv.*, 1ᵉʳ vol., 1770, p. 214; *févr.*, 1771, p. 212; *mars*, 1771, p. 210; *déc.*, 1777, p. 212.

Rochebaron. V. ROCHEFOUCAULD.

Rochebonne. *Mai*, 1709, p. 265; *mars*, 1710, p. 158.

Rocheblave. V. RASTEL.

Roche-Bonnœil (la). V. BRÉHANT.

Rochebrune. *Nov.*, 1750, p. 2533.

Rochechouart. *Mars*,1695, pp. 258 et 260; *juill.*, 1696, p. 245; *sept.*, 1696, pp. 55-58; *févr.*, 1701, p. 115; *oct.*, 1701, p. 587; *oct.*, 1702, pp. 102-115; *août*, 1704, p. 416; *oct.*, 1704, p. 208; *juin*, 1707, p. 249; *juill.*, 1708, p. 142; *mars*, 1709, p. 294; *juin*, 1714, p. 141; *mai*, 1718, p. 184; *sept.*, 1718, p. 212; *nov.*, 1721, p. 184; *janv.*, 1725, p. 182; *oct.*, 1727, p. 2351; *sept.*, 1728, p. 2130; *déc.*, 1er vol., 1728, p. 2764; *mai*, 1729, p. 1056; *mai*, 1750, p. 1049; *août*, 1751, p. 2044; *déc.*, 1751, p. 2915; *févr.*, 1755, p. 598; *sept.*, 1755, p. 2084; *nov.*, 1755, p 2522; *mars*, 1735, p. 617; *févr.*, 1737, p. 407; *juin*, 1er vol., 1737, p. 1252; *déc.*, 1er vol., 1757, p. 2726; *av*.., 1740, p. 819; *nov.*, 1741, p. 2355; *févr.*, 1742, p. 405; *mai*, 1742, p. 1265; *oct.*, 1742, p. 2522; *janv.*, 1743, p. 177 ; *janv.*, 1744, p. 191 ; *avr.*, 1745, p. 199; *juin*, 1746, p. 196; *juill.*, 1746, p. 212; *avr.*, 1747, p. 202 ; *avr.*, 1750, p. 211; *mars*, 1751, p. 209 ; *août*, 1752, p. 198; *avr.*, 1755, p. 201 ; *juin*, 1er vol., 1754 ; p. 209; *janv.*, 1er vol., 1756, p. 221; *janv.*, 2e vol., 1756, p. 235; *août*, 1756, p. 235; *sept.*, 1757, p. 221; *juill.*, 1er vol., 1762, p. 104; *sept.*, 1771, p. 212; *mai*, 1772, p. 210; *juill.*, 1er vol., 1772, p. 210; *sept.*, 1772, p. 211; *août*, 1775, p. 211; *juin*, 1776, p. 256; *juill.*, 2e vol., 1776, p. 40; *janv.*, 1er vol., 1777, pp. 254 et 255; *avr.*, 1er vol., 1777, p. 212; *avr.*, 2e vol., 1778, p. 213.

Rochechouart-Pontville. *Sept.*, 1757, p. 221.

Roche-Colombe (la). *Déc.*, 1er vol., 1751, p. 188.

Roche-Courbon (la). *Avr.*, 1755, p. 200; *févr.*, 1775, p. 213.

Roche de Gensac (la). *Févr.*, 1771, p. 213.

Roche de Rambures (la). *Juill.*, 1755, p. 219; *nov.*, 1755, p. 255. V. encore RAMBURES.

Roche-Dragon (la). *Oct.*, 2e vol., p. 211.

Rochefontenilles (la). *Août*, 1716,

p. 199; *mai*, 1er vol., 1722, p. 193; *mai*, 1753, p, 1035 ; *févr.*, 1754, p. 400; *mai*, 1755, p. 1022; *juill.*, 1755, p. 1672; *août*, 1756, p. 1928; *déc.*, 2e vol., 1746, p. 210; *mars*, 1755, p. 199; *nov.*, 1755, p. 255; *févr.*, 1759, p. 213. V. encore REDON DE FONTENILLES.

Rochefort. *Avr.*, 1729, p. 823. V. ALOIGNY, MARESTE et TOUR (LA).

Rochefort d'Ally. *Avr.*, 1747, p. 198; *oct.*, 1752, p. 210; *mai*, 1766, p. 210; *oct.*, 1er vol., 1772, p. 213; *mars*, 1774, p. 211; *sept.*, 1777, p. 213.

Rochefoucauld. *Mai*, 1698, p. 266; *nov.*, 1698, p. 278; *mai*, 1699, p. 123; *août*, 1699, p. 96; *janv.*, 1705, p. 514; *oct.*, 1704, p. 200; *août*, 1704, p. 386; *juin*, 1706, p. 43; *janv.*, 1708, p. 342; *mars*, 1708, p. 215; *janv.*, 1714, pp. 41-53; *sept.*, 1714, p. 342; *janv.*, 1715, p. 185; *déc.*, 1715, p. 260; *juill.*, 1717, p. 205; *juin-juill.*, 2e part., 1721, p. 80; *nov.*, 1721, p. 184; *nov.*, 1724, p. 2497; *janv.*, 1725, p. 180; *févr.*, 1725, p. 595; *sept.*, 1er vol., 1725, p. 2109; *juin*, 1726, p. 1276; *févr.*, 1728, p. 415; *sept.*, 1728, p. 2130; *nov.*, 1751, p. 2685; *févr.*, 1752, p. 410; *sept.*, 1752, p. 2070; *déc.*, 1er vol., 1755, p. 2741; *avr.*, 1757, p. 829; *août*, 1757, p. 1888; *déc.*, 1er vol., 1757, p. 2754; *juill.*, 1742, p. 1670; *nov.*, 1745, p. 254; *déc.*, 1er vol., 1746, p. 185; *avr.*, 1748, p. 209; *déc.*, 1er vol., 1749, p. 211; *mars*, 1750, p. 205; *juin*, 2e vol., 1750, p. 185; *déc.*, 1753, p. 200; *juin*, 2e vol., 1754, p. 196; *mai*, 1755, p. 201; *nov.*, 1756, p. 232; *juin*, 2e vol., 1757, p. 204; *janv.*, 1er vol., 1760, p. 202; *avr.*, 1er vol., 1762, p. 203; *janv.*, 2e vol., 1765, p. 199; *juill.*, 2e vol., 1765, p. 195; *mai*, 1768, p. 197; *mars*, 1778, p. 208.

Rochefoucauld-Cousanges (la). *Janv.*, 2e vol., 1770, p. 214.

Rochefoucauld-Estissac. *Janvier*, 2e vol., 1771, p. 223.

Rochefoucauld – Rochebaron. *Avr.*, 2e vol., 1767, p. 195.

Rochefoucauld-Roye. *Juin*, 2ᵉ vol., 1757, p. 208 ; *janv.*, 1ᵉʳ vol., 1761, p. 205 ; *déc.*, 1773, p. 228.

Roche - Gensac (la). *Juin*, 1773, p. 210.

Rochegude. *Oct.*, 1719, p. 187.

Rochejacquelein (la). V. VERGER.

Rochelambert (la). *Juin*, 1ᵉʳ vol., 1748, p. 172 ; *mai*, 1778, p. 211.

Rochemère. *Août*, 1722, p. 216.

Roche-Millay (la). *Déc.*, 1709, pp. 263-270 ; *déc.*, 2ᵉ vol., 1748, p. 225.

Rochemonteix. *Août*, 1755, p. 261 ; *janv.*, 1ᵉʳ vol., 1775, p. 236.

Rochemore. *Janv.*, 1ᵉʳ vol., 1756, p. 220.

Rochepierre. *Juill.*, 1707, p. 108. V. encore FAYS.

Rocheplate (la). *Juin*, 2ᵉ vol., 1753, p. 189. V. encore MAROLLES DE ROCHEPLATE.

Rochepot de Thoisy. *Déc.*, 1705, p. 203.

Rocher. *Mars*, 1ᵉʳ vol., 1722, p. 170.

Rochereau d'Hauteville. *Mai*, 1712, p. 47 ; *déc.*, 1742, p. 2761.

Roches (des). V. CANAYE, ORANGE et HAMON.

Rochette (la). V. DUBOIS.

Roche-Varnassal (la). *Janv.*, 1ᵉʳ vol., 1775, p. 236. V. encore VERNASSAL.

Rochon de la Peyrouse de la Motte. *Janv.*, 1ᵉʳ vol., 1762, p. 198. V. encore PEYROUSE (LA).

Rocozel. *Juill.*, 2ᵉ vol., 1765, p. 210. V. encore ROSSET DE FLEURY.

Rocquemont. *Oct.*, 2ᵉ vol., 1771, p. 210.

Roger d'Ollé. *Févr.*, 1699, p. 56.

Roger de Villemur. *Juill.*, 1699, p. 68. V. encore VILLEMUR.

Rognac. *Juill.*, 1759, p. 1677.

Rogles. V. MONTFAUCON.

Rogres de Champignolles. *Déc.*, 1ᵉʳ vol., 1751. p. 189.

Rogres de Lusignan. *Nov.*, 1756, p. 227 ; *mars*, 1775, p. 235.

Rohan. *Mars*, 1685, p. 155 ; *juin*, 1698, p. 259 ; *oct.*, 1704, p. 252 ; *févr.*, 1706, p. 150 ; *août*, 1706, p. 28 ; *oct.*, 1707, p. 284 ; *juill.*, 1708, p. 144 ; *juill.*, 1710, p. 265 ; *juin*, 1712, p. 189 ; *août*, 1712, p. 132 ; *sept.*, 1714, p. 546 ; *mars*, 1717, p. 190 ; *juill.*, 1717, p. 200 ; *juin-juill.*, 2ᵉ part., 1721, p. 79 ; *sept.*, 1722, p. 193 ; *oct.*, 1722, p. 161 ; *mai*, 1724, p. 1224 ; *juin*, 1724, pp. 1222-1225 ; *oct.*, 1727, p. 2351 ; *janv.*, 1728, p. 188 ; *févr.*, 1729, p. 409 ; *oct.*, 1730, p. 2327 ; *sept.*, 1732, p. 2079 ; *mars*, 1753, p. 603 ; *sept.*, 1733, p. 2093 ; *janv.*, 1755, p. 188 ; *déc.*, 2ᵉ vol., 1735, p. 2949 ; *août*, 1736, p. 1927 ; *nov.*, 1737, p. 2532 ; *août*, 1738, p. 1876 ; *nov.*, 1738, p. 2504 ; *mars*, 1759, p. 619 ; *sept.*, 1759, p. 2093 ; *juin*, 1741, p. 1256 ; *févr.*, 1742, p. 402 ; *juill.*, 1742, p. 1677 ; *janv.*, 1743, p. 182 ; *mars*, 1745, p. 598 et 600 ; *mars*, 1745, p. 612 ; *déc.*, 2ᵉ vol., 1745, p. 185 ; *janv.*, 1746, p. 196 ; *déc.*, 1ᵉʳ vol., 1747, p. 201 ; *févr.*, 1749, p. 194 ; *mai*, 1749, p. 229 ; *août*, 1749, p. 199 ; *déc.*, 1ᵉʳ vol., 1750, p. 207 ; *juin*, 2ᵉ vol., 1753, p. 191 ; *déc.*, 1ᵉʳ vol., 1753, p. 199 ; *mars*, 1754, p. 209 ; *juin*, 1ᵉʳ vol., 1754, p. 208 ; *juill.*, 1755, p. 222 ; *janv.*, 1ᵉʳ vol., 1756, p. 224 ; *nov.*, 1756, p. 218 ; *nov.*, 1756, p. 232 ; *juin*, 2ᵉ vol., 1757, p. 204 ; *sept.*, 1757, p. 224 ; *juill.*, 1ᵉʳ vol., 1758, p. 202 ; *janv.*, 2ᵉ vol., 1760, p. 206 ; *oct.*, 1ᵉʳ vol., 1760, p. 205 ; *févr.*, 1761, 215 ; *juill.*, 2ᵉ vol., 1762, p. 205 ; *juin*, 1765, p. 211 ; *sept.*, 1766, p. 206 ; *janv.*, 2ᵉ vol., 1772, p. 209 ; *janv.*, 1ᵉʳ vol., 1776, p. 212.

Rohan - Montbazon. *Févr.*, 1745, p. 402 ; *mars*, 1749, p. 210.

Rohan-Mériadec. *Mars*, 1749, p. 211.

Rohan-Soubise. *Févr.*, 1749, p. 194 ; *déc.*, 2ᵉ vol., 1753, p. 200.

Roi (le). *Oct.*, 2ᵉ vol., 1772, p. 211.

Roi de Senneville (le). *Avr.*, 2ᵉ vol., 1772, p. 209.

Roiffé. V. FERRIÈRE (LA).

Roisin. V. BALLY.

Roissy. *Avr.*, 1710, p. 292 ; *janv.*, 1656, p. 178.

Roland. *Mai*, 1728, p. 1064 ; *nov.*, 1741, p. 2545.

Roland de Voyse. *Déc.*, 2ᵉ vol., 1734, p. 2947.

Rolland. *Févr.*, 1757, p. 404 ; *avr.*, 1741, p. 834.

Rollet. *Avr.*, 2ᵉ vol., 1778, p. 211.
Rollinde. *Sept.*, 1698, p. 133; *janv.*, 1700, p. 206; *sept.*, 1752, p. 2079; *juin*, 1ᵉʳ vol., 1756, p. 1239.
Rollot. *Déc.*, 1714, p. 245.
Rollot de Beauregard. *Sept.*, 1774, p. 249.
Romance. *Juill.*, 1ᵉʳ vol., 1761, p. 209; *juin*, 1772, p. 225.
Romance de Mesmon. *Août*, 1775, p. 212.
Romanet. *Déc.*, 1717, p. 298; *févr.*, 1719, p. 128; *déc.*, 1ᵉʳ vol., 1752, p. 2710; *août*, 1753, p. 210.
Romé de Fréquiesme. *Avr.*, 1721, p. 189.
Romery. *Mai*, 1754, p. 1029; *déc.*, 1ᵉʳ vol., 1757, p. 2729.
Romeval. V. Lucas.
Romieu. *Juin*, 1740, p. 1465; *juill.*, 1749, p. 206.
Romigny. *Août*, 1739, p. 1887.
Romilly. *Nov.*, 1727, p. 2559. V. encore Durand de Romilly.
Romilly la Chesnelaye. *Juin*, 1ᵉʳ vol., 1728, p. 1255; *juill.*, 1728, p. 1696; *juill.*, 1737, p. 1668; *avr.*, 1742 p. 859; *janv.*, 1ᵉʳ vol., 1761, p. 205; *déc.*, 1767, p. 241.
Rommecourt. *Juill.*, 1695, p. 173; *mai*, 1709, pp. 115-157; *sept.*, 1762, p. 193; *juin*, 1764, p. 201; *mars*, 1770, p. 212.
Roncée. V. Barjot.
Roncherolles. *Avr.*, 1711, p. 85; *févr.*, 1698, p. 265; *avr.*, 1700, p. 200; *avr.*, 2ᵉ part., 1711, p. 91; *juill.*, 1716; pp. 172-187; *juin*, 1ᵉʳ vol., 1728, p. 1254; *janv.*, 1759, p. 192; *août*, 1743, p. 1887; *févr.*, 1744, p. 406; *déc.*, 1ᵉʳ vol., 1747, p. 205; *août*, 1752, p. 195; *sept.*, 1754, p. 215; *janv.*, 1ᵉʳ vol., 1756, p. 226; *janv.*, 2ᵉ vol., 1760, p. 207; *janv.*, 1ᵉʳ vol., 1761, p. 205; *juin*, 1772, p. 222.
Roncherolles de Pont-Saint-Pierre. *Sept.*, 1754, p. 215.
Roncourt. *Avr.*, 2ᵉ vol., 1763, p. 203.
Rongère (la). V. Quatrebarbes.
Ronville. *Oct.*, 1696, p. 279.
Roosmadec. *Oct.*, 1695, p. 72; *nov.*, 1700; p. 81; *juin*, 2ᵉ vol., 1756, p. 1471; *mars*, 1751, p. 209.

Roque. *Mai*, 1727, p. 1013; *mars*, 1732, p. 618; *juin*, 1ᵉʳ vol., 1734, p. 1248.
Roque (la). *Oct.*, 1744, p. 2557; *déc.*, 2ᵉ vol., 1745, p. 187. V. encore Beaumont.
Roque de Garceival. *Nov.*, 1756, p. 227.
Roquefeuil. *Nov.*, 1705, p. 186 et 195; *déc.*, 1775, p. 236.
Roquefort. V. Pons.
Roquelaure. *Avr.*, 1696, p. 295; *oct.*, 1700, p. 193; *avr.*, 1710, p. 174; *mars*, 1735, p. 614; *mai*, 1758, p. 1028; *déc.*, 1759, p. 2944; *juin*, 1741, p. 1256; *juill.*, 1755, p. 225; *janv.*, 2ᵉ vol., 1756, p. 234.
Roqueleyne. *Mars*, 1754, p. 209.
Roquemont. V. Roy (le).
Roquemourt. V. Sanguin.
Roquespine. *Juill.*, 1698, p. 284; *oct.*, 1701, p. 412; *juill.*, 1702, p. 169; *juin*, 1726, p. 1269; *janv.*, 1753, p. 210.
Roquette (la). *Mars*, 1707, p. 267; *avr.*, 1707, p. 216; *juill.*, 1730, p. 1687.
Roquevert. *Nov.*, 1741, p. 2546.
Ros. *Juill.*, 2ᵉ vol., 1774, p. 212.
Rosambo. V. Pelletier (le).
Rose de Coye. *Mai*, 1699, p. 195; *janv.*, 1701, p. 104.
Rosemberg. *Déc.*, 1ᵉʳ vol., 1753, p. 200.
Rosen. *Mai*, 1704, p. 199; *juin*, 1741, p. 1464; *déc.*, 2ᵉ vol., 1749, p. 193; *avr.*, 1753, p. 204.
Rosen de Bolleviller. *Août*, 1715, pp. 515-527.
Rosières. V. Palluau et Terray.
Rosmadec. V. Roosmadec.
Rosnay. *Oct.*, 1755, p. 2323.
Rosny. *Nov.*, 1732, p. 2509.
Rosnyvinen. *Avr.*, 1722, p. 183.
Rossent. *Sept.*, 1718, p. 212.
Rosset de Fleury. *Juin*, 2ᵉ vol., 1736, p. 1473; *déc.*, 2ᵉ vol., 1742, p. 184; *déc.*, 1ᵉʳ vol., 1747, p. 201; *févr.*, 1748, p. 213; *janv.*, 1749, p. 218; *mai*, 1750, p. 202; *janv.*, 1753, p. 207; *sept.*, 1771, p. 212; *déc.*, 1774, p. 269. V. encore Joly de Fleury et Rocozel.
Rosset des Frettes. *Avr.*, 1755, p. 823.
Rossignol. *Nov.*, 1727, p. 2559;

janv.,1729, p.201; juin, 1er vol.,
1754, p. 208; juin, 2e vol., 1757,
p. 208.

Rossin. Nov., 1729, p. 2759.

Rostaing. Oct., 1724, p. 2260.

Rostange. Janv., 1er vol., 1778,
p. 228.

Rothe. Juin, 1741, p. 1253; juill.,
2e vol.,1765, p.210; janv.,2e vol.,
1767, p. 186.

Rothelin. V. ORLÉANS.

Rotondy de Biscaras. Mars, 1702,
p. 207.

Rottembourg. Mai, 1716, p. 256;
sept., 1751, p. 2269; avr., 1735,
p. 820 ; juill., 1755, p. 1670.

Rouais. Déc., 1er vol., 1728, p.2758.

Roualle. Déc., 1758, p. 2721.

Rouannay. V. GOUFFIER.

Rouault. V. ROUHAULT.

Roucy. Janv., 1704, p. 252;
mai, 1704, p. 204; févr., 1707,
p. 312; janv.,1708, p. 342; juin,
1708, pp. 375-391; janv., 1709,
p. 254; sept., 1714; p. 342; oct.,
1722, p. 161; juill.,1751, p.1831.

Rouelle. Sept., 1770, p. 229.

Rouen de Bermonville. Déc., 1771,
p. 211.

Rouge (le). Avr., 1753, p. 208.

Rougé. Avr., 1715, p. 152 ; juin,
2e vol.,1752, p.1443; oct.,1er vol.,
1761, p. 220 ; sept., 1765, p.211;
janv., 1er vol., 1777, p. 234.

Rougé du Plessis-Bellière. Avr.,
1705, p.183; Juill., 1726, p. 1693;
juill., 1752, p. 1664; janv.,
1735, p. 185; sept., 1765, p. 211.

Rougemont. V. GRENAUD.

Rougeot. Févr., 1765, p. 205.

Rouillet. Mai, 1758, p. 1029.

Rouget. Févr., 1755, p. 405.

Rougier. Mars, 1749, p. 210.

Rougraw. Oct., 1er vol., 1775, p.213.

Rouhault. Avr., 1702, pp. 150-179;
août, 1715, pp. 217-223; févr.,
1751, p.400; avr.,1er vol., 1759,
p. 212.

Rouhault de Cayeux. Juin, 1772,
p. 152.

Rouhault de Gamaches. Mai, 1755,
p. 1051; déc., 1er vol., 1756,
p.2794;déc.,1759, p. 2947; avr.,
1747, p. 204.

Rouillé. Févr., 1698, p. 257; mars,
1701, p. 188; mars,1702, p.537j;

juill., 1702, p. 195; févr., 1705;
p. 274, sept., 1705, p. 216; mars,
1706, pp. 51 et 55 ; mai, 1706,
pp. 78 et 79; mars, 1708, p. 537;
juill., 1708, p. 128; oct., 1708;
p. 155; juill.,1710; p. 49; févr.,
1712, p. 75; juin, 1712, p. 119,
août, 1712, p. 159; oct., 1714;
p. 287; juin, 1715, p. 196; déc.,
1715, p. 267; déc., 1717, p. 296;
avr., 1725, p. 845; juin, 1er vol.,
1725; p. 1246; mai, 1726, p. 1076;
févr., 1728, p. 414; sept.,1er vol.,
1729, p.2043;nov., 1729, p. 2737;
janv., 1750, p. 185 ; juill.,1753,
p. 1677; Juill., 1754, p. 1684,
Janv., 1757, p. 165; févr., 1740;
p. 594; déc., 2e vol., 1747, p. 195;
déc., 1er vol., 1749, p. 212; Juin,
1er vol.,1751,p.188; juin,1er vol.,
1755, p 206; mars, 1755, p. 196;
juin, 2e vol., 1755; p. 228; août,
1755, p. 259; janv., 1er vol.,
1756, p. 227;nov., 1761, p. 197;
juin, 1774, p.235.

Roulliez. V. SANGUIN DE ROULLIEZ.

Roujault. Août, 1697, p. 275; sept.,
1705, p.230; juill., 1708, p. 126;
mars, 1re part., 1715, p. 196 ;
nov., 1751, p.[2527 ; oct., 2e vol.,
1756, p. 252.

Roullin. Avr., 1728, p. 861; déc.,
1758, p. 2716; févr., 1740,
p. 592.

Roultz (le) Déc., 2e vol., 1729,
p. 3165.

Roure (du). Avr., 1688, p.558;avr.,
1704, p. 528; févr., 1705, p.564.
V. encore GRIMOARD.

Rousse d'Alembon. Mai, 1749,
p. 229.

Rousseau. Janv.,1725, p. 201; juin,
1741, p.1466; oct., 1742, p.2522;
déc., 2e vol., 1749, p. 195; avr.,
1755, p. 205.

Roussel. Déc., 1er vol.,1757,p.2722;
juin, 2e vol., 1749, p. 201; mars,
1751, p. 210.

Roussel de Grancey. Févr., 1722,
p. 165; juill., 1760, p. 212.

Roussel de Tilly. Sept., 1775, p. 225.
V. encore ROUX et TILLY.

Rousselet. Mai, 1715, pp. 134-150;
juill., 1724, p. 1643; mai, 1750,
p. 1053.

Rousselet de Châteaurenaud. Avr.,

1746, p. 200; *juill.*, 2ᵉ vol., 1756, p. 236. V. encore CHATEAURENAUD.

Rousseville. *Mars*, 1713, p. 158. V. VILLERS DE ROUSSEVILLE.

Roussi. *Janv.*, 1703, p. 511; *déc.*, 1703, p. 528.

Roussillon. V. CLERMONT.

Routrier. *Juill.*, 1751, p. 1851.

Rouville. *Févr.*, 1698, p. 244.

Rouvray. *Août*, 1719, p. 144; *janv.*, 1725, p. 199; *août*, 1756, p. 1921; *juin*, 1740, p. 1245.

Rouvre. V. CHASTEIGNER et TISSART.

Rouvroy. V. SAINT-SIMON.

Roux (le). *Mars*, 1755, p. 199.

Roux de Gilbertprey (le). *Juin*, 1741, p. 1479.

Roux de la Rue. *Févr.*, 1759, p. 214. V. encore RUE (LA).

Roux de Tilly. *Févr.*, 1755, p. 400. V. encore ROUX et TILLY.

Rouxel de Grancey. *Juill.*, 1ᵉʳ vol., 1760, p. 212.

Rouxel-Médavy. *Févr.*, 1691, p. 179; *févr.*, 1705, p. 196; *avr.*, 1705, p. 191; *mai*, 1706, p. 164; *sept.*, 1706, p. 559; *déc.*, 4ᵉ part., 1711, p. 92; *févr.*, 1716, p. 285; *mars*, 1716, p. 18; *mai*, 1725, p. 1055; *nov.*, 1725, p. 2743; *mai*, 1727, p. 1047; *mai*, 1728, p. 1065; *août*, 1728, p. 1891; *juin*, 1ᵉʳ vol., 1757, p. 1254; *juin*, 1745, p. 1441.

Rouxelin. *Nov.-déc.*, 1707, p. 572.

Rouxellé. *Mars*, 1705, p. 254.

Rovère (la). V. LANTI.

Rovoy. V. VIVIER (DU).

Roy (le). *Mai*, 2ᵉ part., 1711, p. 72; *nov.*, 1728, p. 2562; *mai*, 1751, p. 1025; *juill.*, 1757, p. 1672; *mai*, 1758, p. 1026; *avr.*, 1746, p. 205.

Roy de Chattongne (le). *Déc.*, 1700, p. 176.

Roy de Jumelles (le). *Mai*, 1695, p. 218.

Roy de Roquemont (le). *Nov.*, 1745, p. 2554.

Royan. *Mai*, 1695, p. 266, *mars*, 1696, p. 227.

Royé. V. ROCHEFOUCAULD-ROYE et ROUCI.

Royer. *Févr.*, 1685, p. 89; *juill.*, 1746, p. 209.

Royer de la Sauvagère (le). *Août*, 1770, p. 228. V encore SAUVAGÈRE (LA).

Rozay. V. FRÉMONT et CHÉNÉDÉ.

Rozel. *Janv.*, 1703, p. 501; *oct.*, 1706, p. 107.

Rozefort. V. BESSON.

Rozen. V. ROSEN.

Ruau du Tronchot. *Sept.*, 1741, p. 2114. V. encore TRONCHOT.

Ruault. *Oct.*, 1716, p. 246.

Ruaux (des). *Juill.*, 1755, p. 225.

Rubantel. *Août*, 1699, p. 97; *mai*, 1705, p. 267.

Rubelles. V. BONNEAU.

Rubempré. V. MAILLY DE RUBEMPRÉ.

Ruberso. *Oct.*, 1758, p. 2505.

Rue (la). *Avr.*, 1720, p. 188. V. encore ROUX DE LA RUE.

Rue-Beaupré (la). *Mars*, 1751, p. 608.

Rue de Boisroger (la). *Janv.*, 2ᵉ vol., 1771, p. 224.

Ruelle (la). *Avr.*, 1758, p. 816.

Rues (des). *Déc.*, 1759, p. 5148.

Ruffec. V. VOLVIRE et SAINT-SIMON.

Rugy. V. GOULET.

Rully. *Avr.*, 2ᵉ vol., 1776, p. 210.

Rumain. *Févr.*, 1750, p. 422; *déc.*, 2ᵉ vol., 1755, p. 2954; *avr.*, 2ᵉ vol., 1767, p. 194; *déc.*, 1770, p. 225; *mai*, 1771, p. 214.

Rumain de Coëtenfao. *Déc.*, 1ᵉʳ vol., 1746, p. 182. V. encore COETENFAO.

Rumeau. *Sept.*, 1752, p. 204.

Rumilly. V. DIVONNE.

Rumont. *Juill.*, 1ᵉʳ vol., 1772, p. 212. V. encore MONTLÉARD.

Rupelmonde. *Déc.*, 1704, p. 195; *juin*, 1ᵉʳ vol., 1751, p. 1597; *mai*, 1755, p. 1055; *juin*, 1ᵉʳ vol., 1745, p. 205; *avr.*, 2ᵉ vol., 1756, p. 217. V. encore RÉCOURT-DE-LENS-DE-LICQUES.

Ruvigny. V. MASSUÉ.

Ruzé d'Effiat. *Oct.*, 1698, p. 241; *juin*, 1719, p. 129.

Ryans. *Mars*, 1746, p. 208.

Ryante. *Avr.*, 1ᵉʳ vol., 1775, p. 209.

■

Sablé. *Juin*, 1710, p. 48.

Sablonnières. V. Catelan.

Sabran. *Juin-juill.*, 2ᵉ part., 1721, p. 83; *mars*, 1737, pp.616 et 618; *août*, 1737, p. 1884; *avr.*, 1741, p. 838; *juin*, 1743, p. 1459; *avr.*, 1746, p. 198; *août*, 1748, p. 213; *avr.*, 1750, p. 208; *mars*, 1755, p. 198; *janv.*, 1ᵉʳ vol., 1762, p. 197; *avr.*, 1ᵉʳ vol., 1762, p. 202; *juill.*, 1ᵉʳ vol., 1775, p. 213. V. encore Pontevez.

Sabrevois. *Mars*, 1755, p. 185; *janv.*, 2ᵉ vol., 1757, p. 234.

Sabrevois de Cluselles. *Nov.*, 1751, p. 2686; *janv.*, 1738, p. 178.

Saché. *Févr.*, 1706, p. 255.

Sachot. *Avr.*, 1687, p. 289; *oct.*, 1694, p. 290; *mars*, 1745, p. 601.

Sacoiste. *Oct.*, 1727, p. 2551.

Sacquespée. *Déc.*, 1771, p. 212.

Sacriste de Tombebœuf. *Févr.*, 1747, p. 206,

Sacy. *Oct.*, 1727, p. 2352.

Sade. *Nov.*, 1733, p. 2528; *août*, 1746, p. 208; *avr.*, 2ᵉ vol., 1767, p. 198; *mai*, 1768, p. 196; *févr.*, 1776, p. 210.

Sadoc de Grandval. *Mars*, 1705, p. 108.

Sage (le). *Déc.*, 1ᵉʳ vol., 1747, p. 207.

Saget. *Avr.*, 1738, p. 818.

agone. *Janv.*, 1701, p. 140. V. encore Mansart.

Sahuguet. *Juin*, 1759, p. 1462.

Sahurs. V. Brévedent.

Saignes. V. Garde (la).

Saillant. *Avr.*, 1710, p. 220.

Sailly. *Avr.*, 1715, p. 231; *mai*, 1715, p. 207; *déc.*, 1ᵉʳ vol., 1725, p. 2538; *août*, 1769, p. 214; *oct.*, 2ᵉ vol., 1774, p. 211; *juin*, 1777, p. 211. V. encore Louis.

Sainctot. *Janv.*, 1691, p.274; *Juill.*, 1713, p. 159; *août*, 1750, p. 204; *déc.*, 1ᵉʳ vol., 1753, p. 199.

Sainson. *Juill.*, 1757, p. 1672; *nov.*, 1753, p. 209.

Saint-Aignan. V. Beauvilliers.

Saint-Albin. V. Vendomois.

Saint-Alvère. *Janv.*, 2ᵉ vol., 1759, p. 212. V. Lostanges.

Saint-Amant. *Avr.*, 1705, p. 74; *nov.*, 1736, p. 2568. V. encore Isarn.

Saint-André. *Août*, 1708, p. 148; *mars*, 1736, p. 606; *oct.*, 1ᵉʳ vol., 1761, p. 218. V. encore Prunier et Cassan.

Saint-Andrès. *Oct.*, 1ᵉʳ vol., 1774, p. 236.

Saint-Ange. V. Hamay.

Saint-Aoust. V. Fradet.

Saint-Armand. V. Mesples.

Saint-Astier. *Févr.*, 1778, p. 212.

Saint-Aubin. V. Freslon de Saint-Aubin et Gendre de Saint-Aubin (le).

Saint Aubin de Saligny. *Oct.*, 2ᵉ vol., 1773, p. 213.

Saint-Augustin. V. Souche (la).

Saint-Aulaire. V. Beaupoil.

Saint-Bélin. *Mai*, 1747, p. 205; *oct.*, 1ᵉʳ vol., 1756, p. 236.

Saint-Blein. *Juill.*, 2ᵉ vol., 1763, p. 208.

Saint-Blimond, *Janv.*, 1759, p. 181; *mars*, 1743, p. 609, *janv.*, 2ᵉ vol., 1760, p. 208; *mai*, 1777, p. 212.

Saint-Bonnet. *Juin*, 1702, p. 314.

Saint-Bris. V. Lambert.

Saint-Chamans. *Févr.*, 1685, p.152; *Juin*, 1706, p. 537; *août*, 1720, p. 189; *déc.*, 1ᵉʳ vol., 1726, p. 2804; *juin*, 2ᵉ vol., 1729, p. 1471; *mai*, 1730, p. 1046; *juin*, 1ᵉʳ vol., 1731, pp. 1395 et 1396; *mars*, 1733, p. 609; *avr.*, 1733, p.821; *mai*, 1734, p. 1036; *juin*, 1741, p. 1261; *févr.*, 1750, p. 208; *févr.*, 1752, p. 210; *sept.*, 1765, p. 213.

Saint-Christophe. V Thenay.

Saint-Cire. *Mars*, 1724, p. 575.

Saint-Clair de Vauciennes. *Avr.*, 1ᵉʳ vol., 1773, p. 211.

Saint-Contest. V. Barberie de Saint-Contest.

Saint-Cristan de Montauzet. *Janv.*, 2ᵉ vol., 1752, p. 202.

Saint-Cyr. *Juill.*, 1er vol., 1777, p. 210. V. Coxette, Giry et Peirenc.

Saint-Denis. V. Hurault et Noel.

Saint-Elier. V. Moreau de Saint-Elier.

Saint-Estève. *Janv.*, 1708, p. 151; *avr.*, 1740, p. 827.

Saint-Evremond. *Oct.-nov.*, 1703, p. 28; *mai*, 1760, p. 209.

Saint-Exupère. *Mars*, 1758, p. 208.

Saint-Félix de Varenne. *Janv.*, 1700, p. 90. V. encore Varennes.

Saint-Ferveol. *Févr.*, 1752, p. 408.

Saint-Florentin. *Juin*, 2e vol., 1751, p. 1626. V. Phélypeaux.

Saint-Foix. V. Poullain.

Saint-Frémond. V. Ravend.

Saint-Fulgent. V. Arquistade.

Saint-Gelais. *Févr.*, 1re part., 1715, p. 114.

Saint-Gilles. V. Daniau.

Saint-Géniez. V. Gontaut.

Saint-Georges. *Juill.*, 1704, p. 73; *juin*, 1711, p. 156; *août*, 1711, p. 255; *juill.*, 1742, p. 1675, *mai*, 1747, p. 202; *juin*, 1er vol., 1747, p. 210; *juin*, 1er vol., 1748, p. 177; *nov.*, 1755, p. 204; *juin*, 1760, p. 252; *mars*, 1775, p. 234.

Saint-Georges de Vérac. *Mai*, 1735, p. 1023; *nov.*, 1756, p. 222; *déc.*, 1769, p. 236.

Saint-Germain. *Déc.*, 1776, p. 235; *févr.*, 1778, p. 211. V. Foucault.

Saint-Germain de Georges. *Janv.*, 1706, p. 231.

Saint-Gilles. V. Daniau.

Saint-Geyrac. *Nov.*, 1774, p. 236.

Saint-Hérem. V. Montmorin.

Saint-Hilaire. *Févr.*, 1707, p. 295; *déc.*, 1740, p. 2754, *janv.*, 2e vol., 1772, p. 211; *févr.*, 1772, p. 214.

Saint-Jal de Lastic. *Nov.*, 1756, p. 227. V. encore Lastic.

Saint-Jean. V. Cheilus.

Saint-Jory. V. Faur (du).

Saint-Julien. V. Saint-Pierre.

Saint-Just. *Juin-juill.*, 2e part., 1721, p. 85; *déc.*, 1725, p. 1259. V. encore Moréau de Saint-Just.

Saint-Lattier. *Oct.*, 2e vol., 1777, p. 212.

Saint-Laurent. *Mars*, 1708, p. 295.

Saint-Léger. V. Bonnet.

Saint-Légier. *Oct.*, 1742, p. 2319.

Saint-Leu. V. Durfort.

Saint-Lubin. V. Blin.

Saint-Luc. V. Fèvre de Saint-Luc (le).

Saint-Marcolle. V. Farou.

Saint-Mars. *Oct.*, 1708, p. 142.

Saint-Marsal de Contos. *Janv.*, 1753, t. 208.

Saint-Marseault. V. Gréen.

Saint-Marsol de Boncoroz. V. Puidevale.

Saint-Martin. *Mars*, 1712, p. 152; *août*, 1752, p. 1883; *sept.*, 1739, p. 2089; *juill.*, 1er vol., 1772, p. 215. V. encore Alleman de Saint-Martin.

Saint-Maur. V. Dupré.

Saint-Maurice. V. Pecquot.

Saint-Mauris. *Janv.*, 1703, p. 502; *déc.*, 1er vol., 1753, p. 196.

Saint-Mégrin. *Janv.*, 2e vol., 1767, p. 185.

Saint-Morel. *Avr.*, 1710, p. 289.

Saint-Maximin. V. Sconin.

Saint-Nectaire. V. Senneterre.

Saint-Offange. *Nov.*, 1690, p. 250.

Saint-Olon. V. Pidou.

Sint-Ouen. V. Douespe.

Saint-Pau. V. Balzac.

Saint-Paul. *Juin*, 1706, p. 550. V. Cabre et Noizet.

Saint-Paulet. V. Tour-Saint-Paulet (la).

Saint-Perier de Bendeville. *Janv.*, 2e vol., 1757, p. 234.

Saint-Phal. *Févr.*, 1712, p. 53.

Saint-Pierre. *Juill.*, 1709, p. 171; *mars*, 1758, p. 298. V. encore Castel.

Saint-Pierre de Saint-Julien. *Févr.*, 1757, p. 227; *juill.*, 2e vol., 1763, p. 209.

Saint-Pol Hécourt. *Avr.*, 1703, p. 37; *juill.*, 1703, p. 395; *mai*, 1705, p. 445; *nov.*, 1705, pp. 186 et 195; *juin*, 1708, p. 167.

Saint-Ponange. *Mars*, 1702, p. 540; *oct.*, 1706, p. 531.

Saint-Quentin. *Janv.*, 1708, p. 545; *janv.*, 1727, p. 191; *sept.*, 1751, p. 2269. V. encore Tour (la).

Saint-Quentin du Doignon. *Déc.*, 1769, p. 236; *janv.*, 1er vol., 1770, p. 215.

Saint-Quintin de Blet. *Avr.*, 1748, p. 215; *avr.*, 2e vol., 1759, p. 214;

août, 1765, pp. 199 et 205; *mars*, 1775, p. 211.

Saint-Remi. *Juin*, 1er vol., 1757, p. 1228; *juin*, 2e vol., 1747, p. 205; *août*, 1765, p. 198. V. encore BOULLENC et SURIREY.

Saint-Romain. *Déc.*, 1702, p. 211.

Saint-Sacre. V. BERNARD DE SAINT-SACRE.

Saint-Sauveur. *Déc.*, 1774, p. 269. V. NIGOT et JOURDAN.

Saint-Second. *Janv.*, 1705, p. 556.

Saint-Sernin. *Oct.*, 1706, p. 208; *avr.*, 1710, p. 295.

Saint-Séverin d'Arragon. *Mai*, 1753, p. 209; *avr.*, 2e vol., 1757, p. 205.

Saint-Simon. *Janv.*, 1690, p. 299; *mai*, 1695, p. 262; *avr.*, 1695, p. 229; *oct.*, 1712, p. 151; *févr.*, 1721, p. 126; *juin*, 1722, p. 151; *janv.*, 1726, p. 191; *avr.*, 1727, p. 858; *mai*, 1727, p. 1045; *janv.*, 1728, p. 185; *mai*, 1728, p. 1067; *nov.*, 1728, p. 2559; *avr.*, 1729, p. 818; *janv.*, 1733, p. 171; *sept.*, 1733, p. 2081; *juin*, 2e vol., 1757, p. 1456; *sept.*, 1758, p. 2083; *janv.*, 1759, p. 185; *janv.*, 1743, p. 180; *juin*, 1744, p. 1276; *août*, 1744, p. 1925; *juill.*, 1746, p. 207; *févr.*, 1750, p. 209; *avr.*, 1750, p. 211; *déc.*, 1er vol., 1751, p. 186; *sept.*, 1754, p. 214; *oct.*, 1754, p. 214; *juill.*, 1755, pp. 220 et 222; *janv.*, 2e vol., 1756, p. 229; *mai*, 1756, p. 257; *avr.*, 1er vol., 1760, p. 216; *oct.*, 1er vol., 1761, p. 218; *janv.*, 1er vol., 1764, p. 182; *janv.*, 2e vol., 1769, p. 214; *avr.*, 2e vol., 1773, p. 511; *juill.*, 2e vol., 1774, p. 212; *déc.*, 1775, p. 256; *avr.*, 1er vol., 1777, p. 210; *juill.*, 2e vol., 1777, p. 212.

Saint-Simon de Courtomer. *Nov.*, 1744, p. 207; *janv.*, 1er vol., 1756, p. 228; *mai*, 1756, p. 257; *juin*, 1761, p. 217; *août*, 1765, p. 198.

Saint-Simon de Ruffec. *Sept.*, 1754, p. 214.

Saint-Sulpice. V. VERRET.

Saint-Suplice. V. CRUSSOL.

Saint-Suplix. V. COSTÉ.

Saint-Vallier. V. COCHET.

Saint-Vianne. *Janv.*, 1708, p. 159; *févr.*, 1726, p. 395.

Saint-Vidal. V. TOUR DE SAINT-VIDAL (LA).

Saint-Vincent. V. ROBERT.

Saintard. *Oct.*, 1742, p. 2320.

Sainte-Aldegonde. *Janv.*, 1er vol., 1771, p. 225.

Sainte-Colombe. *Nov.*, 1708, p. 71.

Sainte-Croix. *Janv.*, 1er vol., 1763, p. 205. V. encore CROIZIER et ESCORCHES.

Sainte-Hélène. V. CORMIER.

Sainte-Hermine. V. IRLAND.

Sainte-Jay. V. TASSION.

Sainte-Lamelles. V. VILLENEUVE.

Sainte-Luce. *Févr.*, 1749, p. 193.

Sainte-Marie. *Avr.*, 2e vol., 1774, p. 212. V. encore DUVAL, HOUET et MOUSTIER (DU).

Sainte-Marthe. *Nov.*, 1706, pp. 189-230; *mars*, 1707, p. 258; *sept.*, 1714, p. 226; *avr.*, 1er vol., 1773, p. 215.

Sainte-Maure. *Mai*, 1690, p. 204; *févr.*, 1720, p. 172; *sept.*, 1720, p. 154; *oct.*, 1726, p. 2400; *nov.*, 1731, p. 2684; *nov.*, 1744, p. 206; *déc.*, 1765, p. 196; *févr.*, 1765, p. 205; *mars*, 1771, p. 210.

Sainte-Mesme. V. HÔPITAL (L').

Saisseval-Feuquières. *Avr.*, 1754, p. 201. V. encore PAS-FEUQUIÈRES.

Salabery. *Nov.*, 1747, p. 209; *août*, 1750, p. 210; *févr.*, 1761, p. 215.

Salaazar. *Juin*, 1741, p. 1241.

Salettes. *Août*, 1704, p. 396.

Sale (la). V. BAGLION.

Saléon. *Avr.*, 1751, p. 191.

Sales-Hautefort. *Juin*, 1741, p. 1261; *avr.*, 1742, p. 857.

Saleux. *Févr.* 1712, p. 62.

Salières. V. CHATELARD DE SALIÈRES.

Saliez de Fonvielle. *Févr.*, 1695, p. 190.

Salignac. V. FÉNELON.

Salis. *Janv.*, 1752, p. 206.

Sallé. *Juin.* 1er vol., 1758, p. 1250.

Salignac. V. FÉNELON.

Saligny. V. SAINT-AUBIN.

Salins. V. GARNIER DE SALINS.

Salle (la) *Nov.*, 1750, p. 224; *sept.*, 1751, p. 214; *déc.*, 1er vol., 1753, p. 195; *janv.*, 2e vol., 1763, p. 204. V. encore CAILLEBOT, DURUT, FARE (LA) et GOUTTES (DES).

Salle-Chevays. *Sept.*, 1728, p. 2129.

Sallé. *Mai*, 1760, p. 165.

Sallés (dès). Août, 1708, p. 179; févr., 1730, p. 122; déc., 1er vol. 1752., p. 212; sept., 1754, p. 212; mars, 1760, p. 202; sept., 1765, p. 211; juin, 1770, p. 219. V. encore BOUDEVILLE.

Salleux. Janv., 2e vol., 1772, p. 210.

Sallier. Juin. 1695. p. 251; juill., 1698, p. 257; déc., 2e vol., 1735, p. 2947;, févr., 1761. p. 215.

Salligné. Mai, 1705, p. 69.

Salligny. Nov., 1759, p. 2715.

Salm. Juill., 2e vol., 1763. p. 208.

Salmon, Mars, 1754, p. 615.

Saluces. Mars, 1771, p. 210.

Salvaing de Boissieu. Mai, 1683, p. 26.

Salvert. Mars, 1755; p. 185. V. encore PERRIER.

Salvert-Montrognon. Nov., 1756, p. 222.

Salviati. Janv., 1754, p. 193.

Sameuse. V. POLAILLON.

Sampigny. Août, 1759, p. 209.

Samson de Lorchère. Févr., 1763, p. 192.

Samuel Bernard. Janv. 1701, p 141; août, 1720, p. 189; janv., 1759 p. 187; nov., 1755, p. 205.

Sandrier de Mitry. Avr, 1722, p. 192.

Sanguin de Livry. Mars, 1702, p. 332; mai, 1702, p. 289; janv., 1705, p. 261; déc., 1706, p. 321; avr., 1710, p. 286; oct., 1720, p. 145; nov., 1723, p. 1004; févr., 1729; p. 410; juill., 1741, p. 1692; juin, 1758, p. 211; juin, 1760, p. 251.

Sanguin de Roquemourt. Mai, 1702; p. 289.

Sanguin de Roulliez. Janv., 1753, p. 208.

Sanois. V. BÉRAUD.

Sansay. Mai, 1704, p. 182; mai, 1746, p. 197; janv., 2e vol., 1763, p. 181, V. encore TURPIN DE SANSAY.

Sanson. Juill., 1704, p. 519; nov., 1704, p. 279; mai, 1741, p. 1052.

Santo-Domingue. Mai, 1775, p. 225; déc., 1775, p. 234; janv., 1er vol., 1778, p. 227.

Sanzay. V. SANSAY.

Saron. V. BOCHART.

Sarran de la Lanne. Mai, 1704, p. 259; juill., 1707, pp. 40-60.

Sarré, V. MENJO.

Sarron des Forgés. Mars, 1710, p. 147.

Sarsfield. Mars, 1748, p. 209.

Sassenage. Août, 1695, p. 241; mai, 1704, p. 241; avr., 1730, p. 858; mars, 1743, p. 600, mai, 1749, p. 225.

Saubeuf, Sept., 1706, p. 78.

Saujon. V. CAMPET.

Saulnier. Janv., 1715, p. 280; sept., 1741, p. 2113,

Saulnier de la Muissière. Août, 1765, p. 199.

Saulx de Tavannes. Juill., 1705, p. 154; mai, 1705, p. 59; mai, 1706, p. 76; mars, 1712, p. 88; août, 1715, p. 508; juin-juill., 1721, p. 84; août, 1751, p. 2044; sept., 1755, p. 2080; mars, 1754. p. 621; janv., 1755, p. 187; juill., 1759, p. 1680; févr., 1741, p. 411; janv., 1747, p. 202; nov., 1755, p. 208; déc., 2e vol., 1755, p. 200; févr., 1756, p. 235; avr., 2e vol., 1759, p. 213; oct., 1er vol., 1761, p. 217; sept., 1768, p. 215; juin, 1771, p. 256; sept., 1772, p. 211.

Sanmery. Mai, 1705, p. 270; oct., 1706, p. 225; févr., 1707, p. 186; mai, 1709, p. 554; mai, 1726, p. 1068; janv., 1727, p. 189; janv., 1728, p. 186; mars. 1752, p. 618; sept., 1758, p. 2085; nov., 1747, p. 206; nov., 1756, p. 216; oct., 1er vol., 1767, p. 207; janv., 2e vol., 1774, p. 213, V. encore CARRÉ (LA) et RANDON.

Saur (du). Juin-juill., 2e part., 1721, p. 79.

Saureau. Juill., 2e vol., 1762, p. 206,

Seuroy. V. DUREY EE SAUROY.

Saussaye (du). Déc., 1708, p. 90. V. encore GAUMONT et MORNIÈRE.

Sauton de Moustron. Nov. 1752, p. 204.

Sauvage. Mars, 1771, p. 210.

Sauvagère (la). Nov., 1749, p. 212; déc., 2e vol., 1749, p. 191; mars, 1759, p. 215. V. encore ROYER (LE).

Sauvebœuf. Avr., 1710, p. 285; déc., 1er vol., 1725, p. 2929. V. encore FERRIÈRES.

Sauvigny. V. BERTHIER.

Sauvion. Juill., 1712, p. 236.

Saux. V. Espiard.

Sauzay. *Mars*, 1755, p. 193.

Sauzey (du). *Mars*, 1737, p. 620.

Savalette. *Avr.*, 1722, p. 191; *févr.*, 1742, p. 404; *nov.*, 1752, p. 205; *mai*, 1753, p. 212.

Savaniac. *Oct.*, 2ᵉ vol., 1769, p. 213.

Savary. *Avr.*, 1734, p. 828; *oct.*, 1742, p. 2328.

Savary de Brèves. *Févr.*, 1694, p. 514; *mai*, 1694, p. 518; *juill.*, 2ᵉ vol., 1763, p. 210.

Savary-Brèves de Jarzé. *Juin*, 2ᵉ vol., 1755, pp. 222-227.

Savary-Lancosme. *Juill.*, 1755, p. 228.

Saveuse, *Avr.*, 1714, p. 214.

Savigni. *Oct.*, 1706, p. 222; *août*, 1707, p. 173.

Savines. V. Font. de Savines (la).

Savis. V. Potier-Savis.

Savonnières. *Déc.*, 1689, p. 244; *août*, 1703, p. 209; *mars*, 1710, p. 280; *nov.*, 4ᵉ part., 1711, p. 106.

Scaron. *Févr.*, 1685, p. 87; *déc.*, 1699, pp. 28-96; *juill.*, 1707, p. 173.

Scels. *Juin*, 1777, p. 211.

Scépeaux. *Oct.*, 1754, p. 215, *juill.*, 1ᵉʳ vol., 1771, p. 210; *juill.*, 1ᵉʳ vol., 1776, p. 234; *févr.*, 1778, p. 212.

Schalens. V. Favre.

Schawenbourg. *Juin*, 1777, p. 211.

Schembech. *Juill.*, 2ᵉ vol., 1762, p. 206.

Schoepflin. *Oct.*, 1ᵉʳ vol., 1771, p. 224.

Schomberg. *Août*, 1690, p. 181; *août*, 1691, pp. 243-265; *août*, 1706, p. 28.

Scipion. *Oct.*, 1735, p. 2328.

Sconin de Saint-Maximin. *Déc.*, 1ᵉʳ vol., 1753, p. 198.

Scoraille. *Mai*, 1704, p. 196; *mars*, 1707, p. 313; *janv.*, 1736, p. 175; *juill.*, 1ᵉʳ vol., 1758, p. 203; *sept.*, 1761, p. 250; *oct.*, 1ᵉʳ vol., 1767, p. 208; *août*, 1772, p. 204; *mai*, 1715, p. 212.

Scorion d'Haunevin. *Déc.*, 1742, p. 2764.

Scott de la Mésangère. *Déc.*, 1738, p. 2725; *juill.*, 1741, p. 1692; *mars*, 1743, p. 604.

Scypires de Caumont. *Nov.*, 1745,

p. 231; *janv.*, 1753, p. 202; *oct.*, 1ᵉʳ vol., 1760, p. 206.

Sebbeval. *Août*, 1763, p. 197.

Séboville. V. Kadot.

Sebiré de Boislabbé. *Juin*, 1709, p. 84.

Séchelles. V. Moreau.

Secq (le). *Juill.*, 1730, p. 1686; *févr.* 1738, p. 570.

Secousse. *Nov.*, 1711, 4ᵉ part., p. 109; *févr.*, 1736, p. 383; *juin*, 1ᵉʳ vol., 1754, p. 209.

Sedière de Lentilhac. *Juin*, 1777, p. 213. V. Lentilhac.

Ségrie. V. Vallembras.

Segueiran. *Juill.*, 1703, p. 131.

Séguier. *Mai*, 1690, p. 26; *juin*, 1704, p. 191; *juin*, 1708, p. 167; *sept.-oct.*, 1710, p. 216; *févr.* 1712, p. 57; *juin*, 1ᵉʳ vol., 1734, p. 1251; *déc.* 1ᵉʳ vol., 1734, p. 2748; *déc.*, 1ᵉʳ vol., 1749, p. 207.

Séguin. *Oct.*, 1711, 4ᵉ part., p. 107; *août*, 1736, p. 1026.

Ségur. *Nov.-déc.*, 1707, p. 357; *juin*, 2ᵉ vol., 1737, p. 1457; *juin*, 1741, p. 1480; *nov.*, 1741, p. 2545; *févr.*, 1749, p. 192; *août*, 1751, p. 168; *juill.*, 1755, p. 222; *mars*, 1774, p. 211; *mai*, 1777, p. 211.

Seigle. *Déc.*, 1ᵉʳ vol., 1730, p. 199.

Seiglière de Boisfranc. *Avr.*, 1702, p. 379; *oct.*, 1706, p. 281; *mars*, 1742, p. 627; *juill.*, 1742, p. 1680.

Seiglière de Soyecourt. *Juin*, 1706, p. 206; *oct.*, 1706, p. 281; *févr.*, 1720, p. 171; *mai*, 1758, p. 1021; *mai*, 1759, p. 1035; *janv.*, 1743, p. 181; *avr.*, 1748, p. 208; *mai*, 1749, p. 225; *mai*, 1758, p. 211; *avr.*, 1ᵉʳ vol., 1776, p. 235.

Seignelay. V. Colbert.

Selles. *Juin*, 1741, p. 1465; *août*, 1753, p. 208; *déc.*, 2ᵉ vol., 1753, p. 198.

Selve. *Août*, 1702, p. 333; *avr.*, 1721, p. 186; *mai*, 1751, p. 206; *oct.*, 1751, p. 214; *sept.*, 1775, p. 224.

Sémonville. *Avr.*, 1729, p. 824. V. encore Huguet de Sémonville.

Senac. *Janv.*, 1ᵉʳ vol., 1771, p. 228.

Sénarpont. V. Monchy-Sénarpont.

Sénecé. V. Baudron.

Sénéchal de Kercado (le). *Août*, 1721, p. 1848; *oct.*, 1743, p. 2316; *déc.*, 2ᵉ vol., 1751, pp. 201 et 203; *nov.*, 1752, p. 209; *déc.*, 2ᵉ vol., 1752, pp. 202-211; *août*, 1765, p. 197; *janv.*, 2ᵉ vol., 1772, p. 208; *oct.*, 2ᵉ vol., 1777, p. 209. V. encore KERCADO.

Sénicourt. *Avr.*, 1714, p. 212.

Senneterre ou Sennectère. *Nov.*, 1696, p. 319; *mai*, 1701. 1ᵉʳ vol., p. 268; *août*, 1702, p. 205; *juill.*, 1705, p. 68; *févr.*, 1707, p. 111; *mars*, 1710, p. 128; *sept.-oct.*, 1710, p. 39; *mars*, 1714, p. 59; *déc.*, 1714, p. 242; *mars*, 1ʳᵉ part., 1715, p. 209; *juin*, 1716, p. 158; *avr.*, 1718, p. 188; *janv.*, 1720, p. 165; *nov.*, 1745, p. 237; *avr.*, 1746, p. 204; *mai*, 1747, p. 206; *juin*, 2ᵉ vol., 1747, p. 206; *déc.*, 1ᵉʳ vol., 1750, p. 198; *févr.*, 1756, p. 227; *mars*, 1771, p. 212.

Senneville. *Juill.*, 2ᵉ vol., 1772, p. 211. V. encore CARPENTIER, MITHON et ROI (LE).

Sénozan. V. OLIVIER.

Sens de Folleville et de Marsan (le). *mars*, 1693, p. 291; *févr.*, 1ʳᵉ part., 1715, p. 119; *sept.*, 1715, p. 302; *juin*, 1765, p. 212; *juin*, 1775, p. 254.

Sensaric. *Nov.*, 1756, p. 222.

Seppeville. *Nov.*, 1749, p. 214.

Séraucourt. *Juin*, 1706, pp. 352 et 357. V. encore Y DE SÉRAUCOURT.

Serens de Kersiles. V. SERENT DE KERFILIS.

Sérent de Kerfilis. *Mai*, 1754, p. 206; *févr.*, 1778, p. 211.

Sergier de Langier. *Janv.*, 2ᵉ vol., 1773, p. 212.

Serigny. V. BRUNET.

Sérilly. V. MÉGRET.

Serin. *Févr.* 1704, p. 143.

Serquigny. *Janv.*, 1708, p. 344.

Serrant. *Nov.*, 1766, p. 209.

Serre (de). *Avr.*, 1726, p. 855; *nov.*, 1731, p. 2684; *déc.*, 1771, p. 213.

Serre (la). V. DURAT et MONTAULT.

Serrée (la). V. DRÉE.

Serrion. *Août*, 1749, p. 198.

Servan. *Août*, 1724, p. 1847.

Servien. *Janv.*, 1702, p. 296; *oct.*, 1716, p. 242. V. encore MONTIGNY.

Servières V. GROLIER et MARIDAT.

Sesmaisons. *Mai*, 1742, p. 1258; *sept.*, 1776. p. 212.

Sesne de Ménilles. *Avr.*, 1ᵉʳ vol., 1778, p. 212.

Seur (le). *Nov.*, 1770, p. 224.

Sève (de). *Avr.*, 1676, pp. 291-301; *mai*, 1704 p. 190; *nov.*, 1708, p. 177; *mars*, 1709, p. 294; *mai*, 1709, p. 365; *juin*, 1709, p. 175; *oct.*, 1709, p. 129; *avr.*, 1710, p. 16; *oct.*, 1738, p. 2301; *août*, 1749, p. 197; *juin*, 1ᵉʳ vol., 1750, p. 211. V. encore MONNEROT DE SÈVE.

Séverat. *Juill.*, 1705, p. 63.

Severt. *Mars*, 1754, p. 618.

Sèves. *Oct.*, 1729, p. 2541.

Sérigné. *Juin*, 1ᵉʳ vol., 1737, p. 1225; *août*, 1705, p. 299.

Sevin. *Nov.*, 1741 p. 2537; *sept.*, 1749, p. 210; *juin*, 2ᵉ vol., 1755, p. 229.

Sévin de Bandeville, de Mesnil-Montant, etc. *Févr.*, 1706, p. 149; *nov.*, 1706, p. 526; *déc.*, 1713, p. 189; *mai* 1716, p. 266; *oct.*, 1729, p. 2541.

Sévin de Quincy. *Mars*, 1736, p. 601; *janv.*, 1738, p. 179; *août*, 1749, p. 197.

Seyssel d'Artemare. *Déc.*, 1698, p. 266; *juin*, 1704, p. 158.

Seystres. V. SCYPTRES.

Shélon. *Mai*, 1766, p. 210.

Shrewsbury. *Janv.*, 1713, p. 113.

Sieurray. *Avr.*, 2ᵉ vol., 1772, p. 211.

Silhouette. *Avr.*, 2ᵉ vol., 1767, p. 198.

Sillery. V. BRULART.

Silly. *Juin*, 1ᵉʳ vol., 1758, p. 1226. V. encore FAY D'HOSTIE DE SILLY.

Silva. *Juill.*, 1742, p, 1690; *août*, 1742, p. 1900.

Silvecane. *Mai*, 1755. p. 211.

Simiane. *Janv.*, 1698, p. 212; *févr.*, 1718, p. 235; *août*. 1722, p. 215; *oct.*, 1728, p. 2345; *déc.*, 1ᵉʳ vol., 1734, p. 2740; *févr.*, 1740, p. 591; *avr.*, 1741, p. 827; *mai*, 1742, p. 1257, *mai*, 1768, p. 196; *juill.* 1776, p. 255; *juill.*, 2ᵉ vol., 1777, p. 211.

Simiane de Gordes. *Févr.*, 1740. p. 591.

Simplicien (le P.). *Nov.*, 1759, p. 213.

Sinety. *Avr.*, 2e vol., 1773, p. 212.

Siougeat. *Déc.*, 1er vol., 1750, p. 205.

Sirmond de Villars. *Déc.*, 1703, pp. 249-252.

Sirnet. *Nov.*, 1718, p. 113.

Siry de Marigny. *Janv.*, 1er vol., 1777, p. 256. V. encore Anès et Marigny.

Sissone. *Oct.*, 1722, p. 164.

Sisy. *Août*, 1758, p. 212.

Sivignon. *Janv.*, 1746, p. 200.

Sivry. V. Fieubet.

Skelton. *Avr.*, 1710, p. 500 ; *juin*, 1er vol., 1736, p. 1235; *nov.*, 1741, p. 2540.

Scanen. *Déc.*, 1740, p. 2965.

Soissons. *Févr.*, 1710, p. 254 ; *janv.*, 1721, p. 112. V. encore Baron de Soissons.

Soisy. V. Creil.

Solar de Breille. *Déc.*, 1765, p. 260.

Solare. V. Fontaine (la).

Solars de Monasterel. *Août*, 1763, p. 198.

Solenni. *Nov.*, 1744, p. 207.

Soliers. V. Forbin-Janson.

Solignac. *Juin*, 1774, p. 117.

Solleville. *Juill.*, 2e vol., 1765, p. 193.

Solre. *Déc.*, 1764, p. 204.

Sommerive. V. Desrus.

Sommery. V. Dumesnil et Saunery.

Sommière. V. Cauchon.

Sône (la), *Janv.*, 1755, p. 214. V. encore Boffin et Lassone.

Sonning. *Juin-juill.*, 2e part., 1721, p. 83; *déc.*, 1er vol., 1728, p. 2764.

Soquence. *Juill.*, 1er vol., 1775, p. 211.

Sorbe. *Oct.*, 1er vol., 1760, p. 204.

Sorthon. V. Braux.

Souard de Bonnemare. *Juin*, 2e vol., 1749, p. 204.

Soubeyran. *Sept.*, 1741, p. 2120.

Soubise. V. Rohan.

Soubriac. *Déc.*, 2e vol., 1748, p. 224.

Somarière V. Vau (du).

Soucelier. *Janv.*; 1er vol., 1756, p. 223.

Souche (la). *Déc.*, 1er vol., 1756, p. 2792.

Souche-Saint-Augustin. *Mai*, 1738, p. 1024.

Souchet. *Nov.*, 1751, p. 194.

Soudé. V. Godet.

Soudeille. *Juin*, 2e vol., 1728, p. 1485; *déc.*, 1771, p. 211; *févr.*, 1778, p. 212.

Soufflot. *Févr.*, 1750, p. 208.

Souillac. *Sept.*, 1696, p. 509 ; *oct.*, 1701, pp. 591-596; *nov.*; 1701, p. 112; *nov.*, 1710, p. 98; *nov.*, 1712, p. 264; *mars*, 1725, p. 620; *févr.*, 1729, p. 405.

Soul (du). *Juin*, 1er vol., 1738, p. 1224.

Soulanges. *Oct.*, 2e vol., 1764, p. 207.

Soulet. *Nov.*, 1736, p. 2575; *août*, 1740, p. 1906; *déc.*, 2e vol., 1745, p. 185; *dee.*, 2e vol., 1746, p. 212.

Souliers. *Juill.*, 1704, p. 220.

Souligné. *Août*, 1749, p. 198.

Soullet. V. Soulet.

Sounet. *Mars*, 1740, p. 611.

Souplet. *Nov.*, 1718, p. 115.

Sourches. V. Bouschet (du).

Sourdeilles. *Août*, 1711, 4e part., p. 46.

Sourdeval. V. Neuf (le).

Sourdière (la). V. Guyet.

Sourdis. V. Escoubleau.

Souscelle. *Avr.*, 1710, p. 257.

Sousmont. V. Turgot.

Sousville. V. Chalver.

Souville. V. Herment.

Souvré. *Déc.*, 1715, p. 225 ; *juin-juill.*, 2e part., 1721, p. 80; *mars*, 1755, p. 194; *nov.*, 1757, p. 202. V. encore Tellier (le).

Souzy. *Avr.*, 2e vol., 1774, p. 212.

Soyecourt. V. Seiglière.

Soyen d'Intraville. *Mars*, 1770, p. 213.

Sparl. *Mai*, 1725, p. 1051.

Sparre. *Avr.*, 1er vol., 1765, p. 208; *janv.*, 1er vol., 1765, p. 203.

Spinola. *Juill.*, 1740, p. 1681; *nov.*, 1744, p. 205.

Stainville. *Juill.*, 1706, pp. 215 et 569. V. encore. Choiseul et Morel.

Stoppa. *Janv.*, 1701, p. 106; *sept.*, 1747, p. 176.

Stuart ou Stuer. V. Quélen.

Stuer. V. Estuer.

Sublet. *Oct.*, 1743, p. 2518.

Sublet de Heudicourt. *Janv.*, 1707, p. 294; *févr.*, 1709, p. 236; *févr.*,

1710, p. 190; *juin*, 1715, p. 219; *avr.*, 1712, p. 839.

Subtil. *Mai*, 1759, p. 1039.

Sucet. *Juin*, 1708, p. 111.

Sucre. *Juill.*, 1721, p. 1651.

Sully. V. Bethune.

Sulpice. *Oct.*, 1er vol., 1772, p 210.

Surbeck. *Mars*, 1712, p. 82; *mai*, 1711, p. 128; *juill.*, 1721, p. 1657; *avr.*, 1741, p.852; *nov.*, 1741, p. 2555.

Surgères. *Févr.*, 1723, p. 593; *sept.*,

1716, p. 190; *juin*, 1760, p. 253; *oct.*, 1er vol., 1767, p. 207; *janv.*, 1er vol., 1778, p. 228.

Surian. *Déc.*, 1er vol., 1751, p. 205.

Surirey de Saint-Rémy. *Mars.* 1773, p. 211; *juin*, 1776, p. 236. V. encore Saint-Rémy.

Surrière (la). *Févr.*, 1719, p. 131. V. encore Pobrier.

Surville. *Janv.*, 1703, p. 312.

Suze (la). V. Baume (la).

Symonnet. *Août*, 1722, p. 216.

T

Taboureau. *Juill.*, 2e vol., 1763, p. 209.

Tabourot. *Août*, 1755, p. 209.

Tabourot d'Orval. *Mars*, 1754, p. 209. V. encore Orval.

Tagny. V. Caurel.

Taillasson. *Déc.*, 2e vol., 1755, p. 202.

Taillebourg. V. Trémoille (la).

Taillefer. *Oct.*, 1729, p. 2541.

Talard. V. Baume (la).

Talaru de Chalmazel. *Févr.*, 1706, p. 61; *mars*, 1710, p. 142; *juin*, 1er vol., 1729, p. 1261; *juin*, 2e vol., 1750, p. 181; *juin*, 1774, p. 256.

Talhouet de Bonamour. *Nov.*, 1755, p. 205. V. encore Lentivi.

Tallard. *Mai*, 1701, p. 292; *oct.*, 1701, p. 355; *déc.*, 2e vol., 1732, p. 2925.

Tallemant. *Août*, 1712, p. 129. V. encore Réaux (des).

Talleyrand. *Janv.*, 1711, p. 192; *déc.*, 1721, p. 2725; *févr.*, 1752, p. 405; *avr.*, 1757, p. 825; *mai*, 1741, p. 1052; *janv.*, 1744, p. 191; *juin*, 1er vol., 1745, p. 207; *janv.*, 1751, p. 202; *avr.*, 1752, p. 209.

Talleyrand-Périgord. *Avr.*, 1er vol., 1759, p. 214; *juin*, 1775, p. 257.

Talmond. V. Trémoille (la).

Talon. *Mars*, 1698, p. 256; *févr.*, 1700, p. 249; *avr.*, 1700, p. 207; *févr.*, 1701, p. 197; *oct.*, 1702, p. 257; *déc.*, 1704, p. 341; *août*, 1709, p. 195; *juin*, 4e part., 1711,

p. 41; *nov.*, 1715, p. 203; *avr.*, 1721, p. 785; *oct.*, 1725, p. 2541; *janv.*, 1727, p. 193; *déc.*, 1er vol., 1728, p. 2761; *déc.*, 2e vol., 1750, p. 2969; *oct.*, 1752, p. 2296; *oct.*, 1755, p. 2299; *nov.*, 1756, p. 2585; *août*, 1759, p. 1888; *juin*, 1744, p. 1274; *févr.*, 1747, p. 205; *déc.*, 2e vol., 1750, p. 195; *janv.*, 2e vol., 1768, p. 211; *mars*, 1775, p. 253; *janv.*, 1er vol., 1778, p. 228.

Tambonneau. *Juin*, 1685, p. 65; *févr.*, 1700, p. 253; *oct.*, 1721, p. 2259; *janv.*, 1757, p. 156; *juin*, 1759, p. 1245.

Tamisier. *Juin*, 2e vol., 1751, p. 206.

Tancarville. *Févr.*, 1721, pp. 40-43.

Tanchoux. V. Castagnet.

Tane. *Oct.*, 2e vol., 1777, p. 213.

Tanlay. *Juill.*, 1755, p. 1666; *juin*, 1740, p. 1252. V. encore Thevenin.

Tannegui. *Avr.*, 1755, p. 205.

Tanneguy du Châtel. *Déc.*, 1757, p. 205; *avr.*, 2e vol., 1778, p. 213.

Tanneguy-le-Veneur. *Mars*, 1750, p. 614; *nov.*, 1748, p. 212; *avr.*, 2e vol., 1757, p. 202. V. encore Veneur (le).

Tapol. *Juill.*, 1709, p. 166.

Tardieu. *Déc.*, 1er vol., 1756, p. 2795; *sept.*, 1757, p. 2103; *juin*, 1er vol., 1758, p. 1251; *nov.*, 1755, p. 201.

Tardieu de Maleyssie. *Avr.*, 1er vol., 1778, p. 212. V. encore Maleyssie.

Tardif. *Juin*, 1712, p. 118; *sept.*, 1736, p. 2149; *oct.*, 1736, p.2376; *mars*, 1749, p. 211.

Tarente. V. TRÉMOILLE (LA).

Tarneau. *Sept.*, 1744, p. 2139.

Tarik-Sénar-d'Arcan. *Janv.*, 1708, p. 354.

Tarrade. *Nov.*, 1751, p. 190.

Tarride. V. LOMAGNE.

Tartarin. *Mars*, 1741, p. 627.

Tarteron. *Déc.*, 1709, p. 214; *sept.-oct.*, 1710, p. 272.

Tassion de Sainte-Jay. *Déc.*, 1775, p. 236.

Taste. *Juin*, 2ᵉ vol., 1754, p. 203.

Taurin. *Avr.*, 1ᵉʳ vol., 1778, p. 213.

Tauxier. *Févr.*, 1758, p. 568; *janv.*, 1749, p. 220; *sept.*, 1749, p.213.

Tavannes. V. SAULX.

Teiras. *Déc.*, 1ᵉʳ vol., 1750, p. 199.

Teissier. *Févr.*, 1771, p. 212.

Téligny. *Sept.*, 1750, p. 196.

Telis de Valorges. *Avr.*, 1704, p.74.

Tellez d'Acosta. *Févr.*, 1750, p. 207.

Tellier (le). *Janv.*, 1685, p. 215; *oct.*, 1686, p. 516; *nov.*, 1691, p. 266; *juill.*, 1694, p. 240; *déc.*, 1694, p. 279; *déc.*, 1698, pp. 247-254; *août*, 1699, pp. 97 et 102; *oct.*, 1699, p. 257; *janv.*, 1701, p. 102; *juill.*, 1702, p. 196; *janv.*, 1703, p. 95; *août*, 1704, p. 416; *oct.*, 1705, p. 525; *oct.*, 1706, p. 552; *mars*, 1708, p. 73; *févr.*, 1710, p. 268; *mai*, 2ᵉ part., 1711, p.73; *août*, 1712, p. 140; *juill.*, 1715, p. 150; *déc.*, 1715, p. 228; *mars*, 1716, p. 215; *avr.*, 1717, p. 215; *juin*, 1717, p. 181; *nov.*, 1718, p.113; *août*, 1719, p. 158; *sept.*, 1719, p. 207; *mai*, 1721, p. 162; *nov.*, 1721, p. 181; *nov.*, 1724, p. 2497; *déc.*, 1ᵉʳ vol., 1725, p. 2558; *juill.*, 1726, p. 1694; *oct.*, 1727, p. 2355; *déc.*, 1ᵉʳ vol., 1728, pp. 2761 et 2762; *déc.*, 2ᵉ vol., 1730, p. 2966; *mars*, 1752, p. 619; *déc.*, 1ᵉʳ vol., 1752, p. 2711; *mai*, 1754, p. 1055; *févr.*, 1755, p. 613; *avr.*, 1755, p. 827; *nov.*, 1755, p. 2527; *juin*, 2ᵉ vol., 1757, p. 1459; *juin*, 1741, p. 1248; *août*, 1742, p. 1898; *oct.*, 1742, p. 2515; *janv.*, 1750, p.201; *mars*, 1755, p.194; *juill.*, 1755, p. 217; *juin*, 2ᵉ vol., 1757,

p. 211, *mars*, 1759, p. 214; *juill.*, 2ᵉ vol., 1765, p. 208; *déc.*, 1768, p.215; *janv.*, 2ᵉ vol., 1771, p. 224; *juin*, 1775, p. 234.

Tellier de Montmirail (le). *Juill.*, 2ᵉ vol., 1763, p. 208; *janv.*, 2ᵉ vol., 1765, p. 205; *août*, 1768, p. 214.

Temple. *Févr.*, 1752, p. 408; *nov.*, 1746, p. 194.

Ténare. *Janv.*, 1738, p. 172.

Tencin. *Mars*, 1703, p. 53; *oct.*, 1705, p. 305; *nov.*, 1705, p.243; *févr.*, 1736, p. 381. V. encore GUÉRIN DE TENCIN.

Tende. *Mai*, 1697, p. 216.

Tenelles. V. PINAULT.

Tenneur (le). *Janv.*, 1736, p. 180; *mai*, 1738, p. 1025.

Terasson. V. TERRASSON.

Tercier. *Avr.*, 2ᵉ vol., 1767, p. 199.

Terloye. *Juin*, 1ᵉʳ vol., 1748, p.175.

Termes. *Mars*, 1704, p. 248.

Termont. V. MAY.

Ternan. *Avr.*, 1706, p. 284.

Terra. *Oct.*, 1706, pp. 523-329.

Terrail (du). *Mars*, 1710, p. 131. V. encore DUREY DU TERRAIL.

Terrail-Bayard (du). *Févr.*, 1770, p. 213; *mars*, 1770, p. 213.

Terrasson. *Déc.*, 1ᵉʳ vol., 1750, p.200.

Terraube. *Juill.*, 1ᵉʳ vol., 1756, p. 232.

Terray. *Mars*, 1771, p. 210; *mars*, 1778, p. 209.

Terray de Rosières. *Avr.*, 2ᵉ vol., 1760, p. 216.

Terrier. *Mars*, 1753, p. 603; *mai*, 1753. p. 1032. V. encore GUÉRIN.

Terrière (la). V. CHARRETON.

Tessancourt. V. VION DE TESSANCOURT.

Tessé. V. FROULAY.

Tessier. *Nov.*, 1734, p. 2528; *mai*, 1748, p. 190; *déc.*, 1ᵉʳ vol., 1750, p. 200; *mars*, 1755, p. 194.

Tessier de Neufbourg. *Mai*, 1745, p. 207.

Tesson, d'Avranches. *Févr.*, 1721, pp. 40-43; *mars*, 1776, p. 231. Dicton normand : TESSON LE NOBLE.

Tessonnière (la). *Oct.*, 1ᵉʳ vol., 1767, p. 207.

Testard. *Août*, 1702, p. 533.

Testard de la Guerre ou de la Guette. *Juin*, 1740, p. 1249; *avr.*, 2ᵉ vol., 1771, p. 214.

Testu. *Juill.*, 1697, p. 236; *avr.*, 1706, p. 362; *juill.*, 1706, p. 120; mai, 1707, p. 84 ; *mars*, 1re part., 1715, p. 213 ; *avr.*, 1719, p. 157; *sept.*, 1727, p. 2133; *mai*, 1757, p. 1037.

Testu de Balincourt. *Oct.*, 1745, p. 201; *sept.*, 1753, p. 202; *juin*, 1764, p. 201; *avr.*, 2e vol., 1767, p. 195; *juin*, 1770, p. 249; *sept.*, 1772, p. 213; *oct.*, 1er vol., 1772, p. 213; *janv.*, 1er vol., 1775, p. 234; *sept.*, 1775, p. 224; *mars*, 1776, p. 231; *déc.*, 1776, p. 235.

Texier. *Févr.*, 1737, p. 406 ; *juin*, 1er vol., 1738, p. 1221; *janv.*, 2e vol., 1769, p. 214.

Texier d'Hautefeuille. *Juin*, 1743, p. 1440.

Texier de Mennatoux. *Janv.*, 1751, p. 198.

Textéris. *Mars*, 1749, p. 210.

Thaumas de la Thaumassière. *Juill.*, 1702, p. 307.

Thaumassière (la). V. THAUMAS.

Theil (du). *Oct.*, 1757, p. 2516. V. encore PORTE DU THEIL (LA).

Thélis. *Janv.*, 1710, pp. 117-127.

Thémissey. V. CLUGNY.

Thenay de Saint-Christophe. *Déc.*, 1757, p. 204.

Théroulde de Bellefosse. *Janv.*, 1708, p. 350.

Thésu. *Août*, 1734, p. 1890.

Thésut. *Déc.*, 2e vol., 1729, p. 5165.

Thévenin de Tanlay. *Juill.*, 1735, p. 1666 ; *juin*, 1740, p. 1252. V. encore TANLAY.

Thianges. *Nov.*, 1678, p. 322; *sept.*, 1693, p. 256 ; *mars*, 1695, p. 274; *oct.*, 1702, p. 103 ; *janv.*, 1715, p. 191 ; *févr.*, 1730, p. 417 ; *mai*, 1732, p. 1022; *déc.*, 2e vol., 1747, p. 192; *nov.*, 1748, p. 211.

Thiard. V. THYARD.

Thiaudière. *Août*, 1729, p. 1898.

Thibault. *Nov.*, 1738, p. 2498.

Thibaut. *Mars*, 1720, p. 167.

Thibergeau. *Juin*, 2e vol., 1752, p. 1445; *janv.*, 1749, p. 220.

Thibert. *Juill.*, 1726, p. 1690.

Thibert des Martrais. *Sept.*, 1734, p. 2087; *oct.*, 1745, p. 196.

Thibeuf. *Oct.*, 1698, p. 244 ; *oct.*,

4e part., 1711, p. 109; *juill.*, 1712, p. 234. V. TUBOEUF.

Thibouet de Marzières. *Janv.*, 1751, p. 198.

Thiboust de Berry. *Sept.*, 1749, p. 213; *nov.*, 1749, p. 212; *juin*, 2e vol., 1754, p. 204; *avr.*, 2e vol., 1757, p. 202.

Thiboutot. *Sept.*, 1750, p. 196.

Thibouville. V. LAMBERT.

Thiène. *Avr.*, 1723, p. 832.

Thiercelin. V. TIERCELIN.

Thiersanville. *Janv.*, 1708, p. 348.

Thiersault. *Oct.*, 1686, p. 96; *juin*, 1705, pp. 77-86; *nov.*, 1715, p. 193; *janv.*, 1716, p. 151 ; *déc.*, 1767, p. 244.

Thierry. *Août*, 1777, p. 212.

Thilly. *Févr.*, 1778, p. 210.

Thimery. *Sept.*, 1714, p. 227.

Thiroux. *Févr.*, 1742, p. 410; *juin*, 1742, p.1475; *juill.*, 1742, p.1689; *avr.*, 1755, p. 208; *juill.*, 2e vol., 1759. p. 210.

Thiroux de Gerfeuil. *Juill.*, 2e vol., 1756, p. 235.

Thiroux de Montregard *ou* Mauregard. *Juin*, 1er vol., 1753, p. 197 ; *janv.*, 1er vol., 1756, p. 218.

Thiroux de Montsauge. *Mai*, 1778, p. 211.

Thiroux de Villarsy. *Juin*, 1er vol., 1755, p. 1240.

Thodure. V. MONTCHENU.

Thoisy. V. CHAILLOU, JOMARD et ROCHEPOT.

Thomas. *Nov.*, 1740, p. 2549; *avr.*, 1748, p. 209 ; *juill.*, 2e vol., 1765, p. 193.

Thomassin. *Oct.*, 1706, p. 135; *mars*, 1745, p. 601; *avr.*, 2e vol., 1757, p. 201.

Thomassin de Cabre. *Juill.*, 1759, p. 1677.

Thomassin de Peinier. *Oct.*, 1er vol., 1772, p. 212.

Thomé. *Juill.*, 1710, p. 171; *août*, 1752, p. 202 ; *juill.*, 2e vol., 1765, p. 192.

Thomelin. *Déc.*, 2e vol., 1730, p. 2967.

Thomond de Clare. *Janv.*, 2e vol., 1775, p. 212. V. encore CLARE et O'BRIEN.

Thorigny. V. LAMBERT.

Thou (de). *Juin*, 1691, p. 202 ; *mai*, 1738, p. 1023 ; *mai*, 1746, p. 198.

Thoubeau. *Nov.*, 1703, p. 56.

Thouret de Mahury. *Juin*, 1er vol., 1729, p. 1260.

Thourry. V. CLERMONT.

Thoy. *Mars*, 1726, p. 610.

Thoynard. *Févr.*, 1752, p. 408 ; *sept.*, 1746, p. 198.

Thoynard de Montzuzain. *Juill.*, 1742, p. 1662.

Thubières de Caylus. *Avr.*, 1741, p. 852.

Thugny. V. CROZAT.

Thuillerie(la).V. COIGNET et NOUFLE.

Thuillier. *Déc.*, 1er vol., 1750, p. 207.

Thuisy. *Janv.*, 1698, p. 207 ; *nov.*, 1704, p. 203 ; *mai*, 1727, p. 1044 ; *mai*, 1757, p. 1045.

Thulon. *Sept.*, 1698, p. 140.

Thumery de Boissise. *Oct.*, 1737, p. 2309 ; *déc.*, 1744, p. 207 ; *mars*, 1762, p. 234 ; *nov.*, 1764, p. 159.

Thurin. V. BELLON.

Thurot. *Janv.*, 1er vol., 1761, p. 204.

Thyard de Bisjy. *Nov.*, 1701, p. 105 ; *janv.*, 1715, p. 199 ; *juill.*, 1723, p. 179 ; *févr.*, 1735, p. 407 ; *nov.*, 1736, p. 2570 ; *juill.*, 1737, p. 1674 ; *avr.*, 1744, p. 840 ; *avr.*, 1747. p. 205 ; *juin*, 1er vol., 1748, p. 176 ; *févr.*, 1753, p. 208 ; *sept.*, 1754, p. 215 ; *mars*, 1755, p. 194 ; *déc.*, 1764, p. 205 ; *déc.*, 1765, p. 261. V. encore BISSY.

Tibermesnil. V. FERTÉ.

Tiercelin. *Sept.*, 1745, p. 215.

Tiercelin de Brosses. *Avr.*, 1696, p. 297 ; *mars*, 1699, p. 157 ; *févr.*, 1712, p. 73 ; *oct.*, 1er vol., 1756, p. 233.

Tierci. V. FENEL.

Tiffauges. *Juill.*, 1714, p. 190.

Tigni. V. BEAUVEAU.

Tilladet. V. CASSAGNET.

Tillat de Félino. *Janv.*, 1er vol., 1775, p. 254.

Tillet (du). V. TITON DU TILLET.

Tillet de Saint-Mathieu (du). *Août*, 1744, p. 1925. V. encore TITON.

Tillières. *Janv.*, 1703, p. 534 ; *mai*, 1725, p. 1012 ; *juin*, 1er vol., 1756, p. 1235 ; *avr.*, 2e vol., 1757, p. 202. V. encore VENEUR (LE).

Tilliers. V. TILLIÈRES.

Tilly. *Sept.* 1725, p. 617 ; *oct.*, 1727, p. 2355 ; *juin*, 1er vol., 1752,

p. 1259. V. encore ROUSSEL et ROUX.

Tilly de Blaru. *Févr.*, 1775, p. 256.

Timbronne de Valence. *Juill.*, 2e vol., 1765, p. 193.

Timbrune. *Juill.*, 1754, p. 1682.

Tingry. V. MONTMORENCY.

Tiques de Chambon. *Août*, 1748, p. 213.

Tiraqueau. *Juin*, 1709, p. 206 ; *mai*, 1753, p. 212.

Tirant. *Juin*, 2e vol., 1749, p. 205.

Tissart. *Oct.*, 1er vol., 1761, p. 218.

Tissard du Rouvre. *Avr.*, 1er vol., 1771, p. 212.

Tisseuil - Danvaux. *Janv.*, 1738, p. 180.

Titon. *Mars*, 1750, p. 198.

Titon de Villegenon. *Déc.*, 1759, p. 2947.

Titon de la Neuville. *Oct.*, 1748, p. 230.

Titon du Tillet. *Avr.*, 1703, p. 58 ; *mai*, 1705, p. 281 ; *juin*, 1706, p. 212 ; *juill.*, 1707, p. 170 ; *juill.*, 1708, p. 35 ; *janv.*, 1711, p. 142 ; *févr.*, 1711, p. 120 ; *mai*, 1728, p. 1065 ; *déc.*, 1er vol., 1728, p. 2755 ; *juin*, 1er vol., 1758, p. 1222 ; *déc.*, 1738, p. 2720 ; *mars*, 1740, p. 612 ; *avr.*, 1740, p. 824 ; *nov.*, 1744, p. 206 ; *mars*, 1755. p., 193 ; *janv.*, 2e vol., 1763, p. 204 ; *août*, 1763, p. 197 ; *mars*, 1769, p. 220 ; *juin*, 1776, p. 254.

Tivolière de Virville. *Mai*, 1701, 1er vol., p. 554.

Tizon d'Argence. *Janv.*, 1er vol., 1765, p. 203. V. encore ARGENCE.

Tocqueville. V. CLÉREL.

Toisi. *Mai*, 1729, p. 1036.

Tombebœuf. V. SACRISTE.

Tombœuf. *Oct.*, 1er vol., 1774, p. 254.

Tonnelier de Breteuil. *Janv.*, 1685, p. 288 ; *janv.*, 1698, p. 258 ; *févr.*, 1698, p. 259 ; *avr.*, 1698, p. 242 ; *avr.*, 1701, p. 518 ; *août*, 1703, p. 214 ; *mai*, 1705, p. 527 ; *août*, 1705, p. 92 ; *janv.*, 1708, p. 42 ; *mars*, 1708, p. 85 ; *mars*, 1708, p. 219 ; *mars*, 1710, p. 49 ; *sept.*, 1712, p. 169 ; *oct.*, 1714, p. 542 ; *avr.*, 1716. p. 186 ; *déc.*, 1719, p. 187 ; *juin*, 2e vol., 1725, p. 1456 ; *sept.*, 2e vol., 1725, p. 2317 ; *déc.*, 1er vol., 1727, p. 2754 ; *mars*,

1728, p. 644; *déc.*, 1er vol., 1728, p. 2765; *juin*, 1er vol., 1731, p. 1391; *avr.*, 1752, p. 800; *août* 1752, p. 1885; *févr.*, 1733, p. 399; *juin*, 1740, p. 1249; *sept.*, 1740, p. 2118; *juin*, 1741, p. 1262; *janv.*, 1743, p. 178; *oct.*, 1749, p. 211; *avr.*, 1751, p. 205; *juin*, 2e vol., 1753, p. 189; *juill.*, 2e vol., 1765, p. 195; *janv.* 1er vol., 1772, p. 211; *mai*, 1772, p. 210; *oct.*, 1er vol., 1772, p. 212.

Tonnelier de Charmeaux. *Juin*, 1764, p. 201.

Tonnerre. V. CLERMONT.

Torcy. *Févr.*, 1692, p. 250; *déc.*, 1694, pp. 158-169; *juin*, 1702, p. 390; *févr.*, 1703, p. 76; *mai*, 1706, p. 70; *déc.*, 1721, p. 167; *févr.*, 1726, p. 596; *déc.*, 1er vol., 1726, p. 2805. V. encore COLBERT.

Torpannes. V. CHOL.

Totteville. V. COQUET.

Tottrant. *Juin*, 1724, p. 1229.

Touanne (la). V. RÉNOUARD.

Touche (la). V. GUIMONT.

Touches (des). *Mai*, 1704, p. 191; *oct.*, 1741, p. 2542.

Toulongeon. *Nov.*, 1736, p. 2583; *mars*, 1778, p. 207.

Toulouse de Lautrec. *Févr.*, 1758, p. 188.

Tour (la). *Avr.*, 1712, p. 308; *mars*, 1er part., 1715, p. 219; *nov.*, 1751, p. 2687; *déc.*, 2e vol., 1752, p. 2922; *juin*, 1760, p. 255. V. encore FRANCE, GALLOYS, GUAY et RANDON.

Tour-Châtillon (la). V. ZURLAUBEN.

Tour d'Apchier (la). *Févr.*, 1er part., 1715, p. 159; *sept.*, 1730, p. 2114; *févr.*, 1759, p. 391; *mars*, 1750, p. 205; *juin*, 2e vol., 1753, p. 189; *juill.*, 1755, p. 223; *juill.* 2e vol., 1765, p. 210.

Tour d'Auvergne (la). *Juill.*, 1706, p. 212; *nov.-déc.*, 1707, p. 590; *avr.*, 1717, p. 211; *déc.*, 1721, p. 166; *août*, 1722, p. 215; *mai*, 1725, p. 1051; *mai*, 1725, p. 1055; *sept.*, 1er vol., 1725, pp. 2108 et 2110; *janv.*, 1727, p. 189; *juill.*, 1729, p. 1685; *mai*, 1730, p. 1048; *mai*, 1755, p. 1031; *juin*, 2e vol., 1755, p. 1459; *juill.*, 1755, p. 1678; *juin*, 1er vol., 1757, p. 123; *févr.*,

1745, p. 402; *mai*, 1746, p. 199; *juill.*, 1746, p. 209; *mai*, 1747, p. 206; *juin*, 2e vol., 1747, p. 210; *août*, 1750, p. 204; *déc.*, 1er vol., 1750, p. 207; *avr.*, 1755, p. 211; *juin*, 2e vol., 1755, p. 192; *janv.*, 2e vol., 1756, p. 234; *déc.*, 1763, p. 196; *déc.*, 1767, p. 240; *janv.*, 1er vol., 1771, p. 226; *janv.*, 2e vol., 1771, p. 224; *nov.*, 1771, p. 213; *oct.*, 2e vol., 1772, p. 211. V. encore BOUILLON et MARCK (LA).

Tour de Bouillon (la). *Sept.* 1759, p. 2095.

Tour de Bontemps (la). *Sept.*, 1774, p. 249.

Tour de Gouvernet (la). *Nov.*, 1738, p. 2502; *juin*, 1741, p. 1252; *mai*, 1772, p. 211.

Tour de Montauban. *Juin*, 1er vol., 1729, p. 1259; *févr.*, 1750, p. 417; *oct.*, 1757, p. 2308.

Tour de Rochefort (la). *Juin*, 1697, p. 209.

Tour de Saint-Vidal (la). *Mai*, 1715, p. 274.

Tour du Pin (la). *Janv.*, 1703, pp. 190-200; *févr.*, 1748, p. 207; *juin*, 2e vol., 1753, p. 187; *août*, 1755, p. 209; *juin*, 2e vol., 1754, p. 202; *juill.*, 1755, p. 221; *août*, 1756, p. 234; *juin*, 1760, p. 253; *nov.*, 1760, p. 208; *juill.*, 2e vol., 1752, p. 206; *avr.*, 1er vol., 1771, p. 211; *oct.*, 1er vol., 1774, p. 236; *avr.*, 1er vol., 1775, p. 209; *juin*, 1775, p. 256; *févr.*, 1777, p. 223; *mars*, 1778, p. 208; *avr.*, 1er vol., 1778, p. 211.

Tour-Landri. V. MAILLÉ DE LA TOUR-LANDRI.

Tour-Maubourg (la). *Août*, 1737, p. 1888; *mai*, 1749, p 225; *janv.*, 2e vol., 1778, p. 211.

Tour-Maubourg du Fay (la). *Mai*, 1749, p. 225; *août*, 1750, p. 210; *févr.*, 1755, p. 211.

Tour Saint-Quentin (la). *Janv.*, 1er vol., 1776, p. 212. V. encore SAINT-QUENTIN.

Tour-Taxis (la). *Nov.*, 1759, p. 214; *avr.*, 2e vol., 1775, p. 212.

Tourdonnet. V. JOUSSINEAU.

Tourmont. *Nov.*, 1756, p. 2576; *août*, 1757, p. 1888.

Tournay d'Assignies ou Tourna,

d'Assigny. *Juin*, 1er vol., 1738, p. 1221; *févr.*, 1750, p. 209; *juin*, 1er vol., 1755, p. 200.

Tourneburne. *Mars*, 1751, p. 208.

Tournefort. V. VIVIER DE TOURNEFORT (DU).

Tournelle (la). *Oct.* 1700, p. 186; *mai*, 1701, 1er vol., p. 268; *juill.*, 1703, p. 61; *janv.*, 1738, p. 179; *déc.*, 1740, p. 2753; *déc.*, 1744, p. 209; *janv.*, 1745, p. 212. V. encore NOLIN.

Tournelles (des). *Avr.*, 1738, p. 813; *nov.*, 1741, p. 2541. V. encore PARENT DES TOURNELLES.

Tournemine. *Févr.*, 1709, pp. 188-194; *nov.*, 1709, p. 72.

Tournes. *Avr.*, 1753, p. 204.

Tournon. *Janv.*, 1703, p, 333; *août*, 1773, p. 211.

Tourote. V. BÉLANGER.

Tourouvre. *Janv.*, 1706, p. 229; *août*, 1724, p. 1747; *sept.*, 2e vol., 1725, p. 2317; *mai*, 1740, p. 1033.

Tour Saint-Paulet (la). *Avr.*, 1740, p. 820.

Tour-Taxis (la). *Févr.*, 1719, p. 128.

Tourton. *Oct.*, 1er vol., 1775, p. 213.

Tou.-Vidaud(la). *Janv.*, 1704, p. 199; *avr.*, 1710, p. 16.

Tourville. *Mai*, 1701, 1er vol., p. 333; *janv.*, 1702, p. 185; *déc.*, 1702, p. 252; *nov-déc.*, 1707, p. 345; *févr.*, 1711, p. 121; *août*, 1714, p. 268; *mars*, 1716, p. 51; *oct.*, 1722, p. 165; *sept.*, 1752, p. 2079; *avr.*, 1er vol., 1772, p. 223.

Tousche (la). V. PRÉVOST DE LA TOUCHE.

Toustain. *Août*, 1749, p. 195; *août*, 1774, p. 213.

Toustain de Frontebosc. *Mars*, 1762, p. 214.

Toustain de Richebourg. *Déc.*, 1740, p. 2757; *août*, 1742, p. 1698; *août*, 1756, p. 236; *déc.*, 1773, p. 227. V. encore QUANTIN et RICHEBOURG.

Toustain de Viray. *Janv.*, 2e vol., 1758, p. 209; *mars*, 1769, p. 221; *nov.*, 1773, p. 213.

Tracy. V. DESTUTT.

Tragin. *Juin*, 1775, p. 234.

Trahan de Beaudans. *Déc.*, 1er vol., 1750, p. 207.

Trans. V. VILLENEUVE.

Trante. *Déc.*, 1738, p. 2920.

Travers d'Orsteinstein. *Oct.*, 1er vol., 1776, p. 213.

Trecesson. *Mai*, 1704, p. 181; *juin*, 1743, p. 1440.

Tredefond. *Déc.*, 1er vol., 1750, p. 199.

Trélon. V. BLOIS.

Tremblay(du). V. CLERC(LE)et CHOART.

Tremblaye (la). *Déc.*, 1776, p. 235.

Trembouille. *Juin*, 1er vol., 1733, p. 1246.

Tremereuc. *Avr.*, 1702, p. 243.

Trémoille (la). *Août*, 1689, p. 257; *mai*, 1693, p. 266; *févr.*, 1696, p. 291; *mars*, 1696, p. 227; *mai*, 1698, p. 264; *déc.*, 1698, pp. 240-247; *juin*, 1705, p. 341; *avr.*, 1706, p. 307; *oct.*, 1706, p. 252; *août*, 1707, p. 177; *nov.-déc.*, 1707, p. 410; *juin*, 1709, p. 259; *mars*, 1717, p. 186; *juill.*, 1717, p. 203; *janv.*, 1720, p. 165; *févr.*, 1725, p. 593; *mai*, 1728, p. 1064; *oct.*, 1730, p. 2329; *sept.*, 1733, p. 2090; *janv.*, 1739, p. 186; *juin*, 1741, p. 1468; *oct.*, 1749, p. 212; *juill.*, 2e vol., 1763, p. 208; *juin*, 1764, p. 200, *mai*, 1766, p. 207; *oct.*, 2e vol., 1766, p. 211; *déc.*, 1767, p. 236.

Trémoïlle de Taillebourg (la). *Oct.*, 1749, p. 212.

Trémolet. V. MONTPEZAT.

Tresne (de). *Nov.*, 1698, p.78; *juin*, 1703, pp. 198-216; *juill.*, 1708, p. 259.

Tresnel. V. HARVILLE.

Tressan. V. MONTMORT et VERGNE (LA).

Tressemanes-Chateuil. *Janv.*, 1685, p. 283.

Tressort. V. GROLIER.

Tribouleau. *Oct.*, 1729, p. 2541; *févr.*, 1733, p. 397.

Trie-Pillavoine. *Janv.*, 1726, p. 190.

Tréville. *Nov.*, 1700, p. 175; *sept.*, 1708, p. 49.

Triboulleau. *Janv.*, 1736, p. 177.

Trinquand. *Nov.*, 1753, p. 210.

Tripoly. *Juill.*, 2e vol., 1764, p. 192.

Troger de l'Eguille. *Oct.*, 2e vol., 1772, p. 211.

Trois-Dames. *Févr.*, 1740, p. 591.

Troismont. V. GARABY.

Tronc (du). V. CORDIER (LE)

Tronchay. *Août*, 1714, p. 262.

Tronchot, *Avr.*, 1741, p. 837.

Tronçon. *Sept.*, 1735, p. 2093.
Tronson. *Mars*, 1700, p. 95.
Trotli de la Chétardie. *Août*, 1714.
p. 247. V. encore CHÉTARDIE (LA).
Trousse (la) *Juill.*, 1746, p. 202;
mars, 1749, p. 208; *avr.*, 1750,
p. 212; *août*, 1735, p. 210.
Troussebois. *Sept.*, 1751, p. 212.
Trousserie (la). V. MARIN.
Trousset d'Héricourt. *Mai*, 1738,
p. 1023; *déc.*, 1741, p. 2762; *déc.*,
2ᵉ vol., 1746, p. 212; *sept.*, 1761,
p. 229; *juin*, 1775, p. 212; *juin*,
1774, p. 236.
Troy. *Juin*, 2ᵉ vol., 1752, p. 201.
Trublet. *Avr.*, 2ᵉ vol., 1770, p. 212.
Trudaine. *Août*, 1704, p. 411; *avr.*,
1706, p. 297; *août*, 1716, p. 209;
juin-juill., 2ᵉ part., 1721, p. 80;
déc., 1ᵉʳ vol., 1725, p. 2939; *oct.*,
1727, p. 2354; *juin*, 2ᵉ vol.,
1729, p. 1469; *oct.* 1750, p. 2328;
déc., 1731, p. 2914; *avr.*, 1754,
p. 827; *mars*, 1735, p. 618; *août*,
1737, p. 1888; *déc.*, 1738, p. 2920;
déc., 1ᵉʳ vol., 1746, p. 192; *juin*,
1ᵉʳ vol., 1747, p. 212; *déc.*, 2ᵉ vol.,
1748, p. 224; *mars*, 1754, p. 209;
févr., 1764, p. 234; *févr.*, 1769,
p. 224; *sept.*, 1777, p. 212. V. en-
core LAUZIÈRES.
Trudaine de Montigny. *Oct.*, 2ᵉ vol.,
1756, p. 229; *oct.*, 2ᵉ vol., 1776,
p. 224. V. encore MONTIGNY.
Tubières de Grimoard. *Avr.*, 1729,
p. 825.
Tubœuf. *Nov.*, 1714, p. 519. V. THI-
BŒUF.
Tude (la). V. VISSEC.
Tuillerie (la). V. THUILLELIE (LA).
Turbilly. *Août*, 1698, p. 219; *avr.*,

1711, 2ᵉ part., p. 82; *mai*, 1749,
p. 224. V. encore MENOU.
Turcan. *Juill.*, 1704, p. 181.
Turenne. *Oct.*, 1723, p. 806; *déc.*,
1745, p. 2753; *juin*, 1772, p. 222.
V. AYNAC et TOUR D'AUVERGNE (LA).
Turgis des Chaises. *Juin*, 1695,
p. 235; *sept.*, 1698, p. 125.
Turgot. *Juill.*, 1708, p. 125; *août*,
1708, p. 292; *déc.*, 1718, pp. 150-
154; *févr.*, 1719, pp. 128; *mai*,
1721, p. 160; *mai*, 1723, p. 1009;
déc., 1ᵉʳ vol.; 1727, p. 2751; *mai*,
1728, p. 1065; *avr.*, 1735, p. 824;
juin, 1ᵉʳ vol., 1737. p. 1231; *avr.*,
1748, p. 213; *mars*, 1750, p. 200;
juill., 1752, p. 196; *déc.*, 1757,
p. 203; *avr.*, 1ᵉʳ vol., 1762, p. 202;
janv., 1ᵉʳ vol., 1765. p. 204.
Turgot de Sousmont. *Oct.*, 2ᵉ vol.,
1775, p. 213.
Turmeau de la Morandière. *Juill.*,
2ᵉ vol., 1764, p. 196.
Turményes. *Déc.*, 1697, p. 126;
mars, 1698, p. 166; *avr.*, 1702,
p. 388; *mai*, 1702, p. 243; *oct.*,
1704, p. 206; *févr.*, 1ʳᵉ part., 1715,
p. 117; *nov.*, 1715, p. 203; *avr.*,
1727, p. 845; *juill.*, 1744, p. 1703;
nov., 1749, p. 211.
Turpin. *Févr.*, 1775, p. 235.
Turpin de Crissé. *Août*, 1731, p. 2041;
mars, 1759, p. 610; *mai*, 1746, p. 197;
mars, 1755, p. 199; *avr.*, 2ᵉ vol.,
1759, p 214. V. encore LANCELOT.
Turpin de Sansay. *Févr.*, 1748,
p. 210. V. encore SANSAY.
Turquentin. *Mars*, 1770, p. 213.
Tutel. *Déc.*, 2ᵉ vol., 1735, p. 2940.
Tyran de Villers-Chandry. *Juill.*,
1754, p. 1683.

U

Urfé. *Juill.*, 1695, p. 129; *oct.*, 1724,
p, 2260; *févr.*, 1752, p. 408; *janv.*,
1733, p. 189; *juin*, 1759; p. 1463;
juin, 2ᵉ vol., 1754, p. 196. V. en-
core LASCARIS.
Uriel. V. BARTILLAT.
Urre (d'). *Févr.*, 1742, p. 407.

Ursins (des). V. JUVÉNAL.
Usson. *Juill.*, 1706, p. 127;
avr., 1708, p. 167; *déc.*, 1715,
p. 261; *août*, 1729, p. 1898; *mai*,
1771, p. 214; *juin*, 1772, p. 225.
Usson d'Alion, *Nov.*, 1752, p. 210;
sept., 1760, p. 218.

Usson de Bonac. *Déc.*, 1715, p. 261; *sept.*, 1738. p. 2086; *nov.*, 1748, p. 211; *sept.*, 1749, p. 209; *mars*, 1755, p. 196.

Uxelles. *Sept.*, 1708, p. 179; *déc.*, 1771, p. 212.

Uzès. V. CRUSSOL.

V

Vacher (le). *Févr.*, 1706, p. 193; *avr.*, 1758. p. 817.

Vachières. V, REVEST.

Vachon. *Juin*, 2ᵉ vol., 1755, p. 189.

Vacon. *Févr.*, 1752, p. 213.

Vacquellé. *Juill.*, 1755, p. 215.

Vaillac. V. GOURDON DE GENOUILLAC.

Vaguier d'Aubignon. *Oct.*, 2ᵉ vol., 1774, p. 211.

Vaillant (le). *Juin*, 1705, p. 532; *oct.*, 1716, p. 247.

Vaissière (la). V. BRUNET DE LA VAISSIÈRE.

Val (du). *Févr.*, 1685, p. 91.

Val de Fontenay (du). *Nov.*, 1702, p. 207.

Valadous de Portus. *Juin*, 1716, p. 197.

Valbelle. *Sept.*, 1702, p. 181; *oct.-nov.*, 1703, p. 293; *nov.*, 1708, p. 198; *nov.*, 1708, p. 270; *nov.*, 1709, p. 74; *janv.*, 1725, p. 201; *juin*, 1725, p. 1253; *sept.*, 1727, p. 2135; *nov.*, 1727, p. 2559; *nov.*, 1730, p. 2553; *mai*, 1752, p. 1016; *févr.*, 1755, p. 402; *sept.*, 1745, p. 212; *juin*, 1ᵉʳ vol., 1752, p. 206; *janv.*, 1755, p. 210; *mars*, 1755, p. 210; *sept.*, 1754, p. 215. *janv.*, 2ᵉ vol., 1767, p. 186.

Valbrune. *Oct.*, 1730, p. 2527.

Valcourt. V. QUÉSSE.

Valcroissant. *Déc.*, 1760, p. 195.

Valeilles. *Oct.*, 1740, p. 2552.

Valençay. V. ESTAMPES.

Valence. *Mai*, 1725, p. 1004.

Valenceau. V. DROBIN.

Valernod. *Juill.*, 1708, p. 55.

Valette (la). *Janv.*, 1709, p. 552; *avr.*, 1740, p. 811; *mars*, 1744, p. 601; *aoûl*, 1747, p. 182; *juill.*, 1748, p. 194; *janv.*, 1ᵉʳ vol., 1773, p. 215.

Vallette de Laudun. *Déc.*, 2ᵉ vol., 1756, p. 2975.

Valière. *Févr.*, 1759, p. 211.

Vallembras de Ségrie. *Oct.*, 1722, p. 165.

Vallendré. *Sept.*, 1754, p. 214.

Valles de Launay (de). *Mai*, 1699, p. 207.

Vallier. *Mars*, 1778, p. 209.

Vallier d'Anjou. *Mars*, 1699, p. 143; *août*, 1699, p. 105.

Vallière (la). *Juin*, 1698, p. 245; *nov.-déc.*, 1707, p. 61; *oct.*, 1709, p. 126; *janv.*, 1713, p. 275; *mai*, 1731, p. 1192; *févr.*, 1752, p. 410; *avr.*, 1758, p. 819; *aoûl*, 1759, p. 1888; *mars*, 1745, p. 602; *févr.*, 1759; p. 211; *avr.*, 2ᵉ vol., 1763, p. 204; *juill.*, 2ᵉ vol., 1775; p. 215; *févr.*, 1776, p. 211.

Vallois. V, POIRIER.

Vallois de Mursay, V. VALOIS DE MURSEY.

Vallon de Boisroger. *Févr.*, 1774, p. 213.

Vallon de Couvrelles. *Janv.*, 1757, p. 158.

Vallons (des). V. VERDE (LA).

Vallorie. V. BURLE.

Vallot. *Mars*, 1755, p. 602.

Vallot de Neuville. *Juin*, 1694, p. 208; *mai*, 1701, 1ᵉʳ vol. p. 550; *sept.*, 1705, p. 117; *avr.*, 1709, p. 242.

Valois de Mursey. *Nov.*, 1706, p. 528; *avr.*, 1707, p. 540; *avr.*, 1729, p. 825; *oct.*, 1ᵉʳ vol., 1770, p. 215; *juill.*, 2ᵉ vol., 1774, p. 212.

Valory. *Juill.*, 1754, p. 1684; *avr.*, 2ᵉ vol. 1765, p. 206; *sept.*, 1770, p. 229; *déc.*, 1774, pp. 268 et 269.

Valsemé. *Janv.*, 1703, p. 527; *janv.*,

1075, p. 286; janv., 1708, p. 241.
V. encore MALET DE GRAVILLE.

Vandègre de la Goutte. Mai, 1758, p. 1020. V. encore MALET.

Van der Lindé. Juin, 1741, p. 1246.

Van der Noot. Nov., 1770, p. 221.

Vandeuil. Sept., 1696, p. 52; avr., 1712, pp. 176-187; juin, 1712, p. 118; juin, 1er vol., 1750, p. 1256; déc., 1715, p. 2755; juin, 2e vol., 1750, p. 185. V. encore CLÉRAMBAULT.

Vandeuvre. V. MÉGRIGNY.

Van Holt. Févr., 1755, p. 214.

Vanloc. Sept., 1765, p. 211; avr., 1er vol., 1771, p. 215.

Vanolles. Nov., 1740, p, 2552; avr., 1er vol., 1758, p. 204; oct., 1er vol., 1759, p. 252; sept., 1770, p. 250.

Varagne de Gardouch. Févr., 1765, p. 205.

Varan. V. VASTAN.

Varanchan. Déc., 2e vol., 1751, p. 201.

Varastre. V. GUICOU.

Varax. Févr., 1706, p. 51.

Vardes. Juill., 1727, p. 1708. V. encore BEC DE VARDES (DU).

Vareilles. Déc., 1759, p. 210; janv., 1er vol., 1760, p. 202. V. encore BROUE (LA).

Varengeville. Févr., 1702, p. 277; mai, 1705, p. 81.

Varenne (la). Janv., 1685, p. 246; avr., 1712, p. 511; juill., 1728, p. 1694. V. encore HOSDIER.

Varennes. Nov., 1771, p. 215. V. encore GOD ou GODDES, NAGU, SAINT-FÉLIX et VÉRANI.

Vareville. Mars, 1725, p. 619.

Varilettes. V. VILLENEUVE.

Varillas. Juin, 1696, p. 297.

Varnassal. V. ROCHE-VARNASSAL (LA).

Varnier. Févr., 1729, p. 410.

Vassal. Oct., 1735, p. 2520.

Vassan. Janv., 1710, p. 156; juin, 2e vol., 1752, p. 205; janv., 2e vol., 1756, p. 254; janv., 2e vol., 1772, p. 210; avr., 1er vol., 1774, p. 211; avr., 2e vol., 1774, p. 215; janv., 2e vol. 1775, p. 212; avr., 1er vol., 1775, p. 211; sept., 1776, p. 212.

Vassau. Janv., 1er vol., 1771, p. 226.

Vassé. Juill., 1701, p. 259; juin,

1705, p. 116; juin, 1707, p. 49; mai, 1710, p. 155; oct., 1712, p. 252; mai, 1716, p. 265; juin, 1er vol., 1729, p. 1261; nov., 1755, p. 2521; juin, 1741, p. 1215 juill., 1742, p. 1685; nov., 1749, p. 215; juill., 2e vol., 1765, p. 208; oct., 1er vol., 1765, p. 209.

Vasseur (le). Févr., 1685, p. 156; mai, 1699, p. 206; août, 1699, p. 99; janv., 1700, p. 204; juin, 1700, p. 191; oct., 1709, p. 197.

Vassigny. Mars, 1704, p. 128.

Vassor (le). Déc., 1709, p. 219.

Vassy. Août, 1742, p. 1699.

Vastan. V. AUBERY.

Vatteville. Avr., 1726, p. 852; avr., 1755, p. 819; mars, 1745, p. 616.

Vau (du). Mai, 1712, p. 47; avr., 1720, p. 190.

Vau de Soucarière (du). Juill., 1755, p. 1668.

Vauban. Févr., 1685, p. 157; juill., 1705, p. 58; avr., 1707, p. 175; mai, 1717, p. 164; avr., 1731, p. 810; mai, 1755. p. 209; juill., 1er vol., 1760, p. 215.

Vaubecourt. Mai, 1692, pp. 178-195; janv., 1698, p. 210; avr., 1704, p. 295; nov. 1704, p. 203; juin, 1705, p. 244; mai, 1727, p. 1014.

Vaubersey. V. GRAS (LE).

Vaubourg. Oct., 1709, p. 158; mai, 1711, 2e part. p. 78.

Vaucel (du). Nov., 1759, p. 2714.

Vauchel. Janv., 1725, p. 199

Vauchelle. Août, 1719, p. 145. V. encore BLOTEFIÈRE.

Vauciennes V. SAINT-CLAIR.

Vaucouleurs. Avr., 1711, 2e part., p. 79; avr. 1er vol., 1776, p. 256.

Vaucresson. Déc., 1er vol., 1728, p. 2764; mai, 1730, p. 1019; août, 1740, p. 1907.

Vaudeuil. V. DROUYN.

Vaudray ou Vaudrey. Janv., 1703, p. 519; sept., 1705, p. 89; nov., 1741, p. 2537.

Vaudreuil. Oct., 1706, p. 113; mai, 1756, p. 1040. V. encore RICAUD et VENDEUIL.

Vaudricourt. Janv., 1756, p. 180.

Vaugien. V. BERTIN.

Vaugirauld. Juill., 2e vol., 1772, p. 211.

Vauguyon (la). *Sept.*, 1703, p. 234; *janv.*, 1704, pp. 15-47; *oct.*, 1722, p. 159; *nov.*, 1746, p. 289; *janv.*, 2ᵉ vol., 1767, p. 186; *mars*, 1772, p. 211.

Vauldrey. *Mai*, 1748, p. 198.

Vaultier. *Sept.*, 1728, p. 2129.

Vaulx-Palamin. *Janv.*, 2ᵉ vol., 1772, p. 210.

Vaumorière (de). *Oct.*, 1693, p. 148.

Vaur (la). GIBONDE.

Vauréal. V. GUÉRAPIN.

Vausserre. *Mars*, 1710, p. 129.

Vautedar. *Juin*, 1741, p. 1470; *sept.*, 1741, p. 2122.

Vauve. *Janv.*, 1706, p. 229.

Vauvineux. V. COCHEVILLET.

Vauvray. *Nov.*, 1700, p. 180.

Vauvré. V. GIRARDIN.

Vaux. *Févr.*, 1712, p. 62; *mars*, 1720, p. 165; *janv.*, 1ᵉʳ vol., 1776, p. 211. V. encore BILLARD DE VAUX.

Vayer (le). *Juill.*, 1726, p. 1690; *avr.*, 1727, p. 847; *nov.*, 1734, p. 2523; *févr.*, 1736, p. 396; *mars*, 1739, p. 614; *oct.*, 1740, p. 2524; *avr.*, 1746, p. 198; *juill.*, 2ᵉ vol., 1765, p. 195.

Veaux. *Oct.*, 2ᵉ vol., 1770, p. 213.

Velasquez de Covarruvias. *Janv.*, 1750, p. 201.

Velfray. V. BRESSEY.

Velleron. V. CAMBIS.

Venault de la Lande (le). *Juin*, 2ᵉ vol., 1750, p. 185. V. encore LANDE (LA).

Vence. V. VILLENEUVE.

Venderets. *Juill.*, 1716, p. 190.

Vendeuil. V. VANDEUIL.

Vendôme. *Juin*, 1712, p. 265.

Vendomois de Saint-Albin. *Avril*, 1ᵉʳ vol., 1778, p. 211.

Vendt. *Juin*, 2ᵉ vol., 1755, p. 194.

Veneur (le). *Avr.*, 1687, p. 292; *mai*, 1704, p. 228; *juin*, 1ᵉʳ vol., 1728, p. 1254; *juill.*, 1738, p. 1656; *nov.*, 1740, p. 2550; *juin*, 1741, p. 1245; *mai*, 1748, p. 189; *janv.*, 1750, p. 198; *mars*, 1775, p. 210. V. encore TANNEGUY et TILLIÈRES.

Veneur de Tillières (le). *Mai*, 1758, p. 200.

Ventadour. V. LÉVIS.

Yento des Pennes. *Févr.*, 1736, p. 378.

Ver. V. PIQUET.

Ver (le). *Juin*, 1ᵉʳ vol., 1747, p. 212; *févr.*, 1760, p. 250.

Vérac. V. SAINT-GEORGES.

Vérani de Varennes. *Sept.*, 1750, p. 194.

Verbois. V. BRUCHIÉ.

Verceil. *Févr.*, 1705, p. 564; *mars*, 1708, p. 258.

Verdoin. *Mai*, 1709, p. 264.

Ve de des Vallons (la). *Janv.*, 1ᵉʳ vol., 1757, p. 229.

Verdelban des Fourniels. *Avr.*, 2ᵉ vol., 1765, p. 206.

Verdelin. *Avr.*, 1ᵉʳ vol., 1764, p. 205; *juill.*, 1ᵉʳ vol., 1775, p. 211.

Verdier (du). *Mars*, 1716, p. 211; *déc.*, 1ᵉʳ vol., 1755, p. 197.

Verduc. *Août*, 1755, p. 207.

Verdun. *Mars*, 1704, pp. 191-200.

Verdure de Gavielle (la). *Janv.*, 2ᵉ vol., 1757, p. 233.

Verdussen. *Juill.*, 2ᵉ vol., 1762, p. 187.

Verger de la Rochejaquelein. *Juill.*, 1702, p. 206.

Vergès. *Juin*, 2ᵉ vol., 1729, p. 1469; *août*, 1749, p. 198.

Vergeur de la Granche. *Juin*, 1706, p. 145.

Vergne (la). *Févr.*, 1712, p. 45; *févr.*, 1733, p. 597; *avr.*, 1733, p. 820; *janv.*, 1734, p. 189; *oct.*, 1757, p. 2315.

Vergne de Tressan (la). *Sept.*, 1733, p. 2080; *déc.*, 1741, p. 2961; *mai*, 1750, p. 208.

Verguier (du). *Juin*, 2ᵉ vol., 1749, p. 205.

Verheyen de Verrebroucq. *Mai*, 1710, p. 141.

Vérin. V. CHALUT.

Verjus de Crécy. *Juin*, 1706, pp. 146-153; *déc.*, 1709, p. 350.

Vernage. *Mai*, 1775, p. 213.

Vernassal. *Sept.*, 1745, p. 213; *juin*, 1764, p. 201. V. encore ROCHE-VARNASSAL (LA).

Vernet du Plessis (du). *Juin*, 1696, p. 293.

Verneuil. V. BOURBON, CHAPON, GORLIER et OLIER.

Verney. *Août*, 1770, p. 230.

Vernicourt. V. LALOUETTE.

Vernouillet. *Nov.*, 1747, p. 209.

Verrebroucq. V. Verheyen.

Verret de Saint-Sulpice. *Janv.*, 1716, p. 150.

Verron. *Janv.*, 1er vol., 1762, p. 197.

Verruë. *Déc.*, 1700, p. 144 ; *mai*, 1745, p. 204.

Verseilles. V. Badier.

Vertepierre. V. Laboureur (le).

Verhamor. *Nov.*, 1678, p. 544 ; *juill.*, 1697, p. 230 ; *févr.*, 1698, p. 263 ; *oct.*, 1705, p. 298 ; *févr.*, 1708, pp. 94-102 ; *nov.*, 1708, p. 201 ; *janv.*, 1715, p. 279 ; *nov.*, 1714, p. 524 ; *oct.*, 1716, p. 248 ; *sept.*, 1717, p. 189 ; *nov.*, 1719, p. 209 ; *mars*, 1720, p. 163 ; *nov.*, 1725, p. 2741 ; *déc.*, 2e vol., 1750, p. 2967 ; *avr.*, 1735, p. 820 ; *nov.*, 1755, p. 2521 ; *déc.*, 2e vol., 1755, p. 2944 ; *août*, 1756, p. 1931 ; *janv.*, 1758, p. 170 ; *déc.*, 1740, p. 2755 ; *avr.*, 1741, p. 825 ; *nov.*, 1742, p. 2549 ; *nov.*, 1750, p. 224 ; *juill.*, 1755, p. 224 ; *déc.*, 1758, p. 206 ; *déc.*, 1762, p. 230 ; *juill.*, 2e vol., 1765, p. 209.

Vertillac de la Brousse. *Mai*, 1754, p. 1029 ; *déc.*, 2e vol., 1751, p. 204. V. encore Brousse (la).

Vertilly. V. Harlus.

Verton. *Nov.*, 1759, p. 2714.

Vertus. *Mars*, 1707, p. 282 ; *févr.*, 1720, p. 164 ; *sept.*, 1746, p. 195.

Vesc. *Oct.*, 1726, p. 2400.

Vésin. *Déc.*, 2e vol., 1757, p. 2935.

Vésins. V. Andigné.

Vespierre. *Sept.*, 1715, p. 501.

Vétérani. *Avr.*, 1753, p. 205.

Veuilly. V. Ripault.

Veydeau de Grammont. *Déc.*, 1er vol., 1757, p. 2751.

Veyni. *Déc.*, 1724, p. 2915.

Vezannes. V. Chaune.

Viaixnes. V. Fagnier.

Vialard. *Avr.*, 1729, p. 825.

Vialart de Herse. *Nov.*, 1703, p. 288 ; *avr.*, 1720, p. 190.

Vialet. *Juill.*, 1703, pp. 64 et 66.

Vibraye. *Oct.*, 1702, p. 557 ; *févr.*, 1712, p. 55. V. encore Hurault de Vibraye.

Vic. *Mars*, 1701, p. 416 ; *avr.*, 1710, p. 190 ; *nov.*, 1758, p. 2497.

Vichy. *Août*, 1773, p. 212 ; *mars*, 1775, p. 234.

Vicomte (le). *Janv.*, 2e vol., 1772, p. 212 ; *févr.*, 1772, p. 214.

Vidard. *Mars*, 1750, p. 198 ; *avr.*, 1er vol., 1775, p. 211.

Vidaud. V. Tour (la).

Viefville (la). *Avr.*, 1758, p. 814 ; *oct.*, 2e vol., 1776, p. 224.

Viel-Chastel. *Sept.*, 1699, p. 250 ; *mars.* 1701, p. 416 ; *juill.*, 1714, p. 188.

Vielbourg. *Juill.*, 1728, p. 1694.

Viennay de Lucé. *Juill.*, 2e vol., 1777, p. 212. V. encore Pineau.

Vienne. *Août*, 1699, p. 180 ; *août*, 1701, p. 255 ; *mai*, 1704, p. 197 ; *févr.*, 1711, p. 123 ; *mai*, 1718, p. 185 ; *juin*, 1722, p. 154 ; *avr.*, 1726, p. 854 ; *mars*, 1728, p. 644 ; *sept.*, 1752, p. 2079, *janv.*, 1758, p. 186 ; *févr.*, 1745, p. 213 ; *mai*, 1745, p. 207 ; *sept.*, 1746, p. 192 ; *sept.*, 1753, p. 209 ; *sept.*, 1757, p. 224 ; *janv.*, 2e vol., 1762, p. 224 ; *févr.*, 1772, p. 213.

Vienne (la). V. Quantin de la Vienne.

Viennoy. V. Pinneau.

Vierville. V. Ménildot.

Vieuville. V. Bertrana.

Vieuville (la). *Févr.*, 1685, p. 152 ; *févr.*, 1689, pp. 226-232 et 252 ; *août*, 1700, p. 225 ; *sept.*, 1712, p. 97 ; *oct.*, 1709, p. 138 ; *juin*, 4e part., 1711, p. 67 ; *sept.*, 1712, pp. 97-109 ; *nov.*, 1714, p. 521 ; *déc.*, 1714, p. 239 ; *févr.*, 1716, p. 79 ; *mars*, 1716, p. 27 ; *avr.*, 1716, p. 186 ; *janv.*, 1720, p. 166 ; *avr.*, 1722, p. 184 ; *janv.*, 1725, p. 180 ; *nov.*, 1725, p. 2745 ; *mars*, 1727, p. 622 ; *sept.*, 1727, p. 2155 ; *déc.*, 1er vol., 1729, p. 2964 ; *oct.*, 1750, p. 2327 ; *juill.*, 1732, p. 1669 ; *mars*, 1755, p. 603 ; *juin*, 2e vol., 1734, p. 1456 ; *juill.*, 1742, p. 1678 ; *mai*, 1744, p. 1058 ; *nov.*, 1745, p. 228 ; *juill.*, 1746, p. 202 ; *déc.*, 2e vol., 1747, p. 193 ; *juin*, 2e vol., 1748, p. 208 ; *déc.*, 2e vol., 1749, p. 192 ; *janv.*, 1er vol., 1756, p. 225 ; *janv.*, 2e vol., 1772, p. 211.

Vieux (le). *Janv.*, 1685, p. 245.

Vieuxpont. *Mai*, 188, pp. 146-154 ; *avr.*, 1696, p. 280 ; *mars*, 1697, p. 268 ; *janv.*, 1698, p. 267 ; *déc.*,

1704, p. 198 ; *janv.*, 1708, p. 240 ; *août*, 4e part., 1711, p. 43 ; *févr.*, 1728, p. 414 ; *juill.*, 1746, p. 210. V. encore NOUÉ (LA).

Vigean. *Août*, 1754, p. 1892.

Vigerie (la). *Déc.*, 1er vol., 1757, p. 2725.

Vigier (du). *Janv.*, 1703, p. 338 ; *avr.*, 1752, p. 209 ; *avr.*, 2e vol., 1759, p. 215 ; *déc.*, 1760, p. 195 ; *janv.*, 2e vol., 1768, p. 210.

Vignacourt. V. WIGNACOURT.

Vignan (du). V. POUSSART.

Vignerot. V. WIGNEROT.

Vignes (des). *Mai*, 1754, p. 1030.

Vignier d'Hauterive. *Avr.*, 1700, p. 208.

Vignolles. V. LARBIATÉGUY.

Vigny. *Janv.*, 1738, p. 182.

Vilars. *Janv.*, 1er vol., 1775, p. 232.

Vilefort. *Mai*, 1704, p. 178.

Vilevans. *Nov.*, 1711, 4e part, p. 107.

Vilhemur. V. VILLEMUR.

Villacerf. *Févr.*, 1696, p. 299 ; *oct.*, 1696, p. 276 ; *mai*, 1698, p. 264 ; *sept.*, 1698, p. 266 ; *oct.*, 1699, p. 254 ; *mai*, 1701, 1er vol., p. 268 ; *mai*, 1705, p. 246 ; *juin*, 1716, p. 158. V. encore COLBERT.

Villages. *Mars*, 1728, p. 659.

Villandry. V. BRETON (LE).

Villannes. V. GAIGNON.

Villars. *Janv.*, 1694, p. 217 ; *mars*, 1698, p. 268 ; *févr.*, 1699, p. 146 ; *févr.*, 1701, p. 117 ; *févr.*, 1702, p. 277 ; *juill.*, 1706, p. 130 ; *août*, 1707, p. 278 ; *juill.*, 1708, p. 133 ; *mars*, 1708, p. 172 ; *août*, 1721, p. 158 ; *nov.*, 1723, p. 1002 ; *mars*, 1753, p. 605 ; *juin*, 2e vol., 1754, p. 1457. V. encore SIRMOND.

Villarfouchard. *Sept.*, 1748, p. 236.

Villarnoul. *Nov.*, 1752, p. 204.

Villars. *Mars*, 1744, p. 603 ; *oct.*, 1748, p. 220 ; *juin*, 1770, p. 249 ; *avr.*, 2e vol., 1778, p. 212. V. encore GRIMOARD DE VILLARL et LAUGIER-VILLARS.

Villars - Chandieu *Juill.*, 1737, p. 1672.

Villars de la Brosse-Roquin. *Sept.*, 1776, p. 213.

Villarsy. V. THIROUX.

Villart de Grécourt. *Juin*, 1743, p. 1239.

Villayer. V. RENOUARD.

Ville. *Juin*, 1708, p. 158 ; *nov.*, 1756, p. 231. V. encore ARNAULT.

Ville (la). *Mai*, 1774, p. 225.

Ville de Férolles (la). *Mai*, 1766, p. 208.

Ville du Portault (la). *Mai*, 1738, p. 1024.

Villebois. *Avr.*, 2e vol., 1701, p. 252.

Ville-Breuil. *Avr.*, 1709, p. 259 ; *déc.*, 2e vol., 1725, p. 3158. V. encore BÉRARD DE VILLE-BREUIL.

Villechavant. *Juin*, 2e vol., 1729, p. 1470.

Villefort. *Déc.*, 2e vol., 1753, p. 200. V. encore ISARN DE VILLEFORT.

Villefroid. *Mai*, 1777, p. 212.

Villegagnon. V. DURAND.

Villegenon. V. TITON.

Villeurnoy. V. BERTHELOT.

Villejuif. V. DURET.

Villelume de Barmontel. *Juin*, 2e vol., 1757, p. 207.

Villemaré. V. LAY (LE).

Villemareuil. *Sept.*, 1705, p. 222.

Villemeneust. V. LESQUEU.

Villemeur. *Juin*, 1712, p. 120 ; *oct.*, 1755, p. 2526 ; *janv.*, 2e vol., 1763, p. 205. V. encore VILLEMUR.

Villemontée. *Oct.*, 1714, p. 281 ; *oct.*, 2e vol., 1762, p. 193 ; *oct.*, 1er vol., 1772, p. 212.

Villemor. V. BOVÈXE.

Villemorien. *Janv.*, 1er vol., 1774, p. 228.

Villemort. *Juin*, 1777, p. 211.

Villemur. *Juill.*, 1699, p. 68 ; *févr.*, 1721, p. 128 ; *mars*, 1er vol., 1722, p. 169 ; *juin*, 1726, p. 1276 ; *oct.*, 1727, p. 2550 ; *avr.*, 1750, p. 210. V. encore FILLON DE VILLEMUR, RIOTOR, ROGER et VILLEMEUR.

Villendrault. V. FAURIE (LA).

Villènes. *Janv.*, 2e vol., 1768, p. 211.

Villeneuve. *Sept.*, 1727, p. 2135 ; *mai*, 1736, p. 1027 ; *oct.*, 1748, p. 228 ; *janv.*, 1750, p. 201 ; *juill.*, 1751, p. 210 ; *sept.*, 1752, p. 206 ; *févr.*, 1753, p. 211 ; *juin*, 2e vol., 1754, p. 206 ; *janv.*, 1er vol., 1761, p. 204 ; *mai*, 1766, p. 208 ; *sept.*, 1770, p. 229 ; *juill.*, 2e vol., 1771, p. 212 ; *janv.*,

1er vol., 1774, p. 228. V. encore, BRUN, CHESTEU, DOGRE (LE), FONTAINE, PETIT et RENAUD.

Villeneuve - Cillard. *Mars*, 1775, p. 208.

Villeneuve de Bargemont. *Nov.*, 1756, p. 222.

Villeneuve de Languedouc, *Juill.*, 1755, p. 1679.

Villeneuve de Sainte Lamelles. *Mai*, 1702, p. 297.

Villeneuve de Trans. *Nov.*, 1738, p. 2506; *mars*, 1741, p. 627; *avr.* 1751. p. 193; *août*, 1755, p. 211; *juill.*, 1er vol., 1760, p. 206.

Villeneuve Varilettes. V. MURAT DE VILLENEUVE.

Villeneuve de Vence. *Mai*, 1702, pp. 292 et 297; *sept.*, 1724, p. 2065; *janv.*, 1750, p. 200; *mai*, 1755, p. 201; *févr.*, 1760, p. 249.

Villeneuve de Villoiseau. *Nov.*, 1755, p. 205.

Villennes. V. GUIGNON.

Villeperot. V. PAJOT DE VILLEPEROT.

Villepinte. V. PODÉNAS.

Villepreux. *Juill.*, 1729, p. 1682.

Villequier. *Mai*, 1721, p. 162; *oct.*, 1er vol., 1771, p. 223. V. encore AUMONT et TONNELIER (LE).

Villequoy. V. POLLART.

Villeray. *Oct.*, 1705, p. 320.

Villeré (du). V. MOBIN.

Villeregis. V. MOREAU.

Villermont. *Oct.*, 1707, p. 297. V. DESNOTZ.

Villeroy. *Avr.*, 1694, p. 276; *oct.*, 1700, p. 155; *janv.*, 1708, p. 250; *nov.*, 1708, p. 193; *avr.*, 1716, p. 184; *juin*, 1716, p. 156.

Villeroy de Neuville. *Janv.*, 1716, p. 225; *avr.*, 1716, p. 184; *juin*, 1716, p. 156; *sept.*, 1720, pp. 156-160; *mars*, 1729, p. 624; *juill.*, 1750, p. 1687; *févr.*, 1751, p. 599; *déc.*, 2e vol., 1752, p. 2921; *mai*, 1754, p. 1026; *nov.*, 1758, p. 2500; *janv.*, 1747, p. 199; *août*, 1750, p. 212; *oct.*, 2e vol., 1767, p. 212.

Villers. *Juin*, 1699, p. 238; *août*, 1699. p. 100; *mars*, 1700, p. 215; *mai*, 1700, p. 270; *juin*, 1700, p. 201; *juin*, 1701, p. 174; *mai*, 1715, p. 209; *déc.*, 1755, p. 2745;

sept., 1759, p. 2092; *avr.*, 1er vol., 1775, p. 212. V. encore BOIS DE VILLERS (DU), GUYOT DE VILLERS et MARCÉS DE VILLERS.

Villers-Chandry. V. TYRAN.

Villers de Rousseville. *Juin*, 2e vol., 1757, p. 211. V. ROUSSEVILLE.

Villers la Faye. *Juin*, 1774, p. 236.

Ville-Savin. *Mars* 1776, p. 231.

Villetan. V. DUTROU.

Villetaneuse. *Juin*, 1709, p. 175.

Villette-Mursé. *Janv.*, 1708, p. 166.

Villevault. *Juin*, 1er vol., 1755, p. 208.

Villier. V. COURTIN.

Villiers. *Mai*, 1710, p. 269; *févr.*, 1752, p. 410. V. encore BINOT et BOUCHER DE VILLIERS.

Villiers-Béraud *ou* Bérault. *Avr.*, 1750, p. 210; *juin*, 2e vol., 1754, p. 205. V. encore BÉRAULT.

Villiers de l'Isle-Adam. *Mars*, 1759, p. 214.

Vilemort. *Mai*, 1704, p. 186.

Vimeur. *Mars*, 1751, p. 212.

Vimeur de Rochambeau. *Sept.*, 1754, p. 212. V. encore ROCHAMBEAU.

Vincelaye (la). *Mars*, 1720, p. 165; *nov.*, 1742, p. 2549.

Vins. *Mars*, 1752, p. 611; *août* 1757, p. 1885; *déc.*, 1er vol., 1751, p. 179.

Vintimille. *Févr.*, 1708, pp. 256-274; *avr.*, 1727, p. 847; *mai*, 1727, p. 1013; *mars*, 1735, p. 610; *sept.*, 1734, p. 2088; *nov.*, 1759, p. 2720; *juill.*, 1740, p. 1673; *mai*, 1744, p. 1054; *mai*, 1748, p. 193; *juin*, 2e vol., 1753, p. 193; *oct.*, 1er vol., 1756, p. 236; *juill.*, 2e vol., 1762, p. 187; *déc.*, 1767, p. 245; *déc.*, 1771, p. 212.

Violan de Miraman. *Déc.*, 1715, p. 248.

Violay (la). V. BERTON.

Viole. *Avr.*, 1759, p. 821.

Viomesnil. *Juin*, 1772, p. 222.

Vion. *Avr.*, 1752, p. 210.

Vion d'Hérouval. *Mai*, 1689, p. 295; *janv.*, 1708, p. 62.

Vion de Cotinville, *Sept.*, 1752, p. 205. V. encore COTTINVILLE.

Vion de Gaillon. *Juill.*, 1er vol., 1770, p. 250; *avr.*, 1er vol., 1775, p. 211.

Vion de Tessancourt. *Juill.*, 1755, p. 217.

Viou. *Déc.*, 1er vol., p. 181.

Vipart. *Nov.*. 1727, p. 2559.

Viray. V. TOUSTAIN.

Vireau. *Juin*, 2e vol., 1737, p. 1462.

Virieu. *Janv.*, 1755, p. 203 ; *nov.*, 1754, p. 213 ; *juin*, 1773, p. 211; *avr.*, 1er vol., 1777, p. 211.

Virieu de Beauvoir. *Août*, 1774, p. 213. V. encore BÉAUVOIR.

Virly. *Mars*, 1772, p. 209.

Viriville. V. GRÔLÉE, OLIVIER et TI-VOLIÈRE.

Viry. *Avr.*, 1707, p. 128; *oct.*, 1709, p. 148.

Visdelou. *Juill.*, 1727, p. 1708 ; *août*, 1730, p. 1899 ; *oct.*, 1731, p. 2462; *nov.*, 1732, p. 2509.

Vissec. *Juill.*, 1744, p. 1705; *sept.*, 1752, p. 206.

Vissec de la Tude. *Janv.*, 1738, p. 177.

Vissec la Tude Joannis. *Déc.*, 1738, p. 2725 ; *avr.*, 1743, p. 819.

Vitry. *Août*, 1712, p. 138; *août*, 1728, p. 1891; *janv.*, 1er vol., 1771, p. 228.

Vivans. *Juill.*, 1691, p. 25; *janv.*, 1701, p. 143; *juin*, 1702, p. 367; *janv.*, 1703, p. 327; *déc.*, 1719, p. 188; *oct.*, 1727, p. 2357; *sept.*, 1730, p. 2114; *mars*, 1739, p. 610; *déc.*, 1739, p. 2945, *juin*, 1772, p. 224. V. encore ARROS.

Vivant. V. VIVANS.

Vivet de Montelus. *Juin*, 2e vol., 1737, p. 1447; *janv.*, 1er v., 1756, p. 223.

Vivien de Châteaubrun. *Mars*, 1775, p. 235.

Vivier (du). *Sept.*, 1705, p. 271; *avr.*, 1752, p. 209; *avr.*, 2e vol., 1758, p. 199; *oct.*, 2e vol., 1775, p. 212.

Vivier de Rovoy (du). *Août*, 1748, p. 214.

Vivier de Tournefort (du). *Déc.*, 1764, p. 205.

Vivonne, *Oct.-nov.*, 1703, p. 91. V. encore ROCHECHOUART.

Vivran. *Juin*, 1702, p. 367.

Vizé (de). V. DONNEAU.

Vizniek. *Juin*, 1er vol., 1754, p. 208.

Vocance. *Nov.*, 1756, p. 227.

Vogadre (la). *Juin*, 1er vol., 1756, p. 1234.

Vogué. *Mars*, 1700, pp. 74-80; *oct.*, 1748, p. 229.

Vogue-Dourdan. *Août*, 1773, p. 212.

Voigny. *Juill.*, 1741, p. 1694.

Volllaud. *Juin*, 1715, p. 205.

Voisenon. *Janv.*, 1er vol., 1776, p. 211.

Voisin. *Nov.*, 1693, pp. 270-275; *mars*, 1700, p. 104 ; *déc.*, 1705, p. 207; *mai*, 1706, p. 162; *mars*, 1708, p. 288; *sept.*, 1708, p. 173; *juin*, 1709, pp. 329-337; *mars*, 1710, p. 298; *janv.*, 1711, p. 143; *mai*, 2e part, 1711, p. 78, *juin*, 4e part., 1711, p. 44; *août*, 1721, p. 156 ; *janv.*, 1722, p. 193; *sept.*, 1726, p. 2175; *sept.*, 1727, p. 2134; *nov.*, 1727, p. 2560; *mars* 1728, p. 643; *mars*, 1729, p. 623; *avr.*, 1729, p. 828; *juin*, 1er vol., 1730, p. 1252.

Voisins d'Ambres. V. GÉLAS.

Vollant. *Avr.*, 1717, p. 207.

Vologer. V. HEUZE.

Volon de Montmain. *Janv.*, 1765, p. 201; *avr.*, 1706, p. 283; *avr.*, 1702, p. 296; *nov.*, 1725, p. 2741; *janv.*, 1738, p. 172; *janv.*, 2e vol., 1763, p. 201.

Voluire. *Nov.*, 1690, p. 242; *avr.*, 1702, p. 163 ; *avr.*, 1710, p. 294 ; *déc.*, 1721, p. 168; *févr.*, 1747, p. 205.

Volvire de Ruffec. *Août*, 1721, p. 157 ; *déc.*, 1721, pp. 168-172; *juin*, 2e vol., 1731, p. 1626.

Volx. *Avr.*, 2e vol., 1771, p. 213.

Vougny. *Oct.*, 1729, p. 2541; *févr.*, 1750, p. 209; *mai*, 1754, p. 208.

Vouldy. V. GUICHARD.

Vove (la). *Août*, 1724, p. 1847; *oct.*, 1733, p. 2296; *mai*, 1740, p. 1033. V. encore TOUROUVRE.

Voyer de Doré. *Oct.*, 1724, p. 2259.

Voyer de Paulmy d'Argenson. *Févr.*, 1693, pp. 217-226 ; *mai*, 1701, p. 201; *nov.*, 1700, p. 79; *nov.*, 1701, p. 575; *avr.*, 1702, p. 339; *nov.*, 1706, p. 177; *sept.-oct.*, 1710, p. 271; *janv.*, 1715, p. 194; *août*, 1715, p. 234; *juill.*, 1716, p. 193 ; *déc.*, 1718, p. 154; *mai*, 1719, p. 164; *mai*, 1721, p. 161; *sept.*, 1er vol., 1725, p. 2110; *nov.*, 1728, p. 2559; *déc.*, 1er vol., 1735, p. 2759; *mars*, 1745, p. 235; *sept.*, 1745, p. 212; *janv.*,

1747, p. 197; *févr.*, 1747, p. 201; *avr.*, 2ᵉ vol., 1757, p. 202; *nov.*, 1764, p. 158.
Voyse. V. ROLAND DE VOYSE.
Voysin. *Oct.*, 1738, p. 2300; *mars*, 1746, p. 210.
Voysins. V. GILBERT.

Vrillière (la). *Mars*, 1681, p. 340; *juin*, 1700, p. 119; *sept.*, 1700, p. 129; *juin*, 1704, p. 366; *oct.*, 1704, p. 200; *avr.*, 1724, p. 785; *juin*, 2ᵉ vol., 1731. p. 1626. V. PHÉLYPEAUX.
Vyon. V. VION.

W

Waës. *Oct.*, 2ᵉ vol., 1756., p 250.
Walbrun. *Avr.*, 1ᵉʳ vol., 1774, p. 212.
Wale. *Nov.*, 1747, p. 154.
Walsh. *Avr.*, 1ᵉʳ vol., 1778, p. 211.
Wanganghelt. *Janv.*, 1759, p. 192.
Warans de Boursin. *Avr.*, 2ᵉ vol., 1773, p. 213; *juill.*, 2ᵉ vol., 1775, p. 212.
Warcy. *Mai*, 1700, p. 212.
Waren. *Juill.*, 2ᵉ vol., 1775, p. 213.
Wargemont. *Mars*, 1753, p. 609; *avr.*, 1753, p. 821; *juin*, 2ᵉ vol., 1734, p. 1455; *août*, 1745, p. 209.
Warignies. *Févr.*, 1733, p. 397.
Waroquier. *Déc.*, 1698, p. 261.
Warcy. *Avr.*, 1700, p. 212.
Wartigny. *Nov.*, 1704, p. 281.
Watteville. *Juin*, 1764, p. 202.
Waubert. *Déc.*, 1774, p. 271.
Wauvert. V. MOTHE (LA).
Wavrans. V. WARANS,

Wertheim. V. LOEWENSTEIN.
Wiege. *Nov.*, 1751, p. 194.
Wiert. *Janv.*, 2ᵉ vol., 1767, p. 186.
Wignacourt. *Sept.*, 1749, p. 209, *mars*, 1755, p. 196; *avr.*, 1ᵉʳ vol., 1757, p. 205; *janv.*, 2ᵉ vol., 1758, p. 209; *oct.*, 1ᵉʳ vol., 1771, p. 222, *mars*, 1772, p. 210; *févr.*, 1774, p. 213; *oct.*, 2ᵉ vol., 1774, p. 212.
Wignerot d'Aiguillon. *Janv.*, 1705, p. 181; *avr.*, 1750, p. 209; *janv.*, 2ᵉ vol., 1756, p. 229; *juill.*, 2ᵉ vol., 1759, p. 210; *juill.*, 1ᵉʳ vol., 1772, p. 213. V. encore RICHELIEU.
Wignerot du Plessis. *Mars*, 1711, p. 116; *mai*, 1715, p. 282; *mai*, 1734, p. 1039. V. encore RICHELIEU.
Wiltz *Avr.*, 1738, p. 819.
Wismes. V. BLOCQUEL.

X

Ximénès. *Mars*, 1726, p. 612; *mai*, | 1742, p. 1262; *nov.*, 1760, p. 208,

Y

Y de Séraucourt. *Mai*, 1700, p. 211; *sept.*, 1753, p. 2087. V. encore SÉRAUCOURT.
Ymecourt. *Janv.*, 1703, p. 337.

Ysoré d'Hervault. *Déc.*, 1715, p. 254; *juill.*, 1716, pp. 172-187.
Yvonnet. *Juill.*, 1742, p. 1664.
Yzarn. V. ISARN.

Z

Zaille (la). V. Borstel.
Zedde. *Sept.*, 1705, p. 86.

Zurlauben. *Oct.*, 1704, p. 258; *janv.*,
2ᵉ vol., 1771, p. 225; *sept.*, 1777,
p. 219.

FIN.

Paris. — Imprimerie de Cusset et Cⁱᵉ, 26, rue Racine.